Ingrid Wilke-Bury

Feldpost

Meine Welt ist eine andere geworden

MIX
Papier aus verantwortungsvollen Quellen
Paper from responsible sources
FSC® C105338
FSC
www.fsc.org

Ingrid Wilke-Bury

Feldpost

Meine Welt ist eine andere geworden

2. Auflage 2021

Bibliografische Information der Deutschen Nationalbibliothek
Die Deutsche Nationalbibliothek verzeichnet diese Publikation in der Deutschen Nationalbibliografie;
detaillierte bibliografische Daten sind im Internet über http://dnb.d-nb.de abrufbar.

2. Auflage 2021

Leipziger Straße 2, 63571 Gelnhausen-Roth
www.triga-der-verlag.de, E-Mail: triga@triga-der-verlag.de

Books on Demand GmbH, Norderstedt
Printed in Germany

ISBN 978-3-95828-282-7 (Print-Ausgabe)
ISBN 978-3-95828-022-9 (eBook-Ausgabe)

In liebevoller Erinnerung an meinen Vater
... ich hätte noch so viele Fragen

Inhalt

Vorwort

Eine große Menge Feldpost und eigene Berichte meines Vaters befinden sich in meinem Besitz.

Leider sind diese Briefe nicht vollständig und teilweise auch nicht chronologisch.

Ich habe die mir vorliegende Kriegspost auf verschiedene Themenstellungen hin durchforstet und entsprechend passende Auszüge selektiert. Es kann vorkommen, dass ein Brief mehrfach zu verschiedenen unterschiedlichen Themenstellungen herangezogen wurde.

Dieses Buch soll auf keinen Fall eine geschichtlich exakte Wiedergabe der damaligen Politik des nationalsozialistischen Deutschlands sein und wird auch keine eigene Stellungnahme der Autorin hierzu enthalten.

Es ist lediglich das Fragment eines privaten Kriegsberichtes, der die Probleme und Belastungen eines Einzelnen widerspiegelt.

Die Geschehnisse in den Jahren 1939–1944, Kriegseinsatz an der Westfront, in Norwegen und an der Ostfront im Baltikum, sind aus der Sicht meines Vaters dargestellt.

Er lässt in seinen Feldpostbriefen in einigen Passagen kein gutes Haar an der norwegischen Bevölkerung. Bei allen, die daran Anstoß nehmen sollten, entschuldige ich mich hiermit für seine oft überspitzten und beleidigenden Äußerungen, insbesondere bei den Norwegern selbst, die ich während zweier Urlaubsreisen durch ihr einmalig eindrucksvolles Heimatland als liebenswerte Menschen kennengelernt habe.

Seine ihm ganz eigene Sprache wurde unverändert beibehalten, auch wenn sie grammatikalisch nicht immer korrekt ist.

Alle Namen seiner Kameraden und Vorgesetzten wurden geändert. Eventuelle Namensgleichheiten wären rein zufällig.

Anfang

Es begann im Jahre 1984, beinahe vierzig Jahre nach Ende des Zweiten Weltkrieges.

Mein Vater war als Letzter meiner Herkunftsfamilie verstorben.

Nach reiflicher Überlegung fasste ich den Entschluss, mein Elternhaus zu verkaufen, doch dazu musste es zuerst einmal ausgeräumt werden. Bei dieser sich über Wochen hinziehenden Arbeit – ich war mit meinen Kräften, Nerven und Gefühlen längst am Ende – war die Inaugenscheinnahme des Dachbodens nur noch ein letztes Muss.

Was fand ich dort unter Jahre alten Staubschichten?

Als Erstes einen alten Birkenholzschrank meiner Großeltern. Für sie musste der Veteran ein Schmuckstück gewesen sein. Ich allerdings wusste nicht so recht, wo das Möbel in meinem Haus unterbringen und beschloss: »Das alte Teil wird verkauft.«

In diesem Schrank, in Packpapier eingeschlagen, fand ich drei gerahmte Familienbilder: meine Urgroßeltern mütterlicherseits, meine Großeltern mit meiner Mutter als Kind und ein Bild einer vor Jahren verstorbenen Großtante. Diese Bilder nahm ich an mich. Sie schmücken heute in allen Ehren eine Wand in meinem Zuhause.

Im zweiten Dachbodenabschnitt fand sich ein großer, alter, brauner Koffer. Ein Koffer, wie ihn früher die Schiffsreisenden bei ihrem Gepäck hatten. Dieser war angefüllt mit einer Unmenge alter Briefe. Für mich genügte ein kurzer Blick und ich beschloss:

»Diese Briefe habe ich bisher nicht gelesen und werde auch in Zukunft keine Zeit dazu haben. Sie werden vernichtet.«

Es waren die von meinen Eltern sorgsam gesammelten und aufbewahrten Zeugnisse an Zeiten und Ereignisse ihres Lebens, die ihnen im Augenblick des Erlebens so wichtig erschienen waren, dass sie sie in Briefen festhielten, diese sammelten, abhefteten und verwahrten.

Mit Sicherheit hatte mein Vater im Laufe seiner letzten Lebensjahre, die angefüllt waren mit Krankheit, Sterben und Tod, vergessen, dass hier oben auf dem Dachboden noch eine Schatzkiste voller Erinnerungen stand. Vielleicht wollte er auch Vergangenes ruhen lassen. Eventuell waren diese Erinnerungen zu schwerwiegend für ihn. Der Koffer enthielt Liebesbriefe aus der Zeit des Kennen- und Liebenlernens meiner Eltern, Geschäftsbriefe zwischen zwei recht unterschiedlichen und nicht immer einigen Firmeninhabern und eine Unmenge von Feldpost, die mein Vater als Soldat von seinem jeweiligen Kriegseinsatzgebiet auf den weiten Weg in die Heimat geschickt hatte.

Leider habe ich durch eigenes Verschulden einen Großteil dieser Post mutwillig vernichtet und damit für immer verloren. Eine Tatsache, die ich heute unendlich bedauere. Sehr dankbar bin ich meiner Tochter Jutta, die sich damals, vor dreißig Jahren, einige Briefbündel schnappte und mit nach Hause nahm.

Jetzt nach langer Zeit habe ich beim Durcharbeiten dieser Kriegspost festgestellt, dass eine große Anzahl nicht nur durch mein Verschulden – meine Dummheit – verloren ging. Nein, auch bei den Transporten ging so mancher Postsack auf dem Weg von Norwegen nach Deutschland und umgekehrt durch Torpedobeschuss der Frachter in der Nordsee unter. Auch brannte das Hauptfeldpostamt in Berlin bei einem Angriff im Herbst 1943 gänzlich aus. Viele Briefe und Dokumente wurden ein Opfer der Flammen.

Mit dem Älterwerden umkreisen uns unsere Erinnerungen an frühere, vermeintlich doch so gute Jahre immer öfter. Viele Stationen des vergangenen Lebens werden in schlaflosen Stunden lebendig. Unser zurückliegendes Leben erscheint in unseren Träumen gleich einer Erinnerung an gestern. Unser gelebtes Leben spult sich wie ein Filmstreifen vor unserem inneren Auge ab. Wir werden Zuschauer unseres bisherigen Lebens.

Über dieses Erleben gelebten Lebens hat mein Vater manches Mal mit mir gesprochen. Ich bin sicher, dass diese späte Betrachtung seines Lebens ihn glücklich und ruhig gemacht hat.

Heute machen zerknitterte und verstaubte Briefe meines Vaters es für mich möglich, ungestellte und nicht beantwortete Fragen aufzuarbeiten. Liebevolles Erinnern an einen Menschen. Begreifen und Verstehen seines Denkens und Handelns. Spätes Kennenlernen.

In den letzten beiden Jahren habe ich mich damit beschäftigt, den Inhalt dieser noch vorhandenen Briefe in den Computer einzuspeisen. Eine mühselige Arbeit, da erstens gut 60 Prozent derselben in Sütterlinschrift geschrieben sind und zweitens mein Vater viele und teils auch sehr lange Briefe verschickte.

Der Gefreite und spätere Unteroffizier Rudolf Bury war während seines Kriegseinsatzes in Norwegen zuerst auf der Geschäftsstelle der Panzer-Jäger-Abteilung als I a – Schreiber und später, als er zu guter Letzt Ende Februar 1944 noch an die Ostfront abkommandiert wurde, dort als Gefechtsstandsschreiber eingesetzt. Oft hatte er Gelegenheit, seine privaten Briefe auf der Schreibmaschine der Geschäftsstelle zu tippen. Sie durchliefen nicht immer den vorgesehenen Weg mit der allgemeinen Feldpost. Manches Mal gab er seine Korrespondenz in Urlaub fahrenden Kameraden mit auf den Weg, um die sehr strenge Zensur zu umgehen. Dann und wann mengte er seine Briefe auch unter die Geschäftspost, um deren Transport zu beschleunigen.

Lange Zeit, Monate, habe ich darüber nachgedacht, auf welche Weise ich mein Vorhaben, aus dieser Kriegspost interessante Details zu filtrieren, anpacken und gestalten könnte.

Heute weiß ich genau, es war nicht damit getan, dass ich alle bei mir vorhandenen Feldpostbriefe meines Vaters in den Computer übertragen und gespeichert habe.

Einen Großteil seiner Eindrücke möchte ich der Nachwelt nicht vorenthalten.

Ich werde daher versuchen, größtenteils meinen Vater in Auszügen aus seinen noch vorhandenen Briefen selbst zu Wort kommen zu lassen. Er soll uns berichten von seinen Aufgaben während des Kriegseinsatzes in Norwegen und an der Ostfront, über seinen Umgang mit der norwegischen Bevölkerung, seine Gedanken, seine Treue und seine Einstellung zur Moral seiner Kameraden, die während der langen Abwesenheit von zu Hause geradezu in Abgründe stürzte. Er soll vorbehaltlos seine seelische Verfassung offenlegen, die zunehmend unter dem lang andauernden Kriegseinsatz litt, und seine folgerichtige Erkenntnis für den Fall des ersehnten Endes des Zweiten Weltkrieges aussprechen:

»Meine Welt ist eine andere geworden.«

Mobilmachung

Meine Eltern, seit vier Jahren glücklich verheiratet, verbrachten im August 1939 einige wenige Urlaubstage am Bodensee. An diese glücklichen Tage sollte sich mein Vater während seines Kriegseinsatzes in Norwegen noch oft erinnern und diese Erinnerung an sonnige Ferien rund um den Bodensee wärmte seine geschundene Seele.

Am Donnerstag, dem 26. August 1943 ging Feldpostbrief Nr. 569 auf den langen Weg in die Heimat.

Mein liebes Frauchen!

Um diese Zeit vor genau vier Jahren fraß sich unser D-Zug, mit dem wir gegen 19.00 Uhr abends Konstanz verlassen hatten, auf dem im Abendsonnenschein glitzernden Schienenstrang hinein in die Hagauer Berge, und das markante Profil des Hohen Twiel bei Singen hob sich von einem glutrot leuchtenden Himmel ab. Morgens waren wir noch bei Koflers in Überlingen gewesen, um die Mittagszeit stampften wir auf dem Buckel der alten »Zähringen« durch den Untersee, an der Mainau vorbei, und damals war es, als der eingeschaltete Lautsprecher auf dem Dampfer im Nachrichtendienst jene Fahrplanbeschränkungen der Reichsbahndirektion durchgab, die uns veranlassten, in Meersburg angekommen, schnell unsere Koffer zu packen.

Kurze Zeit später hatten wir an dem kleinen Schiffsbahnhof Mühe, unser Gepäck loszuwerden. Ich stieg noch selbst durch das Schiebefenster und stellte alle Gepäckstücke eigenhändig auf die Wagen, der Beamte war ganz kopflos, aber endlich hatten wir den Aufgabeschein in der Hand und schritten Arm in Arm dem Strandbad zu, um noch ein letztes Mal in dem hellgrünen Element des Sees zu baden. Sonne lag über dem Wasser, eine glitzernde Bahn verlor sich in dem blauenden Dunst der Schweizer Seite, aber klar umrandet hoben sich drüben die Alpen ab, majestätisch überragt von dem Säntis.

Wir genossen noch einmal unseren Bodensee und das »Auf Wiedersehen« dieser Stunde sollte mich nicht mehr verlassen. So denke ich heute, nach vier Jahren, an diese schöne Stunde zurück.

Um den Ufervorsprung mit dem charakteristischen Kirchlein von Langenargen nahte sich aber mahnend das Dampfschiff Richtung Konstanz. Wir zogen uns an, liefen dann langsam der Seestraße entlang und bald nachher ertönte die Schiffsglocke und die Brücke wurde von Land übergeschoben. Nun hieß es einsteigen.

Und als sich bereits wieder eine Bahn milchig-weißen Kielwassers nach der Landungsrampe zog und von dem seewärts fahrenden Dampfer eine lange Rauchfahne im Wind stand, standen wir selbst oben auf Deck mit einem Blick, in dem etwas wie Wehmut lag, und sahen auf das scheidende Meersburg, jenes unvergessliche Bild, dem wir mit unserem Filmchen: »Sonnenschein am Bodensee« eine bleibende Erinnerung gesetzt haben.

Ankunft in Konstanz, Einsteigen in den Frankfurter Zug, eine tolle Nachtfahrt – die schlimmste in unserem seitherigen Leben – überfüllt, Berge von Gepäck auf allen Bahnsteigen, die ersten Rekruten steigen in den Schwarzwalddörfern zu, die Mädels singen Abschiedslieder, weiter geht's in die Nacht, umsteigen, Züge werden geteilt, umrangiert, das Personal ist kopflos.

– Frankfurt, umsteigen, Hanau Hauptbahnhof, wir fahren mit einer Taxe nach Hause, im Wohnzimmer ziehe ich den

Laden auf, dann legen wir uns übermüdet auf die Couch. Kurze Zeit nur – der Postbote schellt – »Herr Bury, gestern hatte ich einen Brief des Wehrmeldeamtes für Sie, fahren Sie mit dem Rad doch einmal hin und sehen zu, was los ist.« Ich hin – Du richtest derweil den Kaffeetisch – ich komme zurück – ein blauer Briefumschlag. »Sie haben sich am 27.8.1939 bis 24.00 Uhr in der Rektoratsschule Groß-Auheim zu melden.«

Das war vor vier Jahren. Wie ein Blitz aus heiterem Himmel durchriss der Blitz eines unaufhaltsamen Schicksals unser kleines persönliches Leben, unser trautes Glück, unsere Häuslichkeit, unsere Zukunftspläne, unseren Himmel, der uns voller Geigen hing – und damit unsere schönste Zeit, Jugendzeit.

Der Regen klatscht an das Fenster meines Dachkämmerchens. In der Ferne bellt irgendwo ein Hund, Nacht ist es draußen. Der U.v.D. pfeift im Treppenhaus und ruft in alle Gänge hinein: »Verdunkeln.« Auf dem Tisch steht das Bildchen und mein Töchterchen blickt ihren Vati an, wie als wollte es fragen: »Wann kommst Du wieder?«

Ja, wenn ich das nur wüsste!!

Bei der Ankunft und dem Betreten norwegischen Bodens im Mai 1940 war das Wort »Krieg« für die beteiligten Truppen noch gleichzusetzen mit dem Wort »Abenteuer«.

In den langen kalten Nordnächten der Kriegsjahre 1941 bis 1942 waren das Untätigsein und das aussichtslose Dahindümpeln für die Soldaten jedoch mittlerweile unerträglich geworden. Das »Wie soll es weitergehen?« oder die Frage »Wann ist endlich dieser verdammte Krieg zu Ende?« beschäftigten sie Tag und Nacht. Die Panzerjägerabteilung versank in Schwermut, Saufgelagen und Unmoral.

Um diesem Treiben aus dem Wege zu gehen, zog sich mein Vater oftmals zurück und begann mit der schriftlichen Aufarbeitung seiner Erlebnisse seit Beginn des Krieges.

Heute gehe ich davon aus, dass er vorhatte, diese Erlebnisse in einem Bericht eventuell für ein späteres Buch festzuhalten. Leider konnte er dieses Vorhaben nur beginnen.

Seine Aufzeichnungen sind detailliert und ein wertvolles Dokument. Es ist lohnend, sie zu studieren.

Aufstellung der Abteilung

Der allgemeine Mobilmachungsbefehl, der in der Nacht vom 25. auf 26. August 1939 die wehrfähigen deutschen Männer zu den Waffen rief, rief auch unsere Panzer-Jäger-Abteilung zum Kampf für Volk und Vaterland auf den Plan.

Alles Erforderliche war seit langer Sicht für diesen Tag vorbereitet gewesen. Seit Sommer 1938 war Oberstleutnant v. Waskow als Sonderwaffenoffizier für Panzer-Abwehr zum Stabe des Landwehrkommandeurs Hanau, General Griebel, versetzt worden. In mehrwöchentlichen Übungen im Lager Ohrdruf und in zahlreichen kleineren Tagesübungen in der Umgebung von Gelnhausen hatte er Offiziere, Unteroffiziere und Mannschaften für diese junge Waffe des deutschen Heeres herangebildet, sodass, als jetzt der Mobilmachungstag gekommen, eine kriegsverwendungsfähige Panzer-Jäger-Abteilung einsatzbereit auf den Befehl warten konnte.

Am Nachmittag des 25. August 1939 war durch einen Fernspruch die Kennziffer für den Mobilmachungsbefehl ausgegeben worden. Eine fieberhafte Tätigkeit setzte alsbald beim Landwehrkommando Hanau ein. Seit 14 Tagen war dem Abteilungsstab von der Panzer-Abwehr-Abteilung 15, Büdingen, ein aktiver Offizier, Leutnant Surré, als Adjutant zugeteilt worden, unter dessen Leitung nun die letzten Mob-Vorbereitungen getroffen wurden. In Groß-Auheim mussten die für den Stab, Nachrichtenzug und 1. Kompanie vorgesehenen Quartiere (Rektorats- und Kreisberufsschule) hergerichtet werden. Bereits in den Abendstunden des 25. August trafen die Offiziere, die einen »Sofort-Befehl« hatten, in Hanau ein. Als Erste meldeten sich

Hauptmann König, Chef der 1. Kompanie, dann
Hauptmann Schramm, Chef der 2. Kompanie und
Hauptmann Tiedemann.

Hauptmann Kempf, Chef der 3. Kompanie und
Oberleutnant Flenz, Führer des Nachrichtenzuges, konnten infolge Verkehrsstörungen auf der Bahn erst am Morgen des 26. August ihre Tätigkeit aufnehmen. Von der Fahrzeugbeschaffungskommission waren für die Einheiten, von denen die 2. Kompanie in der Mädchenschule Langenselbold und die 3. Kompanie im Haus der »Weißen Väter« im Wald bei Groß-Krotzenburg aufgestellt wurden, je ein Lkw zugeteilt worden, mit dem nun das benötigte Unterkunftsmaterial, die Bekleidungs- und Ausrüstungsgegenstände durch die bereits eingetroffenen und eingeteilten Funktionsunteroffiziere bei dem Heeresnebenzeugamt Hanau empfangen wurden. Nach und nach trafen mit den einlaufenden Zügen die Mannschaften an ihrem, auf dem Mobbefehl angegebenen Bestimmungsort ein, viele begleitet von ihren Frauen und Bräuten. Der alte Kameradschaftsgeist, der sich in Ohrdruf bei so manchen harten Ausbildungsstunden bereits trefflich bewährt hatte, schlug die ehemaligen Kameraden wieder in seinen Bann und half über den Ernst der Stunde hinweg. In den Wirtschaften ging es bald laut her. Nur wenn der Nachrichtendienst neue Meldungen brachte, herrschte atemlose Stille, denn jeder war aufs Äußerste gespannt, wie sich die Dinge weiter entwickeln würden. Vielleicht wurde doch noch alles in letzter Minute wieder ins rechte Geleise gebracht – dann konnte man ja in wenigen Tagen wieder nach Hause zurückkehren und sich des kurzen Erlebnisses freuen!

Der andere Tag jedoch belehrte uns, dass es bitter ernst wurde. In den unteren Räumen der Rektoratsschule herrschte geschäftiges Treiben. Auf ausgebreiteten Zeltbahnen lagen am Boden die Bekleidungsstücke, die es jetzt zu verpassen galt. Das war kein leichtes Stück Arbeit, denn die Panzerabwehrleute waren doch eine sehr gemischte Gesellschaft. Neben den schon stark beleibten Veteranen aus dem Weltkrieg stand der zum Teil noch nicht gediente junge Ersatz. Bald hing der Rock über die Schultern wie bei einer Vogelscheuche, bald krachten schon sämtliche Nähte bei dem ersten Versuch, mit dem Arm durch den Ärmel zu fahren. Nur durch einen regen Austausch mit den benachbarten Garnisonen Hanau und Aschaffenburg konnte dem Übel abgeholfen werden. Als dann der Tag zu Ende ging, marschierte so mancher im schlichten feldgrauen Rock einher, der am frühen Morgen als distinguierter Herrenfahrer mit seinem blauen Mercedes in seidener Wäsche und Sportdress vorgefahren war. Aber auch vor den vornehmen Wagen machte die Gleichschaltungskommission nicht Halt und versah mittels Spritzverfahren jeden einzelnen mit einem grauen Anstrich.

So konnte schon am nächsten Morgen ein kurzer Probemarsch über Land stattfinden und das Forsthaus bei Hanau erlebte im Anschluss an den geglückten Verlauf fröhliche Stunden der sich schon ganz als »Soldateska« fühlenden bunt zusammengewürfelten Schar.

Nach der Besichtigung durch den Kommandeur wurden die Offiziere den Einheiten zugewiesen und wie folgt verteilt:
Stab: Leutnant Surré (Adjutant), Hauptmann Uhlmann, Hauptmann Fritz, Verwaltungsinspektor Baum, Hauptmann Unger, Stabsarzt Dr. Probst.
Nachrichtenzug: Oberleutnant Flenz
1. Kompanie: Hauptmann König (Chef), Hauptmann Hernes, Oberleutnant Ritzel, Leutnant Seifert

2. Kompanie: Hauptmann Schramm (Chef), Hauptmann Tiedemann, Oberleutnant Angel, Oberleutnant Gunkel
3. Kompanie: Hauptmann Kempf (Chef), Hauptmann Mayer, Oberleutnant Wolek

Am 31. August 1939 traf der Abmarschbefehl ein, der die Abteilung nach Baumholder abrief.

Einsatz im Westen

Kaum graute im Osten der Tag, da wurde es drunten am Main auf dem Parkplatz lebendig. In langen Reihen standen dort die Wagen und davor die Motorräder mit und ohne Beiwagen für die Meldeorgane. Das Gepäck war schon tags zuvor ordnungsgemäß verstaut worden und die Fahrer hatten voll aufgetankt. Und als über den fernen Kämmen des Spessarts vollends die Sonne aufging, erstrahlte die lange weiße Linie der Autobahn in ihrem Licht und der Wind trieb dicke Staubwolken der fahrenden Kolonnen über Wiese und Wald.

Nach halbstündiger Fahrt war Frankfurt erreicht. Beiderseits der Straßen, durch die uns die Feldgendarmerie durchschleuste, stand wie eine Wand die Bevölkerung Kopf an Kopf. In stummer Ergriffenheit rief uns die Heimat ihr »Lebewohl« zu. Von den langen Fensterfluchten der hohen Häuser regnete ein Blumenregen auf uns herab. Dort hielt eine Frau ihr Kind zu einem Abschiedswinken uns entgegen. Tränen rannen beiderseits ihrer Wangen hinunter. Der Weltkrieg hatte ihr einst den Vater genommen. Belegte Brote, Kuchen in Hülle und Fülle, Äpfel, Zigaretten wurden uns in die Wagen geworfen. Dort kamen die Frauen mit Kannen an unseren Fahrweg, füllten die entgegengehaltenen Becher mit heißem Kaffee und sagten uns herzliche Worte. Bald ging es aus Frankfurt heraus. Aus vielen Richtungen mündeten weitere Kolonnen ein und standen am Schnittpunkt der Straßen bereit.

Höchst – Mainz-Kastell – dann ging es über die Rheinbrücke.

Allüberall säumten Menschen von beiden Seiten die Fahrbahn.

Gegen Mittag wurde in Niederingelheim ein Halt gemacht. Büchsen mit Fleisch, Kommissbrot und Kaffee wurden ausgegeben. Drüben vom jenseitigen Ufer herab hob wie segnend die Germania ihren Arm und grüßte zu uns herüber.

Und weiter ging die Fahrt der Nahe entlang. Bad Kreuznach wurde passiert, Idar-Oberstein – und am Spätnachmittag erreichte die Abteilung den Truppenübungsplatz Baumholder. Der Lagerkommandant wies die Abteilung ein.

Barackenunterkünfte wurden bezogen, die Fahrzeuge zum Teil provisorisch in unfertigen Hallen untergestellt, Geschäftszimmer wurden eingerichtet und den Einheiten Wirtschaftsgebäude, stationäre Küchen mit allem Drum und Dran zugewiesen und an den nächsten Tagen begann so allmählich einige Ruhe über die Gemüter zu kommen: Man richtete sich ein!

Auf den Geschäftszimmern gab es allerhand zu tun: Kartenmaterial wurde empfangen und verteilt, Offizierskriegsstammrollen, Erkennungsmarkenlisten, die Stammrollen der Mannschaften sorgfältig angelegt. Die Offiziere wurden in ihre nächstliegenden Aufgabengebiete eingewiesen und tagsüber begann die Ausbildung der Truppe bei glühender Hitze.

Fliegerdeckungsgräben wurden ausgehoben, Ersatzteile für die Kraftfahrzeuge beschafft, Munition – soweit sie nicht gleich mitgeführt worden war – empfangen und allmählich spielte sich der Geschäfts- und Dienstbetrieb der Abteilung ein.

Und als der Kommandeur am 26. August seinen ersten Kriegsgeburtstag im Kreise seines Offizierskorps beging, die Truppe vor seinem Zimmer angetreten war und ihm ein frisch-fröhliches Soldatenlied als Ständchen darbrachte, konnte man zuversichtlich den Aufgaben entgegensehen, die die Zukunft für die Abteilung bereithielt.

So waren drei Wochen in vorbereitender Kleinarbeit herumgegangen. In Polen war der Feind geworfen und ein erstes Aufatmen ging durch das Land.

Da traf ein Befehl von der Division ein, der die Abteilung nach dem Westwall zu abrief.

Hauptmann Fritz fuhr gleich am ersten Abend als Vorkommandoführer voraus, die Abteilung sollte in den Abendstunden des nächsten Tages nachkommen.

Wieder wurde gepackt und verladen und als am nächsten Tag die Sonne hinter dem Hochwald verschwand, rückte die Abteilung aus dem Lager ab und stellte sich unterhalb im Tal fliegergedeckt unter den breit ausladenden Apfelbäumen, die längs der Chaussee entlang standen, auf. Ein Unteroffizier gab Munition aus.

Dann setzte sich das Fahrzeug des inzwischen beförderten Hauptmann Flenz an die Spitze der Kolonne und hinein ging es in einen Abend und eine Nacht.

Bestimmungsort: Hüttersdorf.

Für die 3. Kompanie war das Reichsarbeitsdienstlager Reimsbach als Unterkunft vorgesehen.

Die Abteilung hatte die Aufgabe, Stellungen auszubauen und zu beziehen zwischen der Merchinger Höhe und der Prims in Höhe des Städtchens Diefflen. Durch Einsatz des I.R. 367 und I.R. 388 wurde eine Umgruppierung der Einheiten der Abteilung notwendig.

Am 2. Oktober wurden der Stab/Nachrichtenzug und die 2. Kompanie nach Oppen verlegt, während die 1. Kompanie im seitherigen Unterkunftsort Hüttersdorf und die 3. Kompanie in Reimsbach verblieben. Hauptmann Fritz, bei dem sich bereits in Baumholder Anzeichen eines Leidens bemerkbar gemacht hatten, verließ uns in Hüttersdorf, um in Frankfurt am Main Aufnahme in einem Lazarett zu finden. Auch Hauptmann Flenz war in Baumholder erkrankt und verließ uns nach vorübergehender Besserung in Oppen. Leider führte seine Erkrankung zum Tode. Er starb im Lazarett in Wiesbaden.

Die Kompanien hatten die Aufgabe, in ihren Abschnitten Stellungen und Wechselstellungen auszubauen, um einen evtl. Angriff über die Saar zu zerschlagen. Die Stellungen der 1. Kompanie befanden sich bei Diefflen, die der 2. auf der Merchinger Höhe und die der 3. bei Haustadt. Die Abteilungsbeobachtungsstelle war auf dem Saarfels, der Abteilungsgefechtsstand bei Höhe 262 an der Straße zwischen Hondzrath und Düppenweiler. Da bei einem feindlichen Angriff mit Beschuss der Ortschaften zu rechnen war, wurde den Einheiten befohlen, an geschützten Stellen Waldlager zu bauen. Unzählige Fahrten in die nähere und weitere Umgebung der Truppenunterkünfte erbrachten bald ein klares Bild über die Möglichkeiten, die das Terrain bot, und unter Anlehnung an die Befestigungsanlagen des Westwalls wurden Pläne über die künftigen Lagen von Stellungen, Wechselstellungen und Waldlagern getroffen. Verträge mit Holzsägereien sicherten das erforderliche Holzmaterial. Zement und Eisen wurden durch den Bauoffizier der Division, Hauptmann Renzel, beschafft.

Bereits wenig später konnten Arbeitskommandos von den Einheiten abgestellt werden, die im Verein mit Arbeitsdienstkräften aus dem Lager Reimsbach die ersten Ausschachtungsarbeiten vornehmen konnten.

So entstanden im Laufe der Zeit Unterkunftsräume für Offiziere und Mannschaften, zuweilen – wie bei der 2. Kompanie – von so romantisch wohnlicher Art, dass der

Gedanke, den Winter über in diesem Waldlager verbringen zu müssen, durchaus keinen Schrecken hatte.

Diese Bautätigkeit wurde unterbrochen durch Verfügung der Division, dass die Kompanien der Abteilung in 14-tägigem Wechsel die 14. Kompanien der Infanterieregimenter abzulösen hatten, die bereits seit Mitte September unter schlechtesten Witterungs- und Unterkunftsverhältnissen im Vorfeld eingesetzt waren. Zur ersten Ablösung bezog Hauptmann König mit seiner Kompanie Mitte Oktober die Pakstellungen im Bereich des I.R. 367 bei Oberesch. Von hier aus führte er sein Spähtruppunternehmen durch, dem sich später Feldwebel Gustav mit mehreren weit in Feindesland führenden Erkundungen anschloss.

Die 2. Kompanie löste die 14. Kompanie des I.R. 355 ab und bezog Stellungen bei Dillingen und Gisingen. Sie war in die Wetterecke des Divisionsabschnittes geraten, denn gerade in die Gegend um den Hirnberg, das Dorf Ihn, Rammelfangen und Gisingen pflegte der Franzose unangenehmes Störungsfeuer zu legen. Dazu kam, dass in diesen Ortschaften jedes Haus, jeder Garten, jeder Weg noch vermint war. Zwar wurden im Laufe der Zeit die Minen durch die Pioniere entfernt, aber alle Minen, die in den Plänen eingezeichnet waren, konnten sie nicht mehr auffinden und so blieb ständig die Gefahr bestehen, plötzlich gewaltsam auf die Verlustliste gesetzt zu werden.

Die 3. Kompanie löste die 14. Kompanie des I.R. 388 mit Stellungen bei Beckingen, Kerprichhemmersdorf und Gerlfangen ab. Wohl infolge der Überschwemmungen, die durch die starken Regengüsse des September hervorgerufen worden waren, wurde der Feind veranlasst, seine vorderen, auf deutschem Boden liegenden Stellungen zu räumen und sich mehr nach der Maginotlinie mit ihren gut ausgebauten

Bunkern zurückzuziehen. Es war für die O.H.L. naturgemäß von größter Wichtigkeit, Aufschluss über diese Feindbewegungen zu erhalten und zu erfahren, wo dessen erste Hauptwiderstandslinie sich hinzog. Für unternehmungslustige Feldgraue war es eine willkommene und reizvolle Aufgabe, den Feind zu beobachten und ihm bis in seine Schlupfwinkel hinein nachzugehen. Daneben hatte sich aber noch geradezu ein neuer Sport entwickelt, mit dem die Kompanien gegenseitig wetteiferten.

Die Kundschafter, die über die deutschen Linien hinausgingen, hatten beobachtet, dass in den geräumten französischen Ortschaften allenthalben noch Schweine in großer Zahl und jeder Größe darauf warteten, von den Feldgrauen als willkommene Beute den Feldküchen als zusätzliche Verpflegung oder den Ställen zur weiteren Mast zugeführt zu werden. Manchmal war das auch schwierig, wenn hin und wieder ein Schwein durch lautes Schreien seinen Unwillen über die geplante Entführung zum Ausdruck brachte. Doch der Feldgraue wusste sich zu helfen. General Griebel brach in lautes Gelächter aus, als er eines Morgens in der ersten Dämmerung beim Dorfe Ihn beobachten musste, wie aus Richtung Leiningen eine französische Sau mit verbundenem Rüssel und gefesselten Beinen im Beiwagenkrad durch alle Sperren und Hindernisse sicher und zielbewusst hindurchgeschleust wurde.

Die Spähtrupps, die den Feind aus nächster Nähe beobachteten, stellten fest, dass er nur einen dünnen Schleier vor die deutschen Stellungen gelegt hatte und dass von einem aggressiven Geist der französischen Truppen kaum die Rede sein konnte. Überhaupt benahm der Franzose sich so, als ob er mehr zu einem harmlosen Manöver als zu einem großen Krieg angetreten sei. Mit dem Glas konnte man bei hellem

Tag Schanzarbeiten und unbekümmertes Hin- und Herlaufen beobachten, was bei der alten kriegerischen Mannschaft der 214. Inf. Div. mit Kopfschütteln quittiert wurde. Immerhin erforderten die durchgeführten Spähtruppunternehmungen viel persönlichen Mut und Entschlusskraft. Wer war von den in der Dunkelheit dahin schleichenden Feldgrauen sicher, dass er nicht in nächster Minute auf eine Mine trat oder vom Feind aus sicherem Versteck heraus, schon lange beobachtet, unversehens mit MG-Feuer oder Handgranaten empfangen wurde?

Jedenfalls ist den tapferen Männern, die es unternahmen, dem Feind in seine Karten zu schauen, höchste Anerkennung zu zollen und auch seitens der Division gezollt worden. Nicht weniger als 8 EK II und 1 EK I wurden von der Division an die Angehörigen der Panzer-Abwehr-Abteilung in dieser Zeit verliehen. Es waren Spähtruppunternehmungen durchgeführt worden von Hauptmann König, Führer der 1. Kompanie, Hauptmann Kempf, Führer der 3. Kompanie, der trotz seiner 53 Jahre nicht weniger als 7-mal jenseits des französischen Drahtverhaues auf Erkundung unterwegs war, von Leutnant Seifert, Zugführer in der 1. Kompanie und von Feldwebel Gustav.

Hauptmann Kempf gelang es Ende Dezember noch eine besonders willkommene Beute zu bergen. 64 französische Güterwagen standen auf der Bahnlinie westlich des Bahnhofes Gerstlingen, jenseits des französischen Drahtverhaues. Diese wurden im Dunkel der Nacht, ohne dass der Franzose es merkte, bis an den Bahnhof Gerstlingen zurückgezogen, wo sie wegen der gesprengten Brücke über die Ihn zunächst stehen bleiben mussten. Hauptmann Kempf wollte jedoch keine halbe Arbeit leisten und so unternahm er es mit einem Kommando beherzter Männer in 4-wöchentlicher, allnächtlicher mühevollster Arbeit bei strengster Kälte um die gesprengte Brücke herum ein Umgehungsgleis vom Bahnhof Gerstlingen bis vor Kerprich-Hemmersdorf zu legen. Leider war ihm der letzte Erfolg versagt, denn als diese mühe- und gefahrvolle Arbeit kurz vor der Vollendung stand, wurde die Division am Westwall aufgelöst. Leider verloren wir kurz vor dem Ausmarsch in Oppen noch unseren Stabsarzt Dr. Probst, der auf der vereisten Straße ausgeglitten war und ein Schlüsselbein gebrochen hatte. Nach kurzer Gastrolle des Unterarztes Broschert (von den Mannschaften scherzweise »Brosche« genannt) wurde Stabsarzt Berger zu uns versetzt, der über ein Jahr lang unser treuer ärztlicher Betreuer werden sollte.

Vorbereitung auf besonderen Einsatz in Nordeuropa – Bretzenheim –

Die Tage des Einsatzes an der Saar lagen hinter uns. Die so lange ersehnte Ablösung, die uns näher der Heimat bringen sollte, war Wirklichkeit geworden. Die Division sammelte sich in der Umgebung von Wiesbaden.

Bretzenheim, ein Vorort dicht vor den Toren der Stadt Mainz, sollte für die nächste Zeit unsere neue Soldatenheimat werden. In grimmiger Kälte fand unser Einzug statt, und manch einer musste lange Zeit hindurch allabendlich im »Rabennest« oder im »Scharfen Eck« die erstarrten Glieder durch reichlichen Genuss rhein-hessischen Weines wieder auftauen, denn die Kälte hielt an. Es schneite und schneite, Tag und Nacht, und bald waren die engen Straßen des Dorfes kaum noch passierbar, was namentlich zur Nachtzeit von späten Wanderern als äußerst unangenehm empfunden wurde.

Doch da griff der Ortskommandant, Hauptmann Angel, rettend in die Situation ein. Ein Schneeschipperkommando fuhr tagelang mit mehreren Lkws den Schnee zum Dorf hinaus, und in kurzer Zeit war der Verkehr innerhalb der Dorfstraßen wieder ungehindert möglich.

Im hinteren Seitenbau der Volksschule, im Direktionszimmer, hatte sich das Abteilungsgeschäftszimmer niedergelassen, von wo aus nun die Geschicke der Abteilung gelenkt und geleitet wurden. Des Dienstes ewig gleichgestellte Uhr war in kürzester Frist aufgezogen und neu in Gang gebracht worden. Auf dem Sportplatz am Dorfausgang nach Essenheim zu wurden fleißig Fuß- und Geschützexerzieren geübt, und alltäglich sah man in der Umgebung Bretzenheims flinke Panzerjäger ihre Geschütze in Stellung bringen, denn die meisten der in Ohrdruf ausgebildeten alten Kriegsteilnehmer waren ja in die Heimat entlassen worden und der neue Ersatz musste ausgebildet werden. In allwöchentlichen Planspielen, bei denen in der Regel der Ober-Olmer-Wald seinen im Ernstfall freilich recht fraglichen Schutz für Bereitstellungen zur Verfügung stellte, und in Geländebesprechungen, die sich zuweilen bis in den Odenwald ausdehnten und in Niederingelheim bei herrlichem Rotwein endeten, wurde das Offizierskorps für kommende Aufgaben geschult. Zum ersten Mal hatten wir hier in Bretzenheim Gelegenheit, unseren neuen Divisionskommandeur, Herrn Generalmajor Hernes, anlässlich einer Besichtigung kennenzulernen.

So flossen in ernster Ausbildungsarbeit die kurzen Februar- und Märztage des Jahres 1940 dahin, aufs Angenehmste unterbrochen durch gelegentliche abendliche Ausflüge nach dem nahen Mainz oder Wiesbaden oder gar durch Sonntagsurlaub in die Heimat.

Auf diese Weise hätten wir den Krieg gerne bis zu seinem baldigen Ende ausgehalten, doch wir wussten alle, dass dieser Wunsch nicht in Erfüllung gehen konnte.

Anlässlich eines solchen Sonntag-Kurz-Urlaubes hatten meine Eltern alle Details für den Ernstfall besprochen. Diese wenigen Einsatztage sollten mit Sicherheit nur ein abwechslungsreiches Intermezzo darstellen. Davon waren sie fest überzeugt. Kurz über lang konnten die Soldaten mit Sicherheit wieder ihre Rückreise in die Heimat antreten. Zwischen den Eheleuten wurde Folgendes vereinbart:

Punkt 1: Wir schreiben uns so oft als möglich. Damit wir die Laufzeit und das Eintreffen unserer Post besser kontrollieren können, werden wir unsere beiderseitigen Briefe nummerieren und den jeweiligen Eingang bestätigen.

Punkt 2: Sollte es möglich werden, dass wir uns ein Paket oder Päckchen schicken können, dann werden wir auch die Reihenfolge dieser Paketsendungen kenntlich machen, und zwar bezeichnen wir sie mit den fortlaufenden Buchstaben des Alphabetes.

Punkt 3: Km-Entfernungen oder Truppenstärken dürfen in der Feldpost nicht in Zahlen auftauchen. Der Feind könnte hieraus Rückschlüsse ziehen. Wir vereinbaren daher für prekäre Zahlen einen Code, z. B.: »S« = 0. (Leider ist es nicht gelungen, den weiteren Zahlencode zu entschlüsseln.)

Punkt 4: In der Post von meinen jeweiligen Einsatzorten werde ich viele Kameraden namentlich erwähnen und auch deren Heimatanschriften noch mitteilen. So wird es möglich sein, dass ihr Soldatenfrauen untereinander Kontakt halten und euch austauschen könnt.

Der Engländer hatte wieder einmal einen üblen Streich gespielt. Matrosen des Dampfers »Altmark«, den englische Kriegsschiffe im Jössingfjord in Norwegen gestellt hatten, waren auf ihrer Flucht über das Eis nach dem rettenden Lande zu mit Maschinengewehrfeuer niedergeschossen worden. Ein Schrei der Entrüstung über diese feige Tat ging tagelang nicht nur durch das deutsche Volk. Aber warum wurde der Rundfunk nicht müde, immer und immer wieder diese Schandtat zu erwähnen?

Sollte sich da oben in Norwegen etwas anbahnen?

Mancher, der ein feines Gehör hatte, wurde aufmerksam. Und warum wurde jetzt seitens der Division ein Fahrzeugappell angesetzt, zu dem alles in bestem fahrbereitem Zustand sein musste?

Wagen und Kräder wurden gespritzt, Ersatzteile ergänzt und technischer Dienst gemacht bis in die Abendstunden.

Ja, es lag Abschiedsstimmung in der Luft und das Rätselraten nahm kein Ende, wohin uns die gewaltige Kriegsmaschinerie jetzt schleudern werde.

So kam am 17.03.1940 der Befehl zum Abmarsch.

Der Abschied der Truppen war mit Sicherheit trotz aller Euphorie »endlich geht es richtig los«, schmerzlich und tränenreich. Frauen, Bräute, Kinder und Eltern waren nach Bretzenheim gereist, um ein persönliches Lebewohl zu sagen. Niemand wusste, was bevorstand, wann die Familien sich wiedersehen würden. Ein Abschied auf wie lange würde es sein? Die große Ungewissheit verunsicherte und ängstigte alle Beteiligten. Viele der Männer wurden nachdenklich und still.

So sehr sich mein Vater, wie auch die meisten seiner Kameraden, auf das Abenteuer »Krieg« freute – ihrer Meinung nach war abzusehen, dass dieser Krieg schnell erledigt und die deutschen Truppen siegreich zurückkehren würden – so groß muss auf der anderen Seite seine Sorge um das Wohlergehen seiner schwangeren Frau gewesen sein.

Das im Bau befindliche Häuschen, auf den Einzug dort hatten die beiden in Vorfreude ihr ganzes Augenmerk gerichtet, stand kurz vor der Vollendung. Wie sollte seine Frau den Um- und Einzug alleine bewältigen? Von welcher Seite konnte ihr Hilfe zuteil werden? Schwer heben durfte sie in ihrem Zustand schon lange Zeit nicht mehr. Und wenn die Wehen einsetzten? Was dann? Wie konnte sie das etwa vier Kilometer entfernt liegende Krankenhaus rechtzeitig erreichen? Öffentliche Verkehrsmittel gab es in der Neubausiedlung noch nicht zu dieser Zeit.

Triebel

Ein emsiges Leben hatte sich auf den Straßen Bretzenheims entwickelt. Fahrzeuge wurden verpackt, Geschütze aus den Unterstellräumen hervorgezogen und manches »Auf Wiedersehen« und mancher Händedruck wurde zwischen der Bevölkerung und den abmarschbereiten Panzerjägern getauscht. Von drüben her grüßten die ehrwürdigen Türme der Stadt Mainz zum letzten Mal. Wann werden wir dich wiedersehen »Goldenes Mainz«?

Mit dir schwindet für uns auch die Heimat dahin! Das Wort »Krieg« schaffte sich wieder breit und brutal in unseren Herzen Platz.

Ein wolkenbruchartiger Regenschauer, der im Nu fußhoch die Straßen überflutete und die Menschen unter die schützenden Dächer trieb, rauschte noch kurz vor der Abfahrt der zweiten Kompanie vom Himmel hernieder, und dann fuhr Hauptmann Tiedemann mit seinen Leuten als Erster aus Bretzenheim hinaus nach Mainz-Bischofsheim, wo in den Abendstunden des 19. März die zweite Kompanie zusammen mit dem Stab mit unbekanntem Ziel verladen wurde. Anschließend erfolgte die Verladung der ersten Kompanie, während die dritte Kompanie mit dem Nachrichtenzug von Biebrich-Ost aus abfuhr.

Schnell und reibungslos, als hätten wir es schon hunderte Male geübt, ging das Verladen der Fahrzeuge vonstatten und fand die lobende Anerkennung der Eisenbahnbeamten, die bei anderen Einheiten schlimme Erfahrungen hatten machen müssen.

Im gleichen ununterbrochenen Takt klopften unter uns die Räder – wenn wir nur wüssten, wohin sie uns entführten. Geht es nach dem Balkan, zu den »Wasserbüffeln«, wie der Kommandeur vermutete, oder nach Polen zur Besetzung oder wohin sonst?

Der anbrechende Tag belehrte uns, dass wir in nord-östlicher Richtung gefahren waren. Die Elbe wurde überquert und das Problem »Wasserbüffel« immer akuter. Da erhielt in den Abendstunden des 20. März der Transportführer, Hauptmann Tiedemann, vom Bahnpersonal die Mitteilung: »Alles vorbereiten zum Ausladen in Teuplitz!« Also in der Niederlausitz, in der Umgebung von Cottbus, sollten wir unser weiteres Schicksal erwarten! Stab, Nachrichtenzug und 1. Kompanie bezogen Quartier in Triebel, die 2. verblieb in Teuplitz, die 3. wurde nach Helmsdorf verlegt.

Zunächst waren wir, die wir von Saar und Rhein her kamen, von dem Quartierwechsel nicht sehr begeistert. Das in der Umgebung von Triebel nur hier und da von kleinen Waldparzellen durchsetzte Land mit seinem teils moorigen, teils sandigen Boden, machte auf uns einen wenig anheimelnden Eindruck. Als aber erst einmal die nähere Berührung mit den Töchtern des Landes und namentlich dem dort lagernden weiblichen Arbeitsdienst aufgenommen war, was überraschend schnell und entgegenkommend vonstatten ging, verwischte sich sehr rasch der etwas trostlose Eindruck der flachen Landschaft, indem jetzt der Blick in andere hügeligere und lieblichere Gegenden abgelenkt wurde. Und als es Ende April zum Abschied kam, flossen die Tränen der hinterbliebenen Schönen reichlich – ein rührendes Zeugnis dessen, wie gut man sich verstanden hatte. Manch einem der abfahrenden Panzerjäger – so sagt man – soll es allerdings leicht ums Herz geworden sein, als die Stätte seines allzu eifrigen jugendlichen Übermutes in der Abenddämmerung verschwand. Jedenfalls habt Dank, ihr freundlichen Mädchen vom weiblichen Arbeitsdienst von Triebel, Helmsdorf, Teuplitz und Zibelle für euer liebevolles Verständnis dessen, dass der Soldat vom Dienst allein nicht leben kann.

Denn Dienst musste im neuen Quartier gemacht werden, war es doch die Vorbereitung für eine Aufgabe, die wir noch nicht kannten, für die die O.H.L. uns aber ausersehen hatte. Eine neue Kampfesweise sollten wir uns hier herausbilden, die so ganz anders war, als unser Einsatz an der Saar sie von uns verlangt hatte. Jetzt galt es nicht mehr aus sorgfältig erkundeter und möglichst schon bezogener Stellung heraus einen Panzerangriff zu erwarten, im Gegenteil, jetzt galt es zugweise, truppweise, weit ins Land vorzustoßen, mit MG und Pak feindliche Widerstandsnester zu brechen und bereits eroberte Gebiete von regulären oder irregulären feindlichen Truppen zu säubern. Namentlich der Krieg gegen Heckenschützen (»Insurgenten«) musste fleißig geübt werden, wofür als der am besten geeignete Ausbilder Leutnant Seifert ausersehen worden war.

Wochenlang sah man nun täglich »Ottos Insurgenten« auf den Straßen nach Forst oder Sorrau oder Sommerfeld dahinjagen und die entsetzten Einwohner mit Platzpatronen aus ihren Häusern aufschrecken. Dass diese wilden verwegenen Krieger sich alsbald ein entsprechendes raues »Räuberlied« zu eigen machten und bei gelegentlichen Umtrunken im »Deutschen Haus« in Triebel durch raue Sitten ihre besondere Eignung als Nahkämpfer darzutun pflegten, ist eine soldatische Selbstverständlichkeit.

In dieser Zeit verließen uns auch aus dem Unteroffizier- und Mannschaftskreis die letzten alten Weltkriegsteilnehmer, soweit sie sich nicht zum freiwilligen Verbleiben bei der Truppe verpflichteten. Neuer Ersatz kam aus der

Heimat, und wesentlich verjüngt konnten die Einheiten die vielerlei Besichtigungen durch den Kommandeur über sich ergehen lassen.

Da kam ein sonderbarer Befehl: »Es ist auf tadellose Kleidung, stramme militärische Haltung und größte Disziplin besonders zu achten. Die Mannschaften sind darüber zu belehren, wie sie sich in einem fremden Lande zu benehmen haben, um das Ansehen der deutschen Wehrmacht dort zu heben und die Achtung der Bewohner zu erringen.«

Was hatte das nun wieder zu bedeuten?

Sollten wir in das mit uns verbündete Russland einmarschieren und den Russen zeigen, was deutsches Soldatentum ist? Jedenfalls kamen die Scheren der Kompaniefriseure jetzt auf Touren, denn der richtige militärische Haarschnitt war nach der Meinung unseres Kommandeurs allererste und unerlässliche Voraussetzung für soldatisches Aussehen.

So gingen in emsiger Vorbereitung für unsere kommende Aufgabe die Tage in der Niederlausitz dahin, bis wir am Morgen des 9. April durch Radiomeldung von dem Einrücken deutscher Truppen in Dänemark und Norwegen unterrichtet wurden. Es wurde auch bald bekannt, dass die Infanterieregimenter der Division mit Flugzeugen auf den neuen Kriegsschauplatz gebracht worden waren. Nun war für uns des Rätsels Lösung gegeben: Norwegen wird auch für uns das nächste Ziel sein! Vom Einsatz an der Saar waren wir gekommen, zum Einsatz in Norwegen standen wir bereit.

Am 28. April 1940 gegen 9.00 Uhr lief von der Division in Cottbus, die seit dem Abrücken des Divisionskommandeurs und seines engeren Stabes nach Norwegen, von Oberstleutnant v. Waskow geführt wurde, der Befehl ein, dass die Abteilung sich so bereitzuhalten habe, dass sie innerhalb von drei Stunden sowohl für den Abtransport per Bahn als auch für den Landmarsch abfahrbereit sei.

In der Nacht vom 30. April auf den 1. Mai wurden die Einheiten verladen und erreichten mit ihren ersten Teilen in den frühen Morgenstunden des »Feiertages der Arbeit« den Bahnhof Stettin.

Überfahrt

Kriegstagebuch
Eintrag: 18. April 1940
Gegen 9.00 Uhr lief der Befehl von der Division ein, dass sich die Abteilung so bereitzuhalten hat, dass sie innerhalb drei Stunden sowohl für den Abtransport per Bahn als auch für den Landmarsch abfahrbereit sei.

Eintrag: 20. April 1940
Der Abtransport hat sich noch etwas verzögert. Die Kompanien stehen jedoch abrufbereit.

Die Richtigkeit und Vollzähligkeit der Eintragungen bescheinigt:
v. Waskow
Oberstleutnant u. Abteilungskommandeur

Wegen Wechsel des Kriegsschauplatzes am 29.04.1940 wird das Kriegstagebuch geschlossen.

Ein frischer leichter Abendwind bringt mir Erquickung nach dem heißen Tag, lässt die Zweige der jungfräulich zartgrünen Birken, die mit ihren schlanken weißen Stämmen sich abheben von dem Dunkelgrün alter Fichten und herumliegender grauer Felsbrocken, sachte sich hin- und herwiegen, umstreicht die ins Wasser vorspringende Felsspitze, die mir als Sitz dient, und kräuselt die in der untergehenden Abendsonne in allen Farben sich widerspiegelnde Oberfläche des Waldsees, schroff stürzen sich verwitterte, teilweise moosüberwucherte Felsabbrüche auf der gegenüberliegenden Uferseite ins Wasser und gleich dahinter steigt der Berg an zu dem Hochwald, dessen Wipfel sich silhouettenhaft abheben von den rötlichen Wolken des Abendhimmels. Vom Walde klingt das Zwitschern der Vögel zu mir her – in der Ferne ruft ein Kuckuck. Manchmal schnappt vor mir ein Fisch nach Luft, dann bilden sich Kreise auf dem Wasser. Wenn es abends nach Dienst meine Freizeit erlaubt, komme ich von Gimlemoen hierher an den See, setze mich auf diesen Felsen, meinen Lieblingsplatz, von dem aus ich einen herrlichen Blick in die norwegische Landschaft habe. Und manchmal erstrahlt der Himmel purpurrot im abendlichen Glanz der untergehenden Sonne – Ruhe, Friede und eine tiefe Stille umgeben mich. Dann schicke ich meine Gedanken auf Reisen und es erstehen vor mir plastisch die Erlebnisse der letzten bewegten Tage mit ihrem Vielerlei an neuen Eindrücken und es rundet sich das Bild zu einem Stück seltenen Erinnerns – *Fahrt gen Norwegen*.

Durch das rückwärtige Zelluloidfenster des Opel-Admirals sehe ich mit Befriedigung, dass in geordneter Reihenfolge schon aufgefahren und mit vorschriftsmäßigem Abstand die lange Kette unserer Fahrzeuge als schwarzgraue Schlange folgt. Als I a-Schreiber unserer Panzer-Jäger-Abteilung bin ich seit dem Herbst des verflossenen Jahres dem Wagen des Kommandeurs, des Herrn Oberstleutnant v. Waskow, gefechtsmäßig zugeteilt, der rechts vorne sitzt, und ich kann wohl mit Recht annehmen, dass er mit der gleichen großen Spannung den kommenden Ereignissen entgegensieht wie ich in diesem Augenblick. Links neben ihm am Steuer des Wagens sein Fahrer, Willi Krekel, im Zivilberuf Fernlastfahrer, der auch seit der Mobilmachung im Herbst 1939 Freuden und Leiden mit mir und allen unseren Kameraden geteilt hat. Rechts von mir auf dem Rücksitz sitzt der Adjutant, Herr Leutnant Surré, unter dessen Fittichen ich fast ausnahmslos bisher meinen Dienst, und ich hoffe, zu seiner Zufriedenheit, getan habe.

In der Nacht war unsere Abteilung per Bahntransport von Triebel, einem kleinen Städtchen in der Niederlausitz, in der Nähe von Cottbus gelegen, nach Stettin gekommen. Dank der Kopframpe am Ausladebahnhof Stettin-Zabelsdorf war die Ausladung der Abteilung reibungslos und schnell vollzogen und in langsamer Fahrt geht es nun auf unseren Fahrzeugen, wie befohlen, zur Einschiffung hinaus zum Marinelager Frauendorf.

Links vorne an unserem Wagen bezeichnet der rotschwarz-rote Dreieckwimpel die Waffengattung, Panzer-Jäger, rechts der Offizierswimpel den Wagen des Kommandeurs. Die beiden Flaggen tun ihre Schuldigkeit. Beiderseits der Straße schlagen nur so die Hacken der lässig dastehenden Uniformierten zusammen und mit militärischer Straffheit fliegen die Hände zur Erweisung der Ehrenbezeigung an die Mützenschilder. Vor unserem Wagen fährt voraus ein Unteroffizier in einem Beiwagenkrad, um unsere Kolonne durch die Stadt zu schleusen. Eine herrliche Frühlingssonne liegt über den Häusern der Vorstadt und in den Gärten sprießt und sprosst es und die ersten gelben Blüten der Frühlingssträucher, das muntere Zwitschern der Vögel und über dem allen ein wolkenloser klarblauer Himmel, ergießen nach der langen, unbequemen und kalten Nachtfahrt eine gewisse Fröhlichkeit in unsere erwartungsvollen Herzen. Von den Türmen der Stadt her erklingen von fern und nah in vielstimmigem Echo die Glockenschläge der elften Morgenstunde, als unser Wagen scharf rechts einbiegend das weit geöffnete Tor des Marinelagers passiert.

Ein Matrose salutiert und der Sand des großen Lagerplatzes knirscht unter den Rädern der einfahrenden Kolonne. Als Blickfang steht vor uns, das ganze Bild eindrucksvoll beherrschend, ein großer Transporter. Leichter Rauch kräuselt aus dem breiten Schornstein. Hoch ragt die Bordwand über die Kaimauer und lässt die Lagerschuppen rechts und links des großen Platzes unscheinbar zusammenschrumpfen.

Unsere Kolonne hält und speit ihre Insassen aus. Ein Windstoß fegt über den Platz hinweg und wirbelt den Sand auf, der mir ins Gesicht prasselt. Ich muss die Augen schließen. Unser Feldwebel ruft zum Sammeln und unweit eines der vielen herumliegenden Bretterholzstapel setzt unser Stab und Nachrichtenzug die Gewehre zu Pyramiden zusammen und vor diesen türmt sich das umfangreiche Gepäck: Mäntel, Übermäntel, Packtaschen, Brotbeutel mit angeschnalltem Kochgeschirr und Feldflasche, Gasmasken, Stahlhelme und vieles andere mehr. Ein neuer Windstoß von See her, Sand rieselt aus der Luft. Schade um die schönen blank geputzten Gewehre und Klamotten.

Mit Willi zusammen bringe ich unsere geheime Aktenkiste zu unserem Haufen. Die geheime Kartenkiste aus Stärkers Lastwagen wird auch abgeladen und sichergestellt. Sie enthält die Karten unseres neuen Einsatzgebietes.

Vorne an unserem Viermaster ist reger Betrieb. Eine Abteilung Gebirgsjäger, lauter Österreicher, und eine Flakabteilung werden während der Überfahrt unsere Begleiter sein und sind bereits verladen und nun rollen schon unsere Fahrzeuge vor. Mit starken Flaschenzügen, durch Dampfkraft angetrieben, wird ein Fahrzeug nach dem anderen an Deck gehoben, der Hebebaum schwenkt langsam über die abgedeckte Mitte des Vorderschiffes und auf ein Zeichen des grauen Alten da vorne senkt sich die vierrädrige Last tiefer und tiefer in die unergründliche Öffnung des Transporters.

Inzwischen sind unsere Kompanien auch eingetroffen und auf den Platz eingefahren. In langen Reihen stehen nebeneinander, wohl ausgerichtet, die feldgrau gespritzten Wagen: Lkws, Pkws, unsere vielen Pakgeschütze, Kräder mit und ohne Beiwagen und den Schluss bilden unverkennbar die Feldküchen, aus deren Schornsteinen weißlichgrauer Rauch kräuselt und Gutes ahnen lässt. Dort liegen die mit roter Farbe frisch gestrichenen Rettungsflöße, von denen jedes für je 24 Mann bestimmt ist, hier probt eine Abteilung das An- und Ausziehen der empfangenen Schwimmwesten – der dabei stehende Leutnant stoppt mit der Uhr in der Hand die hierzu benötigte Zeit – vorne, am Lagerschuppen wird aus den vielen herumliegenden Brettern eine Treppe für die rechte vordere Einsteigluke in die Mannschaftsräume mit langen Nägeln zusammengeschlagen.

Lang ausgestreckt in der Sonne liegen auf dem warmen Zementboden ein paar Soldaten herum, müde von der Nachtfahrt, und holen den versäumten Schlaf nach. Hier rasiert sich Hohm an einem alten Wäschezuber, der wohl sonst den Maurern zum Anrühren des Mörtels dient. Unentwegt geht vorne am Kai die Verladung weiter. Der Hebebaum wird ausgeschwenkt über die Bordwand, die Stahltrosse läuft ab, an ihrem Ende befinden sich vier Greifer, durch Querstangen auseinandergehalten, die Greifer umfassen die Räder des betreffenden Wagens, ein Rucken, ein Pfeifen, die Maschine oben an Deck rattert und langsam hebt sich der Wagen nach oben. Mittels langer Seile, die an dem Fahrzeug angebracht sind, halten die Soldaten von unten her das Gefährt von der Bordwand ab.

Auch an der »Fassade« wird noch gearbeitet. Von oben hängen an Seilen schwankende Bretter außerhalb der Bordwand herunter, auf denen Männer in schmutzig grauen Kitteln stehen und unter ihrer Hände Arbeit verschwindet der braunrostige Teint der Schiffswand. In unregelmäßige Linien, Figuren und Kreise aufgeteilt, wird die Bordwand des Schiffes in ein neues Kleid gehüllt, weiß, grau, schwarz, als Schutz gegen die Sicht auf hoher See. Tarnanstrich!

Das Gepäck des Herrn Leutnants habe ich in dem Rauchsalon direkt neben dem Speiseraum befehlsgemäß untergebracht. Auch der Leutnant unseres Nachrichtenzuges, Evers, und unser Oberzahlmeister Baum sind mit ihrem Gepäck schon vertreten. Die Verhältnisse sind eng. Während der Überfahrt sollen hier in diesem würdigen holzvertäfelten Rauchsalon auch das Abteilungsgeschäftszimmer und die Zahlmeisterei untergebracht werden. Rauchsalon – feine Sache. Ich zünde mir zunächst einmal eine Zigarette an und setze mich, der Würde des Raumes bewusst, auf das schöne Ledersofa an der Seite, das heute Nacht meinem Leutnant als Bett dienen soll. Da geht die Tür auf und unter Vorantritt des wegbahnenden Oberstewards zieht Reichert mit seinen Kartenkisten und Zeichengerätschaften ein.

»Ich habe die Ehre, den Herrn Gefreiten Reichert an Bord des Zehntausendtonners ›Donau‹ begrüßen zu dürfen und wünsche dem Herrn Gefreiten eine glückliche Reise nach Norwegen!«

»Bist du auch schon hier eingetrudelt und hast dich häuslich eingerichtet? – Und wo schlafe ich?«

Dabei blickt er suchend in dem kleinen Raum herum, in dem vor lauter Kisten und Kasten und Offiziersgepäck kaum eine Nadel mehr zu Boden kann.

»Oh, Euere Exzellenz erhalten eine Kajüte im Oberdeck,

fließendes Kalt- und Warmwasser, herrlicher Ausblick auf die See, Südseite, wenn das Schiff nach Norden fährt, zum ersten Frühstück Bohnenkaffee mit frischen Semmeln und zwei Eier im Glas«, erwidere ich lachend.

»Dann lasst uns hier Hütten bauen« und mit einem Krach wirft Heiner Reidel sein Bündel auf die Erde und lässt sich mit behaglichem vernehmbarem Schnaufer in einen der schönen Polstersessel fallen.

»Erhebe dich, schwacher Geist, nimm dein Bett und wandle. Wenn das Schiff bis zum dritten Zwischendeck geladen ist und die unteren Räume abgedeckt sind, können wir dort unten unsere Zelte aufschlagen und einen glorreichen Einzug halten. Bis dahin vergehen noch Stunden.«

Und Reidels Gesicht wird lang.

Auf der Landseite erhebt sich hinter der Stadt ein Hügel und ein weißes Gebäude überragt die hellgrünen Sträucher. Meine Neugier ist gereizt, ich stehe an der Reling und leihe mir von dem neben mir stehenden Österreicher ein Fernglas. Tatsächlich ein Terrassencafé!

Unschwer erkenne ich mit dem Glas Tische und Stühle im Freien, frohe Menschen in hellen Frühjahrsmänteln, die in der warmen Sonne einhergehen.

»Wie wär's mit einem Kaffee dort oben?«, frage ich Ulrich, der zufällig den Seitengang heraufkommt.

»Fantastisch!« – und einige Zeit später, nachdem wir uns mühsam durch die Menschenknäuel an Deck hindurchgewunden haben, verlassen wir über das Fallreep unser Schiff.

Von Deck her hört man durch die weit geöffneten Bullaugen den Lärm vieler Menschen draußen. Zurufe, das Rattern der zahlreichen Dampfwinden. Die Sonne hat den Höchststand schon lange überschritten und unentwegt rollt immer noch ein Wagen nach dem andern, ein Geschütz nach dem anderen an, um seinen Weg durch die Luft in den riesigen Bauch des schwimmenden Kolosses zu nehmen.

Der Marineoffizier vorne am Quertisch zerdrückt einen Zigarettenstummel im Aschenbecher. Rechterhand sitzen die Offiziere, Oberstleutnant v. Waskow, der Kommandeur der Panzer-Jäger-Abteilung mit den Herren seiner Abteilung, direkt neben ihm Hauptmann Kempf, dann die hohen Militärs der Flakabteilung, der österreichischen Gebirgsjäger. Gegenüber haben die Herren der Marine Platz genommen und endlich am Tischende der Kapitän der »Donau« mit seinen Ingenieuren, der bereits dreimal die Fahrt nach Norwegen durch die Minensperren hindurch gemacht hat und den englischen Häschern auf hoher See immer wieder glücklich entronnen war.

»Meine Herren«, ergreift der Marineoffizier wieder das Wort. »Unsere Zusammenkunft an Bord hat Sie mit Ihren nächstliegenden Aufgaben vertraut gemacht. Die dem Transport zugeteilten Einheiten sind wohl bis heute Abend alle verladen. Wann der Abfahrtsbefehl eintrifft, entzieht sich vorläufig noch meiner Kenntnis. Sechs Stunden nach Eintreffen desselben hat das Schiff fahrbereit zu sein. Es empfiehlt sich demzufolge, den Mannschaften einen Landurlaub von höchstens vier Stunden zu gewähren. Die näheren Einweisungen in den Sicherheitsdienst erteilt Ihnen anschließend der Kapitän des Schiffes. Seinen Weisungen und den Weisungen des als Transportoffizier ernannten Hauptmanns Kempf« – mit leichter Verbeugung wandte er sich an die Genannten – »ist unbedingt Folge zu leisten. In den nächsten Tagen ist mehrfach Probealarm durchzuführen. In Ihren Geheimbefehlen, die bekannterweise erst auf hoher See zu öffnen sind, erhalten Sie die für Ihren Einsatz zunächst erforderlichen weiteren Instruktionen. Und nochmals: Jede

Aufregung der Leute unbedingt vermeiden, größte Ruhe und Ordnung an Bord, keine Panik.«

Der Offizier hatte geendet. Anschließend gibt der Kapitän die angekündigten Aufklärungen, verweist auf die Verhaltensmaßregeln bei »Alarm«, »Fliegeralarm«, »Feuer im Schiff«, »Mann über Bord«, spricht kurz über die für den folgenden Tag vorgesehene Einteilung der Rettungsflöße und gibt den Kompaniechefs die Lagerräume auf Vorder- und Hinterdeck bekannt, die zur Unterbringung der Mannschaften zur Verfügung stehen. Nach Verladung der Fahrzeuge der dritten Kompanie auf dem Hinterschiff, die bereits abgeschlossen ist, stehen die Räume für die Leute nunmehr jetzt schon zur Verfügung. Es werden Strohsäcke gestellt, die im linken Lagerschuppen empfangen werden können. Außerdem muss jeder Mann eine Schwimmweste besitzen, was durch Appelle festzustellen ist. Nach einiger Zeit trennen sich die Herren und der Stewart räumt die Tische ab und bereitet die Gedecke für das gemeinsame Abendessen vor.

Und an die Bordwand plätschern unentwegt die leichten Wellchen der Oder.

Sonnenüberflutet erstreckt sich das Land zu unseren Füßen, geht in dem Dunst der Ferne allmählich über in das Grün des Meeres und dieses wiederum verschmilzt mit dem Horizont zu unendlicher Weite. Ein herrlicher Anblick.

Dicht zu unseren Füßen fällt der Weg, den wir zur Elisabethenhöhe heraufgestiegen sind, ab nach der Stadt. Das Klingeln der Straßenbahnen tönt aus den Straßen zu uns herauf und vermischt sich mit dem Verladelärm unserer »Donau«, die dort unten in der Oder vor Anker liegt. Wir erkennen die winzigen Menschen auf dem großen Platz des Marinelagers. Die Schlange der wartenden Wagen ist bereits kleiner geworden. Dort durchschneidet eine Schaluppe den Strom. Man erkennt deutlich von hier oben die hohe Welle am Bug. Rechts fängt sich der Blick in der in der prallen Nachmittagssonne liegenden weißen Zementwand des großen Getreidesilos. Von fern her winken die ehrwürdigen Türme der Stadt Stettin zu uns herüber. In der Weite des Wassers spiegelt sich die Sonne und eine glitzernde Bahn verliert sich dort hinten im Nichts.

Erst der Kellner stört uns: »Was wünschen die Herren, bitte?«

Wir bestellen Kaffee und Kuchen und setzen uns an einen der weißen runden Tische hinter der langen Windschutzscheibe, die am Geländer entlang angebracht ist. Von hier aus haben wir einen schönen Blick und können genau beobachten, was alles auf unserem Kahn dort unten vor sich geht. Sie sind dort immer noch am Laden.

»Wann werden wir abfahren?«, fragt mich Ulrich unvermittelt.

»Woher soll ich das wissen?«

»Na, tu nur nicht so. Du weißt gar manches als I a-Schreiber und hast auch in die Geheimbefehle Einblick. Da kannst du doch ganz im Vertrauen mal was springen lassen. Auf mich kannst du dich doch verlassen.«

»Ja, das kann ich«, antworte ich gedehnt und lasse mich gerne ablenken von dem Stück Kuchen, das der Kellner jetzt vor mir auf den Tisch stellt. Ulrich übernimmt das Einschenken aus der großen Kanne.

Aus der offen stehenden Tür des Restaurants kommt Brendel mit Hans Kleim. Da hatten diese beiden wohl die gleiche Idee wie wir. Gegenseitige Begrüßung. Wir rücken etwas zusammen und machen den Neuankömmlingen Platz. Hans Kleim ist ein alter Freund von mir. Viele Erlebnisse aus unserer Heimatstadt Hanau haben wir gemeinsam. Mit

Brendel habe ich seinerzeit auf dem Truppenübungsplatz Baumholder kurz vor unserem Einsatz am Westwall auf der Burschenstube im Offiziersheim 7 gelegen und ihm das Cornedbeef weggefressen. Ich dachte, eine Portion liegt auf dem Tisch, dabei waren es vier Portionen.

Wir saßen noch lange gemütlich beisammen und freuten uns dieser dienstfreien Stunde. Brendel und Hans verabschiedeten sich dann. Sie wollten noch zur Stadt.

Von Osten her dämmerte der Abend herauf. Ein frischer Wind mahnte zum Aufbruch. In der Ferne erglänzten schon die ersten Lichter vom Hafen her. Am Ausgang trafen wir auf einige Kameraden, die zu einem Dämmerschoppen heraufgestiegen waren.

»Fahren wir morgen ab?«

Ich hatte die Frage überhört und der abwärts führende Weg hatte uns schon aufgenommen.

Der ganze Bretterboden ist mit Strohsäcken belegt. Einer liegt am anderen, dicht bei dicht und wo in der Mitte der Raum für die ganze Länge nicht mehr reichen wollte, hat man die Strohsäcke einfach quer gelegt. Die Holzplanken in der Mitte des angrenzenden Raumes fehlen noch. Auch die eisernen Querträger sind noch nicht eingesetzt. Nach unten sieht man in die drei tiefer gelegenen und übereinanderliegenden Lagerräume. Die Bogenlampen hoch oben am Mast, die durch die Deckenöffnung her hereinstrahlen, spenden ein weißes Licht. Meinen Strohsack habe ich bereits »organisiert«. Die Schwimmweste wird mir als Kopfkissen dienen. Meine beiden dicken Mäntel liegen am Fußende. Über dem Raum befinden sich die vernieteten Eisenplatten des Decks. Jeder Schritt droben hallt mächtig hier unten wider. An den stählernen Querstreben entdecke ich kleine Durchbohrungen. Schnell wird mit einem dicken Strick von einem Träger zum anderen ein strammes Seil gespannt und mittels den immer vorhandenen kleinen Riemchen an meinen Packtaschen werden dieselben daran aufgehängt und sind sie so aus dem Wege, während ich meine Braut – »Karabiner Nr. 1282« – bereits zum »Anwärmen« und als untrügliches Zeichen meiner Besitzergreifung in die Mitte des Strohsackes gelegt habe. Meine übrigen Gepäck- und Ausrüstungsstücke baumeln im Innern der gebogenen Wand herunter. Breite Holzbretter laufen längs zu der Schiffswand.

»Wenn hier ein Torpedo reingeht«, denke ich.

Von oben herunter rasselt die Stahltrosse ab. Am Greifer hängt ein Geschütz. Von unten hinauf sehe ich schemenhaft die Obenstehenden im zitternden Licht der vom Wind bewegten Lampen. Inzwischen sind einige Kameraden die schmale Holztreppe heruntergekommen. In ihren Kochgeschirren dampft heißer Kaffee. Es wird auch verflucht kalt heute Abend. Über die vorderen Strohsäcke turnen sie hinweg und erreichen an der Ecke ihr Lager. Dort hinten haben sie von der Dritten sogar einen Tisch. Es bleibt der einzige. Auch ihre Sachen hängen alle von der Decke herunter. So ist am besten der knappe Platz ausgenutzt. Immer noch rattern die Dampfwinden. Ich gehe durch den Raum, spreche hier und da mit einem Kameraden. Teilweise sitzen sie etwas unglücklich auf ihren Habseligkeiten. Viele, die wissen, dass ihre Wagen oben an Deck verbleiben sollen, würden lieber in ihnen übernachten. Die Zeit vergeht langsam. Zum Schlafengehen ist es eigentlich noch etwas zu früh und ich beschließe noch ein bisschen an Deck zu lustwandeln und steige die hölzerne Stiege hinaus.

Es ist nun vollends dunkel geworden.

Überall sitzen plaudernd noch Soldaten herum, trinken auch Kaffee oder Flaschenbier aus der nahen Kantine oder genießen an der Reling das ungewohnte Schauspiel. Diensthabende Streifen gehen mit ihren Stahlhelmen auf dem Kopf Ordnung gebietend von Gruppe zu Gruppe. Es muss bald Zapfenstreich sein – um 23.00 Uhr.

Der Unteroffizier vom Dienst steht oben am Fallreep, über das jeder hinaufsteigen muss. Es ist der einzige Zugang zum Schiff!

Nur diese hohle Gasse kann der Soldat kommen. Da gibt's kein Zapfenwichsen und den Säumigen erwartet am Ende der Leiter ein »herzlicher Empfang«.

Ich schreite den Längsgang mittschiffs entlang zur Zweiten, steige neugierig die Holztreppe zu dem Mannschaftsraum hinunter. Hier ist schon alles eingezogen und teilweise trifft lautes Schnarchen an mein Ohr.

»Gute Nacht, Kameraden.«

Ich gehe wieder.

Oben am Firmament kreist ein Flugzeug.

Plötzlich flammt ein greller Scheinwerfer auf. Das Flugzeug windet sich, kurvt ab, fliegt im Zickzack weiter. Der Scheinwerfer folgt. Silbern erglänzen die Tragflächen, wenn das Licht gut auftrifft. Ein neuer Lichtkegel – jetzt von der Höhe her.

Da – unten, hinter dem Damm blitzt ein dritter Kegel auf. Das Flugzeug befindet sich im Brennpunkt. Alle Lichtkegel überschneiden sich mitten in der hilflosen Fliege, die mächtig nach Osten abdreht. Der Flieger muss sehr hoch fliegen. Kein Motorengeräusch ist vernehmbar. Alles an Deck reckt die Hälse. Sogar auf der Kommandobrücke stehen die Offiziere und betrachten sich dieses Übungsmanöver. Jetzt meint man beinahe, der Flieger hätte es geschafft, da blitzen weitere Strahlenbündel auf. Dafür erlöschen die ersten.

Und hinter dem Höhenrücken entschwindet das Flugzeug. Der Schein der Batterien ist aber noch lange zu sehen.

Ein anderes Licht leuchtet am Himmel. Ziehende Wolkenschleier geben die Mondscheibe frei, die sich geheimnisvoll in den Wassern der Oder widerspiegelt. Grell hebt sich der Polarstern aus der Nacht und überfunkelt majestätisch die anderen Gestirne. Ein Heimatlied trägt der Wind über das Wasser. Ganz hinten am Heck spielt ein Österreicher leise Weisen auf seiner Violine. Die Töne vibrieren in der zitternden Luft. Ein anderer begleitet mit vollen Akkorden leise auf dem Schifferklavier. Einige singen dazu. Etwas Heimweh liegt in den Klängen.

Still ist es nun umher und das Lied erhallt in der Nacht.

»Ankunft an den Ausladebahnhöfen!

Für Stab/Nachrichtenzug 9.30 Uhr Stettin-Zabelsdorf. Verladung der Abteilung in Frauendorf, Marinelager, auf Dampfer ›Donau‹. Die Verladung ging planmäßig vonstatten und war gegen 23.25 Uhr beendet. Ein Teil der Fahrzeuge, vor allem die Feldküche und Verpflegungswagen sind auf Deck untergebracht. Die Mannschaftsbelegung ist den Umständen entsprechend eng.«

Diese kurzen Sätze gibt mir am darauffolgenden Tag, dem 2. Mai 1940, vormittags im Rauchsalon – sprich »Abteilungsgeschäftszimmer« – Herr Leutnant Surré ins Stenogramm. Eintrag für das Kriegstagebuch.

Der Abfahrtsbefehl war noch nicht gekommen. Der Vormittag verlief mit Einrichtungsarbeiten an Bord. Bestehende Mängel wurden beseitigt. In der Nacht hatte man gefroren. In der nächsten wollte man die Langschäfter doch lieber noch anbehalten. An Deck gab es den ersten Instruktionsunterricht.

Wolfgang Gramst, im wahrsten Sinne des Wortes »der Liebling aller« thronte oben auf Deck stolz in seiner Feldküche. Nach jeder Seite hatte sie nach dem Umbau ein aufklappbares breites Fenster bekommen. Jetzt konnte man doch auch hinaussehen. Wolfgang hatte sich angestrengt. Das Mittagessen hatte noch nie so einen Zuspruch. Makkaroni mit Gulasch, vielleicht war auch die Seeluft am Appetit schuld.

Mittag!

Noch kein Abfahrtbefehl!

Weitere vier Stunden Frist!

Unsere Offiziere hatten gestern eine Hafenrundfahrt gemacht und waren begeistert zurückgekommen. Das war wirklich ein genialer Einfall unseres Hauptfeldwebels Leinlos, für den heutigen Nachmittag auch für unseren Verein ein Motorboot zu mieten.

Um drei Uhr war Antreten des Stab/Nachrichtenzuges auf unserem »Antreteplatz« vor der Aussteigluke. Dann ging es vorschriftsmäßig einzeln mit je fünf Schritten Abstand dem Fallreep hinunter. Mit Gesang ging es durch die Straßen –

»– siehst du den Auer-Auerhahn
dort im Gebüsch –«

und je mehr Leute stehen blieben oder Mädels aus den Fenstern herabschauten und uns zulachten, desto stolzer wurden wir. Nur wenige Straßenzüge und wir waren an der Anlegestelle angekommen. Ein schmuckes Motorboot nahm uns auf. Dann fuhren wir los, erst durch die Hafenanlagen.

Mehrere eingebrachte Handelsschiffe aller Nationalitäten lagen rechts und links unseres Fahrweges. Dann kamen wir an großen Industrieanlagen vorbei, riesigen Elevatoren, Krananlagen mit ausgedehnten Eisenkonstruktionen.

Weiter draußen ankerten einige große Überseedampfer. Die beiden Schornsteine der »Monte Rosa« sahen wir von Weitem. Dann ging es hinaus.

Die Ufer blieben hinter uns zurück, der Wind frischte auf und Welle auf Welle schlug gegen die vorwitzige Nussschale. Es schlingerte ganz schön. Einige besonders starke Wellen spritzten hoch herauf bis zur Reling. Unsere Landratten wurden getauft. Darob großes Gelächter. Dann beschrieb die Spitze einen weiten Bogen. Nun kamen die Wellen gegen die Breitseite. Vor uns Land!

Große saftiggrüne Wiesenflächen mit knorrigen Weiden bestanden – dort wurde dürres Gras abgebrannt – Wochenendhäuschen, Häuser der Stettiner Rudervereine, hier durchschnitt ein Achter messerscharf das nasse Element, Winken und Tücherschwenken am Ufer.

Es war ein schöner Nachmittag. Mit der See hatten wir schon Freundschaft geschlossen.

Gegen Abend Heimkehr.

Der Abfahrtbefehl war noch nicht eingetroffen.

3. Mai 1940

Eintrag ins Kriegstagebuch: »Keine besonderen Ereignisse.«

Ein deutscher Transporter, der von Norwegen zurückgekommen war, hatte in der Nacht neben uns geankert und brachte englische Gefangene. Am Nachmittag war ich in Stettin und habe mir die Stadt angesehen. Am Abend des 3. Mai war noch kein Abfahrtbefehl eingetroffen. Wird es überraschend in der Nacht losgehen?

Die Spannung wächst. Jeder fiebert dem großen Augenblick entgegen.

4. Mai 1940
Heute früh war ich im Stettiner Hallenschwimmbad. Herrlich war es in dem kristallklaren Wasser. Nur etwas zu warm kam es mir vor. Vielleicht hatten wir auch zu sehr getobt, immer rauf- und hineingesprungen, rauf- und hineingesprungen.

Mittag: Rückkehr an Bord. Alarmbereitschaft – aber immer noch kein Abfahrtbefehl.

Es kann nur noch drei Stunden Landurlaub gewährt werden. Schwimmen wir morgen draußen auf See?

Der Tag verstreicht: »Keine besonderen Ereignisse.«

5. Mai 1940
»Die Erde hat uns wieder.« Wir sind noch immer da. Was ist der Grund?

Blockieren englische U-Boote den Skagerrak und lauern auf uns?

Am Abend war ich nochmals auf der Elisabethenhöhe. Spät kamen wir zurück. Es dämmerte bereits stark. Wir wollten gerade zum Hafeneingang hinein, da kam ein Autobus voller Feldgrauer. Ob das wohl unsere Urlauber sind?

Tatsächlich –

wenigstens einige.

Herbert Röter von der Zweiten war mitgekommen. Er brachte mir einen dicken Brief von meinem Frauchen. Gott sei Dank! Es ging ihr noch gut!

Ob gerade, da ich ihre treuen Zeilen lese, sie jetzt zu Hause, in der Klinik, unserem mit Sehnsucht erwarteten Kindchen das Leben schenkt?

Wir bleiben alle ungewöhnlich lange auf und gehen erst spät schlafen.

Es liegt etwas in der Luft.

Bevor ich in unseren Lagerraum die schmale Holzstiege hinuntersteige, war ich noch im Geschäftszimmer und schloss das Kriegstagebuch wieder sorgfältig weg.

Nur ein kurzer Eintrag:

»5. Mai 1940. Keine besonderen Vorkommnisse!«

Dunkel – helle Schatten –
Rumoren – weit, sehr weit –
Nichts!
Huschen – weiche Schwämme – Nebelbilder wallen – wogen – schnarren – Geräusche – Laute vernehmbar.

Bleischwere Augenlider – sie heben sich – grelles Weiß – ach ja, die elektrischen Birnen müssen ja die Nacht über brennen. Ich reibe mir schlaftrunken die Augen – blicke umher – alle Kameraden schlafen – ein tiefes Atmen geht durch den Raum.

Oben an Deck heftiges Laufen – nicht laut wie mit unseren Nagelstiefeln – leise – schleichend.

Jetzt erst komme ich voll zum Bewusstsein.

Den Abend vorher habe ich mich darauf eingestellt bei dem leisesten ungewohnten Geräusch aufzuwachen. Ich kann das. Das Laufen an Deck hatte mich geweckt. Es konnte ja heute Nacht losgehen. Das durfte ich unter keinen Umständen verpassen.

Ich bin leidenschaftlicher Filmamateur. Alle Filmer sind sensationslüstern. Schade, ich habe meine Filmkamera nicht mit. Welch herrliche Motive hätten sich bereits beim Verladen unserer Abteilung ergeben und erst später sollte mir diese Unterlassung richtig zum Bewusstsein kommen. Ich hatte meine große Chance verpasst.

Die vielen Glühbirnen brennen alle. Die ganze Nacht durch. Das muss so sein. Ich kann mir nicht vorstellen, wie es zugehen würde, wenn im Alarmfall jeder im Dunkeln nach dem Ausgang sucht.

Behutsam erhebe ich mich von meinem Lager, um meine Kameraden nicht zu stören. Neben der Wand entlang schlafen die Unteroffiziere – neben mir Kamerad Holzner –. Er atmet leise durch den schmal geöffneten Mund. Ein Blick auf die Uhr – nach 5.00 Uhr –

Nun stolziere ich vorsichtig über die vielen Beine hinweg in den nächsten Raum. Das gleiche Bild. Wie die Sprotten in der Holzkiste liegen sie alle da, einer dicht neben dem anderen. Lichtschein fällt von der Öffnung her herein.

Schritte klappern näherkommend. Es ist Hausner! Er hatte in den frühen Morgenstunden Telefondienst. Er ruft mir halblaut entgegen: »Wir fahren ab.«

Einige andere Kameraden hatten ihn am Abend vorher gebeten, sie zu wecken, falls es losgehen würde. Und der kleine Blonde eilt über die Schlafenden hinweg, diesen Wunsch zu erfüllen.

Behutsam steige ich die Treppe hinauf.

Frischer Wind weht mir entgegen. Ich atme ein paar Mal tief die frische Luft ein, pumpe die Lungen ordentlich voll. Dann erst bin ich vollends bei mir und blicke interessiert in die Welt.

Vorne an der Bugspitze ist etwas los. Es laufen auch Dampfwinden, aber das Geräusch ist anders als an den Tagen vorher.

Viele Kameraden haben sich schon eingefunden. Besonders die Österreicher sind zahlreich vertreten. An Land löst ein Matrose die Taue. Die Drahtseile liegen schon im Wasser und werden von den Winden hochgezogen. Auf dem gegenüberliegenden Schiff ist Betrieb. Es ist schon ganz abgetäut, nur der schwere Anker ist noch nicht gehoben. Jetzt arbeitet die Dampfwinde. Die Kette strafft sich. Der schwere Dampfer gleitet langsam nach vorne, zieht sich selbst mit seiner ganzen Kraft an dem Anker näher –

ein Rucken – nachlassen –

ein Rucken – nachlassen –

die Dampfwinde arbeitet –

vor – zurück – vor – zurück – vor

der Anker ist frei! Die Winde keucht. Ganz langsam, Eisen knirscht auf Eisen. Glied um Glied taucht hoch aus dem Wasser – endlich der Anker – höher – Wasser tropft herunter – noch einige Zeit – dann ruht der schwere Brocken Eisen an seinem Platz.

Der Transporter ist frei. Ein leises Zittern geht durch das Schiff. Glückliche Reise!

Wir sind schneller losgekommen. Unser Dampfer war lediglich an Land vertäut. Das ging einfacher. Der Leib unseres Riesen vibriert.

»Sieh' dort hinüber zu den hellen Birken!«

Sie bleiben zurück! Endlich – wir fahren!!

Auf Wiedersehen, deutsche Heimat!

Inzwischen hat sich das Deck gefüllt. Kein Platz ist mehr frei. Links und rechts drängt sich Kopf an Kopf. Zuerst geht es noch eine Weile an Industrieanlagen vorbei. Die Arbeiter in ihren blaugestreiften Arbeitsanzügen, die gerade einen Kohlenschleppkahn ausladen, halten in ihrer Arbeit inne und rufen uns ein »Lebewohl« herüber. Allmählich bleiben die letzten Häuser zurück. Beiderseits der Oder entlang ziehen sich flache Wiesen. Ich stehe vorne auf der obersten Spitze des Schiffes und blicke hinunter in das ruhige Wasser.

Unwillkürlich fröstelt es mich etwas bei dem Gedanken im Ernstfall hier herunterspringen zu müssen. Zwanzig Meter Höhe sind das mindestens von hier oben. Über das flache Land gen Norden hin zieht der zweite Transporter ruhig seinen Weg. Seine große Rauchfahne weht bis zu uns her. Sein massiger Leib ragt als unheimliche Silhouette über die hellen grünen Wiesen. Mehrfach gabelt sich die Oder. Unser Weg ist gekennzeichnet durch verankerte weiße Bojen, manchmal sind es auch dürre Bäumchen, die aus dem Wasser ragen. Dann kommen Signale ähnlich kleinen dreieckigen Holzpyramiden, deren Bedeutung mir unbekannt ist. Auf den Wiesen trocknen Fischernetze. Jetzt kommen wir an einer Uferbefestigung vorüber. Die Besatzung des Betonwerkes läuft gestikulierend am Ufer entlang und schwenkt ihre Mützen. Weiter geht die Fahrt hinein in den klaren Morgen.

Ich werde abgerufen zum Geschäftszimmer. Die Sonderbefehle werden gefordert. Es sind dicke gelbe Umschläge, mehrfach versiegelt. Sie tragen die Aufschrift: »Erst nach Verlassen deutschen Bodens zu öffnen.« Die Offiziere ziehen sich damit zur Besprechung in den Speisesaal zurück. Dann kann ich wieder wegtreten.

Der Divisionsbefehl für unseren Einsatz in Norwegen, der für die nächsten Wochen für die Panzer-Jäger-Abteilung und darüber hinaus für unsere gesamte Division richtunggebend werden soll, beginnt mit der Feststellung:

»Die norwegische Süd- und Südwestküste ist im Allgemeinen als befriedet anzusehen. Das nach dem Landesinnern anschließende Hochland kann Teilkräften des Gegners Unterkunft- und Versorgungsmöglichkeit zur Durchführung eines von langer Dauer mit ständiger Gefährdung der Verbindungs- und Nachschubwege der Division bieten. Südostwärts Stavanger griffen einige Truppen am 20.04. norwegische Truppen an, die sich dort noch in Anlehnung an das Gebirge halten.

An den übrigen Fronten sind die eigenen Truppen überall im siegreichen Vordringen gegenüber sich hartnäckig verteidigenden unterlegenen Feindkräften.

Die Division übernimmt die Sicherung und Befriedung der norwegischen Südwest- und Südküste von Haugesund bis Arendal, verhindert in diesem Abschnitt feindliche Truppenlandungen und säubert das Gebiet von norwegischen Truppenteilen.«

Der Dampfer hat die Fahrt beschleunigt. Das Begleitboot ist zurückgeblieben. Swinemünde wurde passiert. Wir haben die ersten Kriegsschiffe gesehen. Die stolzen Türme der Stadt verschwinden im Dunst des Frühnebels, der über dem Wasser liegt. Rechterhand begleitet uns noch eine Zeit lang das flache Ufer. Seegras wechselt mit langgestreckten Dünen ab. In der Ferne schließt sich ein Hochwald an. Nach knapp einer halben Stunde wird die letzte Landecke passiert. Gegen das in der Morgensonne glitzernde Meer und der sich in tausendfachem Licht brillierenden Gischt der schaumgekrönten hellgrünen Wellen, nehmen sich die winkenden blauen Jungens des Flakgeschützes fantastisch aus, das da vorne mit seinem Lauf auf der äußersten Landzunge in den blauen Himmel zeigt.

Jetzt kommen wir auf gleiche Höhe. Taschentücher und Mützen werden geschwenkt.

»Kommt gut rüber Kameraden!«

Gegen den langen Strand, der sich in weiter Ferne verliert, läuft Welle auf Welle an, bricht sich, der Sog zieht zurück, bis die nächste dahinter den Angriff wagt. Es sind nur »Wellchen«. Das Meer erglänzt weit hinaus in majestätischer Größe und Unendlichkeit. Fern am Horizont schwebt eine dünne Rauchfahne über dem Wasser. Allmählich hat auch die Sonne an Höhe gewonnen und es ist trotz des frischen würzigen Windes, der landeinwärts streicht, ganz schön warm. Während des Vormittags begegnen wir einem ehemaligen KdF-Schiff. Jetzt leuchtet ein riesiges rotes Kreuz von der weißen Bordwand zu uns herüber. Aus den Bullaugen freudiges Tücherschwenken. Wir fahren »mit Volldampf voraus« und überholen bald unser Schwesterschiff, von dem die Kameraden der Flak zu uns herüberwinken.

Wolfgang sitzt oben in seiner Feldküche. Ich besuche ihn. Beide Fensterflügel sind zurückgeklappt und das Sonnenlicht flutet hell in den kleinen Raum. Und während leise der Dampf aus dem Druckventil entweicht und einen angenehmen Duft nach Bohnensuppe verbreitet, blickt Wolfgang sinnend hinaus über das weite Meer und sein Blick sucht vergebens nach einem Halt und kaum hörbar haucht er vor sich hin: »lauter Wasser« –

Am Nachmittag ertönen plötzlich sämtliche elektrischen Summer.

A l a r m !

Alles stürzt an Deck. Es nimmt sich von der Kommandobrücke aus gesehen wie ein Aufruhr in einem Ameisenhaufen aus. Es muss noch besser klappen in Zukunft. Beinahe sieben Minuten sind verstrichen, bis die eingeteilten Truppen mit Schwimmwesten an den Rettungsflößen beiderseits längs der Reling entlang stehen. Man wird es öfters üben, und hinter dieser Übung steht blutiger Ernst.

Später melde ich mich im Abteilungsgeschäftszimmer. Wir haben an Bord unseren Bürobetrieb weitgehend eingestellt. Nur die wichtigsten und für die Überfahrt notwendigsten Befehle werden erlassen, sonst bleiben wir von Dienst ziemlich unbehelligt und können die Reize voll auf uns wirken lassen.

Oberstleutnant v. Waskow diktiert mir noch einige Privatbriefe. Das mache ich gern und ist sein Diktat eine gute Übung für meine schwachen stenografischen Kenntnisse. Dann werde ich wieder entlassen.

Anschließend wird sich »bordfein« gemacht. Rasur mit Seewasser! Ich kann das Wasser sogar heiß machen, welch ein Luxus. Mittels einer Ausströmvorrichtung, die in einer Kabine vorhanden ist, leite ich heißen Dampf in das Wasser. Im Nu kocht es. Auch für fettige Essgeschirre und – wie man an der vielen im Winde flatternden Wäsche sieht – für das »Wäschewaschen« eine bewährte Einrichtung.

Für die »privatesten« Belange ist auch in einer einwandfreien Weise durch viele an Deck aufgestellte Bretterhäuschen gesorgt. Würde elektrisches Licht darin brennen, könnte man sogar Zeitung lesen oder Skat dabei spielen.

So geht langsam der erste Tag zur Neige. Drüben von der Insel Fehmarn herüber leuchtet hell von der Sonne angestrahlt der schlanke weiße Leuchtturm eine Zeit lang zu uns herüber. Dann verschwindet wieder das Land am Horizont. Am Spätnachmittag taucht nochmals halbrechts voraus ein dunkler Streifen auf. Wir fahren in den »Großen Belt« ein. Was wird der neue Tag bringen?

Aus unserer Feldbibliothek habe ich mir ein Buch entliehen und liege wieder auf meinem Strohsack. Ich lese noch ein bisschen. Der Schiffskörper vibriert ganz gleichmäßig. Ich hatte es mir eigentlich fühlbarer vorgestellt. Die See atmet draußen ruhig im Scheine des Mondes. Lichte Wölkchen segeln am Firmament dahin. Später senkt sich die Nacht vollends über das Wasser.

Eintrag ins Kriegstagebuch:

»6. Mai 1940.

Abfahrt des Dampfers ›Donau‹ von Stettin, anschließend Verteilung der Sonderbefehle für Einsatz Norwegen.
Fahrtweg: Stettin – Ostküste Rügen – Nordküste Rügen – Lübecker Bucht – Insel Fehmarn – Südlotsenstation Großer Belt.
Tag verlief ohne besondere Vorkommnisse.«

Der zweite Tag auf See hatte begonnen. In der Nacht haben wir wieder mächtig gefroren. Durch die Mannschaftsräume zieht ständig ein spürbarer Wind. Ich hatte mich unter meinem Mantel zusammengekauert, so gut es ging, aber ich bin ganz steif. Unten in Stärkers Wagen liegen meine beiden Militärdecken, die mir schon im Winter in Oppen hinter dem Westwall bei der großen Kälte gute Dienste geleistet haben.

Mit meinem Übermantel, einem blauen Arbeitsanzug und derben wollenen Überstrümpfen sind sie zu einer Wurst zusammengerollt, alles jetzt unentbehrliche Dinge. Ich muss nachher hinunter.

Wir machen an Deck die übliche Morgentoilette. »Dunnerlittchen, ist das Wasser kalt«, lässt sich mit unverkennbarem sächsischem Akzent mein Vordermann vernehmen. Auch unser Köter »Hedi« friert. In seiner Kiste unter dem Küchenwagen winselt er und zittert am ganzen Körper. Die Sicht lässt viel zu wünschen übrig. Dichter Frühnebel liegt über dem Wasser. Wie spät haben wir es eigentlich? – Es muss noch sehr früh sein. Die Kälte hatte uns nicht schlafen lassen.

An Deck streicht ein frischer Wind durch die Takelage. Unseren Kaffee holen wir uns runter in den Mannschaftsraum. Jeder sitzt auf seinem Strohsack und frühstückt.

»Wallensteins Lager« – zieht es mir unwillkürlich durch den Kopf. So sollten unsere Frauen mal ihre Männer sehen.

Die Decken muss ich haben. Ich kann mir ja eine Lungenentzündung holen.

Apropos »Lungenentzündung«. Der Geleitzug vor uns soll angeblich einen Transporter durch Versenkung verloren haben und viele der Feldgrauen, die in dem eiskalten Wasser stundenlang umhergetrieben sind, hätten Lungenentzündung bekommen.

Also die Decken her!

Meine Taschenlampe habe ich an einen Rockhaken gehängt. Mit Heiner zusammen hebe ich unterhalb der Einsteigluke am Fußboden neben der hinunterführenden eisernen Treppe eine Holzplanke hoch. Schwarz gähnt tiefes Dunkel. Heiner muss an der Luke stehen bleiben, damit niemand hinunterstürzt. Mit Ulrich zusammen steige ich hinab in das Loch. Nacht umfängt uns. Den ersten Absatz haben wir erreicht. Der Schein der Taschenlampe huscht über Geschütze und Protzkraftwagen. Das Arbeiten der Maschine ist spürbarer. Nun decken wir auch hier zwei Bodenplanken ab, dann geht es noch eine Etage tiefer. Ulrich folgt dicht hinter mir. Der Raum ist höher. Sprosse um Sprosse geht es weiter. Wie oft würde wohl mein Häuschen von der »Hohen Tanne« in diese Lagerräume hineingehen? Zwanzig Mal? Ich glaube fast noch mehr. Man sieht es doch diesem Transporter von außen nicht an, was alles in ihn hineingeht, und wir bekommen einen leisen Begriff davon, was es heißt, wenn der Heeresbericht meldet: »Heute wurden versenkt der Sechstausendbruttoregistertonnendampfer soundso und der Zehntausendbruttoregistertonnendampfer soundso.« Was geht da an Menschen und Material schleifen.

Jetzt sind wir unten angekommen, drei Stockwerke tief, von denen jedes die Höhe eines normalen Wohnhauses hat. Durch die eng aneinander stehenden Wagen geht es hindurch. Wir leuchten alle ab. Mit weißer Farbe sind sie alle bezeichnet. Stärkers Wagen hat die Nummer 19.

Wo steht der Wagen Nummer 19?

»Du, Ulrich, wenn wir jetzt auf eine Mine laufen würden, kämen wir nicht mehr raus.«

Ein dumpfes unbehagliches Gefühl überkommt uns bei diesem Gedanken. Wir wissen selbst nicht – Angst ist es nicht.

Jetzt haben wir eine Reihe ganz abgelaufen und abgeleuchtet, mussten hier mal über einen Kotflügel, dort über die Stoßstange turnen. Die Wagen stehen dicht bei dicht. Jeder Raum ist ausgenutzt.

Ah – hier haben wir endlich Wagen Nummer 19. Die Plane wird nach hinten hochgeschlagen. Ulrich hilft mir hineinzuklettern und leuchtet mit seiner Taschenlampe. Kisten und Kasten türmen sich bis unter das Verdeck und ich habe allerhand Mühe, mich hier hindurchzuarbeiten. Endlich ist die Rolle gefunden. An den beiden braunen Riemen, mit denen sie zusammengehalten wird, ist sie leicht zu erkennen. Ich werfe sie einfach über den Wagenrand und turne vorsichtig wieder zurück.

Da – was ist das? Ich lausche angestrengt. Die Maschine steht. Ulrich war es auch sofort aufgefallen. Ja – die Maschine steht. Alles ruhig, kein Zittern mehr, kein Vibrieren, nur Ruhe, keine jüdische Hast, aber raus!!

Ulrich steigt voraus die eiserne Leiter hoch. Ich warte unten, lege die flache Hand gegen die Wand. Ja – das Schiff steht. Ulrich ruft von oben. Nun folge ich. Dann wird der unterste Laderaum mit der Planke wieder geschlossen.

Plötzlich erschüttert ein heftiges Rucken das Schiff!

Sakrament!!

Das zittert ja in allen Fugen. Was zum Teufel ist denn los? Wir stürmen weiter nach oben.

An der Reling stehen die Feldgrauen Kopf an Kopf. Der Dunst hatte sich zerteilt. Der Transporter hatte angehalten und den anderen aufkommen lassen. An der Backbordseite schlagen die Wellen an einen dritten Bruder unserer Sorte. Wir sind jetzt ein ganz schöner Verein und haben uns bereits vermehrt. Es ist ja allerhand los. Was kommen denn dort für Schiffe angefahren?

In langer Kette ganz schmale Schiffe – 3, 4, 6, 7 schwarze Konturen heben sich deutlich aus dem Graugrün heraus. Plötzlich ein heftiges Rucken durch das ganze Schiff.

Weiße Gischt schäumt beiderseits hervor, quirlt, braust, kocht – die Schrauben müssen nur so reinpeitschen. Ach – wir fahren rückwärts. Ja, das Verhältnis ist umgekehrt. Aufgewühlt zischendes Wasser zu beiden Seiten, Schaum, Blasen, hellgrün milchig. Wie auf dem Kasernenplatz!

Richt euch! – Die Augen links!

Ein Stückchen vor, halten, zu viel vor, die Schrauben peitschen in die Flut. Die Bewegung stockt. Jetzt Ruhe. Das aufgewühlte Element glättet sich. Eben bricht die Sonne vollends durch den Wolkenvorhang. Das Wasser dampft sichtlich. Ziehende Schleier zerteilen sich. Drei Transporter liegen ausgerichtet wie zur Parade nebeneinander und mit Volldampf halten sieben Schnellboote Kurs auf uns.

Nach einiger Zeit sind die Boote herangekommen. Wir fühlen uns gar nicht mehr so einsam. Dem Auge bieten sich Haltepunkte auf dem unendlichen Wasser. Ein Boot nimmt direkten Kurs auf uns. Ach, wie klein es ist. Es legt sich neben uns, Wand an Wand. Wir können von unserem Deck direkt in seinen Schornstein hineinsehen.

Die Offiziere grüßen sich gegenseitig. Ein Offizier des Schnellbootes erklimmt über eine Strickleiter unseren Transporter und verschwindet in dem Kajüteneingang. Lauter stramme seefeste Kerle, die da unten.

Was ist das eigentlich für ein Kahn? Hinten am Heck liegen eigenartige auffallende zylinderförmige Dinger. Was soll das sein? Sind das Betriebsstoffbehälter? »Hallo«, ruft einer hinunter, »was habt ihr denn da hinten für Ostereier auf euerem Kahn?«

»Wasserbomben, ihr Landratten!«

Ein fröhliches Gelächter folgt. Der Kontakt ist hergestellt.

»Zwei englische U-Boote wurden gestern Abend im Skagerrak versenkt«, ruft der eine Matrose mit dem kleinen Spitzbart uns zu.

»Soon Bart, haben wir schon im Rundfunk gehört«, rufen wir zurück.

»Hoffentlich gehen wir nicht in die Luft und versaufen.«

»Rheinwein ist uns lieber als Wasser!«

Gegenseitiges Anpflaumen, Witze von Bord zu Bord – die Jungens sind in Ordnung.

Der Seeoffizier hat seine Mission beendet. Über die Bordwand zurück, die Strickleiter hinab in seinen Kahn, der Schelch stößt ab.

»Hummel, Hummel«, rufen wir den Matrosen zu. Einer nimmt das Sprachrohr zum Mund »Mors, Mors!«

»Was heißt das?«, fragt mich Ulrich.

»Lüttje Jöng, Kleiner, so viel wie: Ihr könnt uns alle mal am ...«

Nun hebt ein Pfeif- und Sirenenkonzert an. Die drei Transporter gruppieren sich hintereinander. Rechts und links setzen sich je drei Begleitboote. Das Schiff, das uns soeben verlassen hat, setzt sich an die Spitze und übernimmt die Führung. Klein sind ja die Dinger. Sollen die uns genügend Schutz gewähren?

Alles steht an Bord. Die Maschinen werfen wieder an. Volldampf voraus. Und wir vorne an dem MG-Stand an der Spitze stimmen das Englandlied an. Jetzt wird es also ernst.

Der Vormittag ist darüber bald verstrichen. Ab morgen gibt es Arbeit im Geschäftszimmer. Die Karten für unser neues Einsatzgebiet müssen bearbeitet und an unsere Kompanien verteilt werden.

Heute gibt es Sauerkraut mit Schweinefleisch. Wir sitzen an Deck in der warmen Sonne. Jeder hat es sich so bequem wie möglich gemacht. Der Gulaschkanonier hat sich wieder angestrengt.

Da – der bekannte Ton – A l a r m – Alarm!

Das Essen ist vergessen. Ein Kochgeschirr fällt um – rennen – rennen – fluchen!

Aus der Luke stürzen schon die Ersten mit ihren Schwimmwesten. Verdammt – mit zwei Sätzen bin ich die Leiter hinunter – strauchle – falle um – ein anderer über mich hinweg – der Summer brummt wieder auf – Alarm!!!

Schaurig tönt das Nebelhorn durch die dicken Schwaden. Ich stehe vorn am Bug des Schiffes. Jeder Laut ist erstorben. Eisiges, kaltes Schweigen.

Da stolpert einer über ein Tau und schlägt mit den Stiefeln auf die Eisenplatte.

»Größte Ruhe da unten«, schreit Hauptmann Kempf durch das Megaphon von der Kommandobrücke herunter. Auch heute Nachmittag hatte er wieder den Alarm geleitet. Es war schon besser gegangen. Im Laufe des Abends hatte sich der Nebel verdichtet. Immer undurchsichtiger ist die Wand geworden. Keine 50 Meter sind mehr zu sehen.

Das Leben an Bord ist erstorben. Das Wasser gurgelt. Die Schrauben schlagen ganz langsam in das Wasser, ganz langsam – fast steht das Schiff.

Wieder brüllt das Nebelhorn auf!

Drüben antwortet ein anderes aus dem Nichts – dort hinten ein zweites – schrill brüllt die Sirene eines Begleitbootes auf – langgezogen – Nebelfahnen wehen über Deck. Kaum kann ich bis zur Kommandobrücke hinaufsehen. Kopf an Kopf stehen dort die Offiziere und starren mit ihren Gläsern in die ziehenden Schleier.

Höchste Alarmbereitschaft!

Ein leises Schlürfen – gespenstig grinst eine Totenmaske aus dem Weiß. Möwen umziehen kreischend den Mast. Hoch oben im Korb sitzt ein Matrose. Seine Blicke bohren sich in die Nebel. Die Sinne sind aufs Äußerste konzentriert. Kein Laut – Totenstille – vorne die Spitze muss geräumt werden. Wieder brüllt das Horn auf. Im Nebel geht der Schall unter. Beklemmung legt sich auf die Brust. In weitem Echo antworten die anderen Transporter. Grell und schaurig erzittern die Sirenen der Begleitboote die Luft. Schwaden ziehen über das Schiff, bäumen sich vor dem Bug auf, fallen über uns her. Eisige Kälte steigt hoch. Wir erschaudern.

Immer dichter wird der Nebel. Das Schiff hat kaum noch Fahrt. Jetzt – ganz nach Steuerbord – eine Sirene jault. Unser Horn antwortet. Grell blinkt ein Licht auf, noch einmal: Kurz – lang – lang – kurz – Blinksignale.

Ein Schatten gleitet durch die Wand. Die Wikinger kommen. Ein Schiffsschnabel löst sich aus dem Schleier –

»Wo der Feuerberg loht,
Glutasche fällt
Sturmwogen die Ufer umschäumen

Auf dir, du trotziges Ende der Welt
Die Winternacht woll'n wir verträumen«

Wo bleibt der Spuk?

Das Schiff steht. Welle auf Welle schlägt gegen die Bordwand. Langgezogen heult das Nebelhorn wieder. Unheimlich weben sich Fäden, spinnen sich Schleier – siehst du die Meergeister dort tanzen auf der spritzenden Gischt – Myriaden in wallenden seidigen Hemden – der Dreizack Poseidons sticht aus der Flut – das Sehrohr eines U-Bootes? Nein – Täuschung – ein erstorbenes Schiff – der Schlaf ist von uns gewichen – wir stehen – stehen –

Eintrag ins Kriegstagebuch:
»7. Mai 1940.
Ab 6.00 Uhr im Geleitzug von sieben Begleitbooten an der Ostküste der Insel Langeland entlang – Großer Belt – Kattegat.
Tag verlief ohne besondere Vorkommnisse.«

Aber der Tag endet nicht. Er gleitet hinüber in eine willenlose Ohnmacht. Ein Fieberschauer durchrieselt die Natur.

Nach Mitternacht setze ich mich auf und blicke mich nach meinen Kameraden um. Nur wenige schlafen. Keiner spricht ein Wort, aber unsere Blicke begegnen sich. Die Maschinen stehen.

Von Nacht konnte keine Rede sein, auch die Natur wachte. Früh morgens, es mochte wohl gegen 4 Uhr gewesen sein, erschüttert wieder das ganze Schiff in allen Fugen. Im Halbschlaf fahre ich in die Höhe. Ein Kamerad kommt von oben mit der Meldung, vorne sei geschossen worden und die Schnellboote hätten sich gruppiert zu einer langen Kette. Die drei Transporter würden jetzt nebeneinander liegen. Ich überlege sachlich: Hat es Zweck, sich aufzuregen? –

Nein, es hat keinen Zweck. Gehen wir in die Luft, dann gehen wir eben in die Luft. Ob mit oder ohne Aufregung würde in diesem Falle nichts an der Tatsache ändern. Im Gegenteil, man wäre denjenigen Kameraden überlegen, die den Kopf verlieren. Sachliche kalte Überlegung könnte sogar noch für die Allgemeinheit Vorteile verschaffen durch einen klaren Überblick über die sich ergebende Situation. Der Halbschlaf reißt allerhand Vorstellungen hin und her. Ich erinnere mich an damals in Oppen. Es waren harte Tage gewesen. Ich hatte viel zu arbeiten und oft bis nachts um 23.00 Uhr und noch länger gesessen. Mein Leidensgefährte, Werner Rüger, konnte davon auch ein Lied singen. Meistens, wenn wir uns gerade zum Abendessen hingesetzt hatten, telefonierte es: »Bury, sofort zum Diktat kommen.« Ich sauste runter ins Offizierskasino. Das ging manchmal Abend für Abend so. Dann war ich oft schon zu Bett gegangen und kaum hatte mich der erste Schlaf übermannt, kam ein Melder der Division. Ich musste wieder raus in die kalte Nacht. Es hatte mir nichts ausgemacht. Ich bekam die Grippe mit hohem Fieber. Rüger war gerade auf Funktrupp unterwegs. Ich konnte den Adjutanten nicht sitzen lassen. Die Arbeit häufte sich. Ich schluckte feste Chinin und arbeitete weiter. Wenn ich daran denke, es war sogar eine schöne Zeit. Ich hatte die Ruhe besser weg wie mein Vorgänger, Freund Menner. Mich konnte nichts aus der Ruhe bringen und selbst ein Offizier äußerte sich einmal anerkennend: »Sie regen sich wohl über gar nichts mehr auf.« Das war ein Lob für mich. Also sollte ich hier die Nerven verlieren?

Ich reibe die eisig kalten Füße. Es hat wenig Zweck. Die Zugluft bläst nur so durch die Lagerräume. Für Bananentransporte soll dieser Dampfer hauptsächlich Verwendung gefunden haben. Die Stauden mussten kühl lagern, um nicht zu früh in Reife überzugehen. Nun kühlt die Zugluft anstatt Bananenstauden unsere Köpfe. Ich kuschele mich wieder in meinen schweren Übermantel hinein, ziehe meine Wollweste über den Kopf und drehe mich auf die Seite, um weiterzuschlafen. Es sollte aber bei dem Versuch bleiben. Die Maschinen stoppen wieder. Zum Aufstehen fehlt mir noch der richtige Antrieb. Bestes Beispiel von Beharrungsvermögen. Ich nehme meinen Ettighofer hervor: »Nacht über Sibirien« und lese ein bisschen weiter.

Jetzt beginnt die Maschine wieder zu laufen. Der Schiffskörper vibriert erneut, das Vibrieren teilt sich meinem Körper mit, meinem Arm, meiner Hand und die Buchstaben zittern leicht von unten nach oben hin und her. Ich schließe das Buch wieder und stecke es unter meine Schwimmweste. Von draußen her hört man Sirenengeheul, hastiges Hin- und Herlaufen oben an Deck. Dann wieder Ruhe. Auch die Geschwindigkeit fällt wieder ab. Wir brauchen gar nicht mehr an der Reling zu stehen. Aufgrund des Maschinengeräusches wissen wir schon ganz genau, was mit unserem Kahn los ist.

So langsam wird es auch in unserem Ameisenhaufen lebendig. Dort reckt und streckt sich Resler – auch Wiener –, der gleich am Eingang zu dem zweiten Raum liegt und über dessen Strohsack tagsüber die ganze Meute hinwegstolpert. Vorsorglich kramt er seine Sachen schon zusammen. Man könnte eigentlich frühstücken. Ja – das ist ein Gedanke. Ich ziehe meinen dicken Mantel an, hänge die Feldflasche ab und steige hoch. Der Nebel ist noch nicht ganz weg, aber in der aufgehenden Sonne sieht man bedeutend weiter. Es ist gar kein Vergleich mit dem Abend vorher. Aber kalt ist es und ich schüttele mich. Schnell geht es nach unten, nachdem ich noch gesehen habe, dass tatsächlich unsere drei Transporter in einer Linie fahren und ein Teil der Schnellboote vorne an der Spitze liegt. Ein anderes hat ausgeholt zu einem großen Bogen nach rückwärts. Die Kameraden ziehen es größtenteils auch vor, hier unten zu bleiben. Später stopfe ich noch ein paar Strümpfe. Dann müsste ich mir den Bart abkratzen, sonst fängt sich noch der Wind darin oder man hält mich in Norwegen für einen Seeräuber. Aber an Deck weht ein eisig kalter Wind. Ich hole mir in einer Schüssel das Wasser nach unten, setze mich im »Seifertsitz« auf meinen Strohsack. Der Spiegel steht auf der Gasmaske und da soll doch einer sagen, es wäre nicht wie in einem feudalen Friseursalon. Es geht auch ganz gut, nur das Wasser ist verdammt kalt. Mein Beispiel hat sogar schon Schule gemacht. Arthur Hohm und Unteroffizier Efterich sind auch inzwischen munter geworden. Arthur ist schon ein Vierziger. Alle Achtung vor diesem Kameraden, der von Anfang an bei unserem Verein ist und die durchaus nicht immer angenehmen Seiten des sturen Kommisslebens über sich ergehen lässt. Es wissen wohl wenige, besonders von den jungen Kameraden, die die Verantwortung und den Lebenskampf noch nicht in seiner vollen Härte empfunden haben, wie viel Selbstüberwindung manchmal dazu gehört, sich dem soldatischen Drum und Dran anzupassen. Nur eine richtige innere Einstellung zu dem Schicksalskampf des deutschen Volkes vermag oft allein das seelische Gleichgewicht herzustellen.

Himmeldonnerwetter!

Ein heftiger Ruck wieder durch das Schiff. Mein Rasierspiegel ist von der Gasmaske heruntergefallen und in Scherben zersplittert. So eine Sauerei.

Zum Glück bin ich fertig mit Rasieren. Da habe ich wenigstens Chancen bei den Meerjungfrauen.

Nun hält es mich aber nicht länger unten. Ich ziehe meinen Rock an, darüber meinen dicken Mantel und stolpere über die Strohsäcke wieder nach oben. Dort angekommen stopfe ich mir meine Pfeife »seemännisch« erst einmal mit dem vom Obersteward erhaltenen und nicht zu verachtenden holländischen Tabak. Mit dem Anzünden will es nicht gehen.

Ich muss mich in den Gang zum Speisesaal zurückziehen, dann brennt endlich der Kloben und ich dampfe »per Volldampf« wieder hinaus und lehne mich an die Brüstung. Die Situation hat sich schon wieder geändert. Die Transporter folgen sich in Kiellinie. Mehrere Begleitboote sichern nach vorne. Das Führungsboot eilt weit voraus und nur noch die grellen runden Blinksignale lassen den Standort desselben deutlich erkennen. Auf unserem Transporter werden auf der Kommandobrücke Flaggensignale gegeben.

Was ist das plötzlich?

Die Spitze unseres Riesen dreht nach links ab.

Immer weiter – die Maschine stoppt. Der zweite Transporter gleitet an uns vorbei, übernimmt die Führung. Zwei Schnellboote vorne machen kehrt, stoßen auf uns zurück – nein – zwischen uns durch. Hinten auf dem dritten Bruder brüllt das Nebelhorn auf. Die See liegt da, kaum bewegt. Oben auf der Kommandobrücke steht Kopf an Kopf. Es muss ein leichtes Beobachten sein. Ich kann mir denken, dass bei Wellengang das Sehrohr eines U-Bootes sich viel schwerer erkennen lässt. Von weit her zieht mit mächtigen Schwingen ein großer Vogel weite Kreise um uns. Jetzt hat er uns erspäht. Er nimmt Kurs auf uns, stößt auf uns herab und braust mit Motorengebrüll dicht über die Deckaufbauten hinweg und schraubt sich wieder hinein in den Äther. Wir winken hinauf. Ein deutsches Flugboot.

Stündlich wird der Mann im Mastkorb abgelöst. Scharf wird überall Ausguck gehalten. Die Spitze des Schiffes musste wieder geräumt werden, um den Offizieren auf der Kommandobrücke freie ungehinderte Sicht nach vorne zu geben.

Die Maschine unseres Transporters arbeitet wieder. Das Wasser gleitet links und rechts vorbei, wird schneller, die Schrauben schlagen mächtig in das Wasser. Eine breite Spur unserer Fahrbahn bleibt weithin sichtbar hinter uns zurück. In langer Linie weit ab fahren vier Schnellboote parallel zu uns. Rechts, ganz weit vorne, ein dunkler Punkt am Horizont.

Alles, was nichts zu tun hat, steht wieder an Bord. Die Ferngläser wandern von Hand zu Hand. Alles lugt aus, hilft mit absuchen.

Die Sonne bricht sich allmählich Bahn durch das ziehende Gewölk. In einiger Entfernung begleiten uns Tümmler, tauchen immer aus der Wasseroberfläche hoch und verschwinden wieder. Und dort?

Ungewisse Schatten waren schon vorhin zu sehen. Sind dies etwa Einheiten der englischen Flotte? Es müssen ganz dicke Kerle sein. Das würde ja heiter.

Ich werde abgerufen und soll sofort zum Geschäftszimmer kommen. Ich komme sofort!

Meinen Mantel will ich schnell noch ablegen und hinunterbringen.

Da – A l a r m –

In allen Räumen, in allen Zwischendecks, in der Küche, dem Speisesaal, den Offizierskajüten die Summer!

A l a r m – –

Rennen, rennen, treppauf, treppab!

Noch ein Blick über Bord. Dort über den Wellenkämmen deutlich ein Feuerschiff. Es muss Land in der Nähe sein. Dann sause ich hinunter. Ein Griff und mit dem Kopf durch das Loch der Schwimmweste. Im Laufen verknote ich die Bänder feste unter den Armen. Alles steht bereits an den Rettungsflößen, nur wenige laufen noch in voller Montur da- und dorthin. Dort stolpert einer, schlägt hin, Blut rinnt aus der Nase.

»Achtung, Achtung!«

Es ist Hauptmann Kempf. Seine starke Stimme übertönt durch das Megaphon das ganze Vorderdeck.

»Von jetzt ab bleibt die Rettungsweste am Mann. Die Bekleidung ist nicht mehr abzulegen, auch nachts nicht. Die Stiefel bleiben angezogen.«

Alles schweigt.

Und Hauptmann Kempf wiederholt: »Von jetzt an bleibt die Rettungsweste am Mann. Die Bekleidung ist nicht mehr abzulegen, auch nachts nicht. Die Stiefel bleiben angezogen.«

Dann können wir wieder wegtreten.

Ich sollte zum Abteilungsgeschäftszimmer kommen. Hier sind Reidel und Gruner schon feste an der Arbeit. Die Karten für unser Einsatzgebiet sind zu falten. Die Geheimkiste ist bereits aufgebrochen und der ganze Raum ist bedeckt mit unzähligen norwegischen Karten. Herr Leutnant Evers liegt auf dem Sofa unterhalb der offen stehenden Luke. Wir haben sämtliche Tische belegt, falten die einzelnen Karten so, dass sie später in die vorgesehenen Kartenkisten hineinpassen. Ich studiere eine derselben näher. Mir fällt auf, dass die Kartenzeichen von denen unserer deutschen Karten abweichen. Es sind vornehmlich Karten von

Südnorwegen, was auf unser vorgesehenes Einsatzgebiet schließen lässt. Der ganze Vormittag geht darüber hin und noch liegen eine Menge Pakete unausgepackt in der Kiste. Jeder hat einen Packen Karten, sortiert vor, die Bezeichnungen immer aufeinander. Dann ruft Unteroffizier Lathes deren Namen auf. Ein jeder gibt die zugehörigen Karten ab. Die Anzahl wird registriert. Ich sehe öfters aus der Luke. Erst war der Kopf des Oberzahlmeisters Baum eingerahmt darin erschienen, der draußen vorbeigegangen war, und er konnte sich's nicht verkneifen, dem schlafenden Leutnant Evers eine Handvoll Wasser ins Gesicht zu schütten. Jetzt gibt der runde Lukenausschnitt den Blick frei auf einen Landstreifen, der sich backbords dahinzieht. Das muss man sich ja einmal näher ansehen.

Ich mache meine Kameraden darauf aufmerksam und wir beschließen, uns nach dem Mittagessen hier wieder zu treffen. Ich bin der Letzte, der das Zimmer verlässt. Die Tür fällt hinter mir ins Schloss. Ich lasse den Raum durch den Obersteward abschließen.

Warm und dunstig liegt der Mittag über der See. Tiefgrün, wie ein riesiger Smaragd, dehnt sich die Flut, die ein feines Netz von Linien überkräuselt, bis hinüber zu dem flachen Ufer der schwedischen Küste. Allmählich beginnt sich der blaue Dunst zu lichten, der mit dem blendenden Sonnenlicht und verschwommenen Schatten am Horizont das Land nahen lässt, und in strahlender Schönheit und Glanz bricht sich das Licht und lässt die Dächer der Stadt erfunkeln in malerischer Schönheit – Göteborg.

Langsam gleiten wir näher. Aus der Ferne herüber rauscht leise das Meer, das mit seinen leichten Wellchen an die steinernen Dämme schlägt, und die Luft ist erfüllt von verschwommenen Lauten.

Wir stehen an der Reling in versunkenem Staunen und von einer gewissen Unruhe befallen, die erwacht bei jeder Ankunft eines neuen Zieles.

Und das Nahen zerteilt den Dunst und eröffnet eine wunderschöne Fernsicht. Und aus der kühlen Flut ragt ein Schornstein, ragen Mastspitzen und das Meer atmet friedlich hin über die Stätte einer Tragödie, eines stillen Heldentums, das hier sein ewiges Grab fand.

Und wir ziehen unentwegt weiter unsere Bahn. Schatten umweben das Licht. Das Bild vergeht, der Glanz erlischt und grün und träumend raunt weiter das ewige Meer.

Und die Stunden rinnen weiter dahin – unaufhaltsam – und die Nacht kommt langsam. Still wandert der Mond am Firmament. Und wenige der Feldgrauen wissen, dass der »Mann mit der Sichel« um Haaresbreite an ihnen war.

Die Schnellboote hatten sich aus dem Verband gelöst und waren in breiter Front weit vorgefahren. Wie wir später erfuhren, sollen englische U-Boote im Kattegat manövriert haben. Aber das war nur ein sekundäres Gefahrenmoment. Wir fuhren mit Volldampf voraus.

Die Soldaten standen an Deck und freuten sich der warmen Sonne. Vorne hatte sich auch wieder unsere Bordkapelle eingefunden. Die Österreicher waren doch lustige Kameraden. Mit zwei Akkordeons und einer Mandoline machten sie ein schönes Konzert und sangen dazu. Eine große Runde umstand die fröhliche Gruppe. Da geschah es – aus heiterem Himmel herab – unerwartet.

Wütend, mit sehr hoher Bugwelle stößt atemlos ein Schnellboot auf uns zu. Schon von weitem Sirenengeheul. Blinkzeichen und nochmals Blinkzeichen. Kurz vor dem Leib der »Donau«, den es zu rammen scheint, dreht es bei. Der Kapitän rennt gestikulierend auf der Kommandobrücke auf und ab und brüllt aus Leibeskräften durch das Megaphon zu unserer Brücke herauf.

Ein wahnsinniger Ruck durch unseren Transporter. Die Maschinen brüllen, die Schrauben peitschen das Wasser. Aber es ist schwer, den in voller Fahrt befindlichen Transporter zu stoppen. Noch immer gleitet er nach vorne in der Fahrtrichtung. Wir erkennen es ganz deutlich an dem kleinen schwimmenden Fähnchen, das dort aus dem Wasser ragt. Das Schiff kämpft einen Kampf.

Die Maschinen laufen äußerste Fahrt rückwärts. Es geht um das Leben des Schiffes.

Wir liegen mitten in einem Minenfeld, in das wir versehentlich hineingefahren waren. Die hinter uns fahrenden beiden Schwesternschiffe konnten noch rechtzeitig gewarnt werden. Ist das jetzt das Ende?

Wir starren hinunter in das Wasser.

Schweiß steht auf der Stirn.

Spät am Abend übernahm jedes der Schiffe noch einen Lotsen, der die Aufgabe hatte, uns in den Oslofjord einzuschleusen.

Eintrag ins Kriegstagebuch:

»8. Mai 1940.

Im Zickzackkurs ging es durch das Kattegat, vorbei an der Insel Laesoe und an der Nordspitze von Jütland, Skagens Horn.

Das Wetter war weiterhin günstig, es war windstill und die See war ruhig. Keine Feindberührung.«

Die letzten Töne des verklungenen Liedes hallen über das Wasser. Glutrot ertrinkt der Sonnenball im Meer. Rot leuchtend überzieht sich der Abendhimmel im Westen und in vielfarbiger Sinfonie zerfließen die Farben, mischen sich durcheinander wie auf einer Palette. Von Osten herauf wächst die Nacht, eine helle Nacht. Die Mondsichel steht silbern am Firmament und ihr Spiegelbild badet in der kühlen Flut. Ein leiser Wind streicht über das Wasser. Unser großer Vogel zieht zum letzten Mal seine Kreise, dann fliegt er der Sonne nach, wird kleiner und kleiner.

Unter Deck:

Alle Kameraden liegen angekleidet auf ihren Strohsäcken, die Schwimmwesten umgebunden. Die Spannung hat ihren Höhepunkt erreicht. An den Nerven zieht es. Bilder umgaukeln den Halbschlaf. Jeder ist sich's bewusst: Heute Nacht kommt es darauf an.

Bald laufen die Maschinen in monotonem Gleichtakt, dann wieder ein Ruck – das Schiff hält – dann hasten die Schrauben wieder zurück, die Wände erzittern, meine Packtaschen schaukeln an der gespannten Schnur hin und her.

Manchmal jault in der Ferne eine Sirene, sonst ist es still in dem Raum. Man ahnt nur die Nornen. Sie weben unser Schicksal. Wird es halten?

Im Salon:

Der Raum ist verlassen.

Die Tische sind abgeräumt. Werden sie morgen zum Frühstück wieder gedeckt?

In der Ecke steht die große Wanduhr aus Nussbaumholz. Sie tickt leise. Der Perpendikel geht hin und her. Der große Zeiger beschreibt pflichtgemäß seine Kreise. Der kleine zeigt die Stunden an. Die Stunden werden zu Ewigkeiten. Noch nie war eine Nacht so lang.

Und auf die Nacht folgt Tag. Urewiges Gesetz.

Trüber Schatten dämmert. Durch die Wolkendecke stiehlt sich Grau, zerfließt – löst sich – Nebel steigen.

ORION
NORGE

Glut bricht empor, der Himmel erblaut. Wie eine Kuppel spannt sich das Firmament über die Welt.

Und wir fahren!

Rechts und links Land.

Es kommt näher, eilt uns entgegen mit offenen Armen, strahlend in herrlicher Schönheit.

Das Tal verengt sich, die Bergrücken streben einander zu, steigen auf zu hohen Bergen, die sich im Glanz der aufgehenden Sonne hinziehen in sanften runden Formen bis zu der im Dunst der Ferne abgrenzenden Kulisse einer großen Stadt.

Eintrag ins Kriegstagebuch:

»9. Mai 1940.

Im Laufe der Nacht durchquerte die Abteilung in langsamer Fahrt das Skagerrak und lief gegen 6.00 Uhr ohne Feindberührung in den Oslofjord ein.«

Und die »Dummen« hatten ihren Tag.

In Norwegen

Nach einem vergleichsweise kurzen Einsatz von gut sechs Monaten an der Westfront wurde mein Vater mit seiner Kompanie nach Norwegen verlegt. Hier sollten er und seine Kameraden der Panzer-Jäger-Abteilung bis Februar 1944 verbleiben.

Als am 9. Mai 1940 die »Donau« im ersten Hafen Norwegens, in Oslo, an der Kaimauer anlegte, dachte keiner daran, dass dieser Aufenthalt in Norwegen länger als vier Jahre dauern könnte. Die Männer waren überzeugt, dass es sich um einen relativ kurzfristigen, vorübergehenden Einsatz handelte.

Ein Einsatz von knapp vier bis sechs Wochen und dann ist der ganze Spuk vorüber, dachten die meisten.

Es muss wohl in den langen Wintermonaten in Norwegen gewesen sein, dass mein Vater damit begann, Aufzeichnungen über den Beginn seines Kriegseinsatzes niederzuschreiben.

Der Kriegseinsatz der Panzer-Jäger-Abteilung in Norwegen bestand über Monate und Jahre darin, Stellungen zu halten, Saboteure aufzuspüren und ihnen das Handwerk zu legen, die Bevölkerung zu überwachen und Land- und Seewege für einen eventuellen Rückzug oder den Nachschub freizuhalten. In direkte Kampfhandlungen waren diese nachfolgenden Truppen nicht mehr verwickelt. Überfall, Einmarsch und Besetzung des Landes hatten die Voraustruppen und Fallschirmjäger der Streitkräfte des deutschen Reiches in wenigen Tagen erledigt. Die Engländer hatten sich größtenteils kampflos zurückgezogen. Der norwegische König Haakon VII. beauftragte General Ruge am 9. Juni 1940, die Kapitulationsverhandlungen mit den Deutschen einzuleiten. Die norwegische Bevölkerung verhielt sich gemäß seinen Weisungen ruhig, besonnen und abwartend, obwohl es im Untergrund brodelte und Saboteure ihre Pläne schmiedeten.

Wie schon erwähnt, war der Beginn des Kriegseinsatzes in Norwegen im Mai 1940 für die meisten Beteiligten auf deutscher Seite der Auftakt zu einem großen Abenteuer.

Die Truppen setzten sich überwiegend aus jungen draufgängerischen Männern zusammen, unerfahren, aber voll Tatendrang und mit dem festen Vorhaben, den »Feind« in Norwegen auf schnellstem Weg zu bezwingen und zu unterwerfen.

Die Realität holte diese »Helden« bereits nach kurzer Zeit ein.

Fahrt bis Gimlemoen

In allen Gängen und an der Reling drängte sich Mann an Mann, jeder begierig darauf, über die Schiffstreppe an Land zu kommen. Jetzt war man also in Norwegen!

Für die meisten war es wohl das erste Mal, dass sie den Boden des Auslandes betraten und die Abenteuerlust regte sich mächtig, was es wohl im fremden Lande zu erleben gäbe.

Schon kamen die, die das Glück gehabt hatten, in der Nähe der Schiffstreppe zu stehen, aus der Stadt zurück und berichteten Wundermären, was es da alles noch zu essen gäbe. Koteletts, Schinken, Eier, so viel man haben wollte und echten Bohnenkaffee für ein paar Öre! Nur ein strenger dienstlicher Befehl des Kommandeurs konnte eine Masseninvasion in die Stadt verhindern und die Mannschaft an ihre Pflicht erinnern, so schnell als möglich Fahrzeuge, Geräte und Geschütze aus dem Riesenbauch des Schiffes an Land zu bringen. Aber auch denen, denen zunächst noch der Zutritt zur Stadt untersagt war, boten sich die leiblichen Genüsse des Landes an. Geschäftstüchtige Norweger brachten Handwagen herbei, hoch beladen mit Schokolade, der allen »Norwegern« wohl bekannten Marke »Freya«, die man ein Jahr später nur noch dem Namen nach von den Reklameschildern her kannte und Zigaretten »Frisko« und »Bluemaster«, mit denen es uns ebenso erging.

Mit Anbruch der Dunkelheit war bis auf geringe Reste der 2. Kompanie das Entladegeschäft beendet. In einer Schule zu Oslo legten sich die Mannschaften zur Ruhe nieder. Es dauerte lange, bis der Schlaf auch den letzten Mund und das letzte Auge schloss. Das Erlebnis der Seefahrt und jetzt das Betreten fremden Landes waren zu groß, als dass sich die Gemüter schnell hätten beruhigen können. Wer aber von den Schläfern ahnte damals in seinen Träumen, dass Norwegen uns über ein Jahr – ja, wer weiß heute, wo diese Erinnerungen niedergeschrieben werden, wie lange noch darüber hinaus – festhalten werde, dass wir Freundinnen und Freunde hier erwerben, ja, dass mancher hier die Gefährtin seines Lebens finden sollte!

Zunächst sah es freilich nicht danach aus. Mürrische Gesichter und abweisende Gesten zeigten uns allenthalben deutlich, dass wir im Lande nicht willkommen waren, und eine höfliche Frage erhielt als Erwiderung meist nur ein Achselzucken oder das uns sehr bald geläufige »Jeg ferstar dem ikke.«

Nun gut, norske folk, wenn ihr uns nicht verstehen wollt, helfen wir uns eben selbst. Ein frisches deutsches Soldatenherz lässt sich durch mürrische Gesichter so schnell nicht erschüttern.

Bei schönem Wetter und bester Stimmung eilten wir am Morgen des 10. Mai 1940 in die befohlene Richtung Kristiansand, unserem ersten Marschziel, Larvik, entgegen, um am anderen Tag nach Arendal weiterzufahren. Diese erste große Fahrt in Norwegen stellte höchste Anforderungen an die Geschicklichkeit der Fahrer. Wer nur an deutsche Reichsautostraßen gewöhnt war, musste sogleich gründlich umlernen. Besonderes Pech hatten namentlich die Feldküchen, die mit ihren hohen Umbauten in der ersten Unterführung durch einen Bahndamm bereits steckenblieben und sich erniedrigen mussten. Dass wir trotzdem ohne größere Schäden unsere Marschziele erreichten, legt ein bestes Zeugnis für die Qualität der Fahrer ab.

Mit immer neuer Bewunderung genossen wir die unvergleichliche Schönheit des norwegischen Landes, das wir durchfuhren. In ständigen Windungen um scharf vorspringende Felswände zieht sich die Straße dahin, an tiefblauen Seen vorbei mit ihren kleinen Felseninseln, aus deren kümmerlichem Erdreich windzerfetzte Kiefern noch ihre Nahrung ziehen. Und grenzt es nicht ans Unfassbare, wie an den steilen Felswänden, die sich im See widerspiegelten, zarte Birkenstämmchen ihre Wurzeln in Risse und Schrunden zwängen, um Kraft und Leben daraus zu holen, Wind und Wetter zu trotzen, wo nach menschlichem Ermessen gar kein Leben mehr möglich ist? Farnkräuter und Heidelbeergestrüpp zwischen Birken, Tannen und Kiefern und Moos überzogene Felsen säumen auf beiden Seiten die Straße ein, wenn sie sich nicht gerade hart an die steile Felswand anlehnt oder gar durch die Felsen hindurch gesprengt ist. Manchmal aber weichen die Felsen auch eine Strecke weit von der Straße zurück. Dann grüßt alsbald ein hell gestrichenes schmuckes Holzhaus mit rot gestrichenem Wirtschaftsgebäude zu dem Wanderer hinüber und kleine Äcker und Wiesen zeigen an, dass hier ein norwegischer Bauer für sich und seine Familie das tägliche Brot schafft.

Neugierig und ohne vor den vorüberrasenden Autos zu erschrecken, sehen uns die stattlichen Kühe an, entweder weiß mit vielen hellroten Tupfen und großen gewaltigen Hörnern, deren Spitzen mit Messingknäufen abgestumpft sind, die »Telemarkrasse« oder einfarbig rot ohne Hörner die »Lyngdalrasse«. Mit lautem Gepolter rasselt das Jungvieh in kindlichem Spiel die steilen Abhänge über Stock und Stein hinab, ohne dass die stahlharten Hufe und Sehnen dabei zu Schaden kommen. Es steckt noch eine große Naturverbundenheit in diesen Tieren, die wir bei unserem überzüchteten Stallvieh daheim vergeblich suchen und gar erst die kleinen norwegischen Pferde, die nach getaner Arbeit wie ein Hofhund auf der Wiese vor dem Hause liegen und sich sonnen! Hell isabellfarben mit Stehmähne und schwarzem Aalstrich von den Ohren bis zum Schweif und zuweilen deutlichen schwarzen Querbinden an den Beinen lassen erkennen, dass ein gutes Teil Zebrablut in ihnen steckt. Bei größter Genügsamkeit beweisen sie eine Zähigkeit und Ausdauer, die immer wieder unsere Bewunderung erregt.

Als später im Frühjahr 1941 die deutsche Wehrmacht die entstandenen Pferdeausfälle durch norwegische Pferde auffüllte, zeigte es sich so recht bei gutem Futter und guter Pflege, welch ein stolzes Tier der »norske Hest« ist.

So stürmten immer neue Bilder auf unserer ersten Fahrt der Südküste entlang auf uns ein und ließen uns vergessen, wie weit die Heimat jetzt hinter uns lag.

In Brevik gab es einen größeren Halt, denn hier endete zunächst die Straße und auf einer Fähre mussten nach und nach die Fahrzeuge über den Frier-Fjord nach Stadthelle geschafft werden, von wo es dann nach Arendal weiterging.

Eine dichte Menschenmenge umsäumte den Marktplatz als wir dort auffuhren. Kein Wort der Begrüßung wurde laut, höchstens eine ungezogene Bemerkung eines Jugendlichen, die von den umstehenden Freunden laut belacht wurde. Ja, als am anderen Tag die Offiziere zum Nachmittagskaffee im »Grand Hotel« saßen, flogen ein paar Steine durch das offene Fenster, und wenn abends das Radio Nachrichten in deutscher Sprache brachte, verließen die norwegischen Gäste sämtlich das Lokal, um erst nach Beendigung des Nachrichtendienstes wieder zu erscheinen. Es war kein freundlicher Empfang, den Arendal uns bereitete. Die englische Propaganda hatte mit vorzüglicher Wirkung ihre Aufgabe erfüllt. Uns war das ziemlich gleichgültig. Mit der sicheren Ruhe des Stärkeren wussten wir die Unfreundlichkeiten der Norweger zu ertragen und ließen es uns über die Pfingstfeiertage in Arendal recht wohl sein.

Von dort aus ging es weiter nach Kristiansand, wo der Abteilung das Lager Gimlemoen zur vorläufigen Unterkunft angewiesen wurde, während die 3. Kompanie unter Führung von Hauptmann Kempf aus dem Verbande der Abteilung ausschied, dem I.R. 355 unterstellt und nach Stavanger verlegt wurde.

Auch unsere 1. Kompanie sollte uns hier nach drei Tagen bereits verlassen. Sie blieb wohl der Abteilung unterstellt, wurde jedoch am 18. Mai nach Evjemoen verlegt und auf Zusammenarbeit mit I.R. 367 angewiesen. So verblieben schließlich nur noch Stab, Nachrichtenzug und 2. Kompanie in Gimlemoen.

Im Lager Gimlemoen

Das Wort »mo-en« bedeutet »die Heide« und im weiteren Sinn »der Exerzierplatz«, wie wir ja auch in Deutschland von der »Wahner Heide« reden. Gimlemoen, Evjemoen heißt also: der Exerzierplatz bei Gimle bzw. bei Evje. Einen solchen norwegischen Exerzierplatz sollten wir also jetzt kennenlernen! Mit größter Neugierde gingen wir von Baracke zu Baracke auf Entdeckungen aus, denn es interessierte uns doch mächtig zu erfahren, wie der norwegische Soldat lebte. Zunächst stellten wir dabei fest, dass das Lager Hals über Kopf von der Besatzung beim Herannahen der deutschen Truppen geräumt worden sein musste. In den Küchenbaracken stand das Essen noch in den großen Kesseln und diente zahlreichen Ratten als willkommene zusätzliche Verpflegung. Die Kammerbaracken waren bis unter das Dach vollgepfropft mit Ausrüstungsgegenständen aller Art. Gewehre, Revolver, Maschinengewehre, Seitengewehre, Munition – kurz alles, was der Soldat braucht, war in reicher Menge und guter Qualität vorhanden. Wir kamen zu der Überzeugung, dass für den norwegischen Soldaten, soweit es die militärische Ausrüstung betrifft, nicht schlecht gesorgt war. Namentlich das »Krag-Jörgensen-Gewehr« schoss mit ausgezeichneter Präzision. Die Schlafbaracken erschienen uns zunächst reichlich eng und dunkel. Nachdem wir aber einen norwegischen Winter miterlebt haben, müssen wir zugeben, dass auch sie zweckentsprechend gebaut waren.

Nur die hygienischen Belange ließen viel zu wünschen übrig. So konnten wir uns beim besten Willen mit dem Abortsystem nicht befreunden, bei dem die Abfallstoffe in hölzernen Kästen gesammelt und diese gelegentlich in einem der vielen benachbarten Seen entleert wurden. Dass wir das gleiche System überall im Lande, in Privathäusern sowohl wie in den Schulen, selbst in der Stadt Kragerö wiederfinden sollten, hätten wir damals nicht gedacht. Hier muss das norske folk noch viel lernen.

Für die nächste Zeit war uns von der Division folgende Aufgabe gestellt worden:

»Ständige Überwachung der Landverbindungen für den Nachschub, Kenntnis aller in Frage kommender Anmarschwege und voraussichtlicher Einsatzorte im ganzen Regimentsabschnitt. Ständige Überwachung der ins Landesinnere führenden Hauptstraßen und Bahnlinien und ihrer Kunstbauten. Bekämpfung von versprengten norwegischen regulären und irregulären Truppenteilen und Verhinderung bzw. Versprengung neuer Ansammlungen Wehrfähiger.«

Zur Durchführung der gestellten Aufgabe wurde durch den Kommandeur befohlen, dass täglich zu unregelmäßigen Zeiten motorisierte Streifen unter Führung eines Zugführers eine vorgeschriebene, zuweilen 2 bis 3 Tagereisen lange Strecke zu durchfahren und zu erkunden haben. Jetzt also sollten Ottos Insurgenten zu ihrem Recht kommen und zeigen, ob sie in Triebel etwas Rechtes gelernt hatten. Auf den engen und kurvenreichen Straßen, die den Spähtrupp jeden Augenblick vor unangenehmste Überraschungen stellen konnten, hatte sich folgende Anordnung als zweckmäßig erwiesen:

Auf einem offenen Lkw sitzt auf doppelsitziger Bank längs der Mitte des Wagens die Bedienungsmannschaft des angehängten Pakgeschützes, während ein auf hohem Dreibein hinter dem Führerstand aufmontiertes MG, das nach allen Seiten schießen kann, die Marschsicherung übernimmt. Mit großer Begeisterung wurden diese Fahrten unternommen, kamen sie doch dem unternehmungslustigen Geist der jungen Krieger in weitem Maße entgegen. Bis tief in das Hinterland hinein und der Südküste entlang bis zu Lister-fyr gingen diese Streifen, ohne jedoch auf einen Feind oder neu angelegte Straßen- und Bahnsperren zu stoßen.

Diese an sich sehr reizvolle Aufgabe, die uns viel mit Land und Leuten bekannt werden ließ, wurde durch den Divisionsbefehl vom 22.05.40 jäh unterbrochen. Gerade waren wir so weit, dass wir uns im Lager heimisch fühlten, nachdem wir den gröbsten Dreck beseitigt und uns wohnlich eingerichtet hatten, ja sogar kleine Gartenbeete mit Salat, Schnittlauch und anderen Küchenkräutern angelegt hatten, da kam – das ist scheinbar unser besonderes Schicksal – der Abmarschbefehl.

In Lyngdal

Infolge einer Kräfteumgruppierung an der Südküste war im Mai 1940 wiederum eine Verlegung unserer Abteilung notwendig geworden. Stab, Nachrichtenzug und 2. Kompanie bezogen Quartier in Lyngdal, die 1. Kompanie wurde nach Farsund und die dritte nach Flekkefjord verlegt. Die neue Aufgabe, die jetzt der Abteilung gestellt war, bestand im Wesentlichen in der Sicherung der Küste, Verhinderung von Truppenlandungen und Befriedung des Küstenabschnittes. Die Erkundung der Straßen- und Wegeverhältnisse hatte dabei weiterzugehen.

Waren wir zuerst traurig darüber, Gimlemoen verlassen zu müssen, so dauerte es nicht lange, bis wir uns mit der neuen Unterkunft restlos ausgesöhnt hatten. Denn was bisher nur Einzelnen, besonders Routinierten möglich war, sollte jetzt Allgemeingut werden: die Bekanntschaft mit der norwegischen weiblichen Jugend. Und siehe da, das Experiment gelang überraschend gut. Freundschaften wurden geschlossen, die ein ganzes Jahr und noch viel mehr dauerten. Einzelheiten auszuplaudern, verbietet selbstverständlich die Kavalierspflicht. Dazu kam, dass herrlichstes Sommerwetter und schönste Badegelegenheit am Strande des Lyngdalfjordes und Rosfjordes uns in diesen Tagen beschert waren, in denen wir auch zum ersten Mal die hellen nordischen Nächte erleben durften. Unvergesslich ist dem Aktenschreiber, wie einst Hauptmann Tiedemann im Hofe des Hotel Paulsen sich die Haare schneiden ließ und seine Zeitung dabei las, als im Hause die Uhr gerade die Mitternachtsstunde schlug. An Schlaf war wenig zu denken. Aber wozu auch?

In den Kantinen war für feste und flüssige Nahrung reichlich gesorgt und allwöchentlich fuhren die Marketender in das nahe Kristiansand, um beliebig vielen Nachschub herbeizubringen. Reiches Norwegen, wie lange werden deine Vorräte noch ausreichen?

Selbstverständlich vergaßen wir über dem Angenehmen, das die neue Unterkunft bot, nicht auch die Pflicht, die wir hier zu erfüllen hatten. Denn konnte nicht jeden Tag der Engländer irgendwo an der Küste einen Landungsversuch machen, um Norwegen von dem »Unterdrücker« zu befreien, wie er es täglich der Bevölkerung im Rundfunk versprach?

Darum galt es, die Küste eifrigst zu erforschen, Landemöglichkeiten zu erkunden und Vorkehrungen zu deren Verhinderung zu treffen. Es erwies sich, dass im Südabschnitt der Abteilung, also im Abschnitt der 2. Kompanie, Landemöglichkeiten für kleinere Truppeneinheiten wohl überall an der zerklüfteten, unübersichtlichen Küste gegeben waren, dass aber infolge des von Steilhängen durchschnittenen, wegelosen Hintergeländes ein solches Unternehmen von vorneherein zum Versagen verurteilt war. Nur am Ost- und Westufer des Syrdal-Fjordes ist ein Durchstoß gelandeter feindlicher Truppen in Richtung Valle und damit auf die Straße Lyndal–Mandal–Oslo möglich. Deshalb wurde zur ständigen Beobachtung dieses Küstenabschnittes auf der Insel Svinör bei Syrdal eine Abteilungsbeobachtungsstelle mit Funkverbindung eingerichtet, Feuerstellungen dort erkundet und zahlreiche Gefechtsübungen in der Nähe von Valle abgehalten.

Im Abschnitt Farsund (1. Kompanie) bot naturgemäß der Hafen dieser Stadt Auslademöglichkeit auch schwerster Waffen. Durch Sprengung der Brücke über den Lyndalfjord ist jedoch der Weg nach Osten leicht zu sperren. Auch die 3. Kompanie, die in der Umgebung des durch die Altmarkaffaire bekannten Jössingfjord in Sogndal und Ana-Sira Küstensicherungen durchgeführt hatten, war auf der Hut, dem Engländer ein gebieterisches »Halt« entgegenzurufen, wenn er es wagen sollte, norwegischen Boden zu betreten. In dieser Zeit, in der für uns Dienst und Erholung in angenehmster Weise sich ergänzten, geschah in Frankreich der einzig dastehende Siegeslauf unserer Kameraden von der Westfront. Mit größter Spannung verfolgten wir die Meldungen des drahtlosen Dienstes, zumal Sondermeldung auf Sondermeldung kam. Wie beneideten wir unsere Kameraden, die so Großes miterleben durften, und wie glühend wünschten wir, es ihnen gleichtun zu können.

Doch der Befehl hielt uns auf der Wacht gegen England im Norden fest. Niemand kennt ja die Pläne, die zur Niederwerfung Englands gefasst sind, und vielleicht kommt auch für uns einmal der Tag, an dem wir wieder für Deutschlands Zukunft marschieren und selbst Zeuge großer Geschehnisse sein dürfen!

Von diesen Gedanken beseelt feierten wir am 25.06.1940 neidlos den Sieg unserer Brüder im Westen, eingeleitet durch Flaggenhissung und eine Ansprache unseres Kommandeurs vor der Schule in Lyngdal, woran sich abends interne Feiern in den Kantinen anschlossen.

Inzwischen war auch unsere 3. Kompanie uns wieder näher gerückt. Am 13.06.40 war sie der Abteilung wieder unterstellt und nach Kvinesdal verlegt worden. Am selben Tag hatte sie den Tod eines tüchtigen Schützen zu beklagen. An einer steil abfallenden unübersichtlichen Strecke an der Straße Mandal–Lyngdal in Höhe von Sandnes stürzte er mit seinem Motorrad über eine Brücke in den darunter fließenden Bach und zertrümmerte sich dabei die Schädeldecke. Schütze Jürgen Krahl aus Groß-Auheim wurde am 15.06.40 auf dem Friedhof in Kristiansand beigesetzt.

Unserem Aufenthalt und unserer Tätigkeit in Lyngdal wurde durch den Divisionsbefehl vom 01.07.40 ein unerwartetes Ende bereitet. Die O.H.L. wusste, dass in diesem Jahr der Krieg nicht mehr zu Ende zu führen war. Darum galt es, besonders für die Truppen in Norwegen, sich rechtzeitig auf den Winter vorzubereiten und unverzüglich mit dem Bau von Winterquartieren zu beginnen.

Kragerö

Nach mündlicher Rücksprache des Kommandeurs mit dem I a der Division wurde uns Kragerö als Winteraufenthalt zugewiesen und Hauptmann Schwarzbach mit einem Baustab sofort dorthin in Marsch gesetzt, um die umfangreichen Vorbereitungen für den Barackenbau aufzunehmen. Am 10.7.40 rückte als erste Einheit die 2. Kompanie dort ein, einige Tage später folgte die übrige Abteilung nach.

Niemand von uns ahnte damals, dass Kragerö, in Friedenszeit der Sommeraufenthalt Tausender norwegischer Touristen, für über neun Monate unsere Heimat werden sollte, uns allen unvergesslich.

Mit dem Bau von Baracken in Krakerö war sofort begonnen worden. Bis zur Fertigstellung wurden die Kompanien in der Mittelschule, in der Volksschule, im Seemannsheim, im Handwerkerheim und im Samfündet untergebracht, während der Stab und Nachrichtenzug, dem ich damals angehörte, das Badehotel als endgültige Unterkunft gleich bezog.

Ein mustergültiges, landschaftlich einzig dastehendes Barackenlager auf der Höhe nördlich der Stadt entstand, das selbst bei der außergewöhnlich starken Kälte des Winters 1940/41 allen Anforderungen gerecht wurde.

Hier will ich die Aufzeichnungen meines Vaters für einen Briefauszug unterbrechen:

(...) Morgen, Samstag, haben wir einen sehr hohen Besuch, und zwar von dem Oberbefehlshaber der Wehrmacht für Norwegen, Generaloberst v. Markewitz.

Ich verbinde diesen Besuch mit dem vorher Geschilderten.

Die Barackenbauten auf der Höhe von Kragerö sind kurz vor ihrer Fertigstellung, während die Wirtschaftsbaracke hier unten bei uns langsamer vor sich geht. Der Termin wird also wohl tatsächlich eingehalten werden können.

Nun läuft Ende September der in Gang befindliche Kursus ab. Unsere Kompanien sowie auch unser Stab/Nachr.-Zug haben in der Zwischenzeit auch fleißig Parademarsch geübt. Dieser soll jetzt als Schlussbesichtigung am 30. August vorgeführt werden.

Lt. E. konnte für uns erwirken, dass wir nicht mitzumachen brauchen, denn es klappt bei uns zu schlecht.

Nun macht sich unser Obstlt. einen Spaß daraus und müssen die Kompanieführer, unsere Hauptmänner, mit 25 Schritten Abstand vor ihrer Kompanie im Paradeschritt mitmarschieren. Du musst wissen, dass der Paradeschritt mit zu dem Anstrengendsten gehört und einen harten Exerzierdienst erfordert, bis alles klappt.

Bei einer aktiven Truppe klappt dies auch selten. Bei den Paraden vor dem Führer werden nur die besten Truppen hierzu benutzt. Nun sollen die alten Leute Parademarsch kloppen. Darüber große Aufregung und bei der Mannschaft umso größeres Erfreuen, als z. B. ein Hauptmann in seiner Schreibstube Parademarsch »übt« und unter Anleitung seines Hauptfeldwebels exerziert.

Ich sagte zu Lt. E., nach meiner Meinung würde das nicht klappen, und gab er mir vollkommen recht, nur würde sich der Oberstleutnant einen Spaß daraus machen, die Kompanien und an deren Spitze die alten Herren vor sich defilieren zu lassen.

Das gäbe dann manche Anpöbelei im Offizierskorps bei der Tafelrunde.

Auf was für Ideen man hier doch kommt (...)

(...) Wir haben jetzt fleißig Exerziermarsch geübt, Griffe, Präsentiergriffe und hat der Chef auch mal eine Parade abgenommen, wobei wir uns die Kapelle eines Infanterieregiments ausgeliehen hatten.

Ich brauche, da ich im Geschäftszimmerdienst ja nach wie vor meine Beschäftigung habe, das Exerzieren nur dienstags und freitags früh mitzumachen. Ich bin dann aber trotzdem wegen der ungewohnten körperlichen Anstrengung den ganzen Tag über recht müde.

Neuerdings müssen allerdings die drei Schreibstubengefreiten jeden Tag 10 Minuten beim Leutnant antreten in dessen Zimmer, um Gewehrgriffe und Präsentiergriffe zu üben. Es ist dies eingeführt worden aufgrund eines Divisionsbefehls, der besagt, dass auch die Ausbildung des Geschäftszimmerpersonals weitgehend überwacht werden soll.

Ich bin der Überzeugung, dass wir die Sache besser machen als mancher andere Soldat. Wir werden nun also richtige »Salonsoldaten« – keine »Salontiroler« (...)

Fortsetzung des Berichtes »Kragerö«

Die Herbst- und Wintermonate waren in erster Linie der Ausbildung der Mannschaft und Unterführer gewidmet, und zwar sowohl für den Einsatz zu Lande als auch für Unternehmungen zur See. Es wurden Flöße gebaut, Geschütze darauf verladen, Ruderübungen gemacht und das Anlandbringen von Geschützen und Krädern fleißig geübt, ein Dienst, der von der Mannschaft mit großer Begeisterung verrichtet wurde.

Bis zu den der Stadt etwa 10 km vorgelagerten Inseln Rauane und Jomfruland wurden die Floß-, Lande- und Verladeübungen ausgedehnt, verbunden mit Scharfschießen auf fahrbare Seeziele.

Der frühzeitig einsetzende Winter und die langen Nächte machten den Wasserübungen ein Ende.

Nun galt es, durch sachgemäße Freizeitgestaltung die Truppe über die Wintermonate hinwegzubringen. Zahlreiche Kino- und KdF-Vorführungen brachten Abwechslung in das ewige Einerlei der kurzen Tage.

Um 16.00 Uhr begann es bereits dunkel zu werden und um 16.30 Uhr leuchteten die kleinen blauen Lämpchen auf, dem Wanderer den Weg durch die engen Straßen weisend. Die Stadt lag im tiefsten Dunkel, da wegen Fliegergefahr alle Fenster abgeblendet und die großen Straßenlaternen ausgeschaltet sein mussten. Der Winter setzte mit seiner selbst für Norwegen ungewöhnlichen Kälte ein, die das Thermometer tageweise bis auf unter minus 35 Grad herabsinken ließ. Meterhoch lag monatelang der Schnee und knirschte laut unter den Schritten der Vorübergehenden. Der Hafen und die gesamte Einfahrt nach Kragerö waren durch meterdickes Eis bis in den April hinein gesperrt, die Stadt war dadurch vor überraschenden Landungen von See aus gesichert. Die zugefrorenen Fjorde benutzte der Norweger im Winter als Landstraßen und befuhr sie mit den schwersten Lastzügen.

Es wurde Weihnachten 1940 und ein Ende des Kriegseinsatzes war noch immer nicht abzusehen.

Das Denken der Soldaten überwandt im Stillen Grenzen und Gefahren und die Gedanken weilten bei ihren Lieben in der deutschen Heimat. Weihnachten fern der Familie – eine seelische Belastung für jeden Einzelnen.

..., Dezember 1940
Feldpostnummer: 20088

Meine lieben Verwandten und Bekannten!

Eine Unmenge Briefe liegen mir wieder vor, die es jetzt zu beantworten gilt. Es ist ganz selbstverständlich, dass ich jeden von Euch mit einem persönlichen Gruß bedenke und mich für Euer liebes Gedenken und Beschenken zum Weihnachtsfest bedanke. Die dementsprechenden Zeilen füge ich zum Schluss des Briefes an.

Und da Ihr nun doch alle wieder dasselbe von mir wissen wollt: »Wie hast du dort oben Weihnachten verlebt«, will ich auf die sich so durchaus bewährte Art meiner ureigensten Erfindung mittels des »vervielfältigten Rundbriefes« Euch allen diese Frage beantworten und Euch einen kleinen Bericht schicken über unser ...

»Weihnachten in Norwegen«

Es ist genau 16.00 Uhr am 24. Dezember 1940, da ich mich hinsetze, den Federhalter zur Hand nehme und diese Zeilen schreibe.

Ich sitze am Fenster. Weit schweift mein Blick hin über das Wasser. Spiegelglatt liegt der Fjord da. Ich glaube, er schläft –

Der hinter der Halbinsel, die sich von rechts her den Sund entlang bis vorne in das Skagerrak hinausschiebt, erlöschende Schein der Sonne verfärbt den dichten Wolkenhimmel von tiefstem Violett bis in mattes Gelb und tief am Horizont, dort, wo sich Himmel und Meer vereinen, in unendlicher Weite, dort – liegt die Heimat.

Ein leichter rötlicher Streifen liegt über dem Horizont. Links, dem äußersten Schwarz der in flachen Umrissen auslaufenden Schären und den aus dem Wasser herausragenden Felsen vorgelagert, zieht sich nochmals ein winzig kleiner dunkler Strich dahin, der am Ende aufsteigt zu einer kaum merklichen Pyramide. Eine kleine Insel –

Auch dort wohl steht ein Kamerad hoch auf der vordersten Felsnase, gegen die die Brandung anschäumt, und seine Augen gleiten zur selben Zeit wie die meinen über das weite Meer und er hat den gleichen Gedanken wie ich: Dort liegt die Heimat.

Viel Arbeit liegt hinter mir. Gestern Nacht war es wieder zwei Uhr gewesen, bis ich ins Bett gekommen war. Nun umgibt mich eine gewisse Sphäre erfüllten Pflichtbewusstseins nach getaner Arbeit. Warum habe ich keine Rückstände mehr, nicht noch etwas zu erledigen? Es ist so einsam, wenn man am Heiligen Abend nichts mehr zu tun hat. Gibt es nichts mehr, an was sich dienstlich denken lässt? Und unwillkürlich gleitet der Blick wieder hinaus, und sieh, der Schein verblasst, das Rot zerfließt, mischt sich und endlich breitet dichter winterlich-grauer Wolkenschleier einen Vorhang über das Licht – über die Heimat.

Einsam –

deutscher Soldat auf Wacht in Norwegen!

Und über die schroffen Felsen links herüber wogt wallender Nebel. Die Luftbeobachtungsstation dort oben ist kaum mehr zu erkennen. Milchiges Grau verbindet sich mit dem Weiß einzelner zwischen dem Fels und den verkrüppelten Kiefern liegenden Schneefetzen. Auch das Wasser verliert den Glanz mit der scheidenden Sonne und wird tot und kalt.

Kahl ragen die Zweige des entlaubten Baumes hinein in die beginnende Winternacht.

Die Taschenuhr auf meinem Schreibtisch tickt leise weiter.

18.00 Uhr. Mollige Wärme. Feuer knistert in den eisernen Öfen. Girlanden aus Tannengrün hängen von der Decke herab, die gestützt wird durch zwei Reihen viereckiger Holzträger, jetzt ganz mit Tannengrün umkleidet und nach jeder Seite hält ein schmiedeeiserner Arm eine weiße Kerze. Darunter eine Tafel in Hufeisenform, sauber und einfach gedeckt mit weißem Krepppapier, darauf Gedecke.

Auch hier Tannengrün und weiße Kerzen dazwischen.

An der Schmalseite des geräumigen Speisesaales der Holzbaracke eine kleine Bühne, davor auf jeder Seite ein geschmückter Tannenbaum mit unzähligen Kerzen.

Weihe vermischt sich mit würzigem Harzgeruch. »Weihnachten« schwebt in dem Raum.

Die Feldgrauen haben Platz genommen. Es ist ganz ruhig – gedankenverloren blicken unzählige Augenpaare in den Kerzenschimmer, der immer heller und heller wird. Leise, herrliche Musik erfüllt den Raum, unaufdringlich, weihevoll und lässt noch viel Raum für all die Gedanken aus der Heimat. Meine Hand gleitet in die Rocktasche meiner Uniform – ein Brief – »erst Weihnachten öffnen« –

– es liegt ein leichtes Zittern in dem Weihnachtslied »Stille Nacht, heilige Nacht.«

Dann hält der Adjutant die Weihnachtsansprache.

Ein kleines Weihnachtsspiel: »Weihnachten – irgendwo in Norwegen«. Ein Blockhaus. Die Kameraden einer Beobachtungsstation sitzen um den Tisch. Wachablösung. Der eine kommt, der andere muss gehen, hinaus in die Schneenacht. Ein armseliges Weihnachtsbäumchen. Es hat draußen zwischen den Klippen gestanden. Eine Weihnachtsgeschichte aus dem Weltkrieg – »Heilige Nacht in Flandern« – ein Kamerad erzählt sie – der Vater hat sie einst draußen erlebt – heute ist es der Sohn.

»Deutsche Art ist es, Weihnacht zu feiern. Keiner unserer Feinde kennt den Zauber, die Macht des Lichterbaumes auf unser Gemüt, auf unsere Kraft. Bleiben wir deutscher Art treu. Denn deutsche Art ist noch ein Größeres, deutsche Tugend eine vor allem: Das ist die Treue«.

Dann verklingt das Lied.

Ein gemeinsames Abendessen vereint die Kameraden. Viele sind dabei, die von Anfang an, seit dem Auszug aus Auheim, verbunden sind durch das Band gemeinschaftlicher treuester Pflichterfüllung und Kameradschaft.

Dann gehen die meisten auseinander.

Auf unserer Stube haben wir auch ein kleines Weihnachtsbäumchen. Wir stecken die Kerzen an. Und im Scheine der Kerzen lesen wir die Briefe aus der Heimat und packen die vielen Päckchen aus.

Dann kommt die Nacht.

Wir liegen in unseren Feldbetten noch lange wach –

1. Feiertag Nachmittag!
Weihnachtsweihestunde. In dem dunklen Raum, in dem die Kerzen wieder brennen, sitzen wieder die Kameraden.

Auf der kleinen einfachen Bühne steht ein Bechsteinflügel. Das Wort ist nicht verhört – jawohl, ein Bechsteinflügel. Auch dieses herrliche Requisit wurde durch den geschulten Spürsinn unserer Feldgrauen hier im hohen Norden entdeckt.

Und nun hat Kamerad Keim Platz genommen und die »Variationen in B-Dur« von Franz Schubert quellen unter seinen gestaltenden Händen wunderbar hervor. So feiern wir Weihnachten.

Dann tritt Hans ab.

Die Bühne wird verdunkelt. Ein kleiner runder Nussbaumtisch wird in die Mitte gestellt, vor den Flügel, Tannengrün liegt auf dem Tischchen und die schlanken weißen Kerzen dazwischen werden entzündet. In ihrem Schein erglitzert das Silberhaar, das herunterhängt. Ich nehme an dem Tisch Platz. Auf dem kleinen Programm steht: »Ausschnitte aus dem Kriegstagebuch des Gefr. Rudolf Bury, vorgelesen durch den Verfasser.« Und ich beginne zu lesen ...
»Warm und dunstig liegt der Mittag über der See. Tiefgrün, wie ein riesiger Smaragd, dehnt sich die Flut, die ein feines Netz von Linien überkräuselt, bis hinüber zu dem flachen Ufer der schwedischen Küste. Allmählich beginnt sich der blaue Dunst zu lichten, der mit dem blendenden Sonnenlicht und verschwommenen Schatten am Horizont das Land nahen lässt und in strahlender Schönheit und Glanz bricht sich das Licht und lässt die Dächer der Stadt erfunkeln in malerischer Schönheit – Göteborg.

Langsam gleiten wir näher. Aus der Ferne herüber rauscht leise das Meer, das mit seinen leichten Wellchen an die steinernen Dämme schlägt und die Luft ist erfüllt von verschwommenen Lauten.

Wir stehen an der Reling in versunkenem Staunen und von einer gewissen Unruhe befallen, die erwacht bei jeder Ankunft eines neuen Zieles.

Und das Nahen zerteilt den Dunst und eröffnet eine wunderschöne Fernsicht. Und aus den kühlen Fluten ragt ein Schornstein, ragen Mastspitzen und das Meer atmet friedlich hin über die Stätte einer Tragödie, eines stillen Heldentums, das hier sein ewiges Grab fand. Und wir ziehen unentwegt weiter unsere Bahn. Schatten umweben das Licht. Das Bild vergeht, der Glanz erlischt und grün und träumend raunt weiter das ewige Meer.«

Ganz ruhig ist es im Raum – ich lese, lese – eine halbe Stunde lang – dann breche ich ab, viel zu früh – und ein anhaltender Beifall vermischt mit der bereits früher immer wieder vorgebrachten Bitte der Drucklegung meiner verschiedenen kleinen Aufzeichnungen stürmt auf mich ein und dankt mir für die Erinnerung an das gemeinsame große Erlebnis.

Zum Abschluss der Feier trägt uns Kamerad König, der bereits einen zweijährigen Deklamationsunterricht an einer Ausbildungsschule für Schauspieler hinter sich hat, »Das Hexenlied« von Wildenbruch/Schillings vor. Hans Keim begleitet ihn auf dem Flügel.

»Was Menschenaugen nicht fassen, noch sehn –
dort oben ist einer, der wird es verstehn.
Er hat gesprochen: ›Mein ist das Gericht‹.
Geht schlafen ihr Brüder und richtet nicht.«

Weihe liegt über dem Raum.

Dann vereint uns Kameraden ein kleiner Weihnachtskaffee. Wir haben sogar schönen Apfelkuchen dazu gebacken.

Unser Violinvirtuose – Kamerad Jöswig – Konzertmeister eines Kurorchesters, konnte uns leider nicht mit seiner Kunst erfreuen. Wenige Tage vor dem Fest ist er uns von dem norwegischen Rundfunk nach Oslo weggeholt worden. Es ist schade um jeden »Alt-Kameraden«, den wir verlieren.

2. Feiertag

Morgens nach 9.00 Uhr breche ich mit meinem 46-jährigen Stubenkameraden Hornrich auf. Die anderen Kameraden schlafen noch feste. Die 78 Holzstufen bis zu dem Fjord sind wir rasch hinuntergestiegen und dann, nachdem wir die letzten Häuser des kleinen Ortes hinter uns gelassen haben, schreiten wir rüstig hinein in die verschneite norwegische Landschaft.

Linkerhand steigen die Felsen schroff hinauf, die Straße unten, auf der wir dicht an dem Fjord entlang dahinmarschieren, hat kaum noch Platz. Wie in einer großen Kirche hängen von dem oberen Felsabbruch reihenweise kristallene Orgelpfeifen herunter, große und dicke, kleinere und schmale, und Wasser tropft von den Eiszapfen herunter – es taut – nur null Grad sind es heute Morgen. Es müsste ein herrliches Bild sein, wenn die Sonne dieses Eis erglitzern ließe.

Auf dem Fjord rechts ist ein eifriges Rudern. Dort rudert eine alte Frau hinüber zu der Insel. Sicher ein Großmütterlein, das ihr Enkelchen besuchen will.

In der Heimat kann man sich das nicht vorstellen: Ein riesiger Fjord verästelt in unzählige Nebenarme, viele Inseln, Landzungen, Buchten, Schären und Klippen darin, teilweise bewohnt, teilweise Paradies für die unzähligen Möwen und anderes Getier.

Will die Hausfrau beispielsweise einkaufen, muss sie – je

nach der Entfernung – eine halbe Stunde, auch länger oder auch kürzer rudern, je nachdem wo und wie weit sie weg wohnt. Willst du als Norweger deinen Bekannten besuchen, musst du rudern. Norwegen ist das Land der Fjorde, des Wassers, das sich in immer wechselvollen Bildern dir bald als stiller Bergsee, bald träumend im finsteren Hochwald darbietet, bald als tief zerklüfteter Fjord, in den es schäumend und brausend gegen die Felsen anrollt.

Wir sind eine gute halbe Stunde gegangen. Einem Norweger, der 15 Jahre mit seiner Familie in Bremen gelebt hat, recht deutschfreundlich eingestellt ist, gilt unser Ausflug. Er wohnt weit draußen am Ende des jetzt nach links abzweigenden Fjordarmes. Er erzählte uns neulich, an Neujahr würden die Norweger meistens mit Pferdeschlitten über den zugefrorenen Fjord hinweg sich gegenseitig besuchen kommen. Ich kann es gar nicht glauben. Der Fjord ist hier 180 m tief. Und doch, noch um die Ecke herum, spiegelglattes Eis, leicht überschneit, deckt das Wasser zu.

Leute gehen darauf herum – nein – sie stehen und machen eigenartige Bewegungen. In der einen Hand halten sie einen dünnen Stab und stoßen denselben durch ein Loch in der Eisdecke immer von oben nach unten hin und her. Es sieht eigenartig aus. Später werden wir belehrt: Sie fischen.

An einem langen dünnen Eisenstab befinden sich unten zwei außerordentlich scharfe, nach oben gebogene Widerhaken. Ein Loch wird mit einem Beil in das Eis gehackt. Dann werden Fleischstückchen als Köder in das Wasser geworfen, um die Fische anzulocken. Durch die rasche Aufwärtsbewegung des Stabes spießt sich nun der Fisch mit dem Leib auf diesen Spitzen auf und ist gefangen.

Nach unserem Besuch traten wir wieder den Rückweg an. Ein recht alberner und flacher amerikanischer Film mit

»Tom Mix«, wobei wir mit großem Interesse belustigt die Toten zählten, die es nur so hagelte, verwischte wieder die weihnachtliche Stimmung und brachte uns am Spätnachmittag in den rauen Alltag wohlbehalten wieder zurück.

Und so haben wir hier oben Weihnachten verlebt.

***

Weihnachten 1940 und Silvester waren herumgegangen. Im Januar und Februar wurde es kaum mehr richtig Tag. Meist breiteten sich dichte winterlich graue Wolkenschleier und wallender Nebel über das Land.

Mit eintretendem Tauwetter jedoch wurde ein starker Küstenschutz wieder notwendig. Längs der Hafeneinfahrt wurden Geschütz- und MG-Stellungen ausgebaut und abwechslungsweise von den Kompanien bezogen. Auch die etwa 30 km westlich gelegene Stadt Risör, die seither ohne militärischen Schutz gewesen war, wurde in den Sicherungsbereich einbezogen und mit einem Zug Infanterie verstärkt und durch einen Zug unserer Abteilung belegt. Nach Kragerö selbst wurde eine Kompanie des Infanterieregiments 388 sowie eine Batterie des Artillerieregiments 214 zur Verstärkung der Verteidigung gelegt, außerdem wurde es Sitz des Stabes und einer Batterie der neu aufgestellten Küstenartillerieabteilung. Die 2. Kompanie unter Führung von Hauptmann Tiedemann schied Ende April aus dem Verband der Abteilung aus, wurde dem I.R. 355 unterstellt und nach Bryne bei Stavanger verlegt. Der in Risör eingesetzte Zug wurde bis auf ein Geschütz wieder nach Kragerö zurückgenommen.

So war die Situation, als uns am 26. Mai 1941 der Befehl zum Abmarsch aus Kragerö erreichte. Kurz vorher wurde unser seitheriger Abteilungskommandeur, Oberstleutnant v. Waskow, als Chef des I.R. 748 in die Heimat versetzt und Hauptmann Kempf zum Führer der Abteilung ernannt.

Hier enden die chronologischen Aufzeichnungen meines Vaters.

Anhand markanter Briefauszüge will ich versuchen, dem Leser ein Bild der damaligen Situation im Einsatzbereich Norwegen zu vermitteln. Wir erhalten Einblick in die tägliche Arbeit des Schreibers Bury. Ferner umfassen die ausgesuchten Briefauszüge Details seiner Erlebnisse und Eindrücke. Sie vermitteln ebenso seine harte Haltung zu gewissen Vorkommnissen in seinem direkten Umfeld.

Land – Leute – Widerstand

Der erste Eindruck beim Einmarsch im Mai 1940, die stumme reservierte Begrüßung der Truppen durch die norwegische Bevölkerung war staunend registriert worden. Aber was hatten die deutschen Mannen auch erwartet? Sie kamen als Eroberer, als Besatzungsmacht, Eindringlinge also in ein bis dato friedliches Land.

Die bizarr anmutende raue Schönheit Norwegens und die landschaftliche Vielfalt beeindruckten den Soldaten Bury nachhaltig, wie zahlreichen Schilderungen in seinen Briefen zu entnehmen ist. Das Erleben und die Einzigartigkeit dieser Natur überwältigten ihn geradezu.

Im schroffen Gegensatz hierzu lesen sich seine ersten Eindrücke über die Menschen, die in diesem Land leben und mit denen er in den ersten Monaten seines Aufenthaltes in Berührung kam. Man darf allerdings beim Lesen nicht vergessen, dass diese ersten Eindrücke in Hafenstädten und ländlichen Kleinstgemeinden entstanden. Wahrscheinlich waren ihm in seinem Leben als Spross einer gut situierten, mittelständigen Fabrikantenfamilie solch primitive Charaktere bisher niemals begegnet.

(...) Während meiner nun nahezu viermonatigen Zeit hier oben habe ich allerhand kennengelernt, die ganze Südküste Norwegens und eine Spähtruppfahrt brachten mich auch hinaus in den Norden des Landes.

Landschaftlich erdrückt einen dieses Land.

In dem Wagen des Kommandeurs hatte ich eine besondere Gelegenheit, ausgiebig alle Herrlichkeiten auf mich wirken lassen zu können.

Tief eingeschnittene Fjorde, Waldseen, reißende Ströme,

Gießbäche wechseln einander ab, überall ist Wasser, schroffer, steil abstürzender Fels, oft aufsteigend zu gigantischer Höhe, überall sind der Küste zahlreiche Schären vorgelagert, die die Küste in unendliche Schlupfwinkel unterteilen und gleichzeitig dem Strand ein ständig abwechselndes Gepräge verleihen.

Die Natur ist nicht lieblich, wie wir es vom Allgäu her gewohnt sind, sondern trutzig im Charakter, wild, rau und in den aufsteigenden Nebeln geistern die Gestalten einer Gudrunsage oder der Edda.

Das Land ist ein Erlebnis, aber nur für den Ferienreisenden. Nach einiger Zeit erdrückt die Landschaft, die sich ständig in Superlativen steigernde Natur kann letzten Endes dem Auge keine Beachtung mehr abgewinnen, allmählich gewöhnt man sich an diese nordische Natur mit ihrer strengen Erhabenheit. Als ich in Urlaub fuhr, bewegte es mich sehr, als ich aus dem Zug heraus in Schweden die ersten zusammenhängenden Felder wieder sehen konnte.

Und erst, als der Zug durchs Kinzigtal dahinbrauste, die Rhön, später der Spessart hinüberwinkte, da fühlte man sich wieder richtig »in der Heimat«.

Hierzu kommt das norwegische Volk.

Man ist froh, ein Deutscher zu sein.

Der norwegische männliche Typ ist undiszipliniert, schlaksig, mit den Händen in den Hosentaschen schlottert die norwegische Männlichkeit einher, in den Lokalen werden die Beine auf die Sessellehne gelegt oder bis zu den Knien die Beine heraufgezogen und auf die Tischstützen gestellt.

Der Typ des norwegischen Mannes widert einen an, die Kerle haben keinen Murks in den Knochen.

Anders die norwegische Frau, das norwegische Mädchen.

Herrliche Gestalten, schlank, wunderschöne Körperformen, straff im Auftreten, dem norwegischen Manne in Disziplin weit überlegen, alles hellblond, blauäugig, doch sehr stolz und unnahbar.

Die Straffheit des deutschen Soldaten wird anerkannt, sich lobend geäußert, dass sie die Deutschen als Feinde betrachten, dass die Engländer den Krieg gewinnen werden, wie überhaupt die Orientierung eine sehr englandfreundliche ist.

Letzteres ist durch die intimen Handelsbeziehungen bedingt. Das Erwachen wird ein sehr langsames sein, der nordischen Natur entsprechend, das Land ist weit, ewig pulsiert das Meer in die zerklüfteten Fjorde hinein und nagt Jahrtausend um Jahrtausend an den Klippen, Zeit spielt keine Rolle, die Menschen haben hier Zeit.

Dann ist das norwegische Volk sehr faul.

Kein Wunder: Neun Menschen kommen hier auf den Quadratkilometer, in Deutschland 145 Menschen.

Die Menschen brauchen nichts arbeiten.

Sie leben von ihrer Handelsflotte, vom Fischfang, von dem Reichtum ihrer unermesslichen Wälder, von der Kraft ihrer unbändigen Flüsse.

Die Früchte des Meeres sind mannigfaltig: Seelachs, Hummer, Langusten, Seezungen, Makrelen, norwegische Sardinen, Störe, Heilbutt, Flundern, Salm, ohne die vielen Sorten, die ich vergessen habe.

In den Gebirgsbächen wimmelt es von Forellen.

Wir hatten noch nie eine so gute Feldküchenverpflegung wie hier oben.

Frischer gekochter Seelachs ist ebenso an der Tagesordnung wie gebackener Flunder usw.

Ein pfündiger Hummer kostet 1 Krone = 60 deutsche

Pfennige. Schlagsahne in rauen Mengen zu sehr billigen Preisen. Ein Schüsselchen Schlagsahne, dazu zwei Stücke Torte, ein Kännchen mit 3 Tassen prima Bohnenkaffee kosten zusammen 1 Krone 10 = ca. 65 deutsche Pfennige.

So genießen wir das, was sich uns bietet, und kommen damit manchmal leichter hinweg über die große Entfernung von der Heimat und das Ungemach, das der Krieg mit sich bringt.

Die hygienischen Verhältnisse sind, gelinde ausgedrückt »katastrophale«.

In dem Restaurant wird der abgegessene Teller dem Hund zum Ablecken hingehalten, Toiletten in Restaurants und Kaffeehäusern gibt es überhaupt nicht, – man muss hierzu die mit anderen Häusern gemeinsam vorhandenen sehr schlechten Toiletten benutzen. Das Wasser ist teilweise sehr schlecht. Ich hatte selbst durch verdorbenes Wasser ein ekelhaftes Ekzem im Gesicht.

Die Tuberkulose ist stark verbreitet. In Form von Jahrmärkten, bei denen Schwestern in ihrer Tracht Gewinnräder bedienen oder warme Würstchen verkaufen, werden die Abwehr und der Kampf gegen die Tuberkulose finanziert.

Das Vieh, ja auf die Haltung desselben wird nicht allzu große Sorgfalt gelegt, wir werden gewarnt, Milch zu trinken wegen Übertragungsgefahr. Typhus kam im Sommer vielerorts vor, Ruhr und ähnliche schöne Erscheinungen eines der Hygiene sehr fern stehenden Landes.

Man hatte vorher von der nordischen Rasse einen »reineren« Begriff.

So halte ich überall die Augen offen und profitiere für mein Wissen alles, was mir wissenswert erscheint.

Hier wäre noch große Pionierarbeit zu leisten.

Wirtschaftlich wird dieses Land wohl nie mehr freigegeben. Wie der Deutsche aber mit diesem sturen Volk zusammen wird arbeiten können, wird erst die Zukunft beweisen müssen.

Bereits nach einem Vierteljahr, am 14. August 1940 schrieb mein Vater hoffnungsfroh nach Hause:

(...) Herr Oberstleutnant rechnet mit einem baldigen Beginn der deutschen Offensive und zweitens einem schnellen Kriegsende. Was stellen wir da an? – Sakra, sakra! Das gibt ein Freudenfest! Anlässlich eines Kameradschaftsabends soll in einer Ansprache der Oberstleutnant geäußert haben, dass wir wohl leider nicht mehr das Richtfest unserer Bauarbeiten hier erleben werden. Es wird also schon so sein, wie ich annahm, besonders, da die Leute aufgefordert werden, nach Hause zu schreiben, dass wir im April nächsten Jahres zurückkommen. (...)

Mein erster Eindruck ist der, als ob die Norweger jetzt etwas freundlicher seien. Das kann jedoch auch Täuschung sein, da ich gestern Abend ja zu Abend gegessen habe, anschließend Kaffee getrunken habe, mir heute früh ein Stück Seife gekauft habe und anschließend wegen des Pelzes verhandelt habe. Letzteres ging übrigens sehr schwer, da der Mann weder ein Wort Deutsch noch Englisch spricht. Das waren also alles Begegnungen, wobei der Norweger Geld verdient, und ist die Stimmung hierbei ja eine deutschfreundliche.

Während unserer Durchfahrt durch Schweden wurden wir teilweise durch Tücherschwenken und durch »deutschen Gruß« geehrt und es wurde uns zugerufen: »2 Monate England kaputt!«

Alles in allem erkenne ich bereits nach meinem kurzen Einblick hier, dass sich unsere Herzen wirklich schon mit Freude erfüllen können: »Es wird bald Schluss sein. Es geht auf das Ende zu.« Die längste Zeit sind wir in Norwegen gewesen. (...)

(...) Hier oben in Norwegen wird es jetzt schon merklich kühler und seit einigen Tagen beginnt die See mächtig zu toben und von dem Skagerrak rollt Woge auf Woge und bricht sich an den Klippen und Felsen, die unserem Unterkunftsort vorgelagert sind. Wir befinden uns mal wieder im Aufbruch bzw. es soll nächste Woche wohl losgehen.

Über die Richtung wissen wir nichts Genaues, hoffen jedoch aus bestimmten Anzeichen, dass dies Deutschland sein wird.

Von zu Hause hört man allgemein, dass wir zurückgeführt und aufgelöst werden sollen.

Hoffentlich geht der Krieg nun auch wirklich bald seinem Ende entgegen, dass wir alle wieder nach Hause kommen. (...)

Wunschdenken. Von diesem Zeitpunkt an – erst ein gutes Vierteljahr nach dem Einmarsch in Norwegen war vergangen – lese ich in den Briefen meines Vaters immer wieder von der Hoffnung, dass der Krieg seinem Ende zu geht und die Soldaten bald wieder in die Heimat reisen können. Es ist aus zahlreichen Anmerkungen deutlich zu erkennen, dass auch die direkten Vorgesetzten dahingehend informiert wurden und dass alle Meldungen auf ein schnelles Kriegsende hinwiesen.

»Die Hoffnung stirbt zuletzt«, sagt ein bekanntes Sprichwort.

Und mein Vater, der ja an der Quelle aller Informationen, die die Truppen betrafen, saß und so manches truppeninterne Detail aus erster Hand erfuhr, was er wegen der Geheimhaltungspflicht nicht weitergeben durfte, war ob der widersprüchlichen Meldungen verwirrt und hoffte von Monat zu Monat und von Jahr zu Jahr.

Immer wieder kam es zu Sabotageakten, also passivem Widerstand seitens der norwegischen Bevölkerung. Beizeiten, schon vor dem Anlanden im Hafen von Oslo, waren die Truppen gewarnt und darauf hingewiesen worden, umsichtig und wachsam zu sein. Organisierte und marodierende Gruppen der Bevölkerung hatten sich mit dem gewaltlosen Einlenken ihrer Obrigkeit nicht abgefunden. Sie schmiedeten im Geheimen Pläne und nutzten vereinzelt jede Gelegenheit, durch schnelle und gezielte Sabotageakte Unruhe zu stiften. Daher galt es für die Soldaten, ihr Umfeld aufmerksam zu beobachten, Augen und Ohren offen zu halten und wachsam zu sein. Leider konnten auch sie nicht verhindern, dass durch im ganzen Land gestreute Sabotagevorfälle Transportwege, die deutschen Truppen wie auch die norwegische Bevölkerung in Mitleidenschaft gezogen wurden und zu leiden hatten.

Hier einige Briefauszüge:

(...) Wie Du aus der Zeitung und dem Nachrichtendienst gehört hast, ist die norwegische Regierung umgebildet worden. Das hat die Norweger natürlich stark beunruhigt und soll in Oslo allerhand Unruhe herrschen.

Wir sind von der Division aus gewarnt worden und sollen besonders auf Sabotageakte – passiver Widerstand – achten. Ich glaube aber, dass das norwegische Problem mit seinen nur 2 Millionen 800 Tausend Einwohnern für das deutsche Reich kein allzu schwerwiegendes Problem darstellt. (...)

(...) Der letzte Kamerad, der jetzt seit 14 Tagen überfällig ist, ist bis heute noch nicht zurückgekehrt. Hoffentlich gehört er nicht zu den Opfern des am 2. September torpedierten »Pioniers«. Es treiben hier immer noch Leichen an. (...)

(...) Neulich war ein Fliegeralarm auf Gimlemoen, wo wir früher gelegen haben. Eine Baracke hat einen Volltreffer abbekommen.(...)

(...) Heute den ganzen Tag über hatten wir großen Regen, in den Bergen hängen bis tief herunter schwere Wolken. Täglich kommen Meldungen durch über angetriebene Minen, heute bestand auch Luftgefahr für uns. Über solche Alltäglichkeiten regt sich aber niemand mehr auf. Eine Küstensicherung in unserem Abschnitt ist auch wieder beschossen worden, passiert ist nichts, die Kerle sind natürlich auf und davon. Im Nachbarabschnitt ist eine ganze deutsche Küstenbesatzung ausgehoben worden und spurlos verschwunden. Ich nehme an, dass all dies Vorläufer einer größeren kommenden möglichen Aktion sind, deshalb vielleicht auch unsere Verlegung und die Verdichtung der Abschnitte. Du wunderst Dich manchmal über die Ruhe, mit der ich so etwas schreibe. Ich frage zurück: Kann ich denn etwas daran ändern? – Wir stehen alle, Du und ich, unter einem höheren Befehl, unter unserem Stern. Möge uns dieser Stern immer weiter leuchten und uns behüten. Unser persönliches kleines Schicksal liegt in eines anderen Hand. Glauben und Hoffnung bleibt uns als Trost, eine starke Liebe im Herzen als Stärke, ich werde nie aufhören zu Dir in Liebe, Treue und Stolz aufzuschauen, zu Dir, meiner tapferen Lebenskameradin.

(...) Heute früh wurde vorne an der Küste von feindlichen Flugzeugen ein deutscher Geleitzug bombardiert, doch sind alle abgeworfenen Bomben danebengegangen. (...)

(...) Gestern sprach ich einen Mann, vor dessen Augen ein Urlaubstransporter, der auf eine Mine gelaufen ist, gesunken ist. Glücklicherweise war es der »leere« Transporter, der aus Sicherheitsgründen in jedem Geleit ja jetzt mitfährt. Die Mannschaft konnte gerettet werden. (...)

(...) Hier in diesem Land war dieser Tage durch Sabotagetätigkeit ein Zug verunglückt: 70 Verletzte, 2 Tote, und eine Osloer Bühne, auf der öfters deutsche Stücke zur Aufführung gelangten, soll gleichfalls zufolge Brandstiftung (Sabotage) ausgebrannt sein. (...)

(...) Heute ist doch wieder hier ein Sabotageakt ausgeübt worden auf die Bahnstrecke, die von Oslo aus Richtung Schweden führt und die ich bei meinen Urlaubsfahrten schon zigmal passiert habe. Auch fanden wichtige feindliche Einflüge statt und sind 3 Orte hier bombardiert worden, dabei ein großes Industriewerk. Ich hatte auch vorsichtshalber einen geladenen Revolver immer griffbereit liegen und in jedem Schreibtisch und auch dem Schreibmaschinentisch haben wir scharfe Handgranaten fertig zum Wurf. Man muss sich halt vorsehen, denn schnell ist etwas passiert, wo man es gar nicht vermutet.(...)

(...) Ich habe nun zufolge der vielen Bahnsprengungen einigen Bammel. Es handelt sich um Minen, die explodieren, wenn der Eisenbahnzug mit seinem Gewicht darüberfährt. Sicher hast Du schon meine Post aus und nach Oslo. Ich hatte ja viel Glück, musste aber die letzten 10 km nach Oslo in einem Lastwagen zurücklegen. Die Strecke war an drei Stellen, an einer durch den Zug selbst ausgelöst, an den beiden anderen durch Zeitzünder in die Luft gegangen. Auch die Strecke Oslo–Drammen, die ich am anderen Tag fuhr, war durch Sprengung unterbrochen, aber wieder ausgebessert worden. Aus diesen Gründen bin ich aufs Bahnfahren zurzeit nicht so versessen und würde mir, wenn ich zu Hans fahre, Züge heraussuchen, die nicht nach der vorausgegangenen Nacht die Strecke erstmalig befahren.

Übrigens war Hans bei dem Bombardement amerikanischer Bomber zufällig dabei und ist ihm der Dreck nur so um die Ohren geflogen. Du brauchst es ja Annemarie nicht zu erzählen, während es Fritz ruhig wissen kann. Hans nahm an einer großen militärischen Übung mit dem Gewehr in der Hand teil, bei der auch deutsche Flugzeuge eingesetzt waren. Die tief fliegenden amerikanischen Bomber hielt man für eigene, die ausgelösten Bomben für Übungszementbomben, bis es dann wirklich krachte. (...)

Und trotz allem war es im Laufe der Zeit möglich, dass Besatzer und Bevölkerung sich besser kennenlernten und gegenseitig respektierten. Es war ein lang andauernder Gewöhnungsprozess.

So versuchten zum Beispiel die meisten Soldaten ihren geringfügigen Sold gleich umzusetzen in Genussmittel. Unzählige kleine Päckchen fanden von Norwegen aus den Weg in die Heimat. Die Angehörigen zu Hause in Deutschland wurden mit allem, was zu bekommen und bezahlbar war, versorgt.

Und es ist eine ganz normale Sache: Wer etwas verkaufen will, muss freundlich sein und umgekehrt.

Bereits nach wenigen Wochen ist in einem Brief zu lesen:

(...) Es ist hier kaum noch Schokolade zu bekommen. Ich glaube, dass dies weniger darauf zurückzuführen ist, dass es keine mehr gibt, als darauf, dass die Norweger sie zurückhalten und an Deutsche nicht mehr verkaufen wollen. (...)

Auch das gab es. Aber mein Vater, der von sich immer behauptete, ein guter Organisator zu sein, fand auch hier eine Lösung.

(...) Das ist nämlich ein komplizierter Handel. Es ist ein Herr, der hier in unseren Bauten überall die Fenster gemacht hat, also Glasermeister. Nun konnte ich ihm zwei Flaschen Kognak besorgen und will er mir dafür Schokolade besorgen. Die Abgabe von Alkohol ist nämlich in Norwegen streng untersagt.

Durch Zufall bekam unser Offizierskasino eine neue Sendung und konnte ich davon etwas abhaben. (...)

... Wir sind ein recht unruhiges Völkchen und sind ständig auf Wanderschaft.

Jahrelang mit Sack und Pack, dem gesamten Bürostab und allen Geheimakten kreuz und quer durch Süd-Norwegen. Während dieser »Wanderjahre« hatte der Unteroffizier Bury Gelegenheit, Land und Leute kennen und lieben zu lernen. Immer wieder schickte er begeisterte Schilderungen der urwüchsigen Natur in die Heimat.

(...) abends packe ich rasch meine wenigen Klamotten zusammen. Am Morgen um 7.45 Uhr meldet der Adjutant dem Kommandeur, Major Kempf, das angetretene Vorkommando. Ich gehöre auch dazu.

Ein frischer Wind weht in langgezogenen Schleiern den Frühnebel über den See, die kahlen Felsen der »Biberwand« beginnen sich an den Rändern im Morgenlicht zu röten, als unsere kleine Wagenkolonne sich in Marsch setzt. Vor mir im »Admiral« sitzt Major Kempf. Es ist, als ob die alten Zeiten unserer »Wanderjahre« wieder erstehen, jene erinnerungsreichen Tage, da wir ort- und ruhelos in diesem Land herumvagabundierten.

In einer Fahrt über 180 km erleben wir wieder dieses Land in seiner ganzen Urwüchsigkeit. In einen klaren blauen Winterhimmel hinein hebt sich im Laufe des Tages nur wenig die Sonne, alles Land um uns ist völlig schneefrei – es ist ein geschenkter Tag!

Bald geht es längsseits steil abstürzender Felsmassive auf schmaler Straße dahin, bald stellen Hohlwege an die Fahrfertigkeit unserer Fahrer hohe Anforderungen. Unberührt in ihrer wilden Einsamkeit und Größe liegen die Wälder tief talwärts zu unseren Füßen. Bald klettert der Wagen über unzählige Spitznadelkurven und Kehren in das Randgebirge hoch. Unübersehbar weit gleitet der Blick über die Wellenberge norwegischer Gebirgsformationen. Oft brechen die Wände schroff ab und in schmaler Talsohle glitzert dann ein Fjord herauf, in dessen Wassern sich die Sonne spiegelt.

Das ist das Land der Normannen, das Land der Edda! Trotzig, rau und unnahbar wie seine Vorväter, alt und naturgewaltig wie seine Götter.

Gegen Mittag hat unser »Admiral« mit heißem, stöhnendem Motor die Gipfelhöhe erreicht, nachdem wir einmal falsch gefahren und unsere Kolonne verloren hatten. Da erleben wir oberhalb der Steilhänge, die nach Kvinesdal herunterzustürzen scheinen, ein wunderbares Bild. Weit, weit sehen wir hinein in ein breites, nach dem Horizont zu sich verengendes Tal. Tief unter uns, im Glast der Mittagssonne, wie ein Riesenspielzeug – Kvinesdal. Etwa 20 km weit frisst sich der Fjord hinein in das Land. Im Hintergrund, über die der Küste vorgelagerten Berge, in ein Nichts zerfließend, flimmert in schmalem Silberstreif das Meer. Ein Bild von bezaubernder Schönheit. Ich bin ausgestiegen und stehe hoch oben auf vorspringendem Altan. Das wäre einen Filmstreifen wert. (Leider verstaubt inzwischen meine Filmkamera zu Hause.)

Schnell fällt die Straße nach Kvinesdal ab, dann geht's in zügiger Fahrt durch den Ort. Und längsseits des Fjordes auf guter ebener Straße frisst der Viertakter nur so die Kilometer. Dann verengt sich das Tal schnell und zum letzten Mal vor der Küste behauptet sich das Urgestein in seinem ganzen Trotz. Eine Kehre rechts – Kurve – eine Kehre links, Kurve, rechts, links – rechts, links, bald enger, bald weiter ausholend steigt die Straße wieder an, um schnell an Höhe zu gewinnen. Wir erblicken abwärts leicht die unter uns fahrenden Wagen auf den einzelnen Terrassen. Eine ganz tolle Fahrerei.

Und wir, d. h. das Vorkommando, sollten Glück haben. In der darauffolgenden Nacht fiel Neuschnee. Wenige Tage später folgte dann der Stab nach. An abschüssiger Stelle kam unser Feldküchenwagen ins Rutschen, der Wagen war nicht mehr zu halten, stürzte ab, überschlug sich drei Mal, beim ersten Aufschlag blieb das Verdeck in tausend Trümmern liegen, die Feldküche fiel heraus, bei der zweiten Runde konnte der eine Fahrer abspringen, nach der dritten Runde blieben nur noch die Karosserie und das Führerhaus liegen. Und – es ist kaum zu glauben – den beiden Beifahrern ist nichts passiert. Noch mehr Unfälle sind uns passiert. Ich griff nur diesen besonders heraus, weil dies ein ganz besonderer Glücksfall war. Wie durch ein Wunder ist den Leuten nichts passiert.

Nun liegen wir seit acht Tagen in unserer neuen Unterkunft, vorläufig erst provisorisch. In der Silvesternacht saßen wir auf abgestellten Kisten und Kasten in einem engen Raum herum. Aber unser Herr Kommandeur hat es sich nicht nehmen lassen, mit den Offizieren des Vorkommandos den Antritt des Neuen Jahres in unseren überaus primitiven Verhältnissen mit uns zu verleben. Samstag, den 9. Januar, verlässt die Truppe, die durch uns abgelöst wird, ihren Standort. Dann kommen wir endlich in die Quartiere.

Hochbeglückt bin ich, hier die Errungenschaften der Zivilisation wieder genießen zu können. Seit Juni 1942 konnte ich das erste Mal wieder warm brausen! Ein bescheidenes kleines Kinotheater haben wir hier am Ort, zwei nette Kaffeestuben, eine finnische Sauna, der demnächst mein Besuch gilt. Nur ziemlich warm soll es dort sein, 56 Grad Celsius. Die neue Bleibe scheint sonst ganz vielversprechend zu sein, wenigstens liege ich nach 3 1/2 Jahren Krieg das erste Mal wieder in einem Bett mit gefedertem Rahmen.

So hat das Neue Jahr für mich ganz günstig angefangen. 6 bis 8 Wochen sollen wir hier liegen bleiben. Was dann? Sprechen wir uns also mal in 8 Wochen wieder.

In tiefem Schnee liegt heute der Flecken da. Grauweißlicher Nebel verbindet sich mit dem Wintermantel der Natur zu einer unplastischen Fläche. Es schneit weiter – unaufhörlich. Den Fjord begrenzt seewärts ein mächtiges Bergrund, das den Ausblick auf das Skagerrak verhindert. Die malerische Schönheit des sonnentrunkenen Wintertages ist einförmigem Einerlei gewichen. Grau in grau schläft die Natur weiter, dem Frühjahr entgegen. Symbolhaft wie die Natur harrt auch die Menschheit des kommenden Lichtes. Wann wird der Schlachtenlärm verstummen? (...)

Im Oktober 1943 wandern die Panzerjäger weiter über Kvinesdal sehr wahrscheinlich nach Sarpsborg. Von dort wird mein Vater wenig später nach Mysen kommandiert.

Begeistert schildert er seine ersten Eindrücke von dort:

(...) Heute Nachmittag bin ich, wie ich es vorhatte, in der schönen Sonne schon gegen 15 Uhr weggegangen und durch das Städtchen spaziert. Wirklich heimatnahe Gedanken habe ich dabei bekommen. Endlich mal Kultur! – Saubere gepflasterte Straßen überall, niedliche Einfamilienhäuschen und Villen mit vielen Blumen an den Fenstern, an der Hauswand teilweise mit wildem Wein umrankt, der sich in seiner roten Herbstpracht wunderbar ausmachte. Gärten mit Herbstblumen, an freien Plätzen gärtnerische Anlagen mit ein paar weißgestrichenen Sitzbänken. Das Städtchen selbst: ein kleiner Marktplatz, rundherum mittlere Häuser wie in einer Kleinstadt mit schönen Geschäften. Nette Auslagen, viel Kinderspielzeug (ich werde demnächst für Ingrid schon etwas für Weihnachten schicken) und andere nette Sachen, Hutgeschäfte, Schuhgeschäfte, Konfektionsgeschäfte, Porzellan-, allein 4 Juweliergeschäfte, zwar ohne goldene Ware, aber mit silbernen Leuchtern, Aschenbechern, Schalen – endlich, nach 4 Jahren Krieg seit Mainz das erste Städtchen wieder. Nett gekleidete Menschen mit anständigen ästhetischen Zügen, Frauen und Mädchen, von denen man mit Recht annehmen kann, nicht in jedem Wesen eine Militärhure zu erblicken, Auftrieb auf der ganzen Linie, endlich mal ein Lichtblick. (...)

Gemeinsam mit Uffz. Nörge sollte mein Vater dort in Mysen eine Ortskommandantur aufbauen und diese gleich für zwei nebeneinanderliegende Orte einrichten.

Bei dieser Beschäftigung blieb ein direktes Aufeinandertreffen mit der norwegischen Bevölkerung nicht aus.

(...) Sinn und Zweck einer Ortskommandantur ist, die Verbindung zwischen der norwegischen Zivilbevölkerung und der Truppe herzustellen, Zusammenarbeit mit Lehnsmann, Bürgermeister und Polizei (Streifenfahrten, Verdunkelung, Luftschutz, Arbeitsvermittlung, Requirierungen bzw. Beschlagnahmungen, Beschaffungen, Kontrolle der Kraftfahrzeuge, Erfassung für den Beschlagnahmungsfall, Geiselliste, Gefangennahme und Verhaftungen, Zusammenarbeit mit Gestapo, politische Ausschreitungen u. Unruhen, Kino, Theater, Betreuung von KdF-Truppen, usw., usw.). Nörge hat einen gewissen Vorsprung, weil er etwas Norwegisch kann. Unternehme sofort Versuche zur Einstellung einer Dolmetscherin, Zeitungsannonce (Kr 300 – 350 mit kleinen Büroarbeiten) und nahm deswegen mit Lehnsmann (etwa wie Kreisleiter) Fühlung auf. Falls ich nicht zum Erfolg komme, wende ich mich an den Territorial-Abschnitt Oslo und bitte um Zuweisung. Oblt. Seifert wollte evtl. vorläufig seine Bedienung stundenweise zur Verfügung stellen, die auch »etwas« Deutsch spricht. In den nächsten Tagen wird nun die Ortskommandantur ganz übernommen, dann soll es Arbeit geben. Und bis jetzt nichts vorhanden, kein Bleistift. Habe mich sofort mit der nächstgelegenen Ortskommandantur telefonisch in Verbindung gesetzt und mir über Aufgabengebiet, Machtbefugnisse, Unterstellungsverhältnisse und ähnliches Auskunft geben lassen, da bisher hierin ohne Erfahrung. Es gilt also neu aufbauen. Muss evtl. auch noch Norwegisch lernen. Habe heute Abend in meinem Zimmer schon unangenehme Affäre bearbeitet und Brief dazu entworfen. Hier wurden für Küchenmädels usw. in norwegischen Privathäusern Einzelzimmer beschlagnahmt. Norwegische Zivilbevölkerung wandte sich mit Beschwerde an Reichskommissar. Beschlagnahmung ist verboten, Oblt. Seifert will sie aufrecht erhalten, »Büry, erledigen Sie das«, – was machen«?

Bin mir über Kompetenzen noch gar nicht ganz im Klaren, habe geschrieben:

»Aufgrund der angespannten personellen Lage und gemäß den Weisungen des Wehrmachtbefehlhabers Norwegen vom ... hat die 3. zur Einsparung von Soldaten ... weitere norwegische Hilfskräfte in ihrem Wehrmachtsgefolge.

Durch die Verlegung der Kompanie nach M. musste für diese Mädels für Unterkunft gesorgt werden.

Eine Unterbringung im Truppenlager ist nach den bestehenden Verfügungen unmöglich, ein Unterbringen im »Hotel M…« auf die Dauer wegen der Kosten (Kr 5 pro Tag pro Person) nicht tragbar, abgesehen davon, dass für den Weg bis zum Lager hierzu 30 Minuten anzusetzen sind. Die Kompanie hat deshalb ihre norwegischen Arbeiter in beschlagnahmten Einzelzimmern norwegischer Privathäuser untergebracht. Die Ortskommandantur bittet hierfür Genehmigung zu erteilen und weist besonders darauf hin, dass eine nachträgliche Ausquartierung der Mädels und ein Nachgeben gegenüber den norwegischen Einwohnern das Ansehen der deutschen Wehrmacht auf das Empfindlichste schädigen würde und bereits bei der ersten Amtshandlung der Ortskommandantur den Nimbus einer deutschen Wehrmachtsdienststelle auf das Gefährlichste untergräbt.« (...)

Ich habe allein 8 Lehnsmannsdistrikte zu bearbeiten. Der Lehnsmann entspricht etwa einem deutschen Kreisleiter. Du kannst Dir denken, was das für eine Arbeit macht, insbesondere muss ja der ganze Aktenwulst langsam durchgearbeitet und neu geordnet werden und in Sachgebiete aufgeteilt werden. Es macht mir Spaß, wie alles langsam den Stempel meines Wirkens bekommt und in Reih und Glied mit meiner bekannten tippeligen Sorgfalt kommt. Ob nun der Schreiber seine Maschine nicht sauber hat, entgeht mir dabei ebenso wenig wie andere kleine Umstände. So eine Dienststelle aus Nichts aufzubauen, ist zwar sehr schwer, macht aber einen großen Spaß. (...)

Trotz allem habe ich schon hintenrum ein großes Lob der Norweger über mich gehört und halten sie mich für einen selten höflichen Menschen mit reiner deutscher Aussprache. Die »seltene Höflichkeit« rührt daher, dass ich meine Verhandlungen nicht im »preußischen Anscheißton« führe, sondern nach dem Grundsatz: »Mit dem Hute in der Hand, kommst du durch das ganze Land«. Die reine Aussprache rührt daher, dass ich im Verkehr mit Norwegern langsam und rein hochdeutsch spreche, um mich desto leichter verständlich machen zu können. So hat man seine Last.

Da ich sonst nichts Neues zu erzählen weiß, will ich Dir ein bisschen von meiner Kommandantur berichten, beispielsweise einige Fälle aus meinem heutigen Dienst.

Morgen beginnt eine Silberfuchsausstellung. Der Lehnsmann bittet mich, den Vorstand empfangen zu wollen. Das Komitee will acht lange Tische zurück haben für ihren Ausstellungsraum. Die Tische wurden im Januar 1943 von der Wehrmacht beschlagnahmt. Natürlich ist die Einheit längst über alle Berge. Telefonat mit der Heeresunterkunftsverwaltung. Nachforschung nach dem Verbleib der Tische, natürlich ergebnislos. Vorschlag an Oblt. S., acht Tische auszuleihen, dieser schlägt zunächst ab. Überzeugung, dass eine gute Geste für ihn und nichts kostet.

Er willigt ein, Telefonat mit Lehnsmann, Ausstellungsleitung. Heute Nachmittag kommt der Onkel zu mir, erhält seine Bescheinigung und ist ganz im Glück. Die acht Tische habe ich ihm auch verschafft. Natürlich werde ich mir die Ausstellung ansehen.

Vergangene Woche war Biwakübung, verbunden mit Scharfschießen. Lehnsmann überbringt mir Meldung, dass a) eine Beschwerde eines Gutsbesitzers vorliegt, dass die Soldaten sein Holz (aufgeschichtetes Scheitholz) organisiert und verbrannt haben. Er macht Schadensersatzansprüche geltend. Auch sind einige Bäume umgeschlagen worden, b) eine zweite Beschwerde wegen Flurschadens. Ich habe schon festgestellt, dass beide Beschwerden zutreffen und muss jetzt die Zahlung veranlassen.

Ein Bauer meldet, dass seine »Kuh« wild geworden sei und in ca. 6 km Entfernung im Gelände umhersaust. Er bittet um zwei Soldaten mit Karabiner, die das Tier abschießen sollen.

Trinkwasserproben aus dem Brunnen werden entnommen und an das physikalische Institut zur Untersuchung eingesandt.

Eine norwegische Familie erbittet zu einer Beerdigung Reisegenehmigung für in Dänemark wohnende Familienangehörige.

Eine Mutter will ihr Kind zu ihren Eltern in eine benachbarte Stadt bringen. Reisegenehmigung.

Lkws müssen zum Transport von Leergut angefordert werden, ein Eisenbahnwaggon zum Transport für Wintergerät.

20 Sack Sägemehl für Isolation werden benötigt. Sägewerke in der ganzen Umgebung habe ich ohne Erfolg anrufen lassen. Erst in 8 Tagen kann ich 20 Säcke Sägemehl bekommen.

15 Säcke Zement werden dringend gebraucht. Anruf beim Reichskommissariat Oslo, von dort Verweisung an Armee-Oberkommando. Begründung, Zweck, Antrag, Regelung des Versandes, in Oslo zur Bahn, Transport nach hier, Benachrichtigung der Bahnstation.

Besitzer des Grand Hotels reklamiert Quartierscheine. Durch ein Versehen eines Zimmermädels sind von mehreren Offizieren, die hier im Hotel übernachtet haben, die Quartierscheine nicht unterschrieben worden. Zurechtweisung des Hotelbesitzers. Ich habe ihm am Apparat selbst den Brief diktiert, den er schreiben muss. Jetzt versteht er natürlich als Ausländer vieles falsch. Ein Theater!

Wachablösungen der durch uns besetzten und dauernd bewachten wichtigen industriellen Werke.

Kommandanturbefehl, Schriftverkehr und laufende Termine, Streifenberichte, Verdunklungskontrollen, Überwachung norwegischer Bevölkerung. Einen Bericht eines Streifenführers musste ich komplett umarbeiten, da er nicht zu brauchen war, die Kartenprüfer mit den Eintragungen muss ich noch neu machen, da so unter aller Sau (Sonntagsarbeit für morgen). Ich hatte heute allein ca. 65 Unterschriften vorzulegen, alles von mir verantwortlich diktiert und überarbeitet. Telefonleitungsverlegungen, der Lehnsmann, der tagtäglich zu mir kommt, hält mich eine Stunde auf, Abmachungen mit der Taxenvermittlung usw. usw. – das war von heute, Sonntag, den 13.11., ein kleiner Ausschnitt meines Arbeitsprogrammes. Was geht mich eine wild gewordene Kuh an? Die Leute mit der Beerdigung warteten schon zehn Tage auf die Reisegenehmigung und haben die Leiche noch eingesargt liegen und nicht bestattet. Der Kerl stinkt ja schon.

Das Einrichten der Ortskommandantur hielt meinen Vater auf Trapp. Der enge Kontakt zur norwegischen Bevölkerung und das Bemühen, allen anfallenden Problemen gerecht zu werden, erforderte Einsatz, Umsicht, Durchsetzungsvermögen und Kraft. Es wurden lange Arbeitstage, oft bis in den späten Abend. Eine willkommene Aufgabe, die den Frust über den lang andauernden Kriegseinsatz und das vergebliche Hoffen auf ein baldiges Ende desselben zu überbrücken half.

Nach getaner Arbeit standen dem Unteroffizier Bury hier in diesem kleinen schnuckeligen Ort alle Annehmlichkeiten einer kultivierten Kleinstadt zur Verfügung. Mit dem Ausweis »Adjutant des Ortskommandanten« hatte er freien Eintritt im Schwimmbad und im Kino einen reservierten Platz.

(...) Im Kino wurde ich gefragt, auf welchem Platz ich gerne sitzen würde. Als ich einen bezeichnete, wurde dieser und drei darüber liegende während meiner Anwesenheit sofort mit gedruckten Karten versehen: »Reserviert für Ortskommandantur« und mir bedeutet, dass in allen Vorstellungen diese Plätze für uns zu meiner Verfügung bleiben. (...)

Soweit ich denken kann, war mein Vater ein passionierter Schmalfilmer. Oft ist seinen Briefen zu entnehmen, wie sehr er bedauerte, keine Kamera vor Ort zu haben, um die Schönheiten des Landes festzuhalten zu können.

Von aus dem Urlaub zurückkehrenden Kameraden ließ er sich nur zweimal für kurze Zeit seine Kamera mitbringen. Wenige Aufnahmen vom Barackenlager im Winter 1940/41 in Kragerö und Februar 1944 während einer Urlaubsreise in die Heimat sind einmalige Zeugnisse seines Kriegseinsatzes in Norwegen.

Bei seinem ständigen Ortswechsel war das Mitführen der Filmausrüstung (Kamera, Belichtungsmesser, Stativ, Filmtasche, Filter und Filme) auf Dauer schwierig. Auch hatte er große Angst, seine für ihn wertvolle Ausrüstung könne Schaden nehmen.

Es wundert also nicht, dass er reichlich Gebrauch von seinem Kinodienst machte und auch den dortigen Vorführer im Vorführ-

raum aufsuchte. Hieraus entstand eine Freundschaft mit Familienanschluss für die Dauer seines Aufenthaltes in Mysen.

(...) Dabei unterhielt ich mich mit dem Filmvorführer Helmer, half ihm die Filme umwickeln und kleben und orientierte mich natürlich genauestens über alle Vorgänge – das kannst Du Dir ja denken – sodass ich bald selbst einen Theaterprojektor und Tonfilmlaufwerk bedienen kann. Ich erzählte von Deinen Nöten, dass an unserem Projektor der Treibriemen gerissen ist, und ruhte Helmer nicht eher, bis ich einen runden Ledertreibriemen geschenkshalber von ihm angenommen habe, den Du auf dem kleinen Apparat zwar nicht benutzen kannst, den ich aber gelegentlich mal mitschicke, denn vielleicht findet sich da mal Verwendung dafür. Sehr »interessierte« ich mich aber für sein prima Maschinenöl und war er sofort bereit, mir ein Fläschchen davon abzufüllen. Nun suche ich krampfhaft eine Flasche. Vielleicht kannst Du mir in einer 100-Grammsendung, zu der Du keine Zulassungsmarke gebrauchst, so ein Nähmaschinenfläschchen – leer natürlich – schicken, oder auch zwei. Ich lasse sie mir hier mit Maschinenöl füllen. Auch Deinen Wunsch nach einem breiten Stecker für Bügeleisen werde ich Herrn Helmer unterbreiten, denn er ist ja nur nebenberuflich Filmvorführer, hauptberuflich aber im hiesigen Elektrizitätswerk als Elektriker angestellt.

Nun hatte mich Herr Helmer ja schon einmal eingeladen, ihn zu Hause zu besuchen. Leider hatte ich gestern nur bis 19.00 Uhr Zeit, denn ich musste ja Nörge ablösen, doch begleitete ich Herrn Helmer nach seiner Wohnung, um sie ein ander Mal umso schneller zu finden. Natürlich ließ er es sich nicht nehmen, mich aufzufordern, doch wenigstens eine Viertelstunde mit heraufzukommen, im Übrigen dann mich aber Montagabend – das ist morgen Abend – bei ihm einzufinden. Ich habe es nicht bereut, mitgekommen zu sein.

Zunächst eine ganz tadellose gemütliche saubere Wohnungseinrichtung, die jedem deutschen Haushalt Ehre machen würde, so recht gemütlich mit Couch, tiefen Sesseln, Kissen und netten Möbeln. Man hat dies dem unscheinbaren Äußeren des Mannes vorher nicht angesehen. Ein nettes Frauchen, vielleicht 38 Jahre alt oder 40, sehr gepflegt, geborene Erfurterin, empfing mich. Sie lebte bis zu ihrem 8. Lebensjahr in Erfurt, ab dann in Hamburg und kennt Hamburg in- und auswendig. Auf dem Tisch lag das »Hamburger Fremdenblatt«, auf das sie abonniert ist. Mich wundert, dass Briefe »schauerlichen Inhalts« ihrer Angehörigen, die Nähe St. Pauli-Landungsbrücken im Wasser standen, viele Brandwunden am Körper haben und zuletzt mit verbrannten Füßen 20 km bis zur nächsten möglichen Einsteigestelle für die Reichsbahn getippelt sind, durch die Zensur gelassen werden. Das junge Frauchen hatte in Hamburg zwei Mal einen Selbstmordversuch unternommen, war aber durch ihren Mann immer wieder zurückgerissen worden (sie wollte ins Wasser springen). Durch Deinen und Gerdas Bericht konnte ich ja mitreden. Er, Herr Helmer, ist Hamburger. Sie sind seit 1920 in Norwegen (nach dem Grund des Auswanderns wollte ich noch nicht fragen, vielleicht steht irgendeine Tragik dahinter).

Nun haben sie die norwegische Staatsbürgerschaft. (...)

(...) Herr Helmer hat auch seinen alten Vater noch mit hier, einen Siebziger, der noch die deutsche Staatsangehörigkeit hat. Die Familie ist N. S., also Quislinganhänger und sagte Herr Helmer zu mir, wenn der Krieg seitens Deutschland verloren würde, müsse er flüchten, denn dann würde er bestimmt mit seiner Familie aufgehängt. Er will dann nach Schweden rüber. Zwischen den alten Königsanhängern und den viel geringeren Quislinganhängern bestehen politisch große Reibereien und Parteiklüfte. Quisling kann sich eben nur durch die deutsche Unterstützung halten. Die alten, königstreuen Anhänger, zu denen beispielsweise Anni Bröning mit ihrer Familie zählt, glauben an einen Sieg Englands und eine Rückkehr ihres Königshauses.

Das nur kurz zur Erläuterung.

Die Leute haben mich so herzlich aufgenommen, sprechen gut Deutsch, wollten mir noch Kaffee anbieten und haben mich eingeladen, nur recht häufig zu ihnen zu kommen, sodass ich sehr glücklich bin, endlich, seit Kragerö einen netten Familienanschluss zu haben, wo man sich bei gepflegten Menschen einmal privat geben kann. Ich habe das Gefühl, dass ich in dieser Familie recht nette Stunden verleben werde.

(...) Auch in Bezug auf die Behandlung der Norweger, in Bezug auf die gegenseitige Stellung der Behörden untereinander, Gesinnungen, Deutschfreundlichkeit oder Deutschfeindlichkeit, kann mir der Verkehr auch für meine dienstliche Aufgabe von großem Wert sein. (...)

Diese Freundschaft endete mit der Kommandierung an einen neuen Einsatzort im November 1943, und zwar in die Nähe von Oslo nach Drammen.

Mein Vater versäumte es nicht, sich zu verabschieden und Familie Helmer für zahlreiche harmonische und gemütliche Plauderabende zu danken.

Ein Hering schwimmt selten allein

Die Versorgungslage in Deutschland wurde im Laufe der Kriegsjahre immer prekärer. Der andauernde Hunger forderte die Fantasie jedes Einzelnen. Wie oder wo konnte man etwas Essbares ergattern? Grundnahrungsmittel wurden rationiert und nur gegen Lebensmittelkarten in genehmigten Mengen zum Kauf angeboten.

Wohl denen, die sich mit einem kleinen Schrebergarten recht und schlecht über Wasser halten konnten. So wurde zum Beispiel Marmelade aus den dort geernteten Früchten in Ermangelung von Zucker ohne diesen gekocht. Die Hausfrauen hofften darauf wieder eine Zuckerzuteilung zu erhalten, bis es an der Zeit war, die Marmelade zu essen. Der Zucker konnte ja auch später noch untergerührt werden.

Auch weiß ich, dass meine Mutter mehrmals weite Strecken mit der Bahn fuhr, um andernorts bei der Obsternte zu helfen. Als Entgelt durfte sie sich nach getaner Arbeit, wenn sie am Abend müde und erschöpft nach Hause fuhr, wenige Kilo Äpfel oder Birnen kaufen.

Meine Eltern versuchten diese missliche Lage zu überbrücken, indem sie sich gegenseitig mit den Dingen versorgten, die sie kaufen und gleichzeitig entbehren konnten.

Es war meine Mutter, die mit jedem kleinen Päckchen, das meinen Vater erreichte, versuchte, ihm ein Stückchen Heimat zu senden und ein wenig Freude und Wärme zu vermitteln. Den weiten Weg nach Norwegen machten gekochte Marmelade, selbst gebackene Plätzchen und Kuchen – manches Mal kamen diese bedingt durch zahlreiche Umwege auf der Reise bereits verschimmelt an –, Tomaten und Äpfel aus dem Garten, Beruhigungstabletten und vieles mehr.

Der Sold meines Vaters war gering. Aber trotz allem nutzte er einen großen Teil desselben, um uns zu Hause mit Dingen zu versorgen, die in Deutschland unerschwinglich oder oft gar nicht mehr zu kaufen waren, zum Beispiel: Gummiband, Toilettenpapier, Puddingpulver (bei jedem Kindergeburtstag freute ich mich mit meinen kleinen Gästen über Pudding), Tabak und Zigaretten – diese konnte meine Mutter, die Nichtraucherin war, gegen andere dringend benötigte Dinge eintauschen –, Fischdöschen, Speck, getrockneten Fisch, den sogenannten »Klippfisch«, Schokolade – soweit diese auch in Norwegen noch nicht gänzlich ausverkauft oder rationiert war, Biomalz, Lebertran, Batterien, Handcreme, Kerzen und sogar gut verpackte Eier.

Während seines kurzen Einsatzes in Drammen, einer größeren Stadt, nahm mein Vater Gelegenheit, in der Frontbuchhandlung Klaviernoten und eine Unmenge von Büchern zu erstehen und auf den Weg in die Heimat zu bringen. Bonbons für seine kleine Tochter sparte er von seiner Ration ab, um sie im nächsten Päckchen beilegen zu können.

Für das Gewicht von Briefen, Päckchen und Paketen gab es von der Heeresleitung genaueste Vorschriften, die einzuhalten waren.

Das Gewicht eines Briefes durfte anfänglich 250 g betragen. Diese Vorgabe wurde wegen der Flut von Feldpostbriefen schon bald auf 100 g gesenkt.

Für Päckchen war ein Gewicht von 250 g – 1 kg vorgegeben und das Porto bzw. die Zulassungsmarke hierfür kostete 20 Pfennige. Als Absender waren der Name, der Dienstgrad, die Feldpostnummer sowie die zulässige Zulassungsmarke erforderlich. Diese Zulassungsmarken mussten in der Heimat besorgt und ins Feld geschickt werden. Gewichtsüberschreitungen bis 100 g wurden toleriert.

In einem Brief schreibt mein Vater am

30. August 1940
(...) Übrigens sind jetzt wesentliche Erleichterungen im Postverkehr eingetreten. So kannst Du mir beispielsweise wieder Päckchen unbeschränkt bis zum Gewicht von 1 kg schicken und ich kann Dir im Monat zwei Päckchen von je 2 kg schicken. Was ich allerdings hinein tun darf, ist mir ein Rätsel, denn es ist quasi alles verboten. Nur Fisch ist frei. (...)

Als ich in den Briefen meines Vaters aus dem Jahr 1943 blätterte, wurde mir schlagartig klar, warum ich als Kind geradezu an einem »Heringstrauma« litt.

Salzheringe schwammen sozusagen in ganzen Schwärmen ungeachtet angetriebener Minen oder abgefeuerter Torpedos den weiten Weg von Norwegen nach Deutschland.

Meine Großmutter war eine sehr gute Köchin und in der Lage, praktisch aus fast nichts eine Mahlzeit auf den Tisch zu bringen. Sie verarbeitete die salzigen Viecher in immer neuen Variationen.

Über Monate versorgte mein Vater die Familie, Freunde und Bekannte mit Heringen.

(...) Nun bittest Du um weitere Heringssendungen. Wenn jetzt König in Urlaub fährt und solange mit einer Verlegung noch nicht zu rechnen ist, will ich dann die Zeit dazu nutzen, um Dir wieder Nachschub hierin zu schicken. Die Sache ist nur immer etwas mit Arbeit verknüpft, aber ich muss mich doch mal daran machen. Die Salzheringe kosten pro Stück 50 Öre, das sind 28,5 Pfennige. Ist der Preis nicht auch relativ hoch? Ich werde eine Schnur im Zimmer spannen, die Fische köpfen und erst mal dran aufhängen und sie vor dem Einpacken etwas abtropfen lassen. Wie ist es denn mit Porto? Ich könnte gut mal Nachschub hierin gebrauchen. Lege einem Päckchen evtl. mal ca. 25 – 30 Marken à 20 Pfennige bei und auch noch ein paar 12-Pfennigmarken, womit ich Dir öfters mal einen durch einen Urlauber einzuwerfenden Brief schicken kann. Die Marken bekommst Du ja wieder zurück, nur abgestempelt. So langsam und allmälig geht auch die Klebrolle drauf. Ich erinnere mich aber noch Deines fürstlichen Bestandes zu Hause. (...)

(...) Mit dem Trocknen der Salzheringe bin ich nun auf eine neue Idee gekommen. Ich habe 15 Wäscheklammern gefunden, solche, wie Du sie hast, die man eigentlich mit »Fotoklammern« bezeichnet. Vor meinem Giebelfenster habe ich nun eine Kordel gespannt und hänge ich mit den Klammern die Salzheringe, nachdem ich sie geköpft habe, auf. Sie trocknen sehr schön ab, Du wirst es sehen, wenn Du sie auspackst. Solange ich von hier aus noch dazu Gelegenheit habe, will ich Dir jetzt laufend Salzheringe schicken, bis Du zu Hause die Tonne wieder ganz voll hast. Dann hast Du einen prima Vorrat für den kommenden Winter. Ich schlage Dir nur vor, eine Salzlauge zu machen, wegen der Haltbarkeit. Ich glaube nämlich, dass wenn Du die Heringe nur einsalzt, sie keine Lauge mehr ziehen, weil ich sie ja jetzt an der Luft getrocknet habe. Sollte Schreiber (unser Kolonialwarenhändler) mal zu Salzheringen kommen, die er aus dem Fass stückweise verkauft, könntest Du Dir ja einen Eimer Lauge abgeben lassen. – Na, in diesen Dingen bist Du als Frauchen ja kompetenter als ich und wirst schon wissen, wie Du es am besten machen kannst.(...)

(...) Ich habe jetzt 45 Salzheringe an Dich unterwegs, weitere 50 heute gekauft, von denen Gitti 10 Stück bekommen hat. Porto könntest Du in einem Päckchen mal senden, denn das reißt mir hier ein großes Loch in die Moneten, für die ich Dir lieber Fische und andere Utensilien kaufen kann. Aber nur im Päckchen schicken. (...)

(...) Mit der Sendung an meine Schwägerin Brigitte hatte ich weniger Erfolg. Ein Heringspäckchen kam durchfeuchtet zurück und musste ich die Heringe nochmals an die Luft hängen. Ich muss sie dann erneut bandagieren und werde sie morgen auf die Reise schicken. Ein Päckchen erreicht Brigitte also etwas später. Wie kommen überhaupt die Schuppengrüße aus dem hohen Norden an, sind die anderen Päckchen auch teilweise durchweicht? – Das Bettnässen muss ich den Kadetten doch noch abgewöhnen und sie länger hängen lassen. Die nächsten 10 Päckchen mit ca. 50 Stück Inhalt, die in den nächsten Tagen an Dich zum Versand kommen, habe ich mal zur Abwechslung bei der 1. Kompanie bestellt. Das Päckchen, fertig gepackt, kommt dort auf 3,50 Kronen, ein wenig mehr also, wie wenn ich sie selbst packe. So langsam gehen auch meine Schachtelreserven aus. Leider habe ich hier zu der Operette »Drei alte Schachteln« keine Gelegenheit, ansonsten ich mich wieder neu eindecken würde. Übrigens sind die Salzheringsschachteln um 50 Öre billiger als die Klippfischsendungen (Kr 4,–). (...)

Fazit:

Wir in der Heimat haben nicht zuletzt dank der Heringspäckchen meines Vaters überlebt.

Die Heringe fanden einen schnellen Tod.

Kraft durch Freude – KdF

»Krieg« war für die Männer ein neues Erlebnis. Da im Laufe des ersten Jahres alle davon ausgingen, dass dieser Krieg nur von kurzer Dauer sein würde, hofften sie von Tag zu Tag und Woche um Woche auf dessen Ende.

Aber – diese Hoffnungen erfüllten sich nicht und gingen unter im Schnee des ersten harten Kriegswinters mit bis zu 35 Grad unter dem Gefrierpunkt.

Keine Kämpfe, keine präzisen Angaben über Ende oder Verbleib in Norwegen, fertiggestellte Winterunterkünfte für lange Wintermonate, kurze Tage und endlos lange dunkle Stunden und Nächte, Exerzier- und Schießübungen, Routine – Langeweile – Frust.

Menschenskinder – was sollten die Soldaten in ihrer kurz bemessenen aber doch so langen Freizeit anfangen?

Die räumlich weite Trennung von ihren Familien in Deutschland und die schleppende Postzustellung drückten gewaltig auf die Stimmung.

Die Heeresleitung war bemüht, ihre Truppen bei Laune und in Kampfbereitschaft zu halten.

Die Freizeitorganisation »Kraft durch Freude = KdF« – im Jahr 1933 von den Nationalsozialisten gegründet – hatte sich zum Ziel gesetzt, dem deutschen Volk Kraft zu verleihen und die Deutschen zu einem kriegstüchtigen Volk zu stählen. Die Politik versuchte, die Freizeitgewohnheiten der Bevölkerung zu lenken und gleichzuschalten.

Die Heeresleitung schickte daher im Kriegswinter 1940/41 Teile dieser KdF-Arrangements an die Front bzw. zu den im Süden von Norwegen stationierten Truppen. Mehrmals in jeder Woche wurde den Soldaten eine andere Unterhaltung geboten: Filmvorführungen wechselten sich ab mit Konzerten, Tanzabenden, Vorträgen oder Theateraufführungen usw.

Zu den Aufgaben des Unteroffiziers Bury gehörte es, diese anreisenden Truppen zu betreuen. Bei seinem Einsatz als Ortskommandant in Mysen nahm diese Betreuung teilweise groteske Formen an.

Hier einige Briefauszüge:

(...) Morgen haben wir in dem hiesigen Kinotheater wieder eine Truppenvorführung und läuft ein deutscher Film. Er soll recht lustig sein.

Mittwoch haben wir eine Zaubervorstellung, Bellachini oder wie der heißt, und Ende der Woche soll wieder ein Film laufen. So haben wir in der kommenden Woche allerhand vor.

Neulich gastierte einmal ein Berliner Kammerorchester bei uns und das »Salzburger Marionettentheater« gab uns auch einmal eine Vorstellung.

Dadurch soll der »Landser« bei Stimmung gehalten werden. Die Stimmung bedarf bei mir keiner Aufbesserung. Ein immer besserer Humor, den ich mir zugelegt habe, hilft über vieles hinweg und bin ich dafür sogar bei meinen Kameraden beliebt und bekannt. (...)

(...) Zur Hebung der Stimmung sieht man sich jetzt veranlasst, der Truppe allerhand zu bieten.

Nun gehen wir in der nächsten Woche, ich glaube, fünfmal ins Kino.

Montagnachmittag haben wir eine Varieté-Vorstellung, dann sehen wir die Filme: »Robert Koch«, »Mutterlied«, »Maulkorb« und ich glaube »Unvergessliche Melodien«.

Also eine sehr abwechslungsreiche Woche, die kommende Woche. Aber ich glaube, der Zweck wird verfehlt.

Man spricht auch davon, dass man mit dem Stab/Nachrichtenzug einen Autoausflug machen will in die Umgebung mit anschließendem gemeinsamem Nachtessen.

Man muss also dahintergekommen sein, dass man für die Truppe auch seelisch einmal etwas sorgen muss.

Dazu kommt, dass sich die klimatischen und die Ernährungsverhältnisse teilweise bedenklich auszuwirken beginnen. Wir haben einen ganz großen Prozentsatz Zahnerkrankter und bekommen diese so eine Art Skorbut. Die Zähne fangen an zu wackeln und fallen aus.

Zum Glück habe ich bei mir noch nichts Derartiges gemerkt. So wird eben vieles dazu beigetragen und ist eine baldige Ablösung unbedingt notwendig.

Ich könnte mir denken, dass wir die Vorbereitungen alle treffen, so, als würden wir diese für uns machen, kommen aber dann zurück und die ablösende Truppe übernimmt unsere Vorbereitungen.

Donnerstag früh war für uns Rudern angesetzt. Wir müssen jetzt rudern lernen. Angeblich wohl für das Landungsmanöver an der englischen Küste.

Dass ich höchstens ein »Salonruderer« bin, kannst Du Dir ja lebhaft vorstellen, dass ich aber von den Kameraden wohl am besten gerudert bin, wird Dir leicht den Beweis erbringen, dass dann mit unserem Haufen nicht allzu viel los sein kann und an einen Einsatz doch nicht zu denken ist. Nun haben wir am Montag wieder Rudern, und zwar legen unten unterhalb des Badehotels die Ruderboote an, wir steigen ein und werden dieses Mal per Motorboot hinaus in die offene See gezogen, um nun auch im »bewegten Wasser« unsere Kunst auszuprobieren. (...)

(...) Wir haben übrigens über die Division zwei große Kisten Bücher bekommen, die in Deutschland gesammelt worden sind. Ich kann nur sagen: großer Scheißdreck!

Wir haben die Kisten wieder zugenagelt und großzügig auf die Spende verzichtet. Es waren Bücher, beispielsweise die sog. Bibliothek des Allgemeinen Wissens, die vor dem Krieg herausgekommen war, Bücher in einem ganz verwahrlosten Zustand, Illustrierte aus dem Jahr 1927 und ganz elende alte Schmöker.

Sicher wurde in alten Weiberhospitalen, Stiften, Jungfrauenvereinigungen und ähnlichen Institutionen gesammelt. (...)

(...) Heute steht uns nun wieder eine Abwechslung bevor, und zwar gastiert ein großes Tanzorchester bei uns, ich glaube ca. 20 Mann stark mit ein paar Frauen dabei. Es kursierten vorher bei den Einheiten schon Listen, wo man seine Wünsche eintragen konnte. Ich habe mir gewünscht: »Gitarren am Meer« und in Erinnerung an meinen ersten Tanz mit Dir in Wernigerode, Café Arends (das habe ich auch sinngemäß dazu geschrieben): »Im Rosengarten zu Sanssouci«. Es wird Dir erinnerlich sein, dass wir hierauf zum ersten Mal zusammen getanzt haben, ferner zu den Melodien, die damals gerade modern waren: »Darf ich um den nächsten Tango bitten« oder »Eine kleine Mandoline«. Ja, das weiß ich noch ganz genau. (...)

(...) Sonntagnachmittag gab es eine besondere Attraktion auf dem Sportplatz von N. und zwar stieg ein Fußballspiel des Uffz.-Korps gegen das Offz.-Korps. Du wirst dich ewig wundern, wenn ich Dir mitteile, dass ich dabei auch mitgespielt habe, auch König und noch einige andere »Helden«, die noch nie einen Fußball vor den Beinen gehabt haben.

Von irgendeiner Balltechnik natürlich nicht zu sprechen. Das Ganze wurde auch mehr als Klamauk aufgefasst und weniger als ernste Sache. Die 1. Kompanie fuhr mit einem Geschütz auf und schoss damit jedes Mal, wenn ein Tor fiel. Zeitweise musste das Spiel abgebrochen werden, wenn der Platz nicht mehr zu sehen war, denn wir vernebelten mit künstlichem Nebel und schossen Rauchbündelpatronen und es wurde sonst allerlei Unsinn dabei gemacht. Trotzdem war es eine anstrengende Sache und ich muss mich heute die Treppe am Geländer hochziehen vor Muskelschmerzen. Es wurde mir allgemein bestätigt, dass ich meine Sache sehr gut gemacht hätte, worauf ich mir gar nichts einbilde, da ich mir aus Fußball überhaupt nichts mache. Oblt. Evers nannte mich einen Tank, ich habe nämlich meine Offz.-Gegner jeweils umgerannt, wenn ich solch routinierten Fußballgrößen wie Stabsarzt Dr. Dahlheim oder einem Oblt. Seger, der als Gast mitgespielt hat, an Technik unterlegen war. Ich hatte meistenteils mit Oblt. Evers zu tun, dem ich die Suppe auch oft versalzen konnte. Es gab auch einen Knöchelbruch. Ich hatte diesen Oberleutnant, der auch als Gast mitspielte, schon zweimal auf den Rasen lanciert, da bekam er mit Tränbach eine Karambolage und durch einen unglücklichen Zufall brach er sich den Knöchel und wurde wohl nach St. ins Lazarett eingeliefert. Natürlich bekam ich auch ein paar blaue Flecke ab, doch ist das weniger schlimm. Ich habe auch gesagt, wenn ich das meiner Frau schreiben würde, dass ich unter die Fußballer gegangen bin, die würde mich für verrückt erklären. Hans König gab nach der ersten Halbzeit auf, er konnte nicht mehr. Natürlich haben wir das Spiel 12:2 verloren. Das war vorauszusehen. (...)

(...) Mein Alltag lässt mir nicht viel Zeit zur Freizeitgestaltung, mit der es sowieso dünn wird. KdF-Truppen kommen keine mehr hoch, wir sind nur auf Filmbetreuung angewiesen und hoffen jetzt, in unserer neuen Unterkunft wenigstens ein besseres Kino vorzufinden, denn hier waren vorsintflutliche Verhältnisse. Ich bin aber schon froh, dass die kommende Gegend in landschaftlicher Beziehung sehr viel Neues verspricht, das Nordlicht werden wir öfters in seiner ganzen Pracht studieren können, allerdings soll die normale Temperatur bei einigen 40 Grad unter Null liegen – bange machen gilt nicht – wir warten es ab. (...)

(...) Die Truppenbetreuung hat ja auch die Ortskommandantur zu regeln, Filmveranstaltungen, KdF-Truppen und kulturelle Veranstaltungen aller Art müssen ja auch durch uns bearbeitet werden und wechsele ich mich mit Nörge darin ab. Da muss für den rechtzeitigen Versand der Filme gesorgt werden, die Weiterleitung derselben, dann dass das Kino bestellt und geheizt ist, dass der Vorführer zugegen ist. Nächste Woche haben wir eine Kapelle mit Tanzvorführungen da, da müssen die Tänzerinnen in Quartieren untergebracht und verpflegt werden, die Reisegenehmigungen, Gepäckabfertigungen usw., heute, Sonntag, ist ein Kirchenkonzert (norwegischer Veranstalter), ich wollte ursprünglich auch hingehen. Sondergenehmigung für die Benutzung der Kirche, deren Verdunkelung usw., alles Fragen, die sich da aufwerfen und mit denen ich früher nichts zu tun hatte. (...)

(...) Nächste Woche gastiert große Schauspieltruppe bei uns: 6 Herren, 8 Damen, 2 Leute technisches Personal. »Der zerbrochene Krug« von Kleist. Quartiere müssen besorgt werden, Kinotheater belegt, Heizung, Umkleideräume sind keine vorhanden, ich gebrauche wenigstens zwei Räume, und dann ist ein Raum für 8 Damen noch eine Zumutung. Verhandlungen mit der Kinodirektion und dem Hausmeister. Einladungen an norwegische Behörden und deutschfreundliche Zivilisten, Adressenverzeichnis durch den Lehnsmann, durch die Quisling-Partei. An alles muss gedacht werden, selbst an die Blumensträuße, die nach der Vorstellung überreicht werden. Wer soll der Truppe den Dank aussprechen? Ich?

Filmzuweisungen für die nächste Woche. Festlegung der Vorführungszeiten. An- und Abtransport des Filmes a) zum Bahnhof, b) mit Filmbegleiter zur Bahn zum nächsten Spielort. Unbedingt muss rechtzeitiges Eintreffen garantiert sein. (…)

Die Arrangements der »lebenden« Veranstaltungen überlasse ich meistens Nörge. Besonders die Weiber sind oft frech und stellen fürchterliche Ansprüche, meistens die, die nicht viel können, die Tänzerinnen haben sich sogar darüber beklagt, dass wir nicht abends für sie für etwas Unterhaltung gesorgt hätten und saßen auf der Ortskommandantur herum. (natürlich auch warmes Essen, Zigaretten und Schnaps) Zum Gottesglück war ich nicht da. (…)

Es stand in zwei Tagen die Kommandierung nach Drammen an.

(…) Morgen weihe ich ihn in die Termine ein, morgen Nachmittag muss ich mich um die neue KdF-Truppe kümmern, die hier gastiert. Über die Arbeit der verflossenen Tage noch groß zu schreiben, erübrigt sich fast und ist mir im Hinblick auf mein neues Arbeitsgebiet schon sehr uninteressant geworden. Ich kann Dir nur sagen, ich hatte alle Hände voll zu tun. Die KdF-Truppe »Der zerbrochene Krug« machte mir viel Arbeit. Der Zug, mit dem die Truppe kommen sollte, hatte schon mal über eine halbe Stunde Verspätung und dann keine Einfahrt, sodass ich dem Zug auf den Gleisen entgegenging und unterwegs zustieg, um mit dem Reiseleiter die dringendsten Fragen bereits zu besprechen. Bis dann die Gesellschaft erst einmal untergebracht war, oh du meine Güte. Da hatte der eine mit dem anderen Krach und wollte nicht zusammen schlafen. Eine junge Schauspielerin warf ihr ganzes Bettzeug durcheinander, die Bettwäsche sei nicht frisch, sie hätte Angst wegen ihrem Teint und wolle sich keinen Ausschlag holen. Das Bett musste frisch überzogen werden. Zwei ältere Schauspielerinnen hingegen, die die weiblichen Hauptrollen spielten, waren sehr freundlich und bedankten sich umfassend und äußerten, man hätte sich noch nie so gut ihrer angenommen. Die Vorstellung verlief sehr gut. Wir hatten auf meine Einladung hin ca. 40 einheimische Gäste, die ich alle persönlich empfing. Die große Katastrophe kam aber erst Sonntag noch. Da zum nächsten Einsatzort keine Zugverbindung bestand, hatte ich auf 10.30 Uhr zwei große Taxen bestellt und den Lastwagen mit den Garderobekoffern und Bühnenrequisiten schon voraus in Marsch gesetzt. Zehn Minuten vor der Abfahrt telefonierte mich der Reiseleiter an, die eine der bestellten Taxen sei nicht fahrbereit und der Motor kaputt. Wo eine Fahrgelegenheit hernehmen? Ich ließ die ganze Umgegend durch die Dolmetscherin vergebens nach Taxen abtelefonieren. Endlich glückte es mir, einen Omnibus aufzutreiben. Die eine fahrbereite Taxe ließ ich zurückgehen, da die Truppe vorzog, nun zusammen mit dem Omnibus zu fahren. Da die Truppe nun über Mittag noch da blieb, musste ich für Mittagessen für sie sorgen, das ich wieder durch eine Taxe mit Essentender ins Hotel schickte, dort aufwärmen und servieren ließ. Die kalte Abendverpflegung ließ ich einpacken, um sie der Truppe so mitzugeben. Ich dachte schon alles würde nun gut funktionieren, da telefonierte der Besitzer des Omnibusses an, der Motor des Omnibusses sei kaputt, er könne nicht fahren. Anruf an die Kommandantur des nächsten Spielortes mit der Bitte, den für 16.00 Uhr festgesetzten Beginn der Vorstellung um eine Stunde auf 17.00 Uhr zu verschieben. 16.15 Uhr blieb aber das äußerste der Gefühle, da der »Zerbrochene Krug« eine Stunde und 40 Minuten Spielzeit erfordert, und eine halbe Stunde für das Aufbauen der Bühne einkalkuliert werden muss, die nächste vorgesehene Kinovorstellung aber um 18.30 Uhr beginnt und nicht ausfallen kann, da zufolge der Wehrmachtsveranstaltung bereits die erste Nachmittagskinovorstellung ausfallen musste. Die zuerst abbestellte Taxe ließ ich wieder vorfahren, setzte nun diejenigen hinein, die zuerst auftreten mussten, gab telefonisch dem mit dem Requisitenwagen vorausgefahrenen Inspizienten Bescheid, auf alle Fälle die Bühne spielbar aufzubauen und nach unendlichen Bemühungen, wobei ich bald Blut geschwitzt habe, brachte ich dann den Rest der Truppe noch glücklich auf den Weg. – Wer weiß, welch ein Theater mir morgen nun bevorsteht. Da die …truppe voll motorisiert und verpflegt ist, habe ich wohl weniger Mühe mit ihr. Es ist gleichzeitig mein letztes Debüt als Ortskommandant, denn ich habe mir geschworen, ab Mittwoch nichts mehr zu schaffen, zu packen und mich auf meine Abreise vorzubereiten. Auch dieses Gastspiel als Ortskommandant ist damit zu Ende.

Mein liebes Frauchen,
Heute ist mein letzter Tag auf der Ortskommandantur. Seit Mittwoch arbeite ich schon nicht mehr mit und verlebe

geruhsame Tage. Post ist von Dir keine zu bestätigen. Hoffentlich trifft heute Abend noch mal Post von Frauchen ein, denn morgen früh 6.15 Uhr will ich fahren und muss die Post dann umgeleitet werden, bis Du an die neue Feldpostnummer schreiben kannst, sodass ich unter Umständen lange von Dir nichts höre. So will ich Dir nun heute einen letzten kurzen Bericht über die letzten Tage geben.

Am Dienstag habe ich noch die KdF-Truppe betreut, was dieses Mal einfach war, da die Truppe weder durch uns verköstigt wurde noch bei uns gewohnt hat, voll motorisiert war und nach Schluss der Vorstellung selbst weiterfuhr. Es handelte sich um eine kleine männliche Kapelle (Tanzorchester) von 4 Mann und 5 Damen, letztere sangen, tanzten und machten allerhand Allotria, jeweils durch eine hübsche Ansagerin angekündigt. Ein großer Garderobenreichtum sehr netter und farbenfreudiger Kostüme sorgte für eine schöne Abwechslung. Sehr gut war eine getanzte Parodie auf einen Tiroler Ländler. Ein Walzer, eine Rumba, ein grotesker Matrosentanz wurden vorgeführt, ein hawaiischer Urwaldtanz. Chansonette, Duette und Solostücke wurden gesungen, sehr nett und goldig das Stück gebracht: »Wenn mein kleiner Teddybär doch ein richt'ges Baby wär«. Gut wurde vorgetragen: »Ganz leise erklingt Musik« oder die »Christel von der Post« aus »Vogelhändler«, »In dich bin ich ja so verliebt« und vieles andere mehr, das »Lied der Dubarry«, der »Walzer aus dem Rosenkavalier« und was mir im Augenblick nicht so einfällt. An Norwegern waren wohl 60 Gäste da und hatte ich mit vielem Begrüßen wieder zu tun. Das war als Ortskommandant mein letztes Debüt.

Moral

»Vertrauen ist Mut, und Treue ist Kraft.«
Marie von Ebner-Eschenbach

Im Winter 1940 gab es erste Anzeichen, dass die systematische KdF-Berieselung die Stimmung der Kriegskameraden nur kurzzeitig heben konnte. Zwischen Dienst für das Vaterland, Unterhaltung durch die KdF-Gruppen und persönlicher Freizeitgestaltung blieb bei vielen Soldaten in den dienstfreien Stunden ein Vakuum.

Hin und wieder kam es vor, dass sie Abwechslung »der besonderen Art« suchten. In einem einzigen Brief macht mein Vater erste Andeutungen:

(...) Nun ist Uffz. U. verheiratet und hat seine Frau im August das zweite Kindchen bekommen.

Während des Sommers war dieser Uffz. auf einer Beobachtungsstelle in der Nähe von Farsund eingesetzt und hat dort die Tochter einer Osloer Familie kennengelernt, deren Namen sogar in norwegischen Kreisen einen sehr guten Klang hat. Die Mutter ist eine bekannte norwegische Pianistin.

Gegenüber diesem Mädel hat er sich als ledig ausgegeben, war auch öfters in Oslo bei der Familie eingeladen und das Töchterlein hat tiefere Neigungen zu Uffz. U. gehegt, die sich u. a. auch in reichen Geschenken ausgedrückt haben.

Kameraden wollen ihm sogar nachsagen, dass er sich seinerzeit auch in unsittlicher Weise mit dem Mädel eingelassen hätte. Wenn mir solche Sachen zu Ohren kommen, verliere ich vor dieser Sorte Kameraden jeweils die Achtung.

(...)

Mit der Moral ist das aber bekanntlich so ein Ding.

Die von zivilisierten Menschen geschaffene Lebensordnung, die ein gedeihliches Miteinander gewährleisten soll, muss von diesen auch anerkannt und gelebt werden.

Schreibt mein Vater in den Jahren 1940–1942 nur von gelegentlichen Verfehlungen, so uferte die sittliche Zügellosigkeit im Jahr 1943 restlos aus. Hier häufen sich die Feldpostbriefe, in denen er über das ständig unmoralischer werdende Treiben seiner Kameraden wettert.

War es nun die Unmoral ganz allgemein, die Langeweile, der Kick des Verbotenen, der Geschlechtstrieb schlechthin, das »Es machen ja die Meisten«, die Sorglosigkeit oder einfach nur die sich bietende Gelegenheit – kurzum: Im Jahr 1943 finden sich beinahe in jedem Brief meines Vaters Zeilen, in denen er sich über die sinkende Moral seiner Kameraden und auch Vorgesetzten auslässt und beschwert.

Und, wie wir den Briefausschnitten entnehmen können, waren die Gelegenheiten mannigfaltig. Wer sich einmal über das Tabu der Unsittlichkeit und Untreue hinweggesetzt hatte, erlag dem Reiz der Gelegenheit.

Der Unteroffizier Bury mutierte zum Moralapostel.

Der Mensch Bury, dessen tiefe und treue Liebe zu Frau und Familie sich in beinahe jedem seiner Briefe erkennen lässt, musste mit ansehen, wie die Moral seiner Kameraden ins Bodenlose stürzte, da der ethische Halt gänzlich – mit wenigen Ausnahmen, die er namentlich aufführt – fehlte. Er machte den Zügellosen Vorhaltungen, appellierte an ihr Gewissen und ihre Anständigkeit und machte sich damit zur »persona non grata«.

In einem Brief meiner Mutter orakelte diese: Eines schönen Tages wirst Du mir schreiben: »Ich sitze hier bei Wasser und Brot.« Und bald zeigte sich, dass sie mit ihren im Spaß gemutmaßten Vorahnungen recht behalten sollte.

Es folgen Briefauszüge zu diesem Thema aus der Zeit von Juni – Jahresende 1943:

23. Juni 1943
(...) Trotz Verbotes werden übrigens die Mädels von gewissen Herrn Feldwebels nachts in den Betten versteckt, währenddem die Kleider, damit sie sich nicht verkrumpeln, schön über einen Stuhl gehängt, auch natürlich das Hemdchen dazu. Eine peinliche Sache ist, wie ich hörte, nur die, dass es keine Verhütungsmittel mehr in der Kantine zu kaufen gibt. Ich vermute, dass wir da unseren Ersatz aus unserem Nachwuchs so langsam rekrutieren können. Damit wäre ja die Ersatzfrage für die Abteilung gelöst. (...)

27. Juni 1943
(...) Jetzt will ich noch die Stuben durchgehen, die Kantine kontrollieren, in der mindestens wieder 15 Mädels herumsitzen (vergangene Nacht hat Oblt. Evers eine Razzia durchgeführt und in sämtlichen Stuben nachgesehen, ob jemand ein Mädel mit im Bett hat!), die nämlich raus müssen aus der Unterkunft, dann will ich mich schlafen legen. Alle Stunde übernimmt im Wechsel ein anderer meiner Wachposten die Wache. (...)

3. Juli 1943
(...) Gestern Abend bat Herr Oblt. Evers die Feldwebel und Uffz. zu einem Glas Bier. Na, es gab aber keines und anstatt dessen Rotwein. Auch der Kriegsingenieur war zugegen. Die Sitzung dehnte sich sehr lange aus, ich war einer der Ersten, die heute früh um 3 Uhr weggingen. Zu dumm war, dass man die Kognakrunden, aus denen ich mir partout nichts mache, besonders aus dem schäbigen

Fusel, immer mittrinken musste. Es ist mir zwar ein paar Mal geglückt, den Inhalt meines Gläschens in einem Blumentopf oder Aschenbecher loszuwerden, aber ich wurde dabei auch ertappt und musste dann erst recht mittrinken. Die Sache artete ziemlich aus, obwohl alles noch glimpflich abging. Aus dem Stall wurde ein Schwein aus Lauderans Zucht geholt und auf den Tisch gesetzt, wo es sich vor lauter Angst erst einmal verewigte. Dann sollte es mit schwarzer Farbe angestrichen werden. Es war aber partout kein Pinsel aufzutreiben, sodass Kriegsingenieur G. kurz entschlossen mit der Hand in die Farbe griff und das Schwein anmalte. Natürlich bekam sein Rock auch etwas ab und musste er sich mit Benzin und Sand und Seife gründlichst reinigen und kam dann stinkend wieder nach einiger Zeit zurück. Ich kann nicht vertragen, wenn etwas ausartet.

Heute Abend wird nun die vergrößerte Kantine eingeweiht. E. garantiert für wenigstens 30 Mädels, die er auf die Beine bringen will. Natürlich ist das alles nur Mittel zum Zweck und ich bin gespannt, wie viele Kinder das hier geben wird, wenn wir von hier wegkommen. Ich vergaß, Dir neulich zu schreiben, dass ich, als ich U.v.D. hatte, am anderen Morgen auch in einem Bett eines verheirateten Feldwebels ein weibliches Wesen vorfand. In dieser Beziehung ist es mir um die Kerle bange, wenn wir 8 km vor Oslo kommen sollten. Oblt. E. hat während dem Urlaub von Herrn Stabsarzt Dr. D. auch seine Freundin aus Kragerö wieder da und bei sich wohnen. Der verheiratete Oblt. R., den ich Dir immer als sehr solid geschildert habe und den Du in Bretzenheim kennengelernt hast, ist auch umgekippt und weiblichen Reizen verfallen. Je länger der Krieg dauert, desto schlimmer wird das. Und ich hatte Dir doch erst geschrieben, dass hier gar keine Mädels sind und das

Pflaster in dieser Beziehung hier besser ist. Kein Gedanke, die Mädels kommen von selbst. Mit Herrn Lt. Dagewind habe ich mich über diesen Zustand, den wir Deutsche gar nicht kennen, unterhalten. Er sieht den Grund hierzu in der »Freiheit«, die hier die Jugend genießt. Es wird ähnlich sein wie in Amerika, dass die Eltern auf ihre Kinder keinen erzieherischen Einfluss nehmen und jedes Mädel selbst seiner Ehre Hüter ist. Das kennen wir eben nicht und ist zu hoch für uns, oder wir sind in der modernen Welt zu rückständig. (...)

5. Juli 1943
(...) Über das Thema eines zweiten Kindchens lässt sich – darin muss ich Dir vollkommen recht geben – mündlich viel besser sprechen. Ich weiß auch, wie es von Dir mit dem »Nichtverstehenkönnen« aufgefasst war, es handelte sich aber weniger um das Problem eines Kindchens, als um die Tatsache, dass der seelische Kontakt mit meinem eigenen Kind in Deinen Augen nicht vorhanden war. Die Kinderseele, deren Werden ich nicht erleben durfte, hat sich mir nicht wie Dir als der Mutter in ihrer ganzen Reinheit und Tiefe offenbart, und dies ist letzten Endes die Härte des Schicksals, die mir die Seele und das Hineinwachsen in die Seele meines Kindes verschlossen hat. Das kann aber noch nachgeholt werden. Lieb hab ich mein Töchterchen, sehr lieb, du kannst es mir glauben. Seitdem ich das Rähmchen habe, bin ich überglücklich. Ingridlein lacht ihren Vati den ganzen Tag bei der Arbeit an, teilt seine Freude und auch seine trüben Gedanken mit ihm, und wenn es mir bei Anblick dieses Bildchens oft schon leichter ums Herz wird und ich erkennen lerne, wofür das alles eigentlich sein muss, die Schwere der Zeit, der Krieg, so lehrt mich mein Kind,

für die Zukunft unseres Volkes, dafür, dass wir Eltern in unseren Kindern weiterleben, wenn uns auch schon lange der Grabhügel deckt.

Und genau so, wie ich mein Töchterchen liebe, so habe ich auch mein Frauchen lieb. Ach, ich freue mich über meine eigene Standhaftigkeit und die Reinheit meines Charakters, den ich immer mehr erkennen muss, je mehr ich sehe, wie es tagtäglich schlechter wird mit meinen Kameraden und in welchem Schmutz sie zu ersticken drohen. Reinheit des Charakters, Wille dazu, Glaube an eine glückliche Zukunft, Liebe zu Dir und vor allem die Treue, das sind für Dich wie für mich Stützen und Halte, die es ermöglichen werden, auch wenn es noch so dick über uns kommt, durchzuhalten.

Es liegt eine gewisse Spannung in der Luft, die seelische Belastung wird immer mehr und mehr angespannt, die Nerven von uns allen sind wie vor einem Gewitter, die Luft mit Schwüle, mit Elektrizität geladen. Bald wird der Sturm losbrechen, es kann nicht mehr lange dauern, die Furie des Krieges wird losrasen, ungestüm sich die Naturgewalten und die Kraft eines ganzen Volkes auszutoben beginnen, Städte, Dörfer und unsere Dome sollen sie uns ruhig kaputtschlagen, den Dom der Heimat, der sich auf eherne Grundfesten in unserer Seele stützt und über den sich der strahlende Himmel einer glücklichen Zukunft wölbt, den lassen wir uns nicht aus dem Herzen reißen.

Wo ich immer nur kann, wirke ich auf meine Kameraden ein, ich gebe überall, nehmen kann ich hier sehr selten, nehmen kann ich überhaupt nur von einem Menschen, von Dir – meinem Kameraden und Frauchen.

Es ist so etwas Schönes, um das Gefühl zu wissen, wofür man da ist. Ich freue mich auf das neue Leben nach dem

Krieg. Wir können getrost von vorne beginnen, wir können genau so einander gegenübertreten wie an unserem Hochzeitstage vor acht Jahren, genau so rein an Seele und Leib, und wo diese Voraussetzungen vorhanden sind, da kann leicht der Grundstein gelegt werden zu einem neuen Aufbau, und dann lass uns darüber nachdenken, ob wir uns gegenseitig gemeinsam das herrliche Erleben des Werdens einer Kinderseele schenken. Vielleicht bedarf es zu gegebener Zeit gar keiner Worte – Fühlen und Schweigen – und in dem Schweigen sprechen nur noch die Herzen. (...)

Und so gönne ich allen denen, die das Herz am rechten Fleck haben und nicht wie so viele arme Menschen bis über die Knie in Schlamm und Unrat des Lebens waten, dasselbe glückliche Erleben einer Ehe, wie wir es gefunden haben. (...)

Über die Aufnahme, die mein Vortrag gefunden hat, habe ich Dir schon berichtet. Der nächste Vortrag ist im Entstehen. Und schon wieder brennt mir ein Thema auf der Seele, über das ich sprechen möchte: »Ich – und meine Frau«, in dem ich denjenigen, die es angeht, ihre ganze Niederträchtigkeit und Schlechtigkeit vor die Füße werfen möchte, mir den ganzen Ärger und die Missachtung vom Herzen herunterreden möchte und appellieren möchte an die letzten raren Reste von Anständigkeit und Charakter. Die Kameraden erkennen gar nicht, dass der Krieg für ihre Frauen in der Heimat viel mehr bedeutet wie für sie hier, wenigstens an unseren militärischen Leistungen gemessen. Dem können wir nur die Anständigkeit unserer Gesinnung und unserer Herzen entgegensetzen, warum verlassen so viele das Beste, was sie haben, ihre Frau, lassen sich gehen und treiben mit einem unaufhaltsamen Strudel fort und verlieren dadurch überhaupt den Anspruch auf die Heiligkeit ihrer Ehe und das Vertrauen ihrer Gefährtin. Ich kann das einfach nicht verstehen, es wälzt sich mir das Herz in der Brust herum. Ich kann Dir nicht schreiben, von was ich manchmal Zeuge bin, es geht nicht, Du bist mir zu rein dazu und diesen Dreck trage ich nicht an Dich heran.

Wirklich, in dieser Beziehung möchte ich mit Lt. Dagewind zusammenarbeiten und mich mit ihm aussprechen. Er ist wohl jünger an Jahren als ich und ohne meine Lebenserfahrung. Er liebt aber ein Mädel und diese Liebe macht ihn immun gegen den Dreck seiner Umgebung. Das ist ein Offizier, so wie ich ihn mir vorstelle, untadelig, anständig, kameradschaftlich, selbst rein und damit dazu fähig, Führer und Vorbild zu sein.

Dass Undank der Welt Lohn ist, habe ich während meiner Soldatenzeit jetzt des Öfteren Gelegenheit gehabt, zu erfahren. Ich meine dies nochmals in Bezug auf die Wachangelegenheit. Es ist eine Schande, dass man mich da hineinlaborieren wollte, sichtlich nur, um dem verhassten Sittlichkeitsapostel einen hineinzuwürgen. Nein, das ist keine Kameradschaft, wo zudem gar kein Grund vorlag. Nur die Sucht, einem anständigen Kerl, der einem darum gerade verhasst ist, eine Lektion zu erteilen. So ein verfluchtes Saupack.

12. Juli 1943
(...) Die Woche klang am Samstagabend mit dem üblichen Samstagsrummel aus. Ich hatte mich zu Hermann Arnold gesetzt und mit ihm eine Flasche Bier getrunken. Gegen Mitternacht zog ich mich zurück, legte mich in mein Bett, las noch eine Stunde in der »Sylvia«, einem erschütternden Buch, das ich ebenso wie »Lukas Hochstrassers Haus« später zu meiner Bibliothek zählen möchte, und schlief bald darauf dann ein.

Im Halbschlaf hörte ich noch mehrmals Mädchenstimmen in den anstoßenden Zimmern, was gewöhnlich hier nicht mehr zu den Seltenheiten gehört. Auch der Hauptfeldwebel hat sich eine neue Freundin angeschafft. Als ich ihm gestern Nachmittag mitteilen wollte, dass der arme Bechtler ein Telegramm bekommen hat, des Inhalts, dass seine Wohnung total bombenbeschädigt sei und ich ihm daraufhin einen Platz angemeldet habe, gab mir auf mein Klopfen hin niemand Antwort, nur das Bettgestell knackte verratend, sodass ich mich dann mit bereichertem Wissen gentlemanlike wieder in meine Gemächer zurückzog. Übrigens müssen derartige Telegramme jetzt einen Prüfungsvermerk entweder der Polizei oder der Partei tragen, sonst gibt es keinen Sonderurlaub mehr, eine Tatsache, die man sich für alle Eventualitäten mal merken muss.

Samstagabend war auch Oblt. E. mit seiner Margit anwesend, ich begrüßte sie auch kurz. Die Angelegenheit soll sich ziemlich in die Länge gezogen haben und die Letzten sind wohl erst gegen halb 6 Uhr ins Bett gegangen. Der ganze Saal ist ausgeschmückt, als handele es sich um einen Fasching. Vor der 6-köpfigen Kapelle steht ein neues Mikrofon, Lautsprecher sind in dem großen Raum überall verteilt, einer fungiert als Ansager, haufenweise sind die Mädels da, die sich erst solange in dem der Schule angrenzenden Wald hinter den kleinen Tannen verstecken, bis die Straße frei ist, und dann rasch in die Unterkunft schlupfen, um nicht von Einheimischen gesehen zu werden. Viele erzählen, dass sie erst kommen können, wenn ihre Eltern schlafen, dann aber sich anziehen und durch einen kühnen Satz aus dem Fenster die persönliche Freiheit erlangen. Wenn die Eltern wüssten – aber Sitte und Moral werden hier nicht so groß geschrieben, wie wir es von unserer Heimat her gewohnt sind.

Sonntag früh kam dann die große Ernüchterung. 6.30 Uhr Wecken durch den U.v.D. mit der Weisung, dass alles um 7 Uhr abmarschbereit auf dem Hof zu stehen hätte. Mancher Fluch und manches Gottverdammisch waren da zu hören. Ein Feldwebel musste sogar bei Beiwagenkrad aus dem Dorf geholt werden. Zufällig war bekannt, in welchem Tochterbett er sich gerade aufhält. Das Mädel wird schön geguckt haben. Hauptmann Schwarzbach, der wieder zu uns zurückkommandiert ist, ließ antreten und wir marschierten dann, ohne überhaupt gefrühstückt zu haben, ab. Der Major kam uns mit Herrn Kriegsingenieur in seinem Wagen entgegen, ließ halten und die Herren setzten sich vor unsere Gruppe und marschierten ab. Nach einer Weile ließ der Kommandeur halten, der, wie sich herausstellte, mit seinem Herrn auch durchgezecht hatte, ohne schlafen gegangen zu sein und hielt uns mit etwas schwerer Zunge einen lehrreichen Vortrag. Er wüsste, dass das unselige Treiben seines Stabes verboten sei – ich finde auch, dass dies nicht zu dem Ernst der Zeit passt – aber er würde es doch dulden, denn wenn es gälte, würden wir ja doch, wie zu einer großen Familie gehörig alle unseren Mann stellen. Er wollte nun mit uns einen Marsch von 45 Kilometern machen. Nur seine Offiziere, das wolle er offen aussprechen, hätten ihn enttäuscht, mit ihm die ganze Nacht durchgesoffen, hätten nun aber gekniffen und der Adjutant, nach dem er geschickt hätte, hätte sich krank gemeldet, um nicht mitmachen zu brauchen. Na, aus den 45 km wurde es nichts, bald landeten wir in einem Straßengraben und während sich der Major leutselig und weinselig mit uns, auch im Graben sitzend, unterhielt, während andere ihren Rausch ausschliefen, hielt der Ingenieur mit vorgehaltenem Karabiner die norwegischen Milchwagen auf der Straße an, belästigte die Leute und fragte nach Ausweisen, die diese niemals konnten einstecken haben. Nach einer guten Stunde ging es dann weiter, unterwegs wurden Spähtruppaufgaben verteilt, auch ich wurde als Führer eines Spähtrupps eingesetzt und hatte die Aufgabe, ein Gehöft zu erkunden. Nachdem ich mit zwei Leuten eine Viertelstunde getippelt war, empfing mich auf den Stufen des Hauseinganges ein wenig bekleidetes junges braungebranntes Mädchen im knusprigen Alter von vielleicht 22 Jahren, was aber auf mich keinen Eindruck machen konnte. Ich habe das schöne Bild nur rein platonisch genossen. Ich schrieb eine tadellose Meldung, die ich durch Hermann Efterich an den Kommandeur zurückschickte, anschließend ließen wir zwei Überbleibenden uns jeder 2 Glas Milch kredenzen, die Bezahlung wurde verweigert, und nachdem sich noch ein hübsches Kind und zum Schluss die Mutter noch eingefunden hatte, zogen wir wieder los. Unterdessen war der Stab zur Unterkunft wieder zurückgepilgert, der Kommandeur hielt gerade einen Vortrag. Ich hatte als Einziger eine Meldung erstattet und wurde dies gebührend hervorgehoben, während alles andere versagt hatte.

Die moralische Verwahrlosung nimmt in erschreckendem Umfange zu. Wenn ich mir vorstelle, dass zu Hause vielleicht zur gleichen Stunde, wo die Frau in banger Sorge um den Mann nach des Tages harter Arbeit und den seelischen Belastungen des Krieges sich müde und abgespannt an den Tisch setzt, um »ihm« noch einen Brief zu schreiben, der »er« aber gerade sich um Familie wenig Kopfschmerzen macht und eine norwegische Maid in seinem oder deren Bett durchknufft, dann bekommt einfach mein Glaube an die Menschheit ein Loch. Ich hätte mir niemals in unserem normalen Leben träumen lassen, dass es so viel Schmutz in der Welt gibt. Ich will auch Deinen Glauben an das Gute und Schöne dieser Welt nicht unterminieren, erhalte Dir Deinen Glauben. Eines weiß ich nur, dass wir unseren Bekanntenkreis später sehr, sehr klein ziehen werden. Edle Menschen sind weiß Gott dünn gesät – sehr, sehr dünn. Bestimmt kannst Du verstehen, warum ich in letzter Zeit mir immer mehr und mehr wünschte, hier herauszukommen, um einmal die Menschen an der kämpfenden Front kennenzulernen. Ich kann mir nicht denken, dass dort die Verwahrlosung so um sich gegriffen hat. Wo bleibt die Anständigkeit unter den Menschen? Ich ziehe mich mit großer Freude hinter die Bücher zurück. Sie sind mir wirklich treue Kameraden geworden, die mich nicht enttäuschen. Fern aller vertrauten Gegenstände, die Dich umgeben in Deinem Heim muss ich mir in Gedanken eben meine eigene Welt aufbauen, da die Wirklichkeit zu rau, zu nüchtern ist.

Die kriegerischen Vorgänge verfolge ich mit großer Spannung. Im Osten, in Russland, haben wir ja sehr schöne Erfolge. Mit Sizilien ist es eine eigene Sache. Unbedingt muss der Engländer dort verjagt werden, ich sehe sonst schwarz für Italien und Süddeutschland. Die Kriegsmaschinerie kommt so langsam auf Touren. Wo nimmt die Heimat den Glauben her, bis zu Weihnachten an ein Kriegsende zu glauben? Dahinter steckt nur die englische Propaganda, die sich die deutsche Kriegsmüdigkeit zu Nutze macht. Habe wenigstens Du so viel Charakter und sprich diesen Unsinn nicht nach. Weißt Du, man möchte da Sturm laufen gegen den Schmutz in der Welt. Ich komme mir manchmal so feige vor, so, als ob ich in Deinen Augen da gar nicht mehr bestehen könnte. Wenn wir heute an die Front kommen würden, ich würde mich beinahe freuen, meinen Mann stellen zu können, um zu der Anständigkeit des Herzens und des Charakters noch die Anständigkeit der Gesinnung zu stellen. Wenn diese Einstellung bei allen nicht mehr vorhanden sein sollte, wie sollen wir da den Krieg gewinnen? Sie muss also vorhanden sein und ich will nicht in den Augen meiner eigenen Frau als Feigling dastehen. Gegen Mitte August wandern wir nun also. Vielleicht kommen wir dann schneller raus, als uns selbst lieb ist. Aber meinen Kameraden müssen die Augen durch die Notwendigkeit des Lebens geöffnet werden, wir müssen die Härte lernen, den Kampf um die Selbsterhaltung, denn dieses Lotterleben hier treibt einem Abgrund zu. Von einem deutschen Menschen, von deutscher Anständigkeit, der oft zitierten »germanischen Treue« habe ich mir wirklich eine ganz andere Vorstellung gemacht, wie sie mich jetzt das praktische Leben lehrt.

Als mein höchstes Ideal schwebt mir nun wieder unsere Häuslichkeit vor, das Leben selbst wieder schmieden und aufbauen zu können, sich erfreuen zu können an den Segnungen unserer deutschen Lyrik an so manchem frohen Abend, bei dem wir uns gegenseitig vorlesen und unsere eigene Welt bauen, in jedem Jahr wollen wir eine schöne Reise machen, die Schönheit deutscher Landschaft genießen können. Ich denke zurück an die Zeit in Unterwössen, den Bodensee, unsere vielen gemeinsamen Reiseerlebnisse, Opern und Theater werden wir besuchen und vielleicht lieber etwas zu viel als zu wenig tun, um dem Dreck, den wir gesehen haben, ein ethisches Gegengewicht anzuhängen, das uns wieder hochreißt und an das Leben glauben macht.

Nun wollen wir mal abwarten, wie sich der Krieg weiter entwickelt. Inzwischen erhalten wir uns die Anständigkeit unserer Herzen, laufen Sturm gegen Miesmacherei, die unbegründet ist oder sich aus der feindlichen Nachrichtengebung nährt – Du meinst, lieber das Lotterleben als den Wunsch zu kämpfen – Du kannst es nicht verstehen, es entspringt nicht einem Anfall von Heldenmut – Helden sind wir und insbesondere ich nicht – nur aus der Verzweiflung des Herzens heraus, das nicht an den Verfall von Sitte und Moral glauben will, erwächst der Wunsch nach Bewährung.

Ich muss jetzt schließen und an mein Tagewerk gehen. Wann wird mir die Arbeit erst richtig wieder Freude machen, mich befriedigen und mir Gewissheit sein, für Frau und Kind arbeiten zu dürfen? Das muss ein schönes Gefühl sein. (...)

19. Juli 1943

(...) Nun kommst Du auf die Moral zu sprechen. Ein heikles Thema. Du brauchst mich nicht zu erinnern an Frauchen und Töchterchen. Du kannst weiterhin dem Töchterchen immer vom lieben und treuen Vati erzählen, das wird sich niemals ändern. Ich will auch jetzt nicht wieder davon anfangen, Dir von diesem Dreck zu berichten. Ich sehe schwarz, wenn wir in der Osloer Gegend sind, wo die Mädels ja sämtlich verhurt und geschlechtskrank sein sollen. (...) Das ist hier ein Volk, das wir überhaupt nicht nach deutschen Grundsätzen beurteilen können. Die Frauen und Mädels nehmen sich hier die Freiheiten, die sich ohne jedes Genieren in Deutschland manche Männer herausnehmen. Der Grund hierzu dürfte wohl darin zu suchen sein, dass das norwegische Volk vorwiegend ein seefahrendes ist. Durch die jahrelange Abwesenheit des Mannes ist eine sogenannte Gefühlskälte eingetreten, d.h. also, der Mann ist geschlechtlich uninteressiert, hat sich vielleicht draußen im Ausland ausgelebt. Das geht nun Jahr um Jahr so. Außerdem neigt das norwegische Volk zur Homosexualität. Dies innere Gefüge des Volkes ist degeneriert. Wir machen uns ein ganz falsches Bild zu Hause. Diese »germanische Rasse«, die wir hier vermuten, existiert nicht, die existiert nur in Büchern und in unserem Vorstellungsvermögen. Männer leihen ihre Frauen zur geschlechtlichen Befriedigung her, ja für Kognak und Tabak ist dies eine Kleinigkeit, wenigstens in manchen Gegenden, Frauen und Mädels »fliegen« sehr auf den Mann, sind »mannstoll«, der deutsche Soldat kann sehr leicht und einfach zu einem »Bettkätzchen« kommen, Schamgefühl kennt der Soldat sowieso nicht, gegenüber dem Kameraden hat er wenig Hemmungen, anständige oder zu junge Soldaten werden demgemäß »aufgeklärt« und man nimmt, was man so leicht haben kann. – Das verstehen wir als gute Mitteleuropäer nicht, das geht nicht in unseren Kopf hinein. In Amerika sollen ja ebensolche »freien« Zustände herrschen. Vielleicht ist dies ein Ergebnis des »demokratischen« Staates und der demokratischen Denkungsart. Schon allein dadurch stellt sich das Volk in Gegensatz zu der deutschen Staatsauffassung. Die Gründe für die Unmoral müssen also irgendeinen Hintergrund haben, irgendwie sich erklären lassen, sonst ist die Sache einfach nicht zu glauben. Dann steht hier das Abtreiben in hoher Blüte und wird nicht bestraft. Im Gegenteil, es gibt Institute, wo sich ein Mädel ein unwillkommenes Baby abtreiben lassen kann. Viele Soldaten haben bei ihren norwegischen Freundinnen von dieser Möglichkeit regen Gebrauch gemacht.

Selbstverständlich bin ich kein Gott, sondern auch nur ein Mensch. Aber ich habe eine gute Erziehung von zu Hause mitbekommen und mich ekelt diese niedrige Gesinnung an und stößt mich ab. Das ist der beste Schutz dagegen: unüberwindliche Abneigung. Lieber erhalte ich mich rein für mich und meine Familie. Schenkt sich mir eine Frau, dann ist das Gottesdienst, etwas so Heiliges, Sinnbild einer tiefen Liebe, dass dies überhaupt nicht diskutiert zu werden braucht, und darin weiß ich mich mit Dir einig. Du brauchst mich also nicht zu ermahnen. Das würde ich höchstens als Misstrauen, wenn nicht bald als Beleidigung auffassen. Das hast Du ja auch nicht, meine Gesinnung und meinen Charakter opfere ich nicht für die Laune eines Augenblickes, darüber darf auch bei meiner Frau kein Zweifel bestehen. Dasselbe Vertrauen setze ich in Dich, ich weiß, dass Du mich nicht enttäuschen wirst. Eines der Fundamente unserer Ehe ist jedenfalls das Vertrauen, dabei soll es auch bleiben.

Das Schwein ist dieser Tage wieder in die Kantine geholt worden und wieder angestrichen worden. Besagter Herr G. war wieder die ganze Nacht da, total betrunken, und er ist erst morgens, als der Stab bereits wieder Dienst tat, nach Hause gegangen. Das ist schon Alltäglichkeit, darüber regt sich kein Mensch mehr auf. (...)

22. Juli 1943
(...) Wirklich, es ist vollkommen zwecklos. Ich komme gestern Abend in die Kantine, um mir mein Kochgeschirr voll saurer Milch zu kaufen, und sehe unbeabsichtigt in das abgeteilte Unteroffizierskasino hinein. Da sitzt H., auf dem Schoß ein Mädel, in zärtlicher Umarmung, gerade beim Küssen. Aus dem Grund haben sie mich überhaupt nicht bemerkt. Ich weiß, dass es nicht nur beim Küssen geblieben ist.

31. Juli 1943
(...) Was Deine Äußerungen zu den »moralischen bzw. unmoralischen Verhältnissen« anbetrifft, so bin ich voll und ganz Deiner Meinung, dass da ein schöner Betrieb eingerissen ist. Ja, man hat den Wunsch, aus diesem Kreis, in den man gesinnungsgemäß gar nicht passt, bald auszuscheiden. Du wirst verstehen, dass ich umso einsamer werde, je mehr dieses Lotterleben um sich greift. Bezeichnend war eine Auskunft von Hermann Arnold für mich, der mir mitteilte, dass man mich in der neuen Unterkunft mit den neuen Unteroffizieren zusammenlegen wollte, während die Feldwebel und Unteroffiziere eine schöne Cliquenwirtschaft aufzuziehen gedachten, indem sie sich zusammenlegen wollten. Ich wollte jedoch wieder mit König zusammen und hätte mich schon gebührend gemeldet. Ich sehe also, man sucht nicht mehr meine Anwesenheit, weil man instinktiv fühlt, dass ich anderer Leute Kind bin und da nicht mittue. Übrigens hat die Stubenbelegung Feldwebel U. vorgenommen, der für mich ja gar nicht kompetent ist. Er hat doch zufolge seiner Geschlechtskrankheit Urlaubssperre. Das hindert ihn aber nicht, mit einem anderen Mädel hier wieder zu verkehren. Er mag treiben, was er will, mich kümmert es nicht. Hoffentlich wird ihm mal ein verdienter Lohn zuteil. – (...)

Ich gönne diesen Ehebrechern und Schweinen die ausgleichende Gerechtigkeit in einem Kampfeinsatz. Um diese Menschen zur Vernunft zu bringen, sie aufzurütteln und ihnen ihre ganze Erbärmlichkeit darzutun, bedarf es vielleicht der Angst um das eigene Leben, des Kampfes auf Leben und Tod. – Schließlich hast Du aber vollkommen recht, was geht mich dies an? Wie diese Leute selig werden, braucht ja nicht meine Sorge sein. Ich bin nur entsetzt darüber, wie es in der Welt aussieht. Ich hatte einen höheren

Begriff von dem Lebewesen »Mensch«, sehe aber, dass es dem Tier in nichts nachsteht und letzteres ist in vielem vernünftiger wie »die Krone der Schöpfung«. (...)

14. August 1943
Eben gerade, da ich hier schreibe, gehen drunten in der Kantine wieder große Orgien vor sich. Ich habe vorhin den Hauptfeldwebel besuchen wollen, um ihm von den Neuigkeiten Hamburg betreffend Kenntnis zu geben. Da hatte er schon wieder zwei Mädels in seiner Bude. Na, über dieses Thema schreibe ich überhaupt nicht mehr. Es ist vollkommen zwecklos, hiergegen Sturm zu laufen. Es muss jeder wissen, wie er sich zu halten hat, seiner eigenen Ehre und der seiner Frau und Familie gegenüber. (...)

Von mir ist indessen nichts Besonderes mitzuteilen. Gestern habe ich in Anbetracht der bevorstehenden Prüfung mit Lt. Dagewind die Geheimschreiben kollationiert und fehlen mir 3 Schreiben. Ich bin gespannt, wo die sich wiederfinden, ist mir so etwas doch noch nie vorgefallen. Vielleicht wirkt sich aber aus, dass es hier Herren gibt, deren normaler Zustand es ist, wenn sie besoffen sind. Da werden dann Schreiben zu irgendwelchen späteren Bearbeitungen weggelegt und ich kann suchen, wo sie sind (...)

8. September 1943
Mit der »Fidelitas« ist es sowieso vorbei bald. Dass mit dem Verbot der Samstagabende nun auch Alkohol und Tabaksperre über uns verhängt worden ist, habe ich Dir wohl schon geschrieben. Allerdings ist der Grund hierzu ein anderer (...)

13. September 1943
(...) Im Offizierskasino war am Samstagabend wieder gefeiert worden und erschien keiner der Herren im Schulgebäude. Alles soll wieder sinnlos betrunken gewesen sein. (...)

Gegen 10 Uhr war K. fertig und wollte ich dann schreiben. Kurze Zeit später kam ein Bauernmädel zu uns, die uns schon mehrfach Eier und Fett gebracht hatte, um dafür ein paar Zigaretten und Kognak zu erlangen. K. machte mir nicht misszuverstehende Andeutungen und ging ich aus dem Zimmer und verzog mich in die Kantine, um dort bis 24 Uhr mit E. und einigen anderen Kameraden zu verbleiben, wo wir dann laufend die Nachrichten über die Befreiung des Duce abhörten. Ich muss schon sagen »leider« war bei K. der Geist willig und das Fleisch schwach. Er hat – wie man das in der Soldatensprache so sagt – das Mädel »umgelegt«. Ihm hätte ich das niemals zugetraut. So Verschwinden die letzten Achtungsgefühle, die ich für einige wenige meiner Kameraden noch übrig hatte. K. entschuldigt dies mit seiner Einstellung zu der sogenannten »freien Ehe«. Hierdurch würde er nur seinen Trieb befriedigen, nicht aber seine Einstellung oder die Treue zu seiner Braut verletzen, das wären zwei ganz verschiedene Dinge und die ethische, seelische Treue das Ausschlaggebende. Ich muss mich selbst bezichtigen, dass ich da nicht mitkomme. K. ist dadurch nicht mehr der, der er für mich war. Er frug mich übrigens noch, nachdem er meine Entrüstung festgestellt hatte, ob ich annehmen würde, dass er dies nicht schon öfters gemacht hätte. Ich entgegnete ihm, dass ich es ihm bei so einer reizenden Braut niemals zugetraut hätte. Er meinte zwischen mir und ihm sei ein Unterschied, er sei genauso alt wie ich und noch nicht verheiratet, während ich bereits mit 24 Jahren geheiratet hätte, ergo hätte ich es nicht so nötig wie er. Na, Worte hin und her, ich kann nur sagen, ich bin sehr enttäuscht und möchte nun nichts mehr glauben. (...)

8. Oktober 1943
(...) Übrigens habe ich mir in der Angelegenheit mit H., die Dir ja aus meinem vorhergegangenen Brief bekannt ist, auch etwas eingebrockt und einen faux pas begangen. H. hat über den Vorfall eine dienstliche Meldung geschrieben, in deren Verfolg eine ganze Reihe Vernehmungen, heute auch von mir stattgefunden haben. Die Vernehmung führte Oblt. Evers durch, doch diktierte ich ihm meine eigene Vernehmung ins Stenogramm. Man macht mir den Vorwurf, dass ich eine rein dienstliche bzw. militärische Angelegenheit auf ein ziviles (privates) Gleis gezogen habe und dem Hauptfeldwebel gedroht hätte, Anzeige gegen ihn wegen Schwarzhandels zu erstatten. Ja, das stimmt ja nun beinahe, wird vom militärischen Standpunkt als unmöglich ausgelegt, wenn ich als Zivilist auch noch so recht habe. Es sei nicht statthaft, einem Vorgesetzten zu drohen etwa dem Sinn nach: »Du, wenn Du dieses oder jenes nicht machst, berichte ich Deiner Frau, welches Schwein Du bist.« Oberleutnant Lenz hält sich vollkommen aus der Affäre. Nun bin ich gespannt, wie bzw. womit sie mich verknacken. Ich kann es Dir morgen dann genau mitteilen.

10. Oktober 1943
(...) Mein eigenes Schicksal hat sich heute auch ergeben. Das erste Mal, dass ich nicht mehr mit einem blauen Auge allein weggekommen bin, auch ein Zeichen der Zeit, des fünften Kriegsjahres, in dem man im ungeeigneten Augenblick die Beherrschung verloren und jetzt seine Strafe weg hat. Fünf Tage gelinden Arrest habe ich bekommen, den ich

absitzen muss. Das erste Mal in meinem Leben. Die Strafe selbst ist nicht so tragisch, ich bekomme volle Verpflegung, kann lesen, schreiben, schlafen, so lange es mir beliebt. Ich werde Dir jeden Tag einen langen Brief schreiben, auch meine andere Korrespondenz restlos erledigen. Der Verwandtschaft schreibe ich von dieser Sache natürlich nichts. Wenn ich meinen Straftenor habe, schreibe ich ihn Dir mal ab. Ein paar gute Bücher habe ich mir schon sichergestellt, Langeweile werde ich keine bekommen.

Die Strafe wurde durch Oblt. Evers ausgesprochen, der sich ganz leutselig hinterher mit mir unterhielt und es bedauerte, dass gerade dies seine letzte Amtshandlung beim Stab sein musste, wo wir doch vorher so nett zusammengearbeitet haben. Pech – Dein Mann muss brummen. (...)

11. Oktober 1943

Es hat sich nicht vermeiden lassen: »Dein Mann sitzt!«

Ich muss ja sagen, die Ausstattung meines Bunkers ist nicht gerade luxuriös zu nennen, aber es wird für die paar Tage schon gehen. (...)

12. Oktober 1943

(...) In meiner Einstellung zu meiner Umgebung bin ich durch meine Bestrafung jetzt gewitzt geworden. Ich werde in unseren »Damen« nur noch Hellenen sehen, in den Kameraden nur noch grundanständige Charaktere, in meinen Vorgesetzten nur noch Herrgötter. Eine eigene Meinung zu äußern, gewöhne ich mir beim Militär ganz ab, ich werde zu einem gewissenhaften Automaten. Mit meinen Gedanken halte ich dann bei Dir Einkehr, wenn mir das Herz überläuft oder ich die Welt, die nur betrogen sein will, nicht mehr verstehe.

15. Oktober 1943

Dies heute gibt nun wohl mein letztes Briefchen aus dem Bunker und hätte ich diese Zeit auch herumgebracht, die nicht ganz ohne Lehre für mich gewesen ist, ließ sie mich doch erneut erkennen, wie schlecht die Welt ist und wie schnell man dabei ist, wenn es gilt, einem das Genick zu brechen, insbesondere, wenn dieser eine sich durch größere Intelligenz und Anständigkeit aus der breiten Masse seiner Umgebung heraushebt. Ich werde es verstehen, mich hierauf einzustellen. Um eine große Erkenntnis menschlicher Psychologie bin ich wieder reicher geworden. (...)

17. Oktober 1943

Hat das Verhängnis einmal angefangen, dann reißt es nicht mehr ab. Heute, Sonntagabend, ich komme gerade von einem Spaziergang aus der Stadt zurück, lässt mich Hauptfeldwebel H. auf sein Zimmer rufen, um, wie er sagt, mir eine dienstliche Eröffnung zu machen. Ich werde mit sofortiger Wirkung zur 3. Kompanie kommandiert.

Ich habe stramme Haltung angenommen, »Jawoll« dazu gesagt, und auf dem Absatz kehrtgemacht. Ich habe mir aber desto mehr dabei gedacht. Nun habe ich meine Sachen alle schon zusammengeräumt und gepackt, mein Spiel beim Stab ist aus, morgen, Montag, fahre ich um 11 Uhr vormittags zur 3. Kompanie und werde dort wahrscheinlich – Genaues weiß ich nicht – im Außendienst eingesetzt. Ich habe mich telefonisch mit der 3. Kompanie bereits in Verbindung gesetzt und mich erkundigt, ob sie dort Uffz.-Fehlstellen haben. Da dies der Fall ist, wird aus der Kommandierung bestimmt demnächst eine Versetzung. Die Feldpost an mich könnte über den Stab weiterlaufen, ich bekomme sie dann nur einen Tag später. Der Verwandtschaft brauchst

Du mal noch nichts sagen, denn offensichtlich bin ich nach 4-jähriger treuer Tätigkeit die Treppe heruntergefallen, meine neue Feldpostnummer ist ab morgen bis auf weiteres: 33238, Du tust gut, diese Feldpostnummer zukünftig zu benutzen.

Ein Aufatmen wird durch das Uffz.-Korps des Stabes gehen: Endlich ist dieser verhasste Büry, Moralpauker und Sittlichkeitsapostel, der sich dazu noch erlaubt hat, auch intelligent zu sein, rausgeschmissen. Nun können weiterhin Orgien usw. stattfinden, der, der zu viel wusste, ist nicht mehr. Dass man mein Rencontre mit H. nur zum Vorwand benutzt hat, dürfte Dir selbst in der Entfernung klar sein.

(...) Um die Abkommandierung zu erzwingen, hat H. vielleicht sich der Unterstützung der anderen Feldwebel mit bedient. Der eine hat seit Frühjahr 1943 eine ständige Hure, die ihn während der Verlegung Ende Dezember auch in den neuen Unterkunftsort begleitet hat, K. hat sich die Syphilis geholt, Urlaubssperre, bekommt wöchentlich mehrere Spritzen und ist charakterlich ein Dreckschwein mit Potenz, der Lebenswandel der übrigen, die einen »Stern« auf den Achselstücken tragen, ist auch sehr minimal und ich habe öfter mit meiner Meinung nicht zurückgehalten, sondern meinem Herzen ordentlich Luft gemacht. Ja, so einer musste natürlich unbequem sein, der musste weg. (...)

Übrigens habe ich keinen Offizier zu Gesicht bekommen, alles Arrangement scheint in liebenswürdiger Weise von dem Herrn Feldwebel vorgenommen worden zu sein. Montag früh um 10 Uhr melde ich mich beim Stab ab. (...)

19. Oktober 1943

(...) Sehr recht hast Du mit der Feststellung, dass ich unbeherrschter geworden bin. Ich habe ja jetzt die Quittung dafür bekommen. 5 Tage Bau und Kommandierung zur Kompanie. Ja, mein liebes Frauchen, Du hast recht. Der Grund dafür ist aber nicht, dass ich vielleicht charakterlich schlechter geworden wäre, nein, es ist der Krieg. Dieser Albdruck belastet mich seelisch zu stark, ich habe nun einmal nicht die glückliche Gabe, mir über eine Sache keine Gedanken zu machen. Der Unterschied zwischen der Vergangenheit und der Gegenwart ist zu groß, zu groß. (...) Ich habe in meinen Feldwebeln keine Herrgötter, in Huren keine salonfähigen Damen gesehen und war mit meinem »wahren« Urteil und meinen »wahren« Meinungen zu offen und konnte dies auch sein, weil ich mir nichts hatte zuschulden kommen lassen. Von Hans Keim bekam ich zusammen mit Hans König einen Brief. Er nannte mich darin »den ungekrönten König der Abteilung«, und das ist mir im Laufe der Zeit mit zum Verhängnis geworden. Den Brief von Keim schickt mir König übrigens nach 8 Tagen nach, dann schicke ich ihn Dir auch wieder. Ich muss nun die Lehre daraus ziehen und Vorsätze fassen, die meiner offenen Natur zwar nicht liegen, Konflikte aber scheinbar bequemer machen. Ich werde zur Nummer und beherzige noch mehr wie sonst den weisen Spruch, den Du in Bezug auf den mit Streifband versehenen Brief geäußert hast: »Reden ist Silber, Schweigen ist Gold«. Übrigens hast Du mir schon immer geweissagt, dass ich eines Tages eine solche Erfahrung machen würde. Im Anschluss an Deine Worte, mir bei Gelegenheit mal wieder ein Fläschchen Baldriandispert zu schicken, möchte ich Dich wirklich vorsorglich darum bitten. (...)

Das Intermezzo meines Vaters bei der Kompanie in Mysen war von kurzer Dauer. Bereits am 26. November 1943 wanderte er nach einer erneuten Kommandierung zur Division. Einzelheiten hierzu im Kapitel: Politische Lage – Hoffen auf Kriegsende – neue Aufgaben.

Im November 1943
Mein liebes Herzekind und treues Frauchen,
mein liebes Töchterchen!
In meinem Herzen läuten Glocken! Das Christkind geht durch den Raum. Am Weihnachtsbaum knistern leise die brennenden Kerzen. Es riecht nach Tannenduft und eine feierliche Weihe webt durch das Zimmer.

Ich sehe in Euer Stübchen zu Hause hinein. Im Esszimmer steht in seinem Schmuck das Bäumchen im Erker. Auf dem Tisch davor liegen auf einem weißen Tischtuch die bescheidenen kleinen Gaben ausgebreitet. Und nachdem Du die Lichtlein alle angesteckt hast, das Radio eingeschaltet ist, aus dem leise Weihnachtsmusik herausquillt, wird der Vorhang zur Seite geschoben. Da steht Ihr alle beieinander. Das Töchterchen hat lieb Deine Hand umfasst, Mama, Papa und Gitti – und wieder offenbart sich Euch und unserem Kleinchen das Wunder der Heiligen Nacht. – »Friede auf Erden« – hoffentlich geht diese Verheißung bald in Erfüllung, es ist jetzt bald genug mit der schweren Zeit.

Ich kann Dein Herz fühlen, mein Liebling, auch wenn uns die große Weite trennt. Sei nicht traurig. Ein Jahr voller Ereignisse und persönlichem Missgeschick steht kurz vor der Vollendung. Wir sind daran gewachsen, der gute Stern, den Du in so vielen unausgesprochenen stillen Bitten und Gebeten über mich gestellt hast, hat mich nicht verlassen. Die Kommandierung zum Divisionsstabsquartier ist ein großer Schritt hinauf, symbolhafte Ankündigung eines guten weiteren »Vorwärts«.

So möchte ich Dir in Gedanken unter innigen Küssen und Liebkosungen Freude und Hoffnung in Dein Herz gießen. Ich bin so stolz auf Dich, tapfere Soldatenfrau, denn in Anbetracht unserer herrlichen harmonischen Ehe bedeutet gerade für uns beide dieser Krieg eine ganz besondere Tragik. Wir werden es aber bald überstanden haben. Durch den bodenlosen Schmutz musste ich hindurchgehen. Ich komme so zu Dir zurück, wie ich einst von Dir fortgegangen bin, rein an Seele und Leib und mit dem Bewusstsein größter und innigster Liebe zu Dir. Du bist mir in Freude und Leid ein unentbehrlicher Kamerad geworden, ein immenser Halt für Stunden, in denen ich einen Trost und ein liebes Wort nötig hatte, Gesellin meiner Freude und glücklicher Stunden, wenn das Schicksal sie mir in den Schoß warf. Ich danke Dir, mein treues Frauchen, für die unendliche Liebe, die Du für mich in Deinem Herzen trägst. Ich kann nicht anders, als sie Dir aus übervollem Herzen zurückzugeben. Dies sei mein schönstes Weihnachtsgeschenk für Dich, eingedenk des Goeth'schen Spruches, den Du mir einmal geschrieben hast:

»Das ist die große Liebe, die immer und immer sich
gleich bleibt, ob man ihr alles gewährt, ob man
ihr alles versagt.«

Und auch mein liebes Töchterchen grüße ich herzlichst zu Weihnachten. Mädelchen laufe mit strahlenden Augen, sei glücklich und freue Dich. Deiner Mutti treue Sorge verschweigt Dir den Ernst der Zeit. Blicke mit lachenden Augen in das Gefunkel der Kerzen. Wie nah bin ich im Herzen oft Deiner Kinderseele. Glückliche unbeschwerte und sorglose Zeit! Bald wird der Vati wieder auf Urlaub kommen, es wird nicht mehr allzu lange dauern. Dann spielen wir schön miteinander, gehen zusammen spazieren und abends, bevor Dich Mutti ins Bettchen legt, liest Dir der Vati schöne Märchen vor. Das kann der Vati gut, denn er hat sich im Herzen ein Stück Märchenwelt bewahrt und baut sich in trüben Stunden daraus Burgen und Schlösser, in denen Deine Mutti als seine Herzenskönigin wandelt, Du aber als Dornröschen einer anbrechenden goldenen Friedenszeit entgegenschläfst.

Hoffentlich zerreißt bald die Dornenhecke, die das Schloss umgibt. Hoffentlich lernst Du Kleines recht bald kennen, welches Glück im Schoße eines harmonischen Familienlebens ruht, wenn Du neben Deiner lieben Mutti auch den Vati wieder hast. Denke immer an mich, mein liebes Kind, vergiss Deinen Vati nicht, der Dich mit Deiner Mutti ganz in sein Herz geschlossen hat.

Des Jahres letzte Stunde steht bald bevor. Wenn die Uhr ausholt zum Schlag, sind meine Gedanken bei Euch beiden zu Hause. Es werden glückliche Gedanken sein. Denn ich bin so stolz auf Euch. Wir wollen dann in dieser Stunde in liebem Aneinanderdenken den Himmel bitten, unserem Familienglück bald wieder die Sonne aufgehen zu lassen. Bleibt gesund, meine beiden Lieben, und Du, mein treues Frauchen, bewahre Dir weiter ein starkes treues Herz.

Meine Arme umschlingen Euch beide. Solange ich Euch beide habe, kann mir nichts etwas anhaben. Kraft, Glaube und Hoffnung schöpfe ich aus Eurer Liebe. Möge das Schicksal ein Einsehen haben und uns in bessere Zeiten führen. Gott befohlen.

Es küsst Dich, mein liebes Töchterchen, es umarmt Dich in inniger Liebe, mein treues Frauchen, in Dankbarkeit und Treue Dein Vati – Dein Kamerad.

Kameraden und ein kleiner Zimmergenosse

Ja, so war das mit der Moral im vierten Kriegsjahr.

Die Sachlage hatte sich im Laufe der Monate peu à peu zugespitzt. Ab und an spielten die an diesen Saufgelagen beteiligten Kameraden dem Störenfried Bury, der sich in alles einmischte und ihnen Vorhaltungen machte, einen Streich.

Meistens zog sich mein Vater, um dem Saufen und Treiben seiner Kameraden rechtzeitig aus dem Wege zu gehen, frühzeitig zurück auf seine Stube. Er verbrachte seine Freizeit mit dem Schreiben von Briefen, Kinobesuchen, Lesen, Pilze suchen, Kochen und angenehmen Plauderstündchen mit befreundeten Kameraden.

So berichtet er in einem Brief über ein Gespräch mit Hermann Arnold, der sich schon während seiner Kriegszeit ausgiebig mit der Tierwelt beschäftigte. (Hermann überlebte den Krieg und wurde später Zoodirektor.)

(...) Mit Hermann habe ich mich gestern Abend auch ein Stündchen unterhalten. Wir haben hier eine ganz eigenartige Gans, die sich ein Kamerad gekauft hat, um sie zu mästen und später zu schlachten. Diese Gans lässt er häufiger im Freien herumlaufen und ist nun gestern auf dem Sportplatz das Sportfest vor sich gegangen, wo der Soldat auch zugegen war und in einem Kreis von vielen Soldaten gesessen hat. Der Sportplatz ist aber von der Unterkunft hier wenigstens 15 bis 20 Minuten entfernt. Auf einmal kommt die Gans an, findet unter den vielen Soldaten ihren Besitzer heraus und watschelt seelenvergnügt auf ihn zu und legt sich ihm zu Füßen. Auch hier, innerhalb der Unterkunft, ist die Gans andauernd hinter ihm her, ja kommt selbst die Treppe heraufgewatschelt und sucht ihn in seinem Zimmer auf. Ich habe Hermann diese eigenartige Gans auch für einen neuen Tierartikel vorgeschlagen. Hermann ist für diese Gans natürlich Feuer und Flamme, will sie abkaufen und verhindern, dass sie geschlachtet wird. Zufälligerweise lese ich gerade ein Tierbuch auf Hermanns Anregung hin und darin wird die Seele des Tieres und die Psychologie desselben eingehend beschrieben, inwieweit das Tier eine Seele hat, inwieweit es nachdenkt usw. und ist gerade die Anhänglichkeit und Treue dieser Gans sehr originell. (...)

Die zurückgezogene Freizeitgestaltung des Unteroffiziers Bury passte seinem Umfeld nicht.

Immer wieder kam es vor, dass einer seiner Kameraden in leicht angetrunkenem Zustand laut darüber sinnierte, wie man gemeinsam dem Bury eines auswischen könnte. Schnell wurde solch ein Gedanke bei den berüchtigten Samstagabendrunden von der Meute aufgegriffen.

Bei jeder Gruppe gab es einen, der sich profilieren und die Anerkennung der anderen auf sich lenken wollte. Dem Herdentrieb folgend geilten sich die Einzelnen an dessen Einfall auf, bauten diesen mit neuen utopischen Vorstellungen aus, bis aus dem ersten belanglosen Funken ein Großfeuer entstand.

Immer wieder dachten sich besagte Kameraden Belästigungen und Streiche aus, mit denen sie meinen Vater wie mit feinen Nadelstichen traktieren konnten.

Aber lesen Sie selbst:

(...) Samstagabend ist allerhand Allotria hier. Oblt. Evers hat die Regimentskapelle bestellt und veranstalten wir erst einen Kameradschaftsabend, anschließend soll der übliche Samstagabendrummel anheben. Na, ich sehe schwarz.

Eine kleine Kostprobe habe ich vergangene Nacht erlebt. Gegen 3 Uhr wache ich plötzlich auf, weil ich einen spürbaren Windzug fühle, der davon herrührte, dass jemand die Tür zu meinem Zimmer aufmachte. Das Aufmachen der Tür habe ich jedoch nicht gehört, nur den Windzug verspürt. Ich natürlich ein Satz heraus aus dem Bett und den Störenfrieden entgegen, die in dem dunklen Treppenhaus unerkannt entkamen. Nur den Eimer voll Wasser haben sie zurückgelassen, der wenig Augenblicke später sich in mein Bett auf das Grauseligste ergossen hätte. Diese Stromer!

Vergangenen Montag fanden die Offiziere auch irgendeinen Grund zum Trinken, begannen am Vormittag um 9.30 Uhr in der Kantine und hörten am Dienstag früh gegen 4 Uhr auf. Ich hatte heute früh Gelegenheit, mich mal über zwei Stunden sehr nett mit Herrn Oblt. Evers auszusprechen und kamen wir auch auf diese Orgien zu sprechen. Oblt. Evers vertritt den Standpunkt, seinen Leuten dies zu erlauben, da sie sich vom Anfang der Woche ab schon auf den Samstagabend freuen, und dann, wieder von einer Woche auf die andere, ihnen also dadurch der berühmte Norwegenkoller nicht zum Bewusstsein kommt. Er meint ferner, dass unsere guten friedlichen Zeiten in Kurzem vorbei wären und will den Leuten noch ein bisschen Spaß gönnen. Dem Charakter des Einzelnen bleibt es dann überlassen, positiv oder negativ mitzumachen. Die Meinung mit den »kommenden schlechten Zeiten« teile ich vorderhand durchaus nicht und ist hierzu amtlich kein Grund gegeben. Du brauchst nicht gleich wieder Kombinationen zu beginnen, die doch zu nichts führen. Wir leben halt von einem Tag auf den anderen, haben uns tatsächlich eine gewisse »Wurschtigkeit« angewöhnt und denken, dass wir schon durch alles hindurchkommen. So musst Du's auch halten, dann trägt sich's leichter. Oblt. Evers meinte auch, ich würde mir viel zu viel Gedanken machen und über manches Problem, mit dem ich innerlich nicht fertig würde, zu viel nachdenken. Er hat sicher recht. Leben und leben lassen.

In einer der vorletzten Nächte hörte ich plötzlich, wie jemand das vor die Scheibe, die in der oberen Hälfte meiner Zimmertür eingelassen ist und an einer Stelle kaputt ist und ein größeres Loch hat, geklebte Papier mit einem Messer durchschneidet. Ich ahnte mir nichts Gutes und war schon der große Feuerwehrschlauch angeschlossen, um meine Bude in null Komma nichts unter Wasser zu setzen. Aber auch diesem Attentat bin ich zuvorgekommen. Natürlich kann ich auch einmal reinfallen, das kann schon noch kommen, doch war ich bisher schlauer als die andern alle. (...)

(...) In großen Zügen habe ich Dir die Erlebnisse erzählt. Natürlich gibt es viele kleine Erlebnisse noch nebenbei. So bin ich z. B. wieder zweimal aus dem 3. Stock außerhalb des Hauses am Seil heruntergeturnt, ein Sport, der mir einigen Spaß macht, besonders, da es bisher niemand außer dem in Urlaub seienden Uffz. Hoffmann gewagt hat nachzumachen. Die Höhe ist etwa doppelt so hoch wie unser Haus, sieht halsbrecherisch aus. Das letzte Mal haben sie mir die Taue unten festgebunden und wollten mich aus Ulk hängen lassen, doch haben sie die Rechnung ohne Rudolf Bury gemacht. Frei schwebend habe ich mich aus der Schlinge, die um den Körper geschlungen wird, herausgearbeitet und bin einfach mit beiden Händen so dem Tau hinunter geturnt. Die Sache ist höchstlich ungefährlich, denn es sind ganz starke Taue. Sollte der Filmapparat eintreffen, so lange wir noch hier sind, lasse ich Hermann

A. mal eine kurze Aufnahme machen, damit Du siehst, wie das vor sich geht.

Zwei Paar Strümpfe warten schon 8 Tage lang auf das Stopfen, wenn Dir dies eine Neuigkeit dünkt. Ich drücke mich seither mit Erfolg um diese Arbeit herum, doch muss es ja auch einmal sein.

Unsere Heizung brennt immer noch zu unserem Vorteil und wärmt das ganze Haus schön durch. Vergangenen Montag, wo ich Dir geschrieben habe, dass die Stimmung der anwesenden Herren so hoch war, wurden nach dem Motto: »Lasst Blumen sprechen« sich gegenseitig Blumentöpfe an den Kopf geschmissen. Unter anderem wurde hierbei die Brille des Kriegsingenieurs zerbrochen. Doch dünkt Dir dies bestimmt keine wesentliche Neuigkeit.(...)

(...) Gestern Abend rief die 1. Kompanie an, zu der Feldwebel Bohn hingegangen war, um für einen Geschützunterricht ein Geschütz auszuleihen. Uns wurde die Mitteilung, dass sich Bohn derart besoffen hätte, dass er von Feldwebel und Uffz. der 1. Kompanie zurückgebracht werden würde, und wir sollten ihn an unserem Lagereingang empfangen. Helmer rief mir zu mitzukommen, holte Hermann Efterich extra aus dem Bett mit seiner Ziehharmonika und wir warteten am Eingang eine ganze Weile, bis der Zug kam, der das Geschütz im Mannschaftszug hinter sich her zog. Bohn hatte die Gesellschaft natürlich absichtlich volllaufen lassen und fühlte er sich sehr als Geschützführer. Er ließ vor dem Eingang das Geschütz in Stellung fahren und feuerte einen Schuss (Kartusche) ab. Dann musste er das Geschütz allein in unseren Schulhof fahren und dort feuerte er das Geschütz nochmals ab, sodass durch den Heidenkrach die ganzen Mannschaften wieder wach wurden.

Na, das war ja ungefährlich, weil Manöverkartuschen geladen waren. Anschließend zog die Meute in die Kantine, ich ging auch mit, und wurde mit Rotwein ein schöner Glühwein fabriziert und saßen wir bis Mitternacht zusammen. Ich erzähle Dir das aus diesem Grund so genau, weil der Abend für mich ein sehr netter wurde trotz des besoffenen Bohns. Bei den Uffz. der 1. Kompanie kam nämlich Uffz. Waritz (Hanau) mit, mit dem ich vier Jahre die Schulbank gedrückt habe. Oft saßen wir nebeneinander, oft auch auf derselben Bank. Fred Waritz ist derjenige, der wegen der nicht arischen Abstammung seiner Frau, Mathilde Elsass, einer guten Freundin von Annemarie, nicht Offizier werden konnte. Natürlich schwelgten wir in alten Schulerinnerungen und die Zeit ging sehr schnell herum. Wir waren auch seinerzeit zusammen im Ferienlager auf dem Heuberg im Schwäbischen Jura gewesen, waren zusammen auf Schulfahrt 3 oder 4 Wochen lang im Teuteburger Wald in Detmold und Paderborn, waren zusammen mit unserem damaligen Direktor Dr. Schreiner auf der Saalburg und haben viele gemeinsame Erinnerungen. Früher verkehrte ich viel zu Hause in der Familie von Fred Waritz. Wir haben oft zusammen unsere Schulaufgaben gemacht, auch oft zusammen vierhändig Klavier gespielt. Wir hatten beide bei Frl. Üppinger Klavierstunde. Es ist mir ebenso gegangen, wie wenn Du beispielsweise nach langer Zeit mal wieder mit einer guten alten Klassenkameradin zusammentriffst. Da wird viel geklönt. Wir sprachen noch davon, dass wir nach dem Krieg uns doch öfter mal treffen wollten, um den alten Konnex wieder herzustellen. (...)

(...) Wie dieser Abend ausgegangen ist, ersiehst Du nur der Kopie meiner Meldung. Aber nicht genug damit, hat Uffz.

Razenko von der Gasbombe derart viel in die Augen bekommen, dass er sich in einem bedauernswerten Zustand befindet. Die Augen sind ganz verquollen, er hat wahnsinnige Schmerzen, befindet sich in ärztlicher Behandlung und muss heute noch – nach 2 Tagen – die Augen alle zwei Stunden in Kamillentee baden. Die Sache mit der Tränengasbombe hatte Uffz. Roscha inszeniert. (...)

(...) Riesters Meldung nach der Ostfront stimmt. Er hat beim Stab auch keine Freunde und fühlt sich dort nicht glücklich. Er ist ein anständiger Kerl und ein guter Kamerad von anständigem Lebenswandel. Vielleicht fühlt er sich in diesem Saustall dort auch nicht wohl. Er gilt direkt als »Weiberfeind«, da seine Einstellung dem weiblichen Geschlecht gegenüber alles andere wie entgegenkommend ist und er manchmal die Küchenmädels ordentlich angepfiffen hat. Dass dies ihm natürlich keine Lorbeeren einträgt, wenn er die Bettkatze eines Feldwebels anbläst, kann man sich lebhaft denken (...)

(...) Nun will ich Dir noch von dem Uffz.-Abend kurz erzählen. Wie ich Dir schon geschrieben habe, hatten wir wieder Hammelfleisch bekommen, was zum Anlass einer kleinen Feier mit Abendessen gemacht wurde. Dabei wurde gleichzeitig die Beförderung des Feldwebels Stab zum Oberfeldwebel gefeiert.

Natürlich ging es hoch her. Er musste genau wie König acht Schnäpse auf einmal austrinken und wurde ziemlich bald benebelt. Ich wollte an diesem Abend früh zu Bett gehen und zog mich bald zurück. Oben angekommen, schloss doch meine Tür gar nicht und ging nicht auf, bis ich entdeckte, dass sie rundherum mit ganz dicken Nägeln zugenagelt war. Nun wollte ich aber in mein Bett – König hatte zufällig U. v. D.-Dienst und war nicht anwesend. Kurz entschlossen zerschlug ich die obere kleine Scheibe in der Türfüllung mit einer Beißzange, mit der ich zuvor vergeblich versucht hatte, die Nägel heraus zu bekommen. Dann stieg ich durch das obere Teil der Tür ein, eine unangenehme Kraxelei, wo mir doch alle Rippen von dem Fußballspiel her weh taten. Na, ich kam glücklich im Zimmer an, aber da mir das Loch in der Tür jetzt verdächtig groß erschien, schob ich den Spind von König vor die Tür. Vorsichtshalber rückte ich das Bett noch ein Stück ins Zimmer hinein und hinter den Spind wegen evtl. Wassergefahr. Ich legte mich dann schlafen. Wohl nach Mitternacht höre ich es draußen rumoren. Plötzlich versucht dann einer meinen Spind wegzudrücken (bzw. es war Königs Spind). Ich war natürlich sofort hoch, lasse das Licht in meinem Zimmer aus, damit ich von Innen nach Außen besser sehen kann und warte der Dinge, die da kommen sollen. Werner Grabisch schüttet mir eine Schüssel Wasser durch die Tür herein, die aber wider den Schrank klatschte. Nun hatte ich aber auch Wasser in meiner Waschschüssel – warte wieder, bis der Nächste kommt, diesmal mit einem Besenstiel, um damit den Spind wegzudrücken, und schon hat er durch die Türfüllung mein Waschwasser im Gesicht. Nun kam die Schlacht in Gang und zu Dritt und Viert mit Hilfe allen möglichen Gerätes stemmten sie sich gegen den Schrank. Ich stemmte mich nun mit dem Rücken von innen gegen den Schrank und stützte mich mit beiden Füßen gegen das Bett. So konnte ich dem Angriff standhalten. Natürlich krachte der Spind einige Mal bedenklich und schwankte hin und her, sodass dem armen König seine Sachen schön durcheinandergefallen sind, auch einiges kaputt gegangen ist. Wenn die

Gesellschaft nachließ, um sich auszuruhen, rücke ich blitzschnell den Spind etwas zur Seite und schmiss leere Weinflaschen und alle möglichen Utensilien raus. Ich rief dabei auch König als Wachhabenden, der dann später leider zu spät rauf kam, denn inzwischen konnte ich sehen, wie die Bande den großen Feuerwehrschlauch anschloss. Ich verbarrikadierte mich schnellstens so gut es ging, rückte das Bett noch mehr zur Seite und schon war die Gesellschaft da und versuchte wieder den Spind wegzuschieben. Ich musste wieder in meine Abwehrstellung gehen, den Rücken gegen den Spind und die Beine gegen das Bett. Nun fummelten sie den Schlauch über den Spind, ich konnte das nicht verhindern, denn sonst hätten sie den Spind wegdrücken können. Dann drehte die Bande auf und im Nu ergossen sich Wassermassen in mein Boudoir. Das Bett ist glimpflich weggekommen. Ich konnte sogar, da es nur von oben (außen) nass war, später darin schlafen. Meine Stube schwamm aber in null Komma nichts und ich selbst gab das reinste Gradierwerk ab und war pudelnass.

Ich dachte mir nämlich, da ich einmal nass war, ruhig in meiner Stellung weiter zu verharren, denn sowie mein Spind von der Türfüllung weggedrückt worden wäre, hätte dem Wasser überhaupt kein Widerstand mehr im Wege gestanden. Meine Erwartung war berechtigt, denn bald hatte sich das Volk ausgetobt und zog weiter. König war auch inzwischen draußen erschienen und hatten sie Angst vor einer Meldung. Mein Zimmer schwamm. Ich selbst vollkommen nass. Mein Hemd zog ich gleich aus, wrang es aus und hängte es zum Trocknen auf. Dann frottierte ich mich ab, kehrte etwas die Scherben zusammen, die Flaschen waren nämlich wieder in mein Zimmer zurückgeworfen worden. Mein Bett war nur äußerlich nass und konnte ich, zwar etwas abgekühlt, aber doch ganz gut weiterschlafen. Bis auf eine kleine Schnupfennase ist die Angelegenheit ohne Nachwehen vorübergegangen. Dabei war ich noch gut weggekommen. Oberfeldwebel Stab wurde im Revier in dem Keller aufgebettet, sein Haar ganz weiß mit Puder bestreut, sein Gesicht mit Kohle und dann kreuz und quer noch mit Jodtinktur, brennende Kerzen wurden aufgestellt und er soll wie ein Toter dagelegen haben. Stab war ja betrunken und daher in bemitleidenswertem Zustand resp. kann ich mit ihm keine Nachsicht haben, da ich nicht verstehen kann, wie sich einer betrinken kann. Ich hatte nur ein Fläschchen Bier getrunken und wollte sittsam und brav frühzeitig ins Bett gehen, nachdem ich mich durch einen Gang zur Küche davon überzeugen musste, dass es die erwarteten belegten Brote nicht mehr gab. Da es ein Spaß sein sollte, habe ich es auch als solchen aufgefasst und kein Wort darüber verloren. Soldatische Späße sind nur gleich etwas grob, das wirst Du mir ohne Weiteres zugeben müssen. Wahrscheinlich wollte man sich auch revanchieren, weil ich neulich mit Feldwebel Randel zusammen dem Hauptfeldwebel Helmer die ganze Stube ausgeräumt hatte und als er aus dem Kasino (Offz.-Kasino) frühmorgens zurück kam und ins Bett wollte, in der Mitte seines Zimmers nur noch ein verlassenes Nachtgeschirr vorfand. Wer einen Spaß mitmacht, muss halt auch einen einstecken. Die Heimat wird die Köpfe schütteln über uns. Meistens handelt es sich um eine gewisse Portion Galgenhumor. Wer weiß, was uns noch alles bevorsteht. Wir werden den Ernst des Krieges schon früh genug zu spüren bekommen, die Anzeichen dafür stehen am Himmel.

Während sich aus Deutschland die Meldungen über immer schlimmere Bombardements und total zerstörte Städte häuften, wussten die deutschen Soldaten in Norwegen nicht, was sie in ihrer Freizeit vor Übermut anfangen sollten.

Bei den Kämpfen gegen die moralischen Entgleisungen eines Großteils seiner Kameraden war der Schreiber Bury immer der Unterlegene.

Diese Auseinandersetzungen waren nervig, anstrengend und überflüssig.

Und – wie im vorigen Kapital beschrieben – gipfelte die stetige Einmischung des Unteroffiziers Bury in die intimsten Gewohnheiten seiner Kameraden in seiner Bestrafung zu fünf Tagen Bau und Kommandierung zur Kompanie nach Mysen.

Ob dieser Tatsache zuerst sehr betroffen, gescholten und verstoßen wie ein begossener Pudel, so rasant änderte sich schon bald nach Ankunft im neuen Bestimmungsort seine Meinung.

Hier machte meinem Vater die zugewiesene Arbeit Freude. Er konnte selbstständig handeln, organisieren, hatte Umgang mit der norwegischen Bevölkerung – kurzum eine Aufgabe, die auf ihn zugeschnitten war.

Es wurden lange, befriedigende Arbeitstage ohne moralisch verwilderte Kameraden.

Und wenn wir bei »Kameraden« sind, möchte ich dem Leser eine Episode der besonderen Art nicht vorenthalten.

Diese handelt von einem kleinen Kameraden, einem üblen Plagegeist und einem mutigen Soldaten, dessen umsichtiges Taktieren dazu beitrug, einen blutigen Nahkampf als Sieger zu beenden. Aber lesen Sie selbst:

(...) Ein Floh gab mir dieser Tage große Rätsel auf. Am ganzen Körper hat er mich verstochen und ich habe ihm große Rache geschworen. Freitagabend habe ich kühn nun die Sache in die Hand genommen, meine Stubentür abgeschlossen, mein Bett abgedeckt, mich darauf gestellt und wohlweislich vorsichtig ausgezogen in der Erwartung, dass ich ihn auf dem weißen Betttuch unbedingt finden müsste.

Nach emsigem Suchen war es auch so weit, es war ein würdiger anständiger Vertreter seiner Rasse, er machte große Hupfer und ehe ich zugegriffen hatte, war er wieder spurlos verschwunden. Ich habe mir alle Mühe gegeben und mit der Schreibtischlampe den ganzen Fußboden abgeleuchtet, aber umsonst. Der Floh war weg. Nun war aber meine Rache gerade richtig angestachelt und ich verfiel auf eine List, also eine sogenannte »Flohlist«. Ich stellte meinen Hocker ans Bett, die Tischlampe drauf und zwar so, dass ich sie sofort anknipsen konnte. Dann legte ich mich splitterfasernackt ins Bett in der weisen Erkenntnis, dass der Floh bestimmt wieder zurückhupfen würde – ein »Flohhupferl« machen würde, um sich an meinem roten Blut gütlich zu tun. Bis ich nun ein Nachthemd ausgezogen haben würde, dachte ich mir, wäre der würdige Veteran lange wieder weg und ich hätte das Nachsehen. Im Vollgefühl meiner logischen Erkenntnis duselte ich allmählich ein. Lange hatte ich nicht gelegen, da zwickt's mich doch tatsächlich. Ich im Nu das Licht an, die Decke weggeschlagen. Ich kam, sah und siegte und hatte den Junggesellen zwischen meinen Fingernägeln. Mit Rachedurst zerquetschte ich ihm seinen Alabasterleib, dass das Blut nur so rumspritzte. Dann rieb ich die wunden Stellen noch ein bisschen mit einer Creme ein und gab mich nun Gott Orpheus in die Arme. Du als Göttin wärst mir freilich lieber gewesen. (...)

Küstensicherung »Abelnes« meldet sich nicht

Ein unglaublicher Zwischenfall ereignete sich in der Nacht vom 14. auf den 15. Januar 1943. Leider sind für diesen Zeitraum keine Briefe mehr in meinem Besitz.

Der Zufall wollte es aber, dass mein Vater besagten Vorfall im September des gleichen Jahres nochmals aufgriff.

Lesen Sie bitte in den folgenden Briefauszügen, wie es zu dieser Berichterstattung kam.

15. September 1943
Mitten in die bevorstehenden Arbeiten platzt mir etwas hinein, das mich für einige Zeit voll beschäftigen wird. Die Abteilung ist seitens der Division aufgefordert worden, zu einem novellistischen Wettbewerb Arbeiten einzureichen, die sich mit der Darstellung eines Erlebnisses aus der Geschichte der Truppe befassen. Ich habe dem Kommandeur versprochen, mich hieran zu beteiligen und wurde es sehr gerne gesehen und mir nahegelegt, da meine Arbeit wohl die einzige sein wird, die der Abteilung zu dem Abgabetermin, dem 10. Oktober, zugehen wird. Das Thema ist freigestellt. Lediglich soll die Zugehörigkeit zur Panzertruppe herausgearbeitet werden und als Mittelpunkt oder Geschehnishintergrund lebendig werden. Bei Natürlichkeit und Wahrhaftigkeit – ich schreibe es Dir wörtlich aus den Bedingungen ab – ist eine Vertiefung ins Menschliche anzustreben. Eingabefrist bei der Division: 15.10.43, bei der Abteilung: 10. Oktober. Das sind also nicht ganz vier Wochen. Nun schreibe einer in dieser kurzen Zeit etwas, was Hand und Fuß hat. Die Bestimmung besagt weiter, dass zu dem Wettbewerb nur schriftgewandte Soldaten zugelas-

sen werden und ihnen die erforderliche Freizeit einzuräumen ist. Das klingt zwar sehr verlockend, die Praxis wird aber anders aussehen. Das habe ich schon erfahren müssen, denn ich bat Oblt. Evers gleich, mich wenigstens zunächst an den Samstagen vom Dienst abzustellen. Er sagte, das könne er nicht machen, würde mir aber möglichst die Nachmittage überlassen. Letztere Lösung ist wieder besser, weil ich hierdurch mehr Zeit gewinne. An und für sich bin ich gegen solche Hetzarbeiten, wo einem der »Termin« im Nacken sitzt. Eine schriftstellerische Arbeit muss reifen können, sich langsam runden können zu einem Ganzen. Aber beim Militär ist es schon meistens so gewesen, dass mit der Peitsche einer dahintergestanden hat. Aber zum Schreiben muss man in Stimmung sein. Es ist hierbei genau wie mit einem Brief. Fehlt die Stimmung, die produktive Atmosphäre, dann wird aus dem besten Vorsatz nichts.

Ich habe jetzt den Bericht gewählt über die Vorkommnisse in der Nacht vom 14. auf den 15. Januar, dem Überfall auf die Küstensicherung Abelnes unter dem Titel: »Küstensicherung Abelnes meldet sich nicht«. Seit drei Tagen kenne ich keine Mittagsruhe und sitze im Kommandeurzimmer bis Mitternacht. An König habe ich eine gute Stütze. Er macht gute Vorschläge und weiß aus seinem theatralischen Gefühl her die Wirkung sogenannter singender Sprache. Ich bin über die ersten 3 Szenen des Berichtes schon hinaus, der vorläufig erst im Konzept vorliegt, werde aber Sonntag mit den ersten Reinschriften beginnen und Dir dann laufend die Kopien zuschicken, die Du in einer Mappe sammeln kannst. Nun habe ich also nach langer Zeit mal wieder den Pegasus bestiegen. Aufgrund der langen Pause und weniger Übung ist mir der Anfang recht schwergefallen. Kaum ein Wort blieb stehen und die ersten Gedanken sind grundlegend wieder verworfen worden. Jetzt komme ich aber in Fluss und der Gang der Handlung beginnt interessant spannend zu werden. Dann macht es auch mehr Spaß.

Du kannst also gespannt sein, ob ich es zum angegebenen Termin packe. Ich genehmige Dir, die Kopien zu Hause vorzulesen. Für strenge Kritik bin ich dankbar, sie verletzt mich nicht, denn ich bin ja ein Dilettant und kann aus Anregungen nur lernen. Gewisse Konzessionen muss ich ja machen, so hatte der Adjutant auszusetzen, dass ich ihn nach Mitternacht im Offizierskasino auftreten ließ und meinte er, er würde sich dadurch einen Strafbefehl an den Hals schaffen. Als ich aber die Szene in sein Zimmer verlegte und ihn dabei intensiv arbeiten ließ, war er gleich damit einverstanden.

Heute früh stieg der Lehrgang im Luftbildlesen, eine sehr interessante Sache. Oblt. Evers hielt erst einen mehrstündigen Vortrag, dann wurden Luftbildaufnahmen ausgewertet, gemeinsam besprochen und endlich bekam jeder Einzelne ein Luftbild, das er schriftlich auswerten musste. Wir saßen an kleinen Tischen und ich hatte den Vorteil meiner großen Filmlupe. Ich hoffe, dass man mit meiner Arbeit zufrieden ist. Auch Herr Major Kempf und einige Offiziere nahmen an dem Unterricht teil. Morgen findet nun für andere Teilnehmer ein zweiter Unterricht statt.

Sonst sieht es hier schon sehr auf Abbruch aus. Wenn die Post ausbleibt, weißt Du dann den Grund. (...)

17. September 1943

(...) Tag und Nacht sitze ich an meinem Aufsatz, der mich zurzeit ganz beherrscht. Dabei sitzt mir der Ablieferungstermin im Nacken und treibt mich vorwärts. Ich schicke Dir einliegend wieder ein paar Seiten. Sie sind noch nicht endgültig und ist es möglich, dass ich gewisse Ausdrücke und Redewendungen noch mal abändere. Schade, dass Du mir nicht darauf erwidern kannst, vielleicht hättest Du für das eine oder andere einen guten Rat. Im Konzept bin ich schon wesentlich weiter, habe als nächste Szene die Fahrt des Alarmzuges unter der Leitung von Lt. Dagewind schon geschrieben, sowie die Fahrt des Rauser über den Fjord. Noch eine große Arbeit steht bevor: die Ausarbeitung des Unternehmens, des Kesseltreibens, das mit der Einschließung des englischen Stützpunktes endet. Den Artikel lasse ich nüchtern ausklingen in dem amtlichen Protokoll des Chefs der Sicherheitspolizei, das mir im Original noch vorliegt. Nun kommen dazu die Übergabe- und nachher wieder die Übernahmeverhandlungen. Es gibt eine unruhige Zeit. (...)

19. September 1943
(...) Die vergangene Woche stand nämlich ganz im Zeichen meines Artikels und musste ich mich sputen, zunächst mal auf einen gewissen Stand zu kommen. Selbst die alltägliche Arbeit musste darunter leiden, doch hatte der Adjutant Verständnis dafür. Noch eine Woche bis zur Verlegung. Bis dahin muss die große Schilderung des Kesseltreibens noch geschrieben und zu einem Abschluss gebracht werden, derweil reifen die vorausgegangenen Abschnitte. Ich schicke Dir aus diesem Grund auch die Fortsetzungen nicht weiter. Auch die Seiten bis lfd. Nr. 11, die ich an Dich sandte, überarbeite ich noch einmal, habe ich doch noch viele Klippen und Kanten im Stil entdeckt. Du erhältst dann den fertigen Erguss und kann die Abteilung am 10. Okt. bei dem Wettbewerb dann mit meinem Erlebnisbericht antreten.

22. September 1943

(...) Die letzten Tage standen bei mir ganz im Zeichen des novellistischen Wettbewerbs. Ich habe bis in die Nächte gesessen und geschrieben, nichts wie geschrieben. Mit der Zeit bin ich wieder schön in Übung und Fluss gekommen und habe mein Konzept fast ohne Korrekturen lassen können. Nun heute früh, gerade vor einer Viertelstunde, habe ich den Schlusspunkt gemacht. Nun wird es noch einige Tage reifen lassen und dann in Reinschrift geschrieben und bekommst Du eine Kopie. Ich mache zunächst nur drei Exemplare, eines für die Division zur Weiterleitung an das Armeeoberkommando, einen Durchschlag für Dich und einen für mich. Ich habe aber die Absicht, das Aufsätzchen nach dem Umzug auf Matrizen zu schreiben und abzuziehen. Du bekommst dann reichlich Abzüge, sodass Du als Weihnachtsgruß von mir der ganzen Verwandtschaft ein Exemplar beifügen kannst. Dem Urteil König darf ich wohl trauen. Er meint, ich hätte einen seltenen Gedankenreichtum und würde hintereinanderweg arbeiten. Er hätte einen solchen Auftrag bis zur letztmöglichen Minute aufgeschoben. König hält den Stil für über dem Durchschnitt und gut zu lesen. Einige sog. »Gemeinplätze«, also abgegriffene Ausdrücke, und einige stilistische Entgleisungen hat er mir verbessert. Das war eine große Arbeit. Ich habe darüber sogar das Essen manchmal vergessen, was schon viel heißen will. Nun bin ich gespannt, wie der Artikel bei der Vorlage wirkt, was Oblt. Evers und der Kommandeur dazu sagen, und dann, was die Division davon hält und ob ich einen Preis damit mache. Sie sollen mir mal einen Sonderurlaub einräumen.

24. September 1943
(...) Abgabetermin an die Division ist der 10. Oktober. Ich habe den Artikel jetzt so gut wie fertig und er liegt als Exposé jetzt da und muss noch etwas nachreifen.

25. September 1943
(...) Leider hatte ich gestern und heute einen großen Ärger, der mich sehr mitgenommen hat. Gestern Nachmittag, als ich an der Reinschrift zu meinem Artikel weiterschreiben wollte, war plötzlich das Manuskript spurlos verschwunden, trotzdem mir genau erinnerlich war, wo ich es zuletzt hingelegt hatte. Nun war gestern Nachmittag gleichzeitig aber die Übergabe unserer Geheim- und Geheimen Kommando-Sachen an unseren Nachfolger erfolgt, auch alles in roten Mappen, genau wie mein Manuskript, sodass ich höchstens annehmen konnte, dass es versehentlich mit darunter geraten war. Ich telefonierte also zweimal mit dem Adjutant der neuen Einheit, der mir versicherte, er hätte es nicht mitgenommen. Ich ging sogar nochmals persönlich zu dem provisorischen Geschäftszimmer der uns ablösenden Einheit und sah nochmals die Mappen durch. Nichts war da. Die ganze Stube kehrte ich bei mir um, das Unterste nach oben, sah meine sämtlichen Geheimkisten durch – nichts! Ich nahm natürlich sofort an, dass irgendein Schabernack vorliegt. Ich telefonierte auch nochmals Oblt. Evers an, ob er das Manuskript mitgenommen hätte – auch dort nichts! Ich war fuchsteufelswild und habe direkt mein Herz gemerkt. Sicher ist der Blutdruck gleich gestiegen. Kurz und gut, ich zog heute früh schriftlich meine Meldung zurück. Vor dem Mittagessen, der Adjutant war schon gegangen, brachte mir Ronning eine Unterschriftsmappe, da lag mein Manuskript drin. Als ich Ronning zur Rede stellte, sagte er, der

Adjutant hätte sich die Unterschriftsmappe geben lassen, in der bestimmt nichts darin gewesen sei, hätte sie dann wieder zurückgegeben mit dem Auftrag, sie mir zu bringen. Also musste Oblt. Evers sie mitgenommen haben. So eine Schurkerei!! Und ich hätte mich vielleicht vor Wut an einem anderen Offizier, den ich nicht leiden kann, vergriffen, weil ich diesen in Verdacht hatte. So habe ich mich während meiner Militärzeit überhaupt noch nicht geärgert wie diesmal. Den armen König habe ich auch angeschnauzt, dass ihm bestimmt die Hose nicht mehr gepasst hat. Leider haben einem die Kriegsjahre doch mürber gemacht, man ist nervöser geworden, leichter reizbar und geht schneller hoch. Mir ist innerlich seit vielen Jahren nicht mehr so der Gaul durchgegangen. Ich möchte diesen Anlass dazu benutzen, Dich um ein Fläschchen Baldriandispert fürs nächste Sammelsuriumpäckchen zu bitten.

(...) Gerade, wo ich diesen großen Ärger hatte, habe ich es wieder ganz empfunden, wie unendlich dick man doch den Krieg hat. Wir merken es nur beim Militär nicht so auf Schritt und Tritt wie Ihr zu Hause, weil man den Soldaten es absichtlich nicht fühlen lässt. Aber desto dicker kommt's noch. Wann wird endlich dieser nutzlose Kampf aufhören? (...)

10. Oktober 1943

(...) Es wird Dich interessieren, dass meine große Mühe mit dem Aufsatz »Abelnes antwortet nicht« umsonst war. Der Kommandeur besprach die Angelegenheit mit mir und sei der Ausgang des Unternehmens, da keine Gefangenen eingebracht worden sind, in den Augen des Generals für ihn unrühmlich ausgegangen. Seinerzeit hätte er auch seinen Kompaniechef, Oblt. Schulendorf, verloren, da der General über die Unterlassung der Protokolle sehr gereizt gewesen wäre. Er will durch die Einreichung des Artikels die Division nun nicht mehr daran erinnern. Da war die Angelegenheit umsonst, lediglich für meine private Erinnerungskiste eine Bereicherung und kann ich mal meinen Kindern vorlesen, was ich erlebt habe. Ich sehe die Gründe des Kommandeurs ein, man hätte es mich aber ruhig früher wissen lassen können, vielleicht hätte ich ein anderes neutraleres Thema gefunden.

(...)

Und hier folgt das »Corpus Delicti«:

Küstensicherung »Abelnes« meldet sich nicht

Die Tür knallte zu. Auf dem Gang draußen verloren sich eilende Schritte.

Arthur hatte vor dem Klappenschrank der Wehrmachtsvermittlung Platz genommen. Flüchtig überflog er die Eintragungen der Kontrollanrufe. Die einzelnen Stützpunkte und Küstensicherungen des Unterabschnitts Flekkefjord, von der Panzer-Jäger-Abteilung seit Kurzem übernommen, hatten sie befehlsgemäß stündlich durchzugeben. Überall in den weitverzweigten Verästelungen des Fjordes und dem die Insel Hitterö umfassenden Hitterösund beherrschten die Sicherungen von unzugänglichen, oft steil ins Wasser abfallenden Felsennestern aus die Wasserwege des gesamten ein- und auslaufenden Schiffsverkehrs.

Anmeldungen für Ferngespräche lagen keine mehr vor und waren auch jetzt nach Mitternacht kaum mehr zu erwarten. Draußen um das Haus fegte ein Sturm, rüttelte mit aller Macht an den Holzläden und stoßweise prasselten Hagelschauer wie fernes MG-Feuer dagegen. Aus dem Gewirr von Leitungsdrähten, hier in dem kleinen Vermittlungsraum von überall her zusammenlaufend, kam manchmal ein leises Knistern, sonst war alles ruhig.

Die Heizung strahlte behagliche Wärme aus.

Arthur hatte um Mitternacht den jungen Eduard abgelöst, der letzthin mit dem sich hauptsächlich aus Thüringern rekrutierenden Ersatz eingetroffen war. Den Stamm der Panzer-Jäger-Abteilung bildeten aber, wie eine Statistik kürzlich ergab, zu nahezu fünfzig Prozent immer noch die Kameraden von Rhein und Main, vor allem Frankfurter, Hanauer, Aschaffenburger, die aus der Wetterau und dem nahen Vogelsberg. Ein herzlich kameradschaftliches Verhältnis verband sie alle, gleichgültig ob sie mit Main-, Kinzig- oder Weserwasser getauft waren. Und an jenem Abend des 31. Dezember, an dem vor zwei Wochen das Vorkommando fern der Heimat eine improvisierte Neujahrsnacht in dem einzig frei gewordenen Raum der neuen Unterkunft veranstaltete, Major Kempf, der Abteilungskommandeur, zur freudigen Überraschung mit einigen Flaschen Wein und Likör herausrückte, saßen Offiziere und Männer um den roh gezimmerten Tisch auf unausgepackten Kisten und Kasten beieinander, in Gedanken beim fernen Zuhause, aber alle im Gefühl der Zusammengehörigkeit, des Aufeinanderangewiesenseins – eben Kriegskameraden.

Der Brief war wieder einmal fällig.

Längst hatte Arthur ein Blatt Papier hervorgeholt und benutzte das Fernsprechbetriebsbuch als willkommene Unterlage. Seine Gedanken gingen auf die große Reise, hinweg über die Weite des Skagerraks und spannten eine Brücke aus dunkler norwegischer Januarnacht hinüber zur deutschen Heimat. Unentwegt tickte leise die kleine

Standuhr in dem nussbaumfarbenen Holzgehäuse. An der vollen Stunde fehlten noch knappe zehn Minuten, da fiel mit hörbar metallischem »knack« eine der vielen Klappen des Vermittlungsschrankes.

Der Obergefreite schob den Brief zur Seite, steckte den Stecker in die Abfrageklinke und nahm den Kontrollanruf der schweren Heeresküstenbatterie, die mit ihren weittragenden Geschützen von Lister aus bis hinaus in die Nordsee reichte, entgegen.

Gewissenhaft trug Arthur die Meldung mit der Uhrzeit in die Strazze der ankommenden Sprüche ein. Weitere Anrufe folgten. Die Küstensicherungen des Hitterösundes bis hinauf zum Jösingfjord meldeten wie üblich »keine besonderen Vorkommnisse.« Arthur hatte zu tun, steckte die Gespräche an den Offizier vom Dienst durch und verständigte sich laufend mit ihm. In bunter Reihenfolge fielen weiter die Klappen, »Adlerhorst«, »Seeteufel«, »Poseidon«, die drei Küstensicherungen vom Eidsfjord, dann kamen die hintereinandergeschalteten Sicherungen mit ihrem Hauptstützpunkt »Sturmwoge« des Fedafjordes durch. Mit der Präzision eines Uhrwerks lief alles ab, genau wie es die einzelnen Kampfanweisungen vorschrieben. Hier war die Zentrale, das Hirn des Ganzen, in dem die Nervenstränge des Nachrichtenapparates zusammenliefen. Zur selben Zeit mochten wohl auch die Kameraden droben auf der Funkstation, die im Sattel des die Stadt Flekkefjord überragenden kahlgrauen Felsmassives eingebaut war, an der Arbeit sein.

Eine Viertelstunde später meldete sich wieder der O. v. D:

»Kontrollanruf Abelnes steht aus! Stellen Sie sofort Verbindung mit Küstensicherung Abelnes her!«

Arthur steckte den Vermittlungsstecker in die Klinke 16 »Abelnes« und läutete kräftig durch. Zum Teufel! Die

Kurbel gab kaum Widerstand. Seine Hand tastete die Abfrageschnur ab und überprüfte die entsprechenden Leitungsdrähte. Alles war in Ordnung. Ob wohl der Sturm ...?

Nochmals eine Drehung mit der Kurbel. Die Leitung führte keinen Strom, die Verbindung war unterbrochen.

Meldung an den O. v. D.:

»Küstensicherung Abelnes meldet sich nicht!«

Bald in gekräuselten, bald in zarten hin- und herwellenden bläulichen Schlieren stieg der Rauch der abgelegten Zigarette aus der kleinen Achatschale hoch und fing sich unter dem grünen Schirm der Schreibtischlampe. Die vielen Zigarettenstummel in dem Aschenbecher verrieten, dass Oberleutnant Evers, der nun bequem im breiten Armsessel lehnte, am Abend wieder so manche Akte gewälzt und sicher Stunden intensiver Arbeit hinter sich hatte.

Es mochte bald an der Zeit sein, sich schlafen zu legen. Die Mehrarbeit und die Anstrengungen der vorausgegangenen Verlegung waren nicht gering und nun forderte die Natur gebieterisch ihr Recht.

Seit vier Tagen waren die Küstensicherungen und Postierungen übernommen und besetzt, die Stützpunktführer eingewiesen, der regelmäßige Verpflegungsnachschub organisiert worden. Allmählich würde sich sicher alles einspielen und dann »des Dienstes ewig gleichgestellte Uhr« die unruhigen Tage der Neuübernahme ablösen und bald auch die neuen und schwierigen Aufgaben zur gewohnten Alltäglichkeit werden lassen.

Im Haus war alles still. Die Offiziere, die den Abend in dem Kasino drunten, unweit des Hafens, in angenehmster Unterhaltung verbracht hatten, waren schon lange zu Bett. Der Adjutant legte die Aktenbündel beiseite, knöpfte vollends seinen Uniformrock auf und ließ sich im Becken seiner Waschtoilette kühles Wasser über die Hände laufen. Aus dem Spiegel heraus blickte ihn ein übermüdetes Gesicht an. Mechanisch trocknete er sich die Hände ab, als plötzlich vom Schreibtisch her die Klingel des Tischapparates die nächtliche Stille zerriss.

Der Adjutant nahm den Hörer ab, eine Stimme wurde vernehmbar:

»Von Küstensicherung Abelnes seit dreiundzwanzig Uhr fünfzig keine Meldung mehr!«

Oberleutnant Evers legte den Hörer auf. In seinem Kopf arbeiteten die Gedanken. Ein Blick auf die Armbanduhr – zwanzig Minuten nach Eins. Er schlug sein Kartenbrett auf, um den Landweg von der Stadt in Richtung Abelnes zu verfolgen und die Entfernung zu überschlagen. Hart hinter der Dalens Gerberei musste der Weg die Hauptstraße verlassen, die Abzweigung war selbst bei Tag schlecht auszumachen. Aber ein Kradmelder würde sich schon durchfinden können. Plötzlich schrillte erneut die Klingel, die ihn unwillkürlich zusammenzucken ließ.

»Hier Oberleutnant Evers.«

Ein leichtes Knacken im Apparat, fernes Rauschen in der Leitung und wie aus weiter Ferne sprach die Batterie an: »Hörten ein Uhr fünfzehn aus Richtung Abelnes Schüsse und stellten rote Leuchtkugeln fest!«

Ein kurzes »Danke« des Adjutanten, dann ließ er sich sofort mit Major Kempf verbinden und gab ihm den Inhalt der beiden Telefonanrufe bekannt.

»Da muss gehandelt werden«, entgegnete am anderen Ende der Leitung der Kommandeur, »alarmieren Sie den Stab und die Kompanie, setzen Sie sofort den Alarmzug auf dem Landweg in Marsch – zum Führer bestimme ich Leutnant Dagewind – erwarten Sie mich auf dem Geschäftszimmer – ich komme sofort!«

Der Major hatte kaum geendet, als die Vermittlung, Ungewöhnliches vermutend, sofort wieder in die Leitung ging. Der Adjutant rief nach dem diensthabenden U.v.D. und gab Befehl, sofort den Stab und die Kompanie oben in der Unterkunft zu alarmieren, knöpfte seinen Uniformrock wieder zu, warf den Mantel über und verließ nach kurzer Zeit das Haus.

Der Sturm hatte sich gelegt. Nur hin und wieder fuhr ein Windstoß durch die Straße, die von dem Fjord heraufführte. Der frisch gefallene Schnee stieb dann auseinander und jagte in hohen Wirbeln und Kreisen über den freien Platz weg. Bei jedem Tritt knirschte der Schnee unter den Füßen und im Schein der Taschenlampe erglitzerten die unzähligen kleinen Eiskristalle. Durch schweres Gewölk brach hin und wieder mit fahlem Licht die Mondscheibe durch. Der Wind, der von See her landeinwärts strich, brachte das Klirren und Mahlen des Eises mit sich. Der Fjord stöhnte auf im Eisgang. Die Brandung klatschte an die Uferböschung. In der Ferne erstarb das Gejaule eines Hundes.

Der Adjutant stieg den Fahrweg hinan zur Schule, die den Stadtflecken nach allen Seiten überragte. Die ersten Soldaten, die zu den Fahrzeughallen hinunter mussten, kamen ihm auf halbem Weg entgegen. Droben der Schulhof bot im ersten Augenblick ein scheinbar wüstes Durcheinander. Aus den ständig aufschlagenden Klapptüren des Gebäudes strömten die Mannschaften heraus. Da war ein Zurufen, ein Laufen schwerer nagelbeschlagener Stiefel auf allen Gängen und Treppen, die Funktionsunteroffiziere erteilten Befehle, Munitionskästen wurden herangeschleppt, die Hauptfeldwebel ordneten die Einheiten, links sammelten sich die Angehörigen des Stabes, in der Hofmitte trat die Kompanie an. Es dauerte nur eine kurze Weile, dann stand der Haufen.

Der Adjutant war inzwischen auf dem Platz eingetroffen. Ein Beiwagenkrad jagte herauf mit Leutnant Dagewind. Der Alarmzug wurde eingeteilt und schon ging's zu den Fahrzeughallen. Von dort erschallte bereits der Lärm der angeworfenen Motoren. Ein Landser glitt auf dem glatten Schnee aus und schlug der Länge lang hin, der nächste stolperte über ihn hinweg. Ein Gottverdammich!

Der Chef der zweiten Kompanie teilte die Vorausabteilung ein, ließ Handgranaten ausgeben, hieß zwei Panzerjägerkanonen aufprotzen, die Mannschaften aufsitzen, vorneweg der Beobachter und das Sicherungs-MG, dann der Wagen des Alarmzugführers. Im spärlichen Schein der abgeblendeten Scheinwerfer konnte man Leutnant Dagewind erkennen. Aufrecht im Wagen stand er und erteilte die letzten Befehle. Kaum zwanzig Minuten seit dem Anruf des Adjutanten beim U. v. D. waren verflossen, als sich die schwarzgraue Kolonne schnell in Bewegung setzte. Zwanzig Minuten! Das brachte nur eine Panzerjägerabteilung fertig. Unzählige Male war es vorher geübt worden, in oft geisttötender sturer Ausbildung. Heute Nacht geschah alles mit sonst nie gekanntem Elan. Und die nicht mit hinaus konnten, blieben in Einsatzbereitschaft auf den Stuben sitzen, den Karabiner, den Stahlhelm griffbereit auf dem Tisch.

Inzwischen war der Adjutant zum Geschäftszimmer hochgestiegen.

Ein kaum merklicher Zug von Befriedigung glitt über das Gesicht des Kommandeurs, als der Adjutant ihm melden konnte: »Alarmzug um ein Uhr vierzig in Richtung auf Abelnes abgerollt.«

Ja, er konnte sich schon auf seine Panzerjäger verlassen. Auf dem Hofe ebbte die Unruhe ab. In den Stuben war begreifliche Spannung.

»Sieht das aus wie Ernst?« – »Sicher nur Probealarm.« – »Kaum anzunehmen.«

Alle Geschäftszimmer waren arbeitsbereit.

Auch für die sonst gut Informierten schien das Ganze überraschend gekommen zu sein.

Um diese Zeit hatte der Alarmzug die Abzweigung der Straße in Richtung nach Abelnes erreicht, bog an der Gerberei in südlicher Richtung ab und verschwand in der Dunkelheit.

Der Sturm hatte an Heftigkeit nachgelassen. In dem Felsgestein und den Abbrüchen der Wand orgelte und pfiff in hohem Diskant der Wind. Gepolter losbrechender und in die Tiefe stürzender Steine, die sich an der vorspringenden Felsbastion brechende Brandung, das vielfältige Echo in den jenseitigen Wänden, gab der abklingenden Symphonie ihr letztes Decrescendo. Im fahlen Schein des Wetterleuchtens erstanden die bizarren Konturen der aus dem Wasser steil aufragenden Felsmassive. Im phosphoreszierenden Leuchten blitzten magisch die schaumigen Gischtkämme des schwarzen Fjordes. Nebelfetzen trieben durch die Felsschründe. Aus der Bucht herauf klang es undeutlich wie Motorengeräusch.

Der Posten auf der Felsnase horchte in den Wind. Dem Geräusch nach konnte es ein Motorboot etwa in Höhe der nördlich des Stützpunktes gelegenen Bucht sein. Er beobachtete mit dem Fernglas, konnte jedoch nichts ausmachen. Der zweite Posten war unterdes zur Baracke gegangen und bat den Wachhabenden herauszukommen. Uffz. Hiller folgte dem Mann bis vorne an den Steilabsturz und horchte in die Nacht hinaus.

Nichts war zu hören.

»Wenn ein Boot kommt, werden wir es schon rechtzeitig bemerken«, beruhigte er die Leute. Damit ging er zur Unterkunft zurück.

Das Wetter besserte sich. Der Wind ließ immer mehr nach. Leicht hatte es zu schneien begonnen.

Langsam drang die Kälte durch die Filzstiefel und die Uniform. Die Augen schmerzten im scharfen Wind. Wie mit dem Gestein verwachsen standen die beiden Wachposten fast regungslos und richteten ihre ganze Aufmerksamkeit auf die See.

Wenige Meter hinter ihnen das Blockhaus, ihre Unterkunft. Hiller saß am Tisch, den Kopf aufgestützt. Er hatte sich mit dem Stützpunktführer Brandner in die Wache geteilt. Mochte dieser jetzt in seiner Kammer träumen von der Heimat, von seinem Zuhause.

Ein tiefes Atmen kam vom Dachboden, wo die anderen Kameraden schliefen.

In dem Ofen knisterten Birkenholzscheite. An der Längsseite stand ein mächtiger Holztisch, davor eine Bank. Die Lampe hing tief in den Raum hinein. Ein paar Bildchen, aus Zeitungen und Zeitschriften herausgeschnitten, machten die kahlen Holzwände ein wenig freundlicher.

Hiller war aufgestanden, streckte sich, ging ein paar Schritte in dem niedrigen Raum hin und her, dann ließ er sich auf der Bank in Ofennähe nieder, zündete sich eine Zigarette an und griff nach einem Briefblock, der über ihm auf dem schmalen Holzsims lag und begann zu schreiben.

Die Nacht draußen wurde stockfinster.

Das Schneetreiben hatte wieder zugenommen. Die Pak röchelte hohl, wenn der Wind sich im Rohr fing. Der Stacheldraht, sich von der Anlegestelle unweit des Bootsschuppens aus hochziehend, klirrte. Der Posten stampfte an der verwehten Sandhalde vorbei, kam an der kleinen angebauten Holzveranda vorüber, in der provisorisch die Munition lagerte, verweilte kurze Zeit am Rande des Felsvorsprunges und machte wieder kehrt.

Gedanken kamen und gingen, zahllos und doch nur um Eines kreisend: Mochte zu Hause jetzt seine Frau von glücklicheren Tagen träumen, Klein-Ingrid, im weichen Bettchen liegend, ihren Teddybär »Munko« an sich drücken. Oh – unbeschwerte Kinderseele! Der Posten schaute der fernen Heimat Bilder in strahlendem Glanz.

Auch sein Kamerad war verstummt. Er hing wohl seinen Gedanken nach.

Die Wachzeit musste bald herum sein. Von einem Fuß auf den anderen tretend, machte der Posten langsam kehrt.

Da – an der Tür – eine Gestalt!

»Halt! P a r o l e!«, schreit der Posten, reißt seinen Karabiner von der Schulter – aber schon krachen Schüsse.

Im gleichen Augenblick knallt rückwärts eine Salve. Die Handgranate aus dem Koppel – Abzug – ein Wurf! Detonation!

Hiller, drinnen in dem Blockhaus, fährt in die Höhe. Pistolen- und Gewehrschüsse! Im Nu ist er drüben im Wachraum:

»Alarm, A l a r m ! !«

Brandner schreckt zu gleicher Zeit in seinem Bett hoch.

Geschosse zersplittern die Wand. Rasch fährt er in seine Hose, reißt die Maschinenpistole an sich und stürzt aus dem

Zimmer. Von droben poltern schon die ersten Mannschaften die Treppe herunter. Auf der Eingangstür liegt MP-Feuer. Rechts und links schlagen Gewehrschüsse durch die Wände. Brandner reißt die ins Freie führende Tür auf. An der gegenüber liegenden Steinmauer eine Gestalt! Ein Feuerstoß aus seiner Maschinenpistole.

Ein Aufschrei!

Brandner stürzt raus.

Hiller rast zu der angrenzenden Veranda – »Licht aus – Lahm!« – reißt die Balkontür auf, stürzt raus, zieht die Tür hinter sich zu, diese klemmt, die Silhouette Hillers erscheint in der hellen Türfüllung – Hiller beugt sich runter und rafft Handgranaten auf – Lahm ist am Lichtschalter und knipst das Licht aus, eine MG-Garbe schlägt durchs Fenster – ein Aufschrei!

Schwer bricht ein Körper im dumpfen Fall zusammen.

Der zweite Posten draußen hat sich gefasst, wirft Handgranaten in die Schussrichtung, Mündungsfeuer blitzt auf, Treffer am Bein.

Der Stützpunktführer streut den Rest des Magazins auf den von der Tür aus erreichbaren Geländeabschnitt innerhalb des Drahtverhaus – der Koch springt aus der angrenzenden Küche, den Karabiner in der Hand – eine neue Salve schlägt in den Flur.

»Ist der Feind in dem Blockhaus?«

Lahm verbarrikadiert die Tür, Brandner reißt dem Koch den Karabiner aus der Hand, stürzt nach der Veranda, stolpert über den Körper Hillers, rafft drei Kästen Handgranaten. Die Fenster der Veranda klirren im neuen Geschosshagel – Handgranaten fliegen aus dem Eingang – sprungweise gelangen die Insassen ins Freie.

Brandner weist einen Teil der Leute in Richtung des

nach dem Dorf Abelnes führenden Weges ein, den zweiten zur KwK – Stellung. Aus Norden her fasst den Trupp erneut starkes Feuer. Clement bricht zusammen.

Lahm soll die MG-Stellung erreichen, das MG in Richtung auf die kleine Baumgruppe in Stellung bringen. Sturm reißt mit noch zwei Mann das Pakgeschütz herum. Einer schießt weiße Leuchtkugeln. Die Eingeschlossenen feuern aus allen Rohren. Handgranaten werfend gewinnen sie Raum. Wieder ein Aufschrei!

Von der Höhe herunter Feuer. Eine Handgranate fliegt auf den obersten Absatz der zum Anlegesteg führenden Treppe. MG-Garbe in diese Richtung!

Hoffentlich ist das Boot noch da.

Telefonverbindung unterbrochen! Wie stark ist der Feind? Meldung muss durch – auf alle Fälle.

Rauser knickt hinter der Steinmauer zusammen – Deckung – neuer Feuerstoß, dann rappelt er sich hoch, fällt mehr als dass er läuft die Stufen zum Anlegesteg hinunter. Wenn nur dem Boot nichts passiert.

Die Hände krallen sich an die Planken. Ein Sprung in das Motorboot – nur kein Motorengeräusch.

Vorsichtig stößt er das Boot mit dem Handruder heraus und gewinnt mit einigen Schlägen offenes Wasser. Von der Verandatür stöhnt Hiller auf: »Mich hat's erwischt.« Die Gruppe unter Brandner kämmt nun systematisch das Gelände ab.

Rauser ist weit ab vom Ufer. Steil stürzt die Felswand ab. Jetzt vorsichtig, das Boot kommt aus dem toten Winkel heraus, halt, mehr längsseits. Die Schnur um die Motorscheibe, ein kräftiger Zug – umsonst. Der Motor springt nicht an. Ruhig, ruhig – ein zweiter Versuch. Der Motor zündet, knattert los, Gas drauf, das Boot kommt langsam in

Fahrt, eine milchige Bahn aufgewühlten Wassers und hinein geht es in eine undurchsichtige Nacht.

Der Feind scheint sich zu sammeln.

Brandner schießt aus der Leuchtpistole mehrmals das Alarmsignal. Vielleicht merken es die drüben auf den Schiffen. Ein deutsches Geleit war im Schutze der Insel Hitterö am Abend vor Anker gegangen. Bis zu dem Drahtverhau war alles feindfrei. Der Hilfskrankenträger, zwar selbst verletzt, kann die ersten Verbände anlegen. Hiller hat am meisten abgekriegt. Ein Schuss ist ihm durch die Brust gegangen. Nun bettet man ihn vorsichtig in Wolldecken auf dem Fußboden. Sein Hemd und Uniformrock sind ein einziges Blutlaken.

Die Alarmsignale bleiben unbeantwortet.

Brandner sammelt den kleinen Rest seiner einsatzfähigen Leute. Das Schießen ist verstummt. Nichts mehr als der Wind, der Wellenschlag und diese undurchdringliche Dunkelheit.

Der Überfall war abgeschlagen, aber es galt weiter bereit zu sein, denn jeden Augenblick konnte ein neuer Angriff losbrechen, von irgendwoher aus der Dunkelheit. Verdammtes Gefühl, den Feind in der Nähe zu spüren und nichts tun zu können als warten, tatenloses ungewisses Warten.

Die Besatzung musste herunter, es blieb weiter nichts übrig. Das Geschütz wurde abgeprotzt und zur Seite gefahren. Von den anderen Fahrzeugen sprangen ein paar Soldaten hinzu. Kräftige Hände konnte man brauchen. Nutzlos der Versuch, im Rückwärtsgang aus den Schneeverwehungen herauszukommen. Dabei fiel zu allem Unglück der Felshang, in den der Weg hineingesprengt war, steil in ein bodenloses Dunkel ab. Mit Spaten, Pickel und von kräftigen Flüchen begleitet ging es ans Ausschaufeln. Vorne hatte sich der Kühler tief ins Eis geschoben, eine wahre Barriere sperrte die Straße. Fieberhaft wurde gearbeitet. Leutnant Dagewind, zähneknirschend, aber machtlos, eine Zigarette zwischen den Lippen, sah dem Fortgang der Arbeit zu. Der Weg war ihm völlig unbekannt. Im Lichte der Scheinwerfer glänzten die schweißbedeckten Gesichter. Nach unendlichen Schwierigkeiten und großem Zeitverlust hatte man das Fahrzeug endlich wieder flott bekommen. Die Eisblöcke wurden mit Stemmeisen mühsam zum Straßenrand geschafft und polterten von dort aus tief hinab, ein vielfaches Echo auslösend, irgendwo vernehmbar ins Wasser klatschend.

Wieder aufgesessen! Weiter ging es.

Vom letzten Fahrzeug aus wurden mit einem Scheinwerfer die Telefonleitungen während der Fahrt abgeleuchtet. Bald sprangen die Felsen weit in die kurvenreiche Straße vor, die in unzähligen Windungen sich dem Massiv anpasste, bald hinderten Verwehungen schier jedes Vorwärtskommen. Oft musste der Spaten eingreifen. Die Fahrtüchtigkeit der Panzerjäger wuchs mit den Schwierigkeiten. Wollten die Antriebsräder nicht fassen, wurde ausgerissenes Strauchwerk, ja selbst Decken aus den Fahrzeugen unter die Räder geschoben und mit Muskelkraft nachgeholfen.

Seit dem Ablaufpunkt war fast eine Stunde vergangen und doch hatte man erst wenige Kilometer geschafft. Endlich schien der Weg in weitem Bogen auf Abelnes zu auszuholen. Es ging jetzt flüssiger vorwärts. Eine Kehre – eine zweite Kehre, Krachen und Splittern vorne. Sofort kam das Zeichen durch: »Halt!«

Das Sicherungskrad war auf eine Sperre aufgefahren. Grobe Feldsteine waren zu einer Mauer übereinandergetürmt und sperrten den Weg.

Sofort schoben sich die mitgeführten MGs vor. Leutnant

Dagewind ließ zwei Panzerjägerkanonen abprotzen, in Stellung bringen und unter dem Schutze der Sicherungen wurde die Sperre abgetragen.

Der Zugführer trieb zur Eile an. Seinen Ärger konnte er kaum mehr verbergen. Stein um Stein musste einzeln fortgeräumt werden. Die Panzerjäger leisteten Vorzügliches. Ein Unteroffizier versuchte mühsam den hohen Felsen zu erklimmen. Vielleicht konnte er mit einem starken Bosch-Scheinwerfer von dort aus einen besseren Überblick erlangen. Es schien aber fast nutzlos, die Nacht war zu dunkel. Der Soldat verlor auf dem glatten Fels plötzlich den Halt, kam ins Rutschen, umklammerte mit dem einen Arm die Telegrafenstange. Ein rostiger Nagel riss seinen Ärmel auf, unwillkürlich ging der Blick nach oben. Ein leiser erstaunter Ausruf – die Telefondrähte waren zerschnitten.

Undurchdringliches Schwarz lag über dem Fjord.

Kaum einige Meter voraus war zu sehen. Dazu wühlte ein scharfer Nordost das Wasser auf.

Rauser ahnte nur die Richtung, den Wasserweg kannte er nicht. Es schien beinahe eine Aussichtslosigkeit durch den Schärenhof, die unzähligen Klippen, viele blind endende Buchten ohne Ausgänge, in diesem Labyrinth von Fels und Stein die Durchfahrt zu finden. Seit Kriegsbeginn waren alle großen Leuchtfeuer, die auf die Hafeneinfahrt hinwiesen, gelöscht. Man hatte nur einige kleinere Positionslichter belassen. Die Telefonlinie war nicht durch Funk überlagert. Bei der Vielzahl der Aufgaben der Panzer-Jäger-Abteilung waren die Funktrupps naturgemäß dort eingesetzt worden, wo keine Verständigungsmöglichkeiten bestanden. Die Telefonleitung war die einzige Verbindung zur Abteilung gewesen, nun war sie ausgefallen.

Bevor der Feind zu neuem Angriff ansetzen konnte, musste die Abteilung alarmiert sein.

Die schwachen Kräfte von Abelnes konnten keinen langen Widerstand mehr leisten. Verwundete waren ausgefallen. Er – Rauser – blieb die einzige Rettung. Auf ihn, gerade auf ihn kam es jetzt an.

Blitzte dort aus der Nacht nicht ein Licht auf?

Unmöglich – es musste wohl Täuschung sein. Gleichgültig, es galt.

Aufs Geradewohl schlug er mit dem Boot die Richtung ein. Unbarmherzig schlugen Hagelböen in das Boot, dessen Inneres in kurzer Zeit vollkommen vereist war. Eine Hundekälte! Klamme Hände hielten das Steuerrad umkrampft. Den Mantelkragen hochgeschlagen, stand Rauser schräg gegen den anstürmenden Wind, die Zähne zusammengebissen. Das Boot kämpfte gegen den Sturm an. Wasser spritzte hoch, schlug hinein und erstarrte im nächsten Augenblick zu Eis.

Wenn wenigstens das Licht brennen würde, wo der Flekkefjord einmündete.

Nur drauflos, die Sorge um die Kameraden, die Angst eines »Zu-spät« saßen Steuermann und Boot im Nacken. Kleiner Mensch, der es wagte, gegen Eiseskälte und Finsternis gegen die Wut der Elemente seinen armseligen Willen zu setzen.

Plötzlich durchfuhr ein entsetzlicher Ruck das Schiff. Eine furchtbare Erschütterung! Das Holz splitterte und schien zu bersten, das Boot drohte zu kentern. Der Rückstoß hatte Rauser, der auf dem vereisten Holz nirgends einen Halt finden konnte, hingeworfen. Die Spitze des Bootes stand hoch – eingeklemmt. Mühsam zog sich der Mann in die Höhe. Ein mattheller Schimmer – Eis!

Brechen und Krachen. Das Wasser gurgelte. Breitbeinig, nach links und rechts das Körpergewicht wechselnd, kam das Motorboot in eine starke Schüttelbewegung und rutschte allmählich wieder zurück. Der vordere Eisrand brach unter dem Gewicht durch.

Rauser stieß mit aller ihm zu Gebote stehenden Kraft das Boot zurück, warf den Motor wieder an. Weiter ging die Fahrt.

Der Bug durchschnitt der Wellenkämme tobenden Tanz. Gischt geiferte auf, spritzte, schwarz kommt es heran, näher, immer näher. Das Boot hält darauf zu. Falsche Richtung! Das Steuerruder herumgerissen! Nun kreuzt er mitten in einer Bucht. Der Sturm fängt sich hier in den Felswänden. Ein teuflisches Inferno.

Rauser musste zurück. Er hatte sich verfahren. Weiter nach rechts. Musste versuchen in offenes Wasser zu kommen. Die körperliche Anstrengung schüttelte den Körper. Sollte alles umsonst sein?

Die Hälfte des Weges hatte er vielleicht schon hinter sich. Der Sturm drehte das Boot wie ein Kreisel um sich selbst. Wohin? Die Richtung hatte er vollends verloren. Wenn er auf die offene See zutrieb? Verzweiflung spornte ihn zu äußerster Willensanstrengung. Nur er konnte Rettung bringen, nur er allein.

Den abgewürgten Motor warf er nach einigen vergeblichen Versuchen wieder an, kam mit Mühe in ruhiges Wasser einer vorspringenden Landzunge, die sich wie ein Wellenbrecher in das aufgewühlte Element hineinschob. Das Motorboot kam wieder in Fahrt.

Rauser stierte voraus. Eis verkrustete Wimpern und Haar. Nadeln trommelten auf die Haut.

»Hilfe! Hilfe für die Kameraden!«

Ein Schrei entrang sich der Kehle, wurde vom Sturm hinweggefegt. Drohend wuchs vor ihm gigantisch, erdrückend ...

Die Brandung erfasste das Boot, warf es zurück ... wie soll das enden?

Keinen Begriff von der Zeit mehr. Die Kameraden, ihr Leben!?

Aber sein guter Stern stand über ihm.

Endlich, endlich kam das Boot in ruhiges Wasser. Das wahnsinnige Schlingern hörte auf. Schweiß stand Rauser auf der Stirn.

Jetzt lag das Boot ruhiger. Die Schraube quirlte gleichmäßig das Wasser. Die Insel brach der Wellen Gewalt, Felsen schoben sich in den Sturm. Gleichmäßig tuckerte der Motor auf den Hafen zu. Noch eine halbe Stunde, dann hob sich die Mole aus dem Wasser. Lichtritzen hie und da, Häuserreihen. Die Bordwand kratzte am Pier entlang. Geruch nach Teer und Seetang. Rauser stellte den Motor ab. Kaum dass er fähig war, das Boot festzumachen. Ein Sprung aufs Land. Er zitterte am ganzen Körper.

Divisionskommandeur Generalleutnant Hernes stand in der Mitte des Raumes und nahm den Bericht des Abteilungskommandeurs entgegen.

Der General, dessen Gesichtszüge einen Mann von Überlegung und Entschlusskraft erkennen ließen, zog gedankenvoll an einer langen silbernen Zigarettenspitze und blies nachdenklich blaue Rauchkringel in die Luft. Hinter seiner hohen Stirn, die sich über der breiten Hornbrille heraufwölbte, kombinierten und arbeiteten die Gedanken. SS-Obersturmbannführer Senkhardt, der Kommandeur der Sicherheitspolizei Stavanger, besprach sich mit Oberleutnant Schulendorf von der Panzer-Jäger-Abteilung.

Die beiden norwegischen Fischer, die jetzt an dem gedeckten Tisch in der Ecke ihr Abendbrot, das der Kommandeur ihnen auftragen ließ, einnahmen, hatten bewegte Stunden hinter sich. Seit einigen Tagen waren sie von einer Gruppe Engländer festgehalten und unter Androhung von Erschießen gezwungen worden, Führerdienste zu leisten. Die Ermittlungen des Kommandeurs der Sicherheitspolizei ergaben, dass es sich bei dem Unternehmen um Norweger handelte, die englische Uniformen trugen und in einer kleinen unzugänglichen Bucht bei Tele an der Westküste in einem einzeln stehenden Haus ihren Unterschlupf hatten.

Der feindliche Trupp hatte sich am gestrigen Abend an Bord eines Fischkutters begeben. Die norwegischen Fischer wurden unter erneuter Androhung, bei Weigerung sofort erschossen zu werden, gezwungen, den Sabotagetrupp nach der Kvelnebucht zu fahren und dort auf seine Rückkunft zu warten.

Nach etwa zwei Stunden war in der Gegend von Abelnes eine starke Schießerei zu hören. Die Fischer warteten noch bis zum anbrechenden Tag, ohne dass jemand an Bord zurückgekommen sei. In den späten Nachmittagstunden des heutigen Tages hatten sich die Fischer der Wehrmacht zur Verfügung gestellt.

Aufgrund ihrer Aussagen wurde von General Hernes noch in der gleichen Nacht eine militärische Unternehmung gegen die Bucht Tele eingeleitet.

Die Nacht war ziemlich mondhell.

In dem großen »Admiral« sprach niemand ein Wort. Nur der Motor des Wagens arbeitete gleichmäßig und der Scheibenwischer hielt das Fenster frei von Eis. Es fieselte draußen ganz leicht.

Der Kommandeur, rechts neben dem Fahrer sitzend,

schien zu schlafen. Auf dem Rücksitz der Adjutant und der Gefechtsschreiber. Das Kommandeurfahrzeug fuhr mitten in einer langen abgeblendeten Kolonne, in der ein Überholen eine Unmöglichkeit war. Die mondhelle Nacht unterstrich die eigenartige kalte Wildheit der Landschaft. Durch ein Gewirr von wahllos sich übereinander stürzenden Felsblöcken, Geröllfeldern, von zerklüfteten, steil aufragenden Felswänden herabfallend, schlängelte sich der schmale Fahrweg in weit, oft mehrfach übereinander ausholenden Serpentinen dahin, sodass man die fahrende Kolonne von Absatz zu Absatz zeitweise zwei bis drei Mal unter sich verfolgen konnte. In den fahlen Nachthimmel stachen die nackten weißlichen Türme und Zinnen eines unergründlichen wildromantischen Felsgartens, dem das Mondlicht und die vielen huschenden Schattenspiele einen eigenartigen Charakter verliehen. Das Gestein schien zu leben. Die bizarren Gebilde, die hohlwangig schwarzen Überhänge, trichterförmige Krater, in deren Sohlen im Spiegelbild des Wassers Irrlichter auf- und niedergingen, erregten die überreizte Fantasie. Bei der nächsten Wegbiegung verschwand der Spuk und ein neuer tat sich auf. Man glaubte in einer Mondlandschaft dahinzufahren. Ein Ruck riss aus dem Halbschlaf.

Von draußen trat ein Offizier an den Wagen des Kommandeurs heran. Der Major drehte das Fenster herunter und nahm die Meldung entgegen. Man hatte die Abzweigung bei Haaskog erreicht, von wo ab die Mannschaften des Stabes bis nach Aana-Sira herunter die nördliche Kante des Vierecks zu sperren und ein Ausbrechen des Feindes verhindern sollten. Etwa alle zwanzig bis dreißig Meter wurde ein Posten aufgestellt und die Leute gleichmäßig längs der Straße verteilt.

Über die Straße konnte ungesehen niemand mehr entkommen. Voraus seine Kradmelder, fuhr der Kommandeur weiter bis Aana-Sira durch. Im ersten Stock einer Kolonialwarenhandlung hatte man das einzige brauchbare Telefon des Ortes ausfindig gemacht. Hier wurde der Abteilungsgefechtsstand eingerichtet.

Von dem Vorraum aus, von der Wohnstube nur durch eine Tür getrennt, gelangte man auf die Holzveranda, die die ganze Breite des Hauses einnahm. Hier richteten die Nachrichtenleute sofort eine Funkstation ein und suchten Verbindung mit den anderen Funktrupps aufzunehmen, die der zweiten Kompanie und der Radfahreinheit zugewiesen waren. Diese Einheiten hatten die rechte und linke Senkrechte des Rechtecks bis zur Küste zu besetzen und auch hier ein eventuelles Durchbrechen des Feindes zu verhindern, wenn mit Tagesanbruch das große Kesseltreiben begann. Auf der See, der Küste entlang, patrouillierten Fischkutter unauffällig hin und her. Man hatte sie mit Maschinengewehren bewaffnet. Die dazugehörigen Mannschaften lagen in ihren Mänteln langgestreckt auf den vereisten Schiffsplanken. Keiner durfte sich über der Bordwand blicken lassen. Nur der Gruppenführer stand, den schweren Ölmantel umgeschlagen und den Südwester tief im Gesicht, als Fischer getarnt neben dem Kutterführer, beobachtete die Küste und gab seine Anweisungen. Auch hier über das Wasser konnte niemand entkommen.

Der Funktruppführer hatte von allen Funktrupps Meldung.

Die Verbindungen waren nach mehrmaligem Peilen hergestellt. Die Lautstärke genügte. Der Funktruppführer trat in das Wohnzimmer ein und erstattete dem Adjutant Meldung. Dieser hatte es sich in einem kissenbedeckten Lehnsessel, die Beine von sich streckend, recht bequem gemacht. Die Stellungen waren bezogen, die Telebucht von allen Seiten her im großen Rechteck umstellt. Man konnte in Ruhe den Anbruch des Tages abwarten.

Der Gefechtsschreiber hatte sich auf dem Sofa niedergelassen. Die Karte hatte er auf dem Tisch ausgebreitet, die Stellungen der Einheiten und die der zugeteilten Funktrupps mit Bleistift eingetragen, Melde- und Stenogrammblocks lagen griffbereit auf dem Tisch, daneben ein dicker Block, dessen linierte Spalten für die Aufnahme der ankommenden und abgehenden Meldungen vorgesehen waren.

Als Blickfang prangte in der einen Ecke des Zimmers ein geschmücktes Tannenbäumchen im strahlenden Licht seiner elektrischen Kerzen. Der Gefechtsschreiber hatte nicht eher geruht, bis er den Stecker dazu entdeckt hatte. Mit seinen Schleiern dichten weißen Christkindleinshaar und dem für einheimische Verhältnisse charakteristischen Fähnleinschmuck kleiner, an Fadenschnüren aufgereihten norwegischen Flaggen, an den Wänden die Familienbilder würdiger Ahnen in dicken breiten Holzrahmen, gaben dem ganzen Milieu trotz seiner Gegensätzlichkeit: »Abteilungsgefechtsstand unter dem brennenden Weihnachtsbaum« etwas durchaus Gemütliches, ja Feierliches.

Mit einem verschmitzten Zwinkern in den Augen und einem erstaunten »Aha« hatte der Schreiber an der einen Schmalwand ein Harmonium entdeckt. Tatsächlich es war nicht abgeschlossen. Leise zunächst, damit der Adjutant es nicht merkte, aber dann quoll es mit allen Registern und vollen Akkorden hervor, dass selbst die Melder vom Vorplatz und die Mannschaft des Funktrupps draußen vom Balkon hereinkamen:

»Ein' feste Burg ist unser Gott!«

Der Adjutant lächelte müde. Es war seine dritte Nacht, die er durchmachte. Nichts konnte ihn mehr erschüttern. Inzwischen waren auch Oberleutnant Schulendorf und Kriegsingenieur Sangler eingetreten, gerade als mit Wände erschütterndem Finale der Schlussakkord das Haus erbeben machte.

Drüben im Zimmer, in dem auf einem Wandsims das Telefon stand, regte sich etwas.

Der Schreiber schob den braunen Plüschvorhang, der die beiden Stuben voneinander abtrennte, zur Seite und sah nach. Auf einer Bettcouch lag eng aneinander geschmiegt im zartesten Tête-à-Tête ein junges Pärchen in den weichen molligen Kissen.

»Oh pardon!«

Der Vorhang senkte sich über das Idyll. Der Schreiber ließ sich leise wieder am Harmonium nieder, fand auch in einem Notenheft schnell das, was er suchte, drückte sämtliche Register bis auf ein Violintremolo wieder hinein und begann mit engelsreinem singenden Pianissimo: »Guten Abend, gute Nacht, von Englein bewacht ...«

Oberleutnant Schulendorf brachte günstige Nachrichten von den Verwundeten mit. Sie waren in das Militärlazarett Kristiansand überführt worden. Unteroffizier Hiller, dem Schwerverletzten, ging es den Umständen entsprechend gut.

Der Kompaniechef kramte eine Thermosflasche heißen dampfenden Kaffee hervor und kein welterschütterndes Ereignis hätte ihn mehr an seinem Frühstück hindern können. Der Kriegsingenieur, ein temperamentvoller Berliner mit dem ganzen Humor seiner Landsleute, hatte im Nebenzimmer hinter dem braunen Plüsch natürlich längst das Pärchen entdeckt, das sich durch kein noch so großes Kriegsgetriebe stören ließ –

»schlaf nun selig und süß,
schau im Traum ’s Paradies.«

Die Akkorde verhallten leise im Raum. –

Man hatte viel Zeit.

Draußen war es noch ziemlich dunkel. Da war der Befehl zum konzentrischen Vorgehen noch nicht zu erwarten. Das Pärchen wurde jetzt allerdings ein paar Mal gestört. Die angesetzten Einheiten kamen von überall her mit Fernsprüchen durch und die Verbindungsmöglichkeiten wurden überprüft. Mehr als einmal schrillte der Telefonapparat hinter dem braunen Plüsch auf und jedes Mal musste jemand in dem Schlafzimmer verschwinden, um den Anruf entgegenzunehmen.

Nach einiger Zeit hatte sich auch Major Kempf eingefunden. Er war die Postierungen abgegangen, deren Aufmerksamkeit er nur loben konnte. Von überall her hatten die Gewehrschlösser gefährlich geknackt und jeder Posten hatte ihn wegen der Parole angerufen.

Ja, seine Panzerjäger!

Überhaupt mit allen Einheiten, die der »Panzertruppe« angehörten – ob das nun unsere Panzerjäger waren, die neue Panzerformation, die kürzlich im Raum um Oslo zusammengestellt worden war, und die zum Teil aus unserer Abteilung ihre Panzerschützen und Panzergrenadiere rekrutierte – alles was nach Benzin roch, erschien durch diesen gemeinsamen Lebenssaft miteinander verwandt und hatte einen gewissen eigenen Mythos, der umso stärker verpflichtete. Achtung und Begeisterung für die Panzerwaffe, das war das gemeinsame Band, das alle Herzen höher schlagen ließ. Und unsere Panzerjäger waren mit ganzem Herzen bei der Sache.

Und wie, als sollte das Hochgefühl unterstrichen werden, erklang ein schmetternder Marsch mit Paukenschlag und Tschnettereteng!

Der Kriegsingenieur hatte unter einem Tisch einen Grammophonapparat entdeckt. Natürlich waren die Platten auch sofort zur Hand gewesen.

Kaum konnte die Stimmung noch eine Steigerung erfahren, als ein allgemeines »Ah« erscholl, und im flatternden Nachtgewand und unter sichtbarem Protest die junge Frau in der Türöffnung erschien und sich dieses Spektakel verbat. Und als unsere Landser sich gar anschickten, ihren Kaffee auf der elektrischen Heizplatte in der Küche aufzuwärmen und somit in das Allerheiligste der jungen Hausfrau einzudringen, zog diese es vor, den warmen Pfühl zu verlassen, um sich schleunigst anzukleiden.

Einige Zeit später erschien der General.

Er schien sichtlich beeindruckt von dem wirklich seltenen Abteilungsgefechtsstand, warf auch einen Blick hinter den braunen Plüsch, aber da ich es seinerzeit als Gefechtsschreiber nicht ahnen konnte, dass mir das »Unternehmen Abelnes« zu einer novellistischen Ausarbeitung einmal als Stoff dienen musste, unterließ ich es, den Herrn Divisionskommandeur auf seine Gedanken hin anzusprechen.

Inzwischen war es draußen heller geworden. Vom Fenster aus konnte man schon die wenigen Gebäude des Dörfchens übersehen und undeutlich in den Kehren der hohen Wand unsere Patrouillen erkennen.

Der Divisionskommandeur war wieder gegangen. Das Unternehmen hatte begonnen.

Höher und immer höher stieg die Sonne.

Der nackte kalte Fels überzog sich mit rötlichem Purpur,

das dunkele Wasser des Fjordes begann sich zu erhellen und gewann langsam Farbe. Die Bodennebel stiegen.

Meldungen auf Meldungen liefen ein, kamen durch Funk, durch den Fernsprecher oder wurden von Meldern überbracht, die die schmale Holztreppe heraufgepoltert kamen.

Auf der Karte konnte man das Vorrücken der Einheiten genau beobachten, jede neue Positionsmeldung wurde sofort eingetragen.

In voller eindrucksvoller Pracht seiner wilden Schönheit gab der Talschluss ein herrliches Bild. Steil wuchs hinter Aana-Sira die Felswand in die Höhe. Tief unter ihr schmiegten sich die welligen sonnenüberfluteten weißen Hänge der Talsohle an, die sich vom Fjord heraufzogen. Ein kantiger, schroff abstürzender Durchbruch gab den Blick auf die See frei, einem flimmernden hellsilbrigen Streifen, der sich in einem Nichts in die Weite des Horizontes verlor. Und über dem Bild stand der wolkenlose blauende Himmel eines strahlenden Tages.

Im konzentrischen Vorgehen stiegen von allen Seiten die Patrouillen in den Telekessel ab.

Unschwer hob sich die Hütte aus dem Grund. Nun galt es, in kühnem Handstreich den Feind zu stellen. Dem vordersten Trupp war einer der norwegischen Fischer als Führer beigegeben. Jede Felsspalte, jeden Baum als willkommene Deckung ausnutzend, pirschte sich der Spähtrupp dichter heran. Der Feldwebel zog seine Leute auseinander. In einer Felsspalte ging ein MG in Stellung. Gutes Schussfeld!

Von hier aus konnte der ganze Vorderhang beherrschend unter Feuer gehalten werden. Auf der anderen Seite machten sich die Schützen zum Sturm fertig. Handgranaten wurden zurechtgesteckt, die Karabiner und Maschinenpistolen entsichert. Kurz stieß der Zugführer drei Mal die Hand in die Luft – das verabredete Zeichen – dann brach der Sturm los.

Ein ohrenbetäubender Lärm zerriss die friedliche Ruhe der kleinen Bucht. Ein Geschosshagel schlug den Angreifern entgegen. Von der Dachluke her ballerte ein MG – Deckung!

Sprung auf – marsch, marsch!

Handgranaten aus dem Koppel! Ein entsetzlicher Schrei! Der mitgeführte Flammenwerfer sprühte sein verderbliches Innere gegen die Hütte, diese fing Feuer, ein flammendes Fanal stieg zum Himmel auf.

Geballte Ladung – und mit furchtbarer Detonation flog die Hütte in die Luft.

– – ich werde es dem Sabotagetrupp nie vergeben, dass er, sein Heil in der Flucht suchend, vermutlich die Hütte bereits in der Nacht verlassen hatte, vielleicht überhaupt nicht mehr zu ihr zurückgekehrt war, mir jedenfalls dadurch jede Möglichkeit nahm, mit einem dramatischen Kampf Mann gegen Mann meiner Erzählung zu jenem soeben geschilderten effektvollen Abschluss zu verhelfen.

Und so muss ich, da wahrheitsgemäße Schilderung eine der Bedingungen des Preisausschreibens war, unter Hintansetzung meines schriftstellerischen Ehrgeizes, unter Verzicht auf alle Kunstkniffe stilistischer Gestaltungskraft der Wahrheit die Ehre geben:

Kein ohrenbetäubender Lärm zerriss die friedliche Ruhe der kleinen Bucht, kein Geschosshagel schlug den Angreifern entgegen, kein MG ballerte, kein Schrei, kein Flammenwerfer sprühte sein verderbliches Innere gegen die Hütte, die nicht auseinanderflog.

Die Hütte war völlig verlassen. Sie wurde kampflos besetzt.

Und doch war dem Unternehmen, wenn auch zunächst nicht der erwartete, so doch ein nicht zu unterschätzender Erfolg beschieden.

In einer unzugänglichen, meisterhaft getarnten Felsspalte, fand man das ganze Versorgungsdepot des Feindes. Für einen monatelangen Aufenthalt waren da kastenweise Verpflegung gestapelt, Kisten mit Keks, Mehl, Käse, Trockenmilch, Zucker, Schokolade, Zigaretten, Fässer mit Fleisch, Säcke mit Kartoffeln. Man fand Maschinengewehre, Karabiner, kistenweise Munition, Hand-, Nebel- und Gasgranaten, Sprengstoffe, man fand große Fässer mit Treibstoff, Floßsäcke, Öl und vieles andere mehr.

Den Saboteuren war gründlich das Handwerk gelegt worden. Die Wehrmacht hatte mit allen ihr zu Gebote stehenden Mitteln zugepackt. Den tatkräftigen Einsatz hatte der Erfolg belohnt.

Seit jener Zeit war es in der Gegend völlig ruhig geworden. Sabotagetätigkeit und die Drangsalierungen der Zivilbevölkerung hörten auf, der Feind war seiner Versorgungsbasis beraubt und aus dem Abschnitt verschwunden.

Heil Panzerjäger!

Politische Lage – Hoffen auf Kriegsende – neue Aufgaben

(...) Leider kann mich meine Arbeit durchaus nicht befriedigen. Wohl habe ich einen beneidenswerten Posten, bin Sekretär des Oberstleutnants, erledige seine privatesten Belange, bin Abteilungsschreiber des Adjutanten, im Einsatz Gefechtsschreiber auf dem Abteilungsgefechtsstand.

Kurz – der Krieg hat einen guten Posten für mich ausersehen gehabt und ich darf mit meinem Schicksal nicht hadern, aber steter Tropfen höhlt den Stein, – ich habe bald genug davon und will wieder in meinem Beruf arbeiten und eine Tätigkeit ausfüllen, die mich befriedigen kann. (...)

Im Mai 1940, zwei Tage nachdem mein Vater norwegischen Boden betreten hatte, kam ich zur Welt. Es wurde August, bis er Sonderurlaub bekam, um seine kleine Tochter zu besichtigen.

Schon bald nach seiner Rückkehr in die Schreibstube mehrten sich die widersprüchlichsten Gerüchte um ein bevorstehendes Kriegsende. Das Wunschdenken jedes Einzelnen drehte sich im Kreis. Keiner konnte die politische Lage einschätzen und niemand konnte Genaues darüber aussagen.

Beinahe jedem zweiten Brief meines Vaters können Mutmaßungen zur Lage entnommen werden:

Mit großer bitterer Sehnsucht denke ich noch an die schönen Stunden zu Hause zurück. Durch viel Arbeit bin ich besser darüber hinweggekommen, als ich gedacht habe. Nun klammere ich mich daran, dass wir im Oktober zurückkommen werden. Das wären noch acht Wochen. Die wollen wir getreulich abwarten, wenn dann ein Ende daran sitzt. (...)

Heute wurden dem Engländer wieder große Schlappen beigebracht. So wird es weitergehen und es wird sich steigern. Eines schönen Tages werdet Ihr nicht mehr in die Keller brauchen und der Engländer muss sich nur auf Abwehr konzentrieren. Wenn seine Verluste in dem begonnenen Maße weitergehen, wird dies in absehbarer Zeit der Fall sein.

Dass wir bald zurückkommen nach Deutschland, nehme ich immer zuversichtlicher an. Ich habe so gewisse Anhaltspunkte hierfür und kannst Du Dich beruhigt weiter dem Gedanken hingeben. (...) Ich hoffe, dass wir den Engländer bald in die Knie zwingen und ist es zunächst unsere Bestrebung, die Luftvorherrschaft zu bekommen, damit der Aufmarschplan keine Luftbedrohung mehr hat.

Überhaupt brauchst Du gar nicht traurig zu sein. Ich habe die Vermutung, dass der Krieg in aller Kürze aus sein wird.

»Auf dem Laufenden« will ich Dich immer halten. Über die neuen Vorgänge kann ich wenig schreiben, auch keine Andeutungen machen.

Es kursieren die wildesten Gerüchte:

Wir würden zum Einsatz gegen England mit herangezogen, kämen nach Nordnorwegen und würden als Fallschirmtruppe eingesetzt – oder – wir würden nach Deutschland auf den Truppenübungsplatz Münsterdorf in Westfalen zurückgezogen – auch Klingenberg am Main ist noch im Gerede – kurz also: Es weiß überhaupt niemand etwas Genaues und wird die Lösung nicht mehr allzu lange auf sich warten lassen.

Dass das gegen England in allernächster Zeit losgeht und dass wir nicht dazu aus 4000 m Höhe am Fallschirm herabbaumeln, davon bin ich überzeugt. Es ist aber zu lustig, wie die Kameraden sich gegenseitig in etwas hineinreden, als sei es blutiger Ernst. Den armen Gemmler machen sie ganz fertig und sagen zu ihm, er müsse als Waffen- und Geräteunteroffizier mit einem Kommando in Stärke von 12 Mann als Erster aus dem Flugzeug herabspringen.

Solche dummen Reden laufen hier um.

Wir haben heute die ersten zweiundzwanzig Mann Ersatz erhalten, aber alles Jahrgang 1906 und 1908. Haben sie zu Hause keine Jüngeren, die sie uns schicken können?

Von anderer Stelle hört man auch, dass unser Ersatz zu Hause zurückgehalten würde, da unsere Abteilung sowieso zurückgeführt wird.

Wir wissen also eher weniger als Ihr zu Hause. (...)

Leutnant Evers frug mich heute wieder, was alles erzählt würde, wohin wir wohl kommen würden.

Ich empfahl ihm, er solle doch zur Irreführung einen Unterricht abhalten, wie sich der Fallschirmspringer in Feindesland verhält. Dadurch könnte er die Geister ganz verwirren.

Aus jeder kleinen Äußerung sucht man zu schließen. Ich glaube aber, dass die Hanauer recht behalten und kannst Du mir in dieser Beziehung vielleicht bald wieder etwas mitteilen.

Wir wollen mal abwarten. Vielleicht geht alles schneller, als wir denken, und wenn es einmal richtig gegen England losgeht, dann auch wieder mit der gewohnten Schnelligkeit.

Erst müssen aber unsere Stukas hierfür die Voraussetzung schaffen und, dass sie ordentlich damit beschäftigt sind, hören wir ja zur Genüge jeden Tag.

Vor zwei Tagen hatte ich die Gelegenheit gehabt, zu unserer Beobachtungsstation hinauszufahren mit einem Motorboot, weit hinaus ins Meer zu einem vorgelagerten felsigen

Eiland. In einer notdürftigen Hütte, einem Zelt mit einem Scherenfernrohr werden jeweils 3 bis 4 Kameraden auf ca. 14 Tage ausgesetzt, wohl versorgt mit Nahrungsmitteln aller Art und führen diese dort draußen, inmitten vom Meer umschäumter Klippen, ein Robinsonleben, kochen sich selbst und sind in allen Dingen ganz auf sich selbst gestellt und haben die Aufgabe, mittels des beigegebenen Senders an uns alle Schiffsbewegungen zu morsen. Die Hin- und Rückfahrt dauerte nahezu 2 Stunden und eine Stunde hielten wir uns dort draußen auf, brachten die Post und neue Lebensmittelvorräte mit und sah ich mir alles genau an und kletterte auch auf den glatten und ausgewaschenen Klippen herum.

Dann ging die Fahrt wieder zurück durch ein Gewirr von Klippen, Schären und kleinen Inseln bis zum Ende des Fjordes, wo unsere Unterkunft gelegen ist.

Jetzt gilt es noch einmal eine kurze Zeit die Ohren steif zu halten, bis der Krieg zu einem siegreichen Ende geführt ist. Ich glaube, dass dieses Ende nicht mehr allzu lange auf sich warten lässt.

Wir befinden uns mal wieder im Aufbruch bzw. es soll nächste Woche wohl losgehen.

Über die Richtung wissen wir nichts Genaues, hoffen jedoch aus bestimmten Anzeichen, dass dies Deutschland sein wird.

Von zu Hause hört man allgemein, dass wir zurückgeführt und aufgelöst werden sollen.

Hoffentlich geht der Krieg nun auch wirklich bald seinem Ende entgegen, dass wir alle wieder nach Hause kommen. (...)

(...) Mit einem kleinen Umweg durch das Hafengelände, in dem eine ganze Menge kleiner Fischkutter eingelaufen war –

mit denen wir nach fantastischen Redereien angeblich nach England schwimmen sollen – sind wir hier wieder glücklich gelandet. Es kursieren sehr viele »Scheißhausparolen« und kennt dies ja Papa zur Genüge aus dem Weltkrieg her.

Man soll ja nicht den Unsinn glauben, dass wir bei dieser stürmischen See mit diesen kleinen Dingern nach England hinüberfahren.

Vielfach haben es aber die Kameraden auch darauf abgesehen, ihre lieben Mitmenschen ins Bockshorn zu jagen. (...)

(...) In der vergangenen Woche haben wir einen Gepäckmarsch gemacht mit neu bezogenen Rucksäcken. Jeder musste 40 Pfund Gewicht schleppen. Es war nicht so schlimm und bin ich ja – siehe Hochgern – gut zu Fuß. Trotzdem zwei Blasen an den Füßen, die jedoch durch schlechte Strümpfe bedingt waren.

Unterwegs vor dem Rückmarsch wurde eine Rast eingelegt. Durch einen vorüberfahrenden Hauptmann wurde unser Leutnant, der auch mitmarschiert war, vorübergehend abgelenkt und untersuchten wir inzwischen seinen Rucksack und fanden die obere Hälfte mit Papier ausgefüllt. Natürlich bekam er einen ordentlichen Stein hineingelegt. Da wir beinahe 1 Stunde rasteten, bemerkte er das Mehrgewicht nicht und schleppte auch treu und brav seinen Stein mit nach Hause. Allerdings erschien er am Nachmittag erst gegen Abend, da er so lange geschlafen hatte. Sicherlich war diese Ruhe notwendig gewesen.

Sonst machen wir allerhand interessante Sachen. Bauen Flöße und fahren damit in unseren Fjorden spazieren, teils durch Rudern, teils durch Außenbordmotorantrieb oder, indem das Floß durch ein Motorboot gezogen wird.

Die Geschütze werden darauf geladen und auf Scheiben

geschossen, die durch andere Motorboote im Schlepp gezogen werden. Natürlich geht das nicht immer glatt ab und sind schon viele ins Wasser gefallen. Das ist kein reines Vergnügen mehr, da dies jetzt sichtlich abgekühlt hat. Ich hatte dieses Vergnügen noch nicht gehabt, doch war für unseren Stab/Nachrichtenzug für die kommende Woche auch eine derartige Übungsfahrt vorgesehen.

Neulich hatten wir ein Preisschießen bzw. Wettschießen gehabt. Es mussten je zwei Schuss auf 24 Ringscheiben abgegeben werden, 2 Schuss stehend, 2 liegend, 2 kniend und habe ich ganz gut abgeschnitten.

Sonst merke ich den Dienstbetrieb nicht viel und traktiere in alter Weise nach wie vor meine Schreibmaschine und wie mich diese Arbeit befriedigt, davon könnt Ihr Euch ja leicht ein Bild machen.

Einstweilen ist meine Tätigkeit eine recht sorglose (...)

Den nächsten Brief schreibe ich Euch wohl aus Deutschland. Bis dahin wird wohl nicht mehr so viel Wasser den Main herunter fließen.

Und ich glaube, dass ich mein Briefchen beenden kann mit einem »letzten Gruß aus Norwegen«.

(...) erinnere ich Dich in dieser Beziehung an den unterstrichenen Gruß (Anrede). Das ist erst das Zeichen der letzten Mitteilung von hier.

(...) Ich bin heute Abend müde und eigentlich schlechter Stimmung. Das kommt schon einmal vor. Man ist müde und ärgerlich, dass man immer noch auf einem so verlorenen Posten hier steht und, ohne dass man es merkt, Monat um Monat herumgeht, ohne dass man ein Ende absehen kann. Dann belastet unser Gemüt etwas die Ungewissheit, in die wir jetzt steuern.

(...) Nun beschäftigen wir uns auch mit einer anderen Angelegenheit. Gestern trieben ca. 5 Fesselballone von England her an. Zwei Stück haben wir erwischt, teilweise wurde schwer gearbeitet. Leutnant S. war mit einem Kommando eine ganze Nacht tätig, um einen Ballon, der sich mit dem Drahtseil in einem Baum verfangen hatte, einzubringen. Der Ballon selbst schwebte noch ca. 2000 m hoch in der Luft und wurde die Seiltrosse um einen starken Baum gelegt, dann ein Lastwagen davor gespannt, der ganz langsam den Ballon herunterzog. Dann wurde das Gas abgelassen, der Ballon zusammengelegt und mit dem Lastwagen dann hierher gefahren. Ich habe ihn mir eingehend angesehen. Den ganzen Tag über war dann alles noch in Alarmbereitschaft und ich habe selbst noch 2 Ballons hier vorbeitreiben sehen.

Wir sind also jetzt »Ballonjäger« geworden.(...)

(...) Bezüglich unseres Fortkommens wartest Du natürlich von Brief zu Brief auf eine neue Mitteilung.

Ich kann Dir noch nichts Neues mitteilen, nur dass Leutnant E. Dienstag, also übermorgen, in Urlaub fährt.

Daraus schließe ich, dass eine Verlegung unserer Einheit noch nicht kurz vor der Tür steht, da doch dann der Nachrichtenoffizier nicht fortgelassen wird.

Innerhalb der Truppe erzählt man die wildesten Gerüchte, auch, dass wir für den Englandeinsatz vorgesehen sind. Letzteres glaubt man aus der Tatsache zu schließen, dass wir fortgesetzt Übungen auf Flößen machen, mit Motorbooten Landeübungen durchführen oder aus Motorbooten auf schwimmende Ziele schießen und dergleichen.

Ich halte dies aber für einen großen Unfug und Tarnung. Wenn für uns gemäß der englischen Berichterstattung dieser

Tage im Radio vorgesehen sein sollte, dass wir mit Fischkuttern von hier aus nach England verschifft werden sollten, 700 km über die Nordsee, dann kann ich nur lachen.

Für wahrscheinlicher halte ich ein evtl. Einlenken der Engländer, evtl. durch Revolutionsgärungen bedingt, obwohl der Engländer ein ziemlich zäher Kandidat ist.

Du kannst in jeder Hinsicht voll beruhigt sein. Wenn sich etwas tut, dann schreibe ich schon. Sollte es wider Erwarten so über Nacht kommen, dass ich nicht mehr schreiben kann oder aber die Post nicht mehr befördert wird, dann fasse Dich nur ein bisschen in Geduld. Der Postverkehr renkt sich auch wieder ein, wenn es die Lage gestattet.

Aus Tarnungsgründen und auch, um die Post nicht dem Gegner in die Hand fallen zu lassen und dadurch vieles zu verraten, wird bei Aktionen Postsperre verhängt.

Klärt sich die Lage, brauchst Du Dich nicht gleich ängstigen. Also in dieser Beziehung kann ich Dir noch nichts Neues mitteilen. (...)

Vorbereitungen werden getroffen, Vorbereitungen, die auf den arglosen Beschauer wirken, wie als sollten wir gegen England eingesetzt werden, doch, wie ich Dir schon einmal andeutete, glaube ich, dass dies nur Mittel zum Zweck ist.

Ich vermute, dass der evtl. geplante Einsatz zurzeit abgeblasen ist und man auf andere Weise vielleicht versucht, dem Engländer beizukommen.

Ich bin auf die Auswirkung des Deutsch-Italienisch-Japanischen Bündnisses gespannt. Dieses Bündnis ist zweifellos abgeschlossen, damit Amerika nicht Singapur und andere wichtige Flottenstützpunkte Englands im Indischen Ozean kassiert.

Ich habe oft das Gefühl, als ob England dem diplomatischen Druck auf die Dauer auch nicht gewachsen sei und dann kommt es mir manchmal vor, als ob man in diesem Jahr gar keine Aktion mehr gegen England steigen lassen wird und man damit rechnet, dass das Land langsam aushungert und es dadurch zu revoltierenden Stimmungen in England kommt.

Auf der anderen Seite natürlich halte ich den Engländer für durchaus zäh.

Auf alle Fälle steht fest, man hat etwas vor, das zurzeit abgeblasen worden ist.

Aus diesem Grund kann ich Dir auch heute wieder nichts Neues über unser Schicksal mitteilen. (...)

(...) Leider ist die Stimmung bei uns durchaus nicht gut und liegt das daran, dass man einen immer mehr um sich greifenden Kasernenhofton einführt.

So wurde zum Beispiel heute eingeführt, dass wir uns zum Essensempfang mittags im Drillichrock anzustellen hätten. Das war seither noch nicht der Fall.

Als nun die ganze Gesellschaft weggeschickt wurde und erneut herausgepfiffen wurde, trat natürlich niemand mehr an und alles verzichtete aufs Essen.

Mich selbst stört vor allen Dingen, dass ich beinahe wie ein Hausbursche behandelt werde.

Das herrische Wesen von S. passt mir durchaus nicht und trägt er eine kolossale Eingebildetheit zur Schau. Er fragte mich heute früh, was eigentlich mit mir seit den letzten Tagen los wäre, und sagte ich, das wären nicht seine Angelegenheiten. Ich vermute, dass S. seinen Schwanengesang angestimmt hat und wir ihn zum 15. Oktober loswerden. Diese 14 Tage gehen ja auch noch herum.

Nun hat er eine Schelle an seinem Platz. Diese führt

in die verschiedenen Geschäftszimmer: Schreibzimmer, Geschäftszimmer I b und Zahlmeisterei. Nun ist es den ganzen Tag ein Geschelle und hat jedes Zimmer 3 Klingelsignale. Wenn es dann soundsovielmal schellt, muss dann der oder jener kommen, und schellt er mir oft wegen manchmal einem großen Scheißdreck (...)

(...) Wie wild baut man Floße – Rettungsfloße. Diese sollen an die Seitenwand des Dampfers gebunden werden und bei Gefahr soll mit einer Axt das Halteseil gekappt werden, damit das Floß dann hinunter ins Wasser saust und man sich dadurch retten kann. So könnte ich Dir noch eine ganze Menge Vorbereitungen aufzählen, deren Zweck mir ein sehr undurchsichtiger ist. Ich kann mir nicht im Ernst denken, dass unsere Abteilung mittels dieser kleinen, im Hafen befindlichen Fischkutter bis England eine Strecke von über 700 km zurücklegen soll. Bei dem herrschenden Seegang kommen wir ja kaputt drüben an und nach Aussagen der Matrosen soll der Sturm die Minen abgetrieben haben, die nun unkontrollierbar in der offenen See herumschwimmen (siehe Fall Tikler) und ist dies also wahrer Selbstmord. Stelle Dir dann bitte die verminten englischen Küsten vor. Ich bin also mit Dir einer Meinung: Da stimmt etwas nicht! – Dahinter schauen kann ich aber nicht, wir wollen gerne noch den Winter über hier oben bleiben, wenn wir einen evtl. in dieser Weise vorgesehenen Einsatz nicht mitzumachen brauchen. – Da dies nach klarem Menschenverstand nicht möglich sein kann, brauchst Du Dich nicht aufregen oder Dir Gedanken machen. Gespannt verfolge ich aber die Nachrichten und bin über die Weiterentwicklung in der »hohen Politik« sehr gespannt. Also nochmals, ich halte die diesbezüglichen Gerüchte für Unsinn.

Ein Zweck wird ja wohl damit beabsichtigt sein und erklärt sich wohl durch die Invasionsgefahr, die der Engländer von Norwegen aus befürchtet.

Dadurch muss er seine Kräfte spalten und scheint mir dies der Grund zu sein.

(Ich werde aus begreiflichen Gründen dieses Briefchen ... mitgeben)

Und immer wieder entnehme ich den Briefen meines Vaters, dass seine Gedanken zu Hause bei seiner Familie weilten. Er rekapitulierte gedanklich Vergangenes und ließ gemeinsam verlebte Urlaubstage und für ihn damit verbundene schöne Erinnerungen in seinem Inneren vorüberziehen.

(...) Manchmal, wenn ich abends in meinem Bett liege und nicht gerade gestört werde durch die Mäuse, die im Zimmer hin- und herlaufen, dann denke ich an irgendein schönes Erlebnis zurück und komme zu dem Schluss, dass wir doch schon gar manche gemeinsame schöne Erinnerung haben.

Ob das Belauschen der Hirsche im Hochwald des Schwarztales, wo wir dann abends auf dunklem Weg, begleitet von den Glühwürmchen nach Hause gingen, oder ein Spaziergang abends in schwüler Sommernacht zur Schwarzburg, ein Sonnentag am Bodensee, wo wir uns auf einem Bootchen von den Wellen haben einwiegen lassen, und dem Gleiß einer strahlenden Sonne, Siesta am Reiberg-see, im Hintergrund die Zacken der Mädelegabel, Spaziergang im Bürgerpark, Bodetal im Harz, Wernigerode, kurz, wo ich mit meinen Gedanken verweile, überall finde ich Glück, Freude, Sonne, Liebe.

Und welche Kälte umgibt uns beide, Dich und mich. Da

kann man Frau Waldmüller verstehen, die uns sagte: Im Alter zehrt man von der Erinnerung.

Aber wir sind ja nicht alt, jung sind wir noch, Leben strotzend und haben den Willen zum Leben in uns.

Gut, ich lasse mir den Krieg gefallen, sehe seine Notwendigkeit für die Zukunft und das Bestehen unseres Volkes ein. Aber dann brauchen die Menschen es sich untereinander doch nicht schwerer zu machen, als es nun einmal ist.

Ein jeder hat zu verzichten, trägt schwer an der ihm aufgebürdeten Last, fern von seinen Lieben zu Hause, von seinem Geschäft und seinem Aufgabenkreis.

Jetzt werden die Nächte länger und abends wird es früher dunkel und dann kommen Abende, viele lange und einsame Abende.

Ich habe nur den einen Wunsch, dass der Krieg nicht mehr lange dauert, denn so langsam wird unser Befinden hier jetzt ungemütlich.

Ich glaube, dass wir im Oktober durch in Deutschland bereitgestellte Truppen abgelöst werden. Ich halte alles für eine Tarnung. Was sagen denn Deine Gewährsleute?

Kameraden von mir bekommen geschrieben, dass Truppen für uns bereitstünden.

Noch eine Neuigkeit: Wir haben heute Brotkarten bekommen. Aufgrund dieser Brotkarten stehen uns täglich 2 Stücke Kuchen oder ein belegtes Brot zu.

Sonst ist nun alles so rationiert wie in Deutschland, ich möchte sogar annehmen, schlimmer wie in Deutschland.

Pelze sind natürlich frei, haben aber im Preis sehr angezogen.

Der Brief von Gitti [einzige und jüngere Schwester von Burys Frau] war sehr »reichhaltig«. Zu einer Goldkrone sind etwa 3–4 g Feingold notwendig, doch ist dies mit solchen Schwierigkeiten verbunden, Gitti muss im Besitz eines Goldgenehmigungsscheines sein und solche Possen, sodass es praktisch wohl nicht in Frage kommen wird. Übrigens kann sie sich aber später die Stahlkronen herausnehmen und durch eine Goldkrone ersetzen lassen. Ich möchte zwar beinahe annehmen, dass eine Stahlkrone, die korrosionsbeständig, also gegen Speisesäuren und dergl. noch besser ist als eine Goldkrone. An letztere ist man nur gewöhnt.

Nach neuerlichen gesetzlichen Bestimmungen soll auch den Verstorbenen das Gold wieder aus dem Mund gemeißelt werden, um es dem Volksvermögen zu erhalten. Man kann sich ja vorstellen, dass im Laufe der verflossenen Jahre manches Gramm Gold auf diese Weise in den Friedhof verbuddelt worden ist.

Ich glaube, dass etwas in der Luft liegt, was uns doch ganz zuversichtlich stimmen kann. Wir müssen uns nochmals einige Wochen in Geduld fassen und hoffe ich, dass wir die längste Zeit hier waren. In diesem Monat werden es 6 Monate, dass wir in Norwegen sind. Das ist eine lange Zeit. Meistens wird nach sechs Monaten abgelöst, hoffen wir also mal das Beste.

Lathes Ansicht, dass der Krieg noch über den Winter dauert, teile ich auch.

Ich glaube, dass man den Engländer über den Winter die Nöte der Blockade mal spüren lassen will. Ich nehme an, dass die Aktion bzw. die eigentliche Aktion gegen England, auch erst wie im Falle Frankreich im Frühjahr stattfindet. Rückschlüsse betreffs uns können sich daraus keine ergeben oder zwangsläufig gezogen werden.

Müssen wir hier überwintern und »die Stellung halten«,

sind wir (wie im Fall Frankreich), wenn es losgeht, nicht dabei (siehe Westwall), werden wir zurückgenommen noch vor Weihnachten, ist eine Auflösung nicht unwahrscheinlich. In den nächsten Wochen wird sich der Schleier lüften.

Ich bitte mir noch eine Frist hierzu bis zum 11. November aus, da dies ein besonderes Datum ist. Näheres kann ich nicht schreiben. (...)

Im Oktober 1940 war meine Mutter krank, schwer krank mit hohem Fieber. Sie lebte zu dieser Zeit alleine mit mir, einem Säugling im Alter von gerade mal fünf Monaten, in einem erst im Mai bezogenen Haus. Die Einrichtung war bei Weitem noch nicht komplett und da, wo einmal ein Garten entstehen sollte, lag eine Wüste dürftig gerodeten Waldbodens.

Von der Verwandtschaft war niemand bereit, ihr zu helfen. Nur die direkten Nachbarn sorgten sich um meine Mutter und erledigten ihre notwendigsten Einkäufe. Das Geld reichte nicht aus. Die Firma, in der mein Vater Mitinhaber war, hatte einen Monat nach meiner Geburt ihre Bezüge gekürzt. Dies hatte zur Folge, dass meine Mutter bei ihrer Wohngemeinde um finanzielle Unterstützung nachsuchen musste.

Diese Sorgen, die Aussichtslosigkeit des andauernden Krieges, das ständige Alleinsein, die langen Abende – alles Gründe für Frust, Resignation und Depression.

Alle diese Umstände hatte meine Mutter in einem langen Brief sehr ausführlich geschildert und ihrem Herzen Luft gemacht, was meinen Vater wohl zu dieser Antwort bewogen haben muss:

18. Oktober 1940
Mein liebes treues Frauchen!
Heute früh wurde ich gegen 5.30 Uhr etwas unsanft und mit einem lauten Hallo geweckt. Es war Uffz. Lathes, der glück-

lich zurückgekommen war und doppelt groß war die Freude, als er mir einen dicken Brief von Frauchen überreichte.

Für das schöne Brot danke ich Dir vielmals. Das Briefchen hat mich leider so aufgeregt, dass ich nicht in der Lage war zu arbeiten, habe alles falsch gemacht und wurde von Lt. S. beurlaubt. Da ich das nicht machen wollte, sprach er mit dem Kommandeur.

Obstlt. v. W. ließ mich kommen und gab mir den dienstlichen Befehl, sofort das Haus zu verlassen, spazieren zu gehen und mich erst am Abend um 18.00 Uhr bei ihm zu melden und ihm mitzuteilen, wie ich den Tag verlebt hätte.

Als ich nun heute Abend etwas früher kam, um noch einige Diktate zu erledigen, sagte er erst, ich hätte den Befehl missachtet, da ich eine halbe Stunde früher gekommen sei, doch merkte ich gleich, dass es nicht so ernst gemeint war. Dann wurde mir eröffnet, dass ich ab Mittwoch nächster Woche mein eigenes Arbeitszimmer bekomme, zusammen mit Herrn Leutnant S., wie es früher war, außerdem wurde ich von Lathes fortgelegt und komme in eine Stube, wo bereits 8 Mann liegen. Wenn man dadurch vermeiden will, dass ich zu sehr nachdenke, dann hat man sich zwar getäuscht, aber ich erkenne an, dass man es gut mit mir meint und um mich besorgt ist.

Im Laufe des Tages habe ich meine Gedanken nun etwas sortiert und hoffe jetzt sehnsüchtig, dass von Dir bald eine günstige Nachricht kommt.

Aber die Tatsache, dass Du mit 39,5 Grad Fieber herumläufst, hat mich zutiefst erschreckt. Dann kann ich mir vorstellen, dass Du in einer bedauernswerten Lage bist.

Überall siehst Du, wie alle zu Hause sind, glücklich sind, jeder fragt Dich, wie geht es Rolf, ach – dem geht es da oben ja gut – Du sitzt zu Hause allein herum, immer allein, Deine

Nerven gehen kaputt, ständig das Bewusstsein des Alleinseins, wenn die Tür knackt, zuckst Du zusammen.

Dein Kindchen hast Du allein ausgetragen, die Geburt allein überstanden, den Umzug allein, alles allein und das Herz zum Brechen schwer.

Das verstehe nur ich – die anderen hohlen Geister verstehen das mit ihrer Oberflächlichkeit nicht. Das ging mir alles durch das Bewusstsein und dadurch gingen die Nerven mit mir durch.

Ich dachte mir: 39,5 Grad Fieber, das hält ja mein armes Frauchen nicht aus auf die Dauer und allein da draußen mit dem kleinen armen Mäuschen. Den Kopf lasse ich ja gewöhnlich so schnell nicht sinken, aber ich hätte mir denken können, dass ich beispielsweise eine erschreckende Nachricht, dass Dir etwas passiert wäre, mit großer Ruhe aufgenommen hätte.

Ich hätte ganz ruhig mein Gewehr aus dem Schrank genommen und hätte Dir sicher die Treue gehalten, die ich Dir einst gelobt habe.

Wir leben in einer schweren Zeit. Wenn diese überstanden und durchgestanden ist, wird es wirklich eine bessere Zukunft geben. Das ist nicht nur inhaltlose Hoffnung oder Geschwätz, sondern die Linien führen automatisch in einer Spitze zusammen, die heißt Neukonstellation der gesamten Kräfteverhältnisse auf der Erdkugel. Und dass dieser Aufbau für uns ein sieghafter ist, daran wollen wir fest glauben.

Lathes brachte interessante Möglichkeiten mit. Dass wir in Rumänien einmarschiert sind, ist schon kein Geheimnis mehr. Wahrscheinlich wird nun auch ganz Frankreich noch besetzt werden, ferner evtl. die Schweiz und sicher noch Griechenland. Wegen Schweden bin ich mir noch nicht ganz einig. In diese Vorhaben hinein werden wohl auch wir gestellt. Es besteht immerhin die Möglichkeit, dass wir zur Besetzung Südfrankreichs, die jedoch ganz ohne jeglichen Kampf usw. vor sich gehen wird, herangezogen werden. Bestimmtes kann man noch nicht absehen, wir können auch gerade so gut den Winter über hier bleiben. Hauptsache ist zunächst, dass wir als Landwehrdivision zu einem kämpferischen Einsatz wohl nie herangezogen werden. Und dies kann Dir die größte Beruhigung sein. Es bedarf also für Dich sowie für mich unsere Einstellung zu dem gigantischen Geschehen einer gewissen Revision. Wir müssen uns zu den uns umgebenden Dingen so einstellen, dass wir mit den Nöten dieser Zeit leichter fertig werden. Hierzu hilft vor allem zunächst eine richtige innere Einstellung. Nicht zu Hause verzagen, wenn der Dritte, der Vierte wieder fragt: »Hat Ihr Mann geschrieben, was macht er usw., usw.« Das ist bestimmt oft nur »Wolf'sche Theorie« und der Betreffende fragt, weil es eben zum guten Ton gehört zu fragen. Was wissen diese Menschen von einsamen und vor allem von sich liebenden Herzen, die durch eine herrliche Liebe den Beweis erbracht haben, dass sie es wert sind, gegenseitig für sich zu schlagen. Wenn wir uns darüber klar geworden sind, dann lässt sich schon vieles leichter ertragen. Haben wir den alten Glauben verloren? (...)

Und wenn es Dir jetzt hoffentlich wieder besser geht, so fasse wieder neuen Mut und wir wollen mit einer neuen Einstellung zu den uns umgebenden Verhältnissen wieder neu beginnen und hoffen. Es soll kein Trost für Dich sein, dass es vielen anderen Frauen von im Felde stehenden Kameraden ebenso wie Dir geht. Das wäre eine billige Ausrede und Flucht in diese. Gefahren im Leben sind dazu da, dass man an ihnen wächst und innerlich frei wird und das Selbstvertrauen zu sich nicht verliert. Im letzten Falle bedeutet dies ja zweifellos für mich mehr ein Problem als für Dich. Du bist zu Hause in Deiner Initiative nicht eingeengt, während ich hier beinahe das Brot vorgekaut bekomme und mich leider mit dem den Individualismus abtötenden Kommiss abfinden muss. Das ist nicht immer leicht. Seelisch ist dadurch die Belastung meiner Initiative zweifellos die Größere, die Belastung des Gemütes ist bei Dir die Größere. Wir müssen bestrebt sein, beide zunächst die Wurzeln allen Übels zu erkennen, dann erst kann der Hebel angesetzt werden. Die Kraft zu diesem Hebel besteht aber zunächst im Glauben, in der Liebe und darüber im unerschütterlichen Selbstvertrauen.

Zu einem solchen Tiefstand wie bei mir heute darf es nicht mehr kommen. Zu einer solchen innerlichen Verzweiflung und dem Gefühl des Verlassenseins, wie Du es durchgemacht hast, darf es nicht mehr kommen. Hier setzt die Zuversicht ein, nicht verlassen zu sein. Ein Herz schlägt für Dich, ein Herz schlägt für mich. Das bedeutet Reichtum. Und wenn wir uns an diesem Gedanken aufrichten, dann beginnen wir den Bau wieder ganz von vorne, wieder ganz von Neuem. Wir leben wieder in einem glücklichen Brautstand, wir werden uns wieder Briefe schreiben, wir können es gar nicht erwarten, bis der neue Brief kommt. Und auf das Warten folgt die Erfüllung. Ich werde wieder nach Hause kommen, tatsächlich und symbolisch, und das Glück eines neuen »Sich Findens« erleben wir aufs Neue. Und doch ist es ein Unterschied gegen früher. Wir sind durch die Not gereifte Menschen geworden, wir beginnen ein neues Lebensstadium »Den Sommer unseres Lebens«. Frucht reift heran, wir gewinnen unsere beste Kraft, sind arbeitsam und freudig bei der Arbeit. Unser Lebensinhalt hat sich gerundet, es ist nicht nur allein mehr das innere Glück, das bei uns einziehen wird, sondern wir haben einem Kind das Leben geschenkt und in diesem Kind vereinigen sich unsere Sorgen und Freuden. Beiden von uns wurde auch dadurch ein neuer Lebensinhalt mehr gegeben. Es ist keine Lage mehr zum Verzweifeln, wir sind im Leben zu etwas da, wir haben einen Platz auszufüllen, wir haben Pflichten. Und da dürfen wir uns beide nicht mehr so gehen lassen. Jetzt schlagen wir innerlich mit der Faust auf den Tisch. Kampf will das Leben, gut, wir werden kämpfen. Aber unterliegen – niemals.

Und nun Mut, mein liebes Frauchen. Sieh dem neuen Tag hoffnungsvoll entgegen. Eine neue schönere Sonne wird aufsteigen. Wir beginnen unseren neuen Lebenskampf. Kapitulation kennen wir nicht.

Der Krieg hat uns so viel Leid angetan, dass wir ruhig später ein bisschen nachholen können.

Ich will jetzt schließen, mein Liebling. Morgen oder Sonntag schreibe ich Dir dann wieder. Es küsst und umarmt Dich und Püppchen in inniger Liebe

Dein alter Wegkamerad Rolf.

Die Truppen und jeder einzelne Soldat auf seinem ihm zugewiesenen Posten dümpelten seit Monaten vor sich hin. Abgestumpft durch das tägliche Einerlei, das Hin- und Herwandern im Süden von Norwegen, ohne dass darin ein Sinn zu erkennen war, rief allgemeine Lethargie hervor.

Seit Monaten mehrten sich die Meldungen über Bombardierungen zahlreicher Städte in der Heimat. Kameraden, die ein entsprechendes Telegramm von zu Hause erhielten, konnten auf der Geschäftsstelle »Sonderurlaub wegen Bombenschädigung« beantragen. Ihre Berichte nach Rückkehr von diesen Sonderurlauben über die enormen Zerstörungen, das in Schutt- und Ascheliegen ganzer Städte, die Zahlen von Toten, Verletzten und Ausgebombten drückten gewaltig aufs Gemüt. Einzelne Kameraden hatten alles verloren.

Die allgemeine Stimmung sank auf einen Tiefpunkt. Allenthalben herrschte Aufbruchstimmung. Gerüchte und die Ungewissheit wurden zur täglichen Belastung und Qual. Das »Wohin« beherrschte die Gedanken.

(...) Ich kann mir denken, dass Nervosität und Gereiztheit allerorts zunimmt und mit der Länge des Krieges noch zu einem Problem werden wird. (...) Die einzige Welt, in der man leben kann, ist die gedankliche. (...)

Ich frage mich manchmal, wann eigentlich dieser Zustand aufhören soll. Ich bin wirklich keiner der Hurrapatrioten, aber bei diesem täglichen Einerlei reift doch der Entschluss, lieber etwas »tun« zu dürfen, und sei es mit der Waffe in der Hand, als hier kostbare Lebenszeit nutzlos verstreichen zu lassen. In letzter Zeit schwirren hier wieder allerhand Gerüchte umher. Es ist müßig, darüber zu schreiben, denn letzten Endes halte ich mich nur noch an Tatsachen und nicht an Gerüchte.

Unser Schicksal, ob positiv oder negativ ist uns ja vorbestimmt und niemand entgeht ihm. Warum also noch so lange darauf warten lassen? – Ich wünschte mir ein »entweder« oder ein »oder«, aber nicht diesen nervenkostenden Zustand. Wie lange soll das noch weitergehen? Ich komme mir fürchterlich unnütz vor. Zu Hause könnte ich mit ganz anderem Elan an ein Tagewerk gehen, das mich durchaus befriedigen könnte. Noch wenige Wochen fehlen, dann haben wir vier Jahre Krieg und gehen ins fünfte Kriegsjahr. Am 6.7. sind wir 8 Jahre verheiratet. Von diesen acht Jahren waren wir praktisch nur 4 Jahre zusammen, 4 Jahre besteht unsere Ehe im gegenseitigen Schreiben. Wirklich, ich habe diesen Zustand jetzt bald satt.

Mit Oblt. Evers habe ich mich anlässlich eines neuen Telegramms, das ein Angehöriger der Abteilung bekommen hat und nach dem dessen Wohnung auch bombengeschädigt ist, über Auswirkungen von Bombardierungen unterhalten. Ich habe in letzter Zeit so viele Sonderplätze für Bombengeschädigte beantragt und mir für die Abteilung auch zuweisen lassen, dass ich in dieser Beziehung schwarz sehe. Meines Erachtens ist damit zu rechnen, dass bei Zunehmen dieser Telegramme die Sonderplatzzuteilung wieder in Wegfall kommt. Wenn man von unserer kleinen Einheit und der Anzahl der ankommenden Telegramme auf das Ganze schließt, müssen sich ja die Verheerungen katastrophal auswirken. Nähere Einzelheiten habe ich aus Wuppertal gehört. Sie eignen sich nicht zum Schreiben.

Die große Ruhe lässt nichts Gutes ahnen. Gewiss wird gearbeitet und wo gearbeitet wird, kann ich mir auch in etwa denken. Ich glaube, dass der Krieg in diesem Jahr auch wieder losgeht, aber ganz woanders, als wir uns vorstellen, gewiss nicht im Osten. Es heißt also abwarten. Stellen sich die ersten Erfolge ein, wird sich automatisch auch die Stimmung in der Heimat heben, das ist eine alte Suppe.

Seit gestern früh machen wir von 5.55 Uhr bis 6.15 Uhr Frühsport und beginnen mit dem Tagesdienst anstatt um 7 Uhr erst um 7.15 Uhr. Ab heute wird jeden Nachmittag eine Stunde von 16.30 Uhr bis 17.30 Uhr Uffz.-Ausbildung betrieben, praktischer Exerzier- und Geländedienst und habe ich ja von Letzterem durch meine Tätigkeit weniger Ahnung. Auf diese Weise soll das Uffz.-Korps einheitlich ausgerichtet werden.

Jetzt kommt es nur darauf an, zum Stammpersonal zu kommen. Wir bilden dann Truppen aus für die Ostfront, die von Zeit zu Zeit abgeschoben werden und stellen eine Heeresreserve dar.

Heute Nachmittag machen die anderen Stellungsbau. Dass jetzt aber das Interesse daran etwas nachgelassen hat, wo wir sehen, dass wir »die Stellungen doch nicht halten«, liegt auf der Hand.

(...) Die Sache mit der Versetzung ist zurzeit abgeklungen. Dass wir hier wegkommen, darüber macht niemand mehr ein Geheimnis. Man spricht ganz offen, dass wir ca. 8 km von Oslo entfernt stationiert werden. Die Wagen werden weiterhin tagtäglich mit Hochdruck fahrbereit gemacht.

Ich habe innerlich die Überzeugung, dass der Krieg nicht mehr lange geht. Es gilt noch einmal durchzuhalten, und was wir jetzt vier Jahre gekonnt und fertiggebracht haben, werden wir auch noch ein Weilchen schaffen.

Nun, um von mir etwas zu berichten: Heute Nacht hatten wir Probealarm mit anschließendem Ausmarsch. Ich lag so schön im Bett und musste um 1.30 Uhr raus und kam erst gegen 4 Uhr wieder ins Bett. Mit meinem Geschäftszimmerkram beginne ich schon so langsam kaputte Kisten reparieren zu lassen, Akten zu bündeln und verpackungsfertig zu machen und serviere schon so allmählig ab. Oblt. Evers sprach auch davon, dass wir mit den Übergabeverhandlungen beginnen wollten, auch rückständige Arbeiten werden beigearbeitet und so langsam alles für einen Abmarsch zurechtgemacht. Mit dieser Verlegung wird es eine eigene Bewandtnis haben, aus der noch nicht recht klug zu werden ist. Ich nehme auch stark an, dass dies jetzt endgültig unser letzter Positionswechsel hier innerhalb dieses Landes sein wird.

Aber eine Freude will ich Dir mal machen, wenn es auch wirklich paradox ist im dicksten Kriege: Dieser Tage erschienen die ersten Demobilmachungsbestimmungen. Na – man beschäftigt sich wenigstens mal damit, das ist schon ein Fortschritt. (...)

(...) Nach langer Regenzeit scheint heute wieder die Sonne vom Himmel und gleich ist eine ganz andere Stimmung. So wird auch einmal wieder die Sonne scheinen, nachdem sich die Wetterwolken des Krieges verzogen haben. Bis dahin heißt es weiter durchhalten, der Lohn später ist ein schöner, normale glückliche Zeiten, in denen wir uns ganz wieder unserem Familienleben und –glück widmen können.

Seit meinem letzten Brief ist viel und doch nichts passiert. Wir hatten alles mal wieder abmarschbereit gepackt und warteten nur auf den Abmarschbefehl. Es sind halt unruhige Zeiten heuer. Vielleicht wurden auch irgendwo draußen auf hoher See ein paar englische Kähne ausgemacht, die diese Unruhe in ihrem Gefolge hatten. Wegen der Verpackung meines Privatgepäckes stoße ich auf einige Schwierigkeiten. Ich bekomme nicht alles unter. Wahrscheinlich schicke ich Dir demnächst den Spirituskocher auch nach Hause, da ich ja vorderhand mit der viel bequemeren Heizplatte auskomme.

Komme ich mal wohin, wo kein Steckkontakt vorhanden ist, dann bitte ich Dich, mir den Kocher wieder zurückzuschicken und bekommst Du dann die Heizplatte. Aber einen anderen Wunsch konnte ich mir erfüllen: Klosettpapier! Ich habe gestern in drei Rollen 6 Rollen Klosettpapier abgeschickt. Sechs weitere stehen zur Verpackung bereit. In Anbetracht der Herstellung unserer Marschbereitschaft habe ich mich auch der restlichen Klippfischpäckchen entledigt und auf einmal abgeschickt. Es sind dies die Päckchen C, D, E, F, G. Hoffentlich kommen sie alle gut an. Nun hast Du einen schönen Vorrat zusammen, der Dir im Winter sehr zustatten kommen wird.

Nachdem mir das Buch von Zahn: »Lukas Hochstrassers Haus« so große Freude gemacht hatte und für mich wahrhaft eine Erbauung war, habe ich mit zielsicherem Griff wieder ein Buch gefasst, das in seinen ersten Kapiteln wieder ein großes Erlebnis verspricht, ein Roman aus Italien »Marionetten um Silvia« von Otto Hoerth. Das Buch hat mich schon ganz in seinen Bann geschlagen, obwohl ich erst vorhatte, den »Zahn« noch einmal zu lesen. Ich werde das später nachholen, am liebsten auf der Terrasse oder im gemütlichen Eckchen zu Hause oder irgendwo auf sonnenübergossener Wiese in Bad Orb, wenn mir Frauchen dabei zuhört und am nahen Wasser Ingrid ihr Schiffchen mit dem »Stoff dran« schwimmen lässt. Ich baue mir mit dem Lesen eine eigene Welt wieder auf, die so ganz anders ist als meine nüchterne Umgebung, ein schmaler Ersatz für die Kultur und Lebensfreude eines normalen Lebens. Und ich empfinde, dass mich eine wahre Sehnsucht packt, endlich und bald aus dieser Kloake hier herauszukommen. Es gibt so viel Erhebendes und Schönes in der Welt, man muss sich nur dessen erinnern. So dienen die Bücher mit ihren Erlebnissen zu meiner geistigen Festigung und der Widerstandswillen gegen meine niederziehende Umwelt wird gestärkt. Und wo zunächst der Wille vorhanden ist, den Krieg zu überstehen und sich seelisch mit ihm auseinanderzusetzen und über ihn hinauszukommen, da wird die innere Einstellung zu dem unausweichbaren Schicksal eine positivere und man bekommt mehr innerlichen Halt und Auftrieb. Aus diesem Grunde bin ich zurzeit recht glücklich, mir eine eigene Welt aufbauen zu können, nachdem ich so lange das Lesen verlernt hatte. Im Übrigen ziehe ich Nutzen aus den Schicksalen, die der Dichter beschreibt, sicher zu meinem Vorteil und der Hoffnung, praktisch den Anschluss an das große Leben schneller zu finden.

Dienstlich gibt es nicht viel Neues. Der Trott geht unveränderlich den einen Tag wie den anderen weiter. Das Korn unterhalb des Fensters des Geschäftszimmers, das ich von der Aussaat her beobachten konnte und das erst zaghaft und spärlich in dünnen Hälmchen sich aus der Erde hervorwagte, ist jetzt schon groß geworden, und wenn der Seewind darüber hinwegstreicht, dann wogt es hin und her, ähnlich wie das nahe Meer.

An unseren Fahrzeugen wird mit fieberhafter Eile weitergebaut. Sie müssen fertig werden, wenn das große Auswandern anhebt. Bis Kristiansand, ca. 300 km, müssen wir es auf eigener Achse schaffen, dann werden wir wohl verladen. Hoffentlich ist das Wetter gut. Es wird eine Fahrt werden durch das norwegische Land, während der es sich in seiner ganzen Größe und Wuchtigkeit wieder präsentiert, ein eindrucksvolles Erlebnis, vielleicht das letzte Mal hier oben.

Inzwischen hat die Kriegsmaschinerie begonnen auf Touren zu gehen. Die Offensive ist im Osten gestartet. Eine große Panzerschlacht war der Auftakt. Mal sehen, wie alles weitergeht. Es wird nicht mehr lange dauern und wir sind wieder Zeugen einer großen Entwicklung, die sich so oder so der Entscheidung näher drängen wird.

Ungefähr ab Mitte Juli 1943 kann ich in den Briefen meines Vaters zwischen den Zeilen erkennen, dass sich die verworrenen Gerüchte verdichteten. Vorahnungen und Andeutungen vereinten sich und nahmen Schritt für Schritt Gestalt an. Verlegung ja – aber wohin dieses Mal?

Daher habe ich ab dieser Zeit die von mir ausgewählten Briefauszüge mit Datum versehen.

Widersprüchliche Gerüchte, durchgesickerte Meldungen und immer wieder beängstigende Berichte von der Heimatfront ließen es im Stab wie in einem aufgescheuchten Bienenschwarm summen.

Die Befehle der Obrigkeit widersprachen sich.

Erst als im Oktober 1943 mein Vater nach Mysen kommandiert wurde, konnte er sich für kurze Zeit beruhigen.

15. Juli 1943 ...
Die abendlichen Meldungen über die Ostfront und Sizilien höre ich immer mit großem Interesse. Die Nachrichten über Sizilien besagen, dass die Engländer und Amerikaner immer noch drin sind. Es gibt hier Stimmen, die diesem eine gewisse Absicht beimessen, da man auf dem Land viel mehr Material kaputt machen kann und dem Feind einen größeren Schaden zufügen kann. Ich hoffe, dass die Gesellschaft dort unten recht bald herausgeworfen ist und ich halte Sizilien für ein größeres Problem, beinahe wie Russland, denn dort steckt der Stachel tief im eigenen Fleisch. Dagegen sind die Erfolge an der Ostfront wieder Achtung gebietende. Man kann gespannt sein, wie die Situation dort vor Einbruch des Winters aussieht. Die Nachrichten aus Indien sind auch sehr interessant. Hoffentlich nimmt die indische Freiheitsarmee zu und wird uns eines schönen Tages zu einer fühlbaren Entlastung. (...)

So viel Arbeit gibt es zurzeit auf den Geschäftszimmern nicht. Wir werden wohl bald mit den Vernichtungen der überzähligen Akten beginnen, um uns leichter für den Transport zu machen, und werden bald sondieren, was im Falle unseres Abrückens an die nachfolgende Einheit übergeben wird.

19. Juli 1943
(...) Ein weiterer Grund eines ausführlichen Briefchens ist der, dass ich annehmen muss, in Bälde nicht mehr zu langem Schreiben zu kommen. Die Zelte werden abgebrochen. Heute war die große Sitzung in der Division, wo es sich entschieden hat. Näheres weiß ich noch nicht, würde es auch nicht schreiben, nur, dass wir bereits bis zum 15. August die neuen Quartiere bezogen haben müssen. Da gibt es jetzt bald viel Arbeit, Übergabeverhandlungen – und da unser neues Quartier sehr wahrscheinlich nur Übergangsquartier darstellt, übergeben wir wohl auch alle nur für den Norwegeneinsatz gültigen Befehle, Karten usw. an die nachfolgende Einheit. Ich verweise Dich auf den Brief, den ich Bechtler mitgegeben hatte, und meinen Eintrag, den ich rechts bezeichnet habe. Ob ich meinen großen Aufsatz, den ich des Öfteren an Weihnachtsabenden vorgelesen habe, nun rückwärts schreiben kann, bleibt abzuwarten. Ich empfehle Dir, mit Frau Helmer Fühlung zu halten. Für den Fall, dass wir nach Deutschland kommen, will Helmer seine Frau zu sich kommen lassen. Ich möchte Dich dann auch gerne haben, aber auch mein Töchterchen mit dabei. Das sind ja vorläufig erst Gedanken. Es kommt dann zunächst auf die Umstände an. Das Gerücht, das herumschwirrt, hat folgenden Inhalt, den man, da wir es auch offen gehört haben, ja ruhig schreiben kann. Verlegung in einen Hafenort. Von dort Überfahrt auf dem Seeweg unter Zurücklassung unserer gesamten Ausrüstung nach Deutschland. Dort erhalten wir Neuausstattung, erhalten wahrscheinlich nochmals einen ordentlichen Schliff, und kommen dann an irgendeine Front. Osten halte ich für wahrscheinlich, andere wollen wissen: Frankreich. Also kurz und gut: Es weiß noch niemand etwas. Es hat also zunächst noch wenig Zweck, sich

Gedanken zu machen. Beim Militär geht's ja immer von der Hand in den Mund. Zunächst verbessern wir uns zweifellos. (...)

Was habe ich alles schon für Hoffnungen und Pläne für die Zukunft.

Ferner sandte ich meinen Spirituskocher heute ab. Das Paket ist sehr groß, obwohl ich den Kocher auseinandergeschraubt habe. Wir sind nämlich wieder aufgefordert worden, unseren ganzen Privatkram nach Hause zu schicken. (...)

Ja, und was mache ich mit meiner Bibliothek: Wirtschaftliche Kurzbriefe? Solange wir hier oben bleiben, kann ich sie ja bei mir behalten. Sollte ab dem Kriegshafen eine plötzliche Einschiffung akut werden – die Zusammenfassung unserer ganzen Abteilung deutet darauf hin –, müsste ich evtl. die Bibliothek aufgeben ... Wir wollen erst in Ruhe mal alles abwarten. Wir sollten schon einmal nach dem Osten kommen, haben schon die Schweine abgeschlachtet, und alles ist wieder ins Wasser gefallen. (...)

Du fragst nach Herrn Major Kempf. Vielleicht hat sich heute etwas entschieden. Es war heute Kommandeurbesprechung auf der Division. Es ist gut möglich, dass unser Abtransport, zukünftiger Einsatz und andere wichtige Themen zur Debatte standen. Ich nehme an, dass Major Kempf hier in Norwegen zurückbleibt, wenn wir nach Deutschland herausgezogen werden, um zum Einsatz zu gelangen. Unsere zukünftige Funktion ist, Armee-Reserve zu sein. Das könnte ja auch für Norwegen gemeint sein, ist aber unwahrscheinlich. Ich würde es sehr bedauern, wenn wir Herrn Major Kempf verlieren würden. So wie ich ihn aber kenne, wird er Himmel und Hölle in Bewegung setzen, um bei seiner Abteilung bleiben zu können.

Nun fragst Du mich nach meiner persönlichen Meinung betreffs unserer Verlegung. Ein Soldat darf ja grundsätzlich keine Meinung haben. Aber: Zunächst verbessern wir uns auf alle Fälle, darüber besteht gar kein Zweifel. Bedenklich ist lediglich der Umstand, dass die gesamte Abteilung zusammengezogen wird und es sich um einen großen Kriegshafen handelt. Einschiffung und Abtransport immer innerhalb der 3-Meilenzone längs der schwedischen Küste entlang wäre möglich. Die Herausziehung bzw. Benennung aller der Soldaten, die beim Einsatzfall automatisch in rückwärtige Dienste kommen, also einzige Söhne im Weltkrieg gefallener Väter sind, Bluterben usw., die zurzeit angebahnt wird, deutet auch auf eine Frontverwendung hin. Eine solche halte ich in diesem Jahr nicht mehr für wahrscheinlich. Weiter kann ich die Frage nicht beantworten. . . Für eine eventuelle Zensur dieses Briefes erwähne ich, dass die hierin geschilderten Erwägungen nur eigene Gedanken sind, die ich mir privat mache, Folgerungen aus eigenen Beobachtungen, Gespräche, die hierorts alltäglich geführt werden und Angelegenheiten, die jeder weiß. (...)

22. Juli 1943
(...) Seit gestern ist verschärfte Briefzensur, aber das trifft uns ja nicht. Wer weiß, was da alles wieder nach Hause geschrieben wurde. Es ist ja richtig so, denn aus der Mücke entsteht leicht ein Elefant. (...) die Truppe sehnt sich nach Einsatz. Hoffentlich kommen wir hier bald einmal raus.

31. Juli 1943
(...) Hier gibt es nicht viel Neues zu berichten. Dieser Tage hatten wir eine Feuerwehrübung. Es war angenommen worden, dass unser Haus brennen würde. Ich habe

dabei den Angsthasen erst einmal vorgemacht, wie man sich aus dem vierten Stock außerhalb des Hauses abseilen kann. Hermann Arnold hat mich dabei sogar fotografiert, sodass Du Dir die Sache später im Bild ansehen kannst. Als nach meiner ersten Vorführung noch niemand den Schneid zeigte, es nachzumachen, seilte ich mich noch ein zweites Mal ab. Solange das Seil nicht reißt und der Kloben oben rausgeht, ist das eine Sache, bei der überhaupt nichts passieren kann. Es hat mich schon immer gereizt, es einmal zu probieren, da ich den Gedankensprung verfolgte, es ggf. in einer gebirgigeren Gegend mal zu Felsklettereien ausnutzen zu können.

(...) Es gibt noch keine Positivität, die mitteilungsreif wäre. Es ist möglich, dass zur Besetzung des Brenners und zur Bildung einer deutschen Alpenabwehrfront gegen Italien Gebirgstruppen gebraucht und in Nordnorwegen herausgezogen werden. Dann kommen wir wahrscheinlich dorthin. Ich glaube auch nur an eine Verschiebung innerhalb dieses Landes. Die Gegend um Murmansk, also Nordfinnland, und die Gegend um Kuolajärvi, gegenüber der Kandalakscha-Bucht (also unterhalb der Kolahalbinsel) um die Murmanskbahn zu unterbrechen, wo zurzeit deutsche Truppen liegen, könnte für eine Ablösung für uns infrage kommen – aber wie gesagt – tolle Gerüchte, vorläufig ohne jeglichen Anhalt für eine Wahrscheinlichkeit. Es hat also gar keinen Zweck, sich irgendwelche Gedanken zu machen. Vielmehr würde mich interessieren, wie lange überhaupt der Krieg noch weitergehen soll. In den nächsten Tagen jährt es sich zum 4. Mal (...)

Meine Tätigkeit hier erstreckt sich neben der täglichen Dienstpost und deren Erledigung immer noch in Verhandlungen. Ein Offizier war jetzt hier gewesen, der in unseren

Abschnitt eingewiesen wurde. Meine Kiste will ich heute Nachmittag beschriften lassen. Zum Transport habe ich sie nun angemeldet. (...)

Wenn ich wüsste, dass der Krieg noch mal 3 oder 4 Jahre dauern würde, würde ich mich noch heute an die Ostfront melden, denn diese Zeit noch durchzustehen, würde ich mir nicht mehr zutrauen. Die Zeit nagt doch an den Nerven und selbst wir hier, denen es doch verhältnismäßig recht gut geht, stehen unter dem Druck der Länge der Zeit. (...)

31. Juli 1943
(...) ich kann demzufolge Dein Briefchen gleich beantworten. Es ist diesmal recht ausführlich geworden und ich erkenne dankbar an, wie viel Mühe du Dir machst, meine schweren Gedanken, die mir die Einsamkeit manchmal eingibt, zu zerstreuen bzw. sie ins rechte Gleis zu bringen. Ja, man möchte sich so oft und gerne mal über das eine oder andere Thema unterhalten. Beim Schreiben fehlt halt die Gegenrede, und, bis die Antwort eintrifft, ist die Stimmung, aus der ein solcher Brief heraus geschrieben worden ist, verflogen. Ganz andere Gedanken haben sich breitgemacht, viele für unüberwindbar gehaltene Gedankengänge sind einsichtsvollen Erwägungen gewichen und bagatellisiert worden. Es ist nun einmal bei mir so, dass ich mir »viel Gedanken« mache. Das rührt eben rein daher, weil ich keiner Zerstreuungen bedarf, wie sie meine anderen Kameraden suchen, sondern meine Welt besteht nicht in meiner Umgebung, sondern in meinen Gedanken. Ich bin mit ihnen bald zu Hause bei Frauchen und Töchterchen, oder, was noch schöner ist, mit Euch zusammen in einer glücklichen Zukunft. Auch meine Denkungsweise ist nicht immer logisch, das weiß ich ganz genau. Einmal hadere ich

mit meinem Schicksal, das andere Mal wünsche ich mir den Kampf. Zum Dritten würde ich viele Jahre meines Lebens für ein baldiges Kriegsende geben.

Du wirst logischerweise feststellen: Der Mann weiß nicht, was er will. Es liegt aber auf der Hand, dass mir ein Ziel fehlt, weil ich das Ende des Krieges nicht sehe, dass mir eine Aufgabe fehlt, in der ich aufgehen kann, nämlich für Dich, für mein Töchterchen, für meine Familie, mein Heim und unsere Zukunft sorgen zu können, es ist wirklich so, wie ich so häufig empfinde, ich fühle mich beim Militär nur als Gast, nur als Besuch, tue schlechthin meine Arbeit, rein schematisch nur, innerlich kann sie mir nichts geben, denn zu meiner inneren Befriedigung bedarf es einer Tätigkeit, mit der ich praktisch Herr und Schmied meines eigenen Schicksals sein kann. Ich bin mir aber sehr klar darüber, dass dies eben jetzt noch nicht der Fall sein kann. Meine hin und wieder getane Äußerung nach einer Kampfbewährung entspringt also folgenden Gedankengängen: Zunächst hoffe ich eine tiefere Befriedigung zu finden, wenn auch nur mit dem Gedanken, wenigstens etwas tun zu können, was Hand und Fuß hat. Zweitens grolle ich meiner Umgebung und möchte das Schicksal herausfordern, zu zeigen, ob sich Anständigkeit und Charakter nicht doch behaupten, ob das Schicksal sich nicht doch entscheidet für diejenigen, die großen Herzens sind, den Dreck und Unflat aber dem Untergang weihen. Ich weiß nicht, ob Du Dich in meine Gedanken hineinversetzen kannst, ich glaube es beinahe nicht, denn ich denke eben, bedingt durch die Einsamkeit der Seele, die Alltäglichkeit, den seelischen Druck, die Apathie, die ein Nichtselbstkönnen heraufbeschwören muss, jeden Tag manchmal etwas anderes, und es mag angehen, solange ich davon nichts in meine Briefe hineintrage und

Dich damit belaste, wo Du gerade genug selbst mit Dir zu schaffen hast. Man muss halt mit seinen Gedanken mehr oder weniger selbst fertig werden, es gehört aber sehr viel dazu und ist manchmal nicht leicht, obwohl ich mir große Mühe gebe. Weißt Du, es packt einen eben manchmal eine üble Stimmung, eine ganz unmännliche Stimmung, und aus dieser heraus wachsen allerlei Gedanken, manchmal recht dumme Gedanken. Es wäre schön, wenn man sich dann einmal gegenübersitzen und aussprechen könnte, ich glaube, dass es sich dann gleich wieder leichter tragen lassen würde.

Diese ganze erste Seite soll also den Zweck verfolgen, dass Du Dich zukünftig nicht ärgerst, wunderst oder mich nicht zu verstehen glaubst, wenn ich irgendetwas zusammenfasele, was ich, ist der Brief unterwegs, vielleicht schon wieder bereue. Setze diese Ergüsse zu Lasten der langen Kriegsdauer, der kaum mehr zu ertragenden Eintönigkeit dieses sturen ideenlosen Lebens hier, weißt Du, man muss sich manchmal das Herz etwas leichter machen, sich seinem Frauchen gegenüber in seinen Briefen so richtig alles runterreden, dann wird's einem leichter. Und da ich kein Ziel habe, wenigstens vorderhand nicht, so fällt manchmal mein Erguss so undefinierbar aus. König meinte auch mal, man könnte wohl leicht schwermütig werden, so kommt es mir manchmal vor. Aber ich werde mich schon aufrappeln und nicht weich werden. Diese dummen Gedanken würden sofort in alle Winde verfliegen, wenn wenigstens ein Lichtblick am Horizont zu erkennen wäre, dass die logische Rechnung unseres Gehirns wieder einsetzen und sich ausrechnen könnte, dass wenn diese oder jene Ereignisse so oder so weitergehen, in ca. ein oder zwei Jahren eine Situation entstanden ist, mit der der Krieg zu einem

Ende führen wird. Vielleicht ist es auch leichter, als wir jetzt denken. Auch Mussolini, an dessen Abgang kein Mensch gedacht hat, ist über Nacht gescheitert. Also schnell kann es auch mal gehen, aber wann?

Die Gedanken, die man sich in hiesigen Offizierskreisen nun um Sizilien und die Entwicklung in Italien macht, sind folgende. Man vermutet, dass bei der letzten Zusammenkunft Hitler – Mussolini in einer norditalienischen Stadt die sizilianische Frage zur Debatte stand und der Führer verlangt hat, dass sich Unteritalien opfern müsse, der Feind einzulassen sei und man die englische 8. Armee dann etwa in der Höhe Roms stellen und zerschlagen wollte. Da die italienischen Küstenbesetzungen auf Sizilien zu weich waren und dem Gegner, wie jetzt erwiesen wurde, einen ganzen Tag Zeit gelassen hatten, Verstärkungen heranzuführen und zu landen, wollte man wohl deutscherseits über die Straße von Messina zurückgehen und den Feind selbst auf dem Mutterland Italien Fuß fassen lassen, um ihn dann desto besser zu zerschlagen. Nun wird Mussolini diesen Entschluss dem faschistischen Rat vorgetragen haben, der ihn, was ich sehr gut verstehen kann, abgelehnt hat. Man hat dem König sein Vertrauen ausgesprochen, Mussolini musste die Konsequenzen hieraus ziehen und abtreten.

Wie sich jetzt die Lage entwickelt, bleibt abzuwarten. Der Feind hat fast schon die ganze Insel besetzt, man wird hinhaltend kämpfen und die eigenen Truppen noch über die Meerenge schaffen, dann ist Sizilien unter englisch-amerikanischer Macht und die nächste Invasion auf das Mutterland Italien wird vorbereitet. Hier die Offiziere glauben nicht daran, dass Sizilien gehalten werden kann. Mein logischer Menschenverstand sagt mir nun, dass man auf Sizilien Luftwaffenstützpunkte anlegen wird, dass man von dort aus die italienischen und darüber hinaus noch die süddeutschen Städte bombardieren wird, dass man später weiter marschieren wird, um Italien als Aufmarschbasis für einen Großangriff auf Deutschland zu benutzen. Hält Italien diesem Druck stand? Ich möchte bald sagen: »Nein, das Schicksal des Weltkrieges scheint sich wiederholen zu wollen.« Ich halte Sizilien für ein größeres Problem als augenblicklich die Ostfront, denn dort im Süden sitzt uns der Feind direkt im Nacken.

Nun bin ich gespannt, wie es mit der groß angekündigten Vergeltungsoffensive für die Bombardierungen deutscher Städte aussieht. Aus zuverlässigen Quellen stammt die Nachricht, dass anfangs September mit einem deutschen Angriff auf die Insel England gerechnet werden kann. Mehrere japanische Luftflottenverbände seien schon in Frankreich stationiert. Nun ist die Sache wieder zweischneidig: Wie viele für diese Zwecke eingesetzten Truppen mussten jetzt dort weggezogen werden, um nach Italien geworfen zu werden? Reichen die Kräfte und Reserven zu dem bevorstehenden Schlag auf England noch aus? Wie sieht es mit dem Sprit und der vorhandenen Munition aus? Wird nur die Luftwaffe eingesetzt oder lanciert man eine Invasion, von der wir jetzt im Falle Sizilien wissen, wie sehr kostspielig sie für den Angreifenden verläuft? Um wie viel kostspieliger wird sie werden, wenn sie gegen das Mutterland angesetzt wird.

Ob wir uns nun darüber unterhalten oder nicht, wir sind beide am Ende genau so schlau wie am Anfang. Eines nur habe ich schwarz auf weiß gesehen: Die Landung der englischen und amerikanischen Truppen auf Sizilien ist durch die Unachtsamkeit der Italiener geglückt, die Landung hätte vermieden werden können. Diese Unterlassungssünde beschwört wieder eine Wendung herauf, die uns evtl. noch viel zu schaffen machen wird.

Der Abgang Mussolinis ist politisch eine ganz unerhörte Niederlage unserer Achsenpolitik. Wie sie sich militärisch auswirkt, bleibt abzuwarten. Vielleicht sind wesentliche Kräfte frei geworden, die uns vorher nicht zur Verfügung standen. Auf alle Fälle ist die Einkreisung bald fertig, wenn nicht noch Wunder geschehen. Papas Pessimismus hat in vielem schwarz gesehen oder aber, ich will mich genauer ausdrücken, man hat innerlich diese Gedanken nicht wahrhaben wollen. Leider hat er in vielem recht behalten. Für mich steht fest, dass ein Gegenschlag gegen England kommen muss, denn sonst geht die Bombardierung deutscher Städte ja ruhig weiter. Das hält das Land nicht aus, das halten die Nerven der Bevölkerung nicht aus. Der Grund, warum der große I.G.-Konzern bei Köln keine einzige Bombe abbekommen hat und warum Frankfurt nicht bombardiert worden ist mit seiner großen I.G.-Niederlassung, will man darin sehen, dass die I.G. über Spanien ihre medizinischen Präparate auch an England liefert. Es entzieht sich meiner Kenntnis, was hieran zutreffend ist.

Du schlägst in Deinen Briefen so oft vor, wir wollen uns mal offen über den Krieg aussprechen. Viel offener kann man es bald nicht mehr, wie ich es heute in diesem Brief getan habe, den ich König mitzugeben gedenke. Ich glaube, mein liebes Frauchen, auch wir würden am Ende eines solchen Ausspracheabends in unser Bettchen gehen, ohne das Problem gelöst zu haben. Der Krieg wird nur durch die Waffen entschieden. Eine Spekulation auf eine politische Wendung halte ich für unmöglich. Was für Italien zutreffend war, ist für Deutschland unmöglich, die Konstellation unseres Regimes ist eine ganz andere. Wie es mit England wird, bleibt abzuwarten. Tatsache ist, dass die englische Volksstimmung alles andere als down sein wird, denn England siegt ja überall. In Afrika sind wir herausgeschmissen, in Sizilien sind bzw. werden wir herausgeschmissen, unsere deutschen Städte werden mit fortgesetztem Erfolg bombardiert, die U-Boot-Gefahr ist gebannt, die Versenkungen nehmen ab, die Churchill'sche Politik feiert Triumphe. Ich sehe vorläufig keinen Anhalt, dass die englische Innenpolitik umfällt.

Dies könnte vielleicht der Fall sein, wenn ein infernalisches Bombardement englischer Städte jetzt im Herbst beginnt. Haben wir aber hierzu noch die Machtmittel, die Reserven, den Treibstoff, die Flugzeuge, die Bomben? Es ist bestimmt schwer gearbeitet worden, niemand anders weiß das besser als Ihr in der Heimat. Hoffentlich geht es bald los, denn das Volk wird sich nicht länger trösten und hinausschieben lassen. Das Volk muss sein Opfer haben. – Das Problem England hängt also von den Auswirkungen unserer Offensive ab, die im Herbst starten muss.

Wie ist es mit Russland? Wie kann dieser Staat militärisch erledigt werden? Halten wir die Front im Winter oder müssen wir wieder zurück? Welche Reserven hat der Russe noch einzusetzen, wann ist er am Ende? Hier steht die Frage noch offener. Kein Mensch kann sie beantworten. Meines Erachtens werden wir eher mit England fertig als mit Russland. England ist jetzt das Kernproblem, denn mit England schalten wir praktisch auch Amerika aus. Aber das muss vorbereitet sein, denn die Partie müssen wir gewinnen oder sie ist ganz verloren. Und gerade vor diesem Entscheidungsgang platzt uns das sizilianische Problem herein. Das hat uns gerade noch gefehlt.

Wir kommen also nicht sehr weit, wenn wir die Kriegslage betrachten. Ob wir uns brieflich oder mündlich über dieses Problem aussprechen, wir finden nicht zu einer Lösung. So alte abgedroschene Klamotten aus der deutschen Bücherkiste wie »Wir müssen glauben«, »Wir müssen hoffen«, »Wir müssen Zuversicht haben« ziehen nicht mehr. Wir stehen jetzt am Beginn des 5. Kriegsjahres. Das Rüstungspotenzial der Feindmächte wird immer stärker. Es wird Zeit für Deutschland, die Entscheidung zu erzwingen. Lieber bald ein Ende, als einer ungewissen Zukunft vertrauen. Der Krieg gegen Russland wird allerdings noch weitergehen. Er wird solange weitergehen, bis die russische Kampfkraft gebrochen ist, denn Russland bedeutet für uns das zukünftige Territorium, die Deckung für unsere finanziellen Kriegsbelastungen. Hier bekommen wir wenigstens Land, das man durch Ausbau und Organisation ausnutzen kann, unsere Kapitalien bedürfen einer Amortisation. England ist bzw. wird ein Volk mit sehr schlechten wirtschaftlichen Verhältnissen werden. Auch im Falle eines Sieges über England wird es mit dem Bezahlen schlecht aussehen. Der Führer hat selbst gesagt: »Nach diesem Krieg gibt es keine Sieger oder Besiegte, nur noch Tote und Überlebende.« Und damit hat er uns wohl selbst eine Antwort gegeben, die wir so eifrig uns die Mühe machen zu suchen. (...)

Über unser Schicksal hat sich noch nichts entschieden. Ich wäre einesteils froh, wenn wir hier wegkämen, denn wenn hier der Engländer mal kommen sollte, wäre er nicht zu halten. Die Flekkefjorder Gegend, wo das ganze Gelände einem zu Hilfe kommt, wäre mir weit sympathischer.

4. August 1943

(...) Näheres kannst Du Dir von Hans erzählen lassen, wenn er es erzählen will. Als Neuigkeit wäre nun zum Schluss noch zu berichten, dass wir aufgrund eines dringenden

Funkspruches Transportmeldungen für den Eisenbahntransport und den Seeschifftransport machen mussten. Irgendwelche Kombinationen sind sehr schwer. Von hier nach Stavanger mit der Bahn wäre möglich, ist aber ein zu kleines Stück, dass es für unsere motorisierte Einheit kaum rentiert. Eisenbahntransport nach Stavanger und dort Verladung auf Schiff dürfte also wohl ausfallen. Umgekehrte Richtung, Verladung nach Flekkefjord kommt höchstens für Pkw in Frage, da durch die schmalen und niedrigen Tunnels unsere hohen Lkw nicht durchgehen. Die Kombination von Herrn Major K. geht nun dahin, dass wir vielleicht bis Kristiansand, also über das Gebirge, im Landmarsch fahren, dort dann entweder eingeschifft werden, nach Deutschland kommen und dann dort per Eisenbahntransport weiterkommen, oder Eisenbahntransport ab Kristiansand – aber wohin, Richtung Oslo?

Kurz und gut, die Vorbereitungen und Befehle sind so gegeben – und dies sicher mit Absicht – dass das Bild über das Wann und Wohin vollkommen unklar wird. Dass es eines schönen Tages abgeht, davon bin ich überzeugt. Ich selbst mutmaße, dass dies erst gegen Ende August, anfangs September der Fall sein wird. Wie ich auf den Seiten vorher geschrieben habe, haben wir ja vorderhand wieder damit begonnen, den Stellungsbau fortzusetzen, immerhin ein Zeichen, dass die uns ablösende Einheit (oder Division) noch nicht so weit ist. Wie ich gesprächshalber auch hörte, haben auch andere Abteilungen der Division Transportanmeldungen machen müssen. Hieraus ist zu schließen, dass die Verlegung auch die gesamte Division betrifft.

Über die außenpolitische Lage ist man sich hierorts darüber einig, dass in Kürze etwas Außergewöhnliches bevorstehen wird. Als Termin wird anfangs September genannt. (...)

Nun will ich mein Briefchen also beenden. Wenn Du es gelesen haben wirst, wirst Du nicht viel schlauer wie vorher sein. Übrigens interessiert uns zurzeit gar nicht so unser Schicksal, man wird beim Militär so viel hin- und hergeworfen und so viele Bestimmungen und Befehle werden immer wieder aufgehoben und durch neue ersetzt – siehe vorgesehener Abtransport vorigen Dezember – dass man immer erst etwas als Tatsache glaubt, wenn die betreffende Angelegenheit bereits im Gange ist. Wenn plötzlich mal über Gebühr die Post abstoppt, dann kannst Du darauf schließen, dass in der Zwischenzeit vielleicht etwas erfolgt ist, Hauptsache aber: Nicht gleich Gedanken machen oder auf dumme Redereien hören. Erst mal in Ruhe abwarten, was das Männchen schreibt. Überall wird nur mit Wasser gekocht. Es wird schon schiefgehen. (...)

Na, mal sehen, was wird. Vorläufig ist überall ein großes Schweigen. Allerdings hat das nichts zu sagen.

(...) Den neuesten Mutmaßungen nach, ist eher an eine Einschiffung im Stavangerfjord zu rechnen, na, mal sehen. Da die Sache zurückgestellt ist, hängt sie vielleicht in irgendwie mit dem Angriff auf England zusammen. Man kann gespannt sein. (...)

10. August 1943

(...) Heute früh hielt ab 8.00 Uhr Oblt. H. zunächst die übliche monatliche Belehrung ab, anschließend machte ich eine 3/4 Stunde die Exerzierungsbildung mit. Die verbleibende Zeit des Vormittags für das Geschäftszimmer verstrich schnell, heute Nachmittag fuhr ich mit raus zum Schießplatz und schoss trotz der großen Entfernung von 200 m auf kleine Scheibe, kniender Schütze, meine 3 Schuss freihändig in die Scheibe, anschließend mit gutem

Erfolg noch 2 Pistolenübungen, dann fuhr ich wieder nach Hause. (...)

Gestern ist Bechtler wieder zurückgekommen – ein geschlagener Mann! Arme, arme Menschen. Ich habe mir einiges erzählen lassen. Es eignet sich nicht für einen Brief. Jedes einzelne Zimmer meines Häuschens würde ich gerne zur Verfügung stellen, um für einige Segen stiften zu können. Hoffentlich startet bald die Vergeltung und fällt gebührend aus. Von dem ganzen Wuppertal, in dem wir in Elberfeld zusammen so manch schöne Stunde erlebt haben, steht so gut wie nichts mehr, in Dortmund nur noch die Außenbezirke, Essen ist ganz dem Erdboden gleich, Köln und Düsseldorf existieren nur noch dem Namen nach. Hier kann man wirklich mit dem Pathos von König zitieren: »Der Menschheit ganzer Jammer packt mich an!«

12. August 1943
(...) Ich mache morgen als Geschützführer ein Scharfschießen mit unseren Kanonen mit und will mich heute Abend mit der Sache ein wenig befassen, mir die Kommandos, die ich geben muss, ansehen usw. Morgen geht es dann schon um 6.50 Uhr mit einem Lkw weg und kommen wir über Mittag gar nicht nach Hause und erst am Abend zurück. Da werde ich wohl ziemlich müde sein und wird demzufolge der morgige Abend auch als Schreibtag ausfallen. Ich antworte Dir aber ganz eingehend wieder am Wochenende und freue mich schon sehr darauf. (...)

Die neuesten Nachrichten habe ich gleich während des Abendessens mitgekriegt: die Front in Sizilien weiter zurückgenommen (jetzt bleibt von der Insel nicht mehr viel übrig und bald sind wir draußen), Bonn bombardiert. Da glaube ich kaum, dass Frankfurt seinem Schicksal entgehen wird. Hamburg muss auch tüchtig was abbekommen haben. Ich habe mehrmals versucht, mit einem Telegramm nach Hamburg durchzukommen, bekam es aber nicht mehr abgenommen. Der Telegrafenverkehr ist unterbrochen. Ebenso kam heute Nachmittag der Anruf durch, dass sämtliche Urlauber nach Hamburg Urlaubsverbot haben, bis weitere Befehle folgen. (...) Und wann startet die deutsche »Gegenoffensive«? – Wie viele Städte kommen bis dahin noch dran? (...)

14. August 1943
(...) Freitag war also das Scharfschießen. Ich war als Geschützführer eingeteilt, hatte vier Mann, die teilweise überhaupt noch nicht am Geschütz hantiert hatten. Um 6.50 Uhr fuhren wir ab, zunächst zur 1. Kompanie. Vom Stab nahmen drei Geschützbedienungen an dem Scharfschießen teil.

Von der 1. Kompanie aus ging dann die Fahrt in etwa einstündiger Dauer bis zu dem gesperrten Gelände, was mit der Schussrichtung seewärts lag. Die Durchfahrt durch einen Bach war eine interessante und filmenswerte Abwechslung. Die Brücke lag halb im Wasser und die Stützen waren durchbrochen.

Zuerst wurde ich gleich beim 1. Geschütz als Schiedsrichter eingeteilt und hatte das Zielschießen mit dem Fernglas zu beobachten und die Treffer und Schusszahlen aufzunehmen. Ich stopfte mir beide Ohren voll Watte und ließ so annähernd 60 Schüsse über mich ergehen.

Nachdem die Kompanie durchgeschossen hatte, kam der Stab an die Reihe. In der Zwischenzeit und auch schon am Abend vorher hatte ich Zielansprache und Befehle durchaus studiert und machte meine Sache recht gut. Herr Major

Kempf stand eine Zeit lang hinter mir und beobachte mich und klappte es zu meiner Zufriedenheit. Ich musste nur aufpassen, dass meine Helden nicht so dicht an das Fernrohr gingen und hinter dem Abweiser blieben, sonst wären wohl Arme und Augen weggeflogen. Es passierte nichts. Dann schoss ich als Letzter und hatte 12 scharfe Schuss. Ich hatte auf verschiedene entfernt voneinander stehende Ziele, die ich alle nacheinander selbstständig anrichten musste, 11 Treffer.

Ein Schuss ging mir daneben und peitschte draußen im Skagerrak eine ordentliche Fontäne auf. Wir hatten ein Prachtwetter und war es für mich eine schöne Abwechslung.

(...) Gegen 16.00 Uhr war ich wieder zu Hause, auf den Ohren, die aus allernächster Nähe allein über 120 scharfe Schuss über sich ergehen lassen mussten, trotz Watte so gut wie taub. Erst allmählich hat sich das gegeben. Verdreckt war ich von oben bis unten. Zuerst habe ich mich ganz ausgezogen, meine Sachen ausgeklopft, dann Gewehr und Ausrüstung sauber gemacht, Lederzeug neu gewichst und anschließend den ganzen Kerl abgewaschen, rasiert usw., frische Wäsche angezogen, bis ich endlich wieder einigermaßen aussah. Am Abend war ich dann so rechtschaffen müde, dass ich mich gleich umgelegt habe und eingeschlafen bin. (...)

Inzwischen ist es dunkel geworden. Vor mein Giebelfenster habe ich die Verdunklung davorgestellt. Mein Zimmerchen wird nur noch von dem Schein der kleinen Tischlampe aus dem Zimmer des Herrn Kommandeurs erleuchtet. Über einer gespannten Kordel hängen drei Paar gewaschene Strümpfe. Morgen muss ich sie stopfen. Auf einem Regal an der Fensterseite stehen wohl ausgerichtet die 4 Bände der Wirtschaftlichen Kurzbriefe, quer darüber liegt das Buch von Gustav Freytag »Soll und Haben«, ein Fetzen Papier deutet an, wie weit ich gekommen bin. Ein Pack Reclam-Bücher von König liegen daneben und vervollständigen unsere Bibliothek des allgemeinen Wissens. Vor mir auf dem Tisch sitzt der Vati – mein Selbstporträt – und hat sein Töchterchen auf dem Arm, dessen lachende Augen so unternehmenslustig mich anlachen. Meine Wäsche liegt auf meinem Feldbett, einige Schreibutensilien, wenn ich innehalte mit Tippen, dann tickt leise meine Taschenuhr auf dem Tisch. Irgendwo spielt ein Radioapparat im Haus. Sonst ist es ruhig. Und in dieser Ruhe gehört man mit seinen Gedanken ganz sich selbst. Man denkt wenig mehr an die Zukunft, die man sich mit herrlichen Wolkenschlössern ausmalte, selten denkt man an die Vergangenheit. Die Gegenwart beherrscht die Stunde. Alles, was war, alles, was sein wird, ist überschattet von dem Ablauf des großen Geschehens. Man hat aufgehört zu denken, man denkt nur noch von heute auf morgen und gibt sich keinen langen Episteln mehr hin.

Wo steckt jetzt das Positive des Lebens, wo sind die Sonnenseiten?

Keine Bange, wir werden sie wieder finden. Wen das Schicksal auch hart schlägt wie jetzt unsere lieben Hamburger, wenn Hab und Gut verlorengeht und nur das Hemd auf dem Leib bleibt, eines bleibt auch – das Herz. Und wo in so vielen Fällen auch das Herz aufgehört hat zu schlagen, so wird die Verpflichtung von den Überlebenden übernommen. Und wenn ich hier um mich den Dreck und den Niedergang von Sitte und Moral sehe, dann erkenne ich erst recht, dass sich die den Glauben erhalten müssen, die anständiger Gesinnung sind. Wir befinden uns jetzt in einer Krise. Die deutsche Vergeltung muss kommen, wenn sie ausbleiben sollte, ist das Ende und die Auswirkungen auf die Zivilbevölkerung nicht abzusehen. Deshalb wird zurückgeschlagen. Und dieser Schlag muss vorbereitet sein, er darf nicht fehlgehen. Auf den russischen Kriegsschauplatz zu kommen, ist so eine eigene Sache, aber dem Engländer eines auf den Hut zu geben, das wollen wir hier alle, da sind wir alle dabei. (...)

Die Entwicklung nimmt ihren Gang, mache Dir wenig Gedanken und lass die Dinge sich austoben. Der Trost auf die wieder aufgehende Sonne klingt banal, wenn man mitten im dicksten Strichregen steht, aber es ist der Gang der Welt, Naturgesetz. Noch bis zum Ende dieses Jahres sehen wir klarer, bis dahin wird sich viel ereignet haben. (...)

24. August 1943
(...) Für die nächsten Tage hat die Division eine Kontrolle aller Verschlusssachen angesetzt. Dabei wird mir also und meiner G-Sachen-Verwaltung auf den Zahn gefühlt. Das kann mich nicht erschüttern, die Kontrolle kann ruhig kommen.

Inzwischen mache ich nun die Verhandlungen fertig und werden sie wohl in den nächsten Tagen unterzeichnet. Ich neige zu der Annahme, dass die Urlaubssperre auch mit irgendwelchen Aktionen gegen England zusammenhängt, kann mich allerdings auch irren. Na, ich bin gespannt, es hängt etwas in der Luft.

Der allgemeine Dienstbetrieb lässt etwas nach, auch wohl ein Zeichen dafür, dass man höheren Orts die Zelte schon so langsam abbricht. (...)

26. August 1943
(...) Hier bei uns ist schon viel Betrieb. Es laufen schon eine ganze Menge fremder Soldaten herum, der Einheit, die uns hier ablösen soll, und diese Vorkommandos beschäftigen sich mit Geländeeinweisung, Übernahmen usw. Sonntagabend wird wohl Oblt. Evers wieder zurückkommen und bin ich gespannt, was er berichten wird. (...)

6. September 1943
(...) Die Mitteilungen von den Landungen in Süditalien sind auch alles andere als schön. An der Ostfront sind noch härteste Kämpfe im Gange. Der Beginn der Vergeltung, den viele auf den Jahrestag der englischen Kriegserklärung an Deutschland, den 4. Sept., erwarteten, ist auch ausgeblieben. Im Rahmen dieses Briefes empfiehlt es sich nicht, Gedankengänge hierüber zu verlieren. (...)

8. September 1943
(...) Heute hatten wir den Offizier der Division da, der die G- und GKdos-Sachen geprüft hat und noch im Jahr 1942 angefangen hat. Bei mir hat alles gestimmt, leider nicht jedoch bei den anderen Geschäftszimmern, als da sind Abt. I b, Abt. V, Abt. IV a (Holzner), Abt. IV b (Revier) und wird es schon einen langen Bericht geben mit dem Erfolg, dass ich etwas mehr Arbeit bekommen werde, da ich viele Akten der anderen Abteilungen zukünftig mit verwalten soll. Nur einen einzigen Ausgang innerhalb der Abteilung hatte ich nicht verbucht, konnte den Verbleib des Vorganges aber nachweisen. Ich sagte dann, ich wollte ihm doch eine Chance gegeben haben, wenigstens einen Fehler zu entdecken. Natürlich lachte er und die Meldung unterblieb. Also alles in allem ein Erfolg, nicht zuletzt für mich. (...)

Eben kommt Schirrmeister Grommler mit der Mitteilung, Italien hätte bedingungslos kapituliert. Davon muss ich mich selbst überzeugen. Sakrament! War aber zu erwarten. (...)

9. September 1943
Ich hatte nun gestern Abend den Brief zufolge der Neuigkeiten im Radio abgebrochen, bin zu Helmer auf die Stube gegangen und habe noch den 24-Uhr-Nachrichtendienst abgewartet, um mich selbst von allem zu überzeugen. Es entstehen nämlich und gerade leicht beim Militär sehr schnell Parolen, sodass man sich tunlichst selbst von allem überzeugt. Die Tatsache ist also nicht von der Hand zu weisen, der Fall kommt auch nicht unerwartet, Italien hat uns zum zweiten Mal verraten. Traurig um unsere Waffenhilfe und jeden jungen Mann, der in Afrika sein Leben lassen musste. Ich hoffe jetzt auf eine Erklärung der Reichsregierung, denn irgendwie muss die Volksmeinung ja beruhigt und unterrichtet werden. Vielleicht gibt der Führer eine Erklärung ab.

Dass diese Wandlung Nachwirkungen hat, kann sich jeder Laie an den Fingern abzählen. Vielleicht und ich glaube auch auf unsere Zukunft hat die neue Wendung irgendwelche Auswirkungen. Man muss es zunächst einmal abwarten. Es ist schade, dass wir uns brieflich nicht näher unterhalten können. Mein Freund Walther, den Du von früher her noch kennen wirst, hat doch mit seiner Meinung recht behalten. Ich will nur hoffen, dass die letzte Konsequenz uns erspart bleibt. (...)

Die Stimmung bei uns ist sehr gut. Wir haben beste Verpflegung und wir halten den Krieg noch lange aus. Endlich ist klare Front geschaffen, wir haben den Vorteil der inneren Linie. Keiner von uns denkt auch nur pessimistisch, das überlassen wir den Intellektuellen.

Aber beileibe, bitte bring diese Bemerkungen nicht etwa in Verbindung mit der vorhergehenden Seite. Liest dies ein Zensor, er würde mich hierfür hinter schwedische Gardinen setzen. Na, da habe ich es wiederum nicht so weit. Ha, ha –

13. September 1943
Nun eine kurze Schilderung der letzten Tage.
Allem voran steht wohl die Befreiung des Duce, ein wahres Husarenstück, das uns doch wieder einigen Auftrieb gibt, während man von der Rede des Führers weit mehr wohl erwartet hätte. Man ist Reden im Generalanzeigerformat gewohnt und war erstaunt, nach der ersten Viertelstunde schon das Deutschlandlied im Radio zu hören. (...)

Da wir nicht so viel lebendes Inventar transportieren können, wurden am Samstagmittag, gleich nach dem Essen, zwei Schweine geschlachtet. Ich habe zum ersten Mal von allem Anfang an zugesehen und war dies sehr interessant. Die Schweine wurden mit einer Pistole vor den Kopf geschossen, anschließend gestochen und das Blut in einem Eimer aufgefangen und gegen das Gerinnen feste gerührt. Es ist ja eigenartig, wie lange das Schwein noch zappelt, obwohl ihm der Lebensfaden schon längst abgeschnitten ist. Nun werden wir also eine »fette« Woche bekommen. (...)

Unser Gepäck wird heute in der Nähe von Stavanger auf ein Schiff verladen zum Abtransport auf dem Seeweg, der Küste entlang. Meine Kiste mit den Wirtschaftlichen Kurzbriefen ist mit dabei. Wir selbst fahren zwischen dem 25. und 28.9. ab, unsere nächste Heimat ist Mysen an der schwedischen Grenze. Wir kommen in einem Barackenlager unter mit »elektrischer Heizung« auf allen Zimmern, ich werde mit König und Riester zusammenliegen.

(...) Es hat den Anschein nach den letzten Vorkommnissen, dass das ganze Kriegsgeschehen mehr Tempo bekommt und sich schneller abwickelt. In Italien kann man mal mit Ruhe die Entwicklung weiter verfolgen. Mittwoch, den 15.9., nehme ich an einem eintägigen Lehrgang für Karten- bzw. Luftbildlesen teil und Auswertung von Luftbildaufnahmen. Es wird eine ganz interessante Abwechslung werden.

19. September 1943
(...) Aus unserer Abteilung stellen wir übermorgen dreißig Leute für die Ostfront ab, darunter auch Oberleutnant Hardings. Die politische Lage ist ja sehr verworren und muss man die Weiterentwicklung erst einmal abwarten. Gestern Abend sprach Mussolini über den Deutschen Rundfunk. Ich habe es nicht selbst gehört und mir heute früh erzählen lassen.

So langsam wird das Wetter jetzt kühl und ungemütlich. Hier regnet es viel. Lange wird es nicht mehr dauern und wir werden Schnee bekommen. Ich wollte mir eventuell für den bevorstehenden Winter von Dir meine Skistiefel schicken lassen, um warme trockene Füße zu behalten. Mal aufpassen, wenn sich dazu mal eine Gelegenheit ergibt. (...)

24. September 1943
(...) Von mir persönlich ist nicht viel zu erzählen. Ich halte die Ohren steif und versuche auf eine würdige Art durch den Krieg zu kommen (...)

Heute übergeben wir unsere bodenständigen Akten. Ich bin froh, dass dadurch der Papierladen sich etwas verringert. Kürzlich haben wir einen Zug für die Ostfront abgestellt, den Oblt. Erhard, mit dem ich mich immer gut verstanden habe, geführt hat. Wir bekommen Julirekruten des

Jahrganges 1925 dafür. Zurzeit habe ich es öfters mit ... (geschwärzt) zu tun, einem gewissen ... (geschwärzt), Jahrgang 20, ein Kindskopf, der die Eierschalen noch am Hintern kleben hat, aber angibt, als hätte er die Weisheit mit Löffeln gefressen und Admiral- oder Generalstreifen am Hintern und eine Pfauenfeder dort stecken. Solche Leute habe ich gefressen, die ihr Angebertum nur aufs Maul stellen und auf keine Leistung. Hoffentlich kommen wir noch recht hintereinander. Ich habe da immer ein Jucken in den Händen und würde solch einem Breimaul am liebsten eine runterhauen.

Man muss sich halt manchmal Zwang antun. (...)

Ich bin aber schon froh, dass die kommende Gegend in landschaftlicher Beziehung sehr viel Neues verspricht, das Nordlicht werden wir öfters in seiner ganzen Pracht studieren können, allerdings soll die normale Temperatur bei einigen 40 Grad unter Null liegen – bange machen gilt nicht – wir warten es ab. Es hat sich unser Reiseziel jetzt schon 4- oder 5-mal geändert. Unweigerlich ist eine gewisse Taktik dabei. Vielleicht ändert sich's noch ein paar Mal. Für uns ist zunächst nur Schweden wichtig. Es wird dort ja hoffentlich ruhig bleiben. Ich habe wenig Interesse, mich an Schwedenplatten zu regalieren, obwohl dies eine der sympathischsten Angelegenheiten dieses Daseins darstellen dürfte.

25. September 1943

Ich sitze im leeren Zimmer. Morgen geht's los, wohin – das weiß niemand. Stabs Auskunft ist auch überholt. Dieses Mal war alles besonders gut getarnt, denn fast alle 2 Tage wurde ein neuer Ort benannt.

Und wieder einmal, wie so oft in den vergangenen Kriegsjahren in Norwegen, waren alle Spekulationen in die falsche Richtung gelaufen.

Stab, 1. Kompanie und eine Infanterieeinheit verließen ihren bisherigen Standort und kamen über Kristiansand nach Sarpsborg.

Da mein Vater in seiner Post aus Sicherheitsgründen keine Ortsangaben machen durfte, ist es im Nachhinein sehr schwer, seinen Weg durch Norwegen zu verfolgen.

Im August 1943 verließ der bisherige Kommandeur Obstlt. v. Waskow die Truppe. In einem sehr persönlichen Brief auch im Namen der engsten Kameraden, verabschiedete sich mein Vater von diesem liebenswerten Menschen. In seinem Dankschreiben zählt er noch einmal alle bisherigen Stationen des gemeinsamen Weges auf: Baumholder, Hüttersdorf, Oppen, Mainz-Bretzenheim, Triebel – und dann in Norwegen: Arendal, Kristiansand, Langedal, Krakerö. Hier waren sie für ein ganzes Jahr stationiert.

Ohne eine Reihenfolge einhalten zu können, folgen die Standortnamen, die in weiteren Briefen auftauchen: Oslo, Larvik, Stadthelle, Lyngdal, Farsund, Flekkefjord, Valle, Mandal, Insel Svinör bei Syrdal, Jössingfjord, Sogndal, Ana-Sira, Sandnes, Inseln Rauane und Jomfruland bei Kragerö, Risör, Bryne.

Ich nehme an, dass er ab dem 3. Oktober 1943 in Sarpsborg stationiert war und von dort Mitte Oktober nach Mysen kommandiert wurde.

Mein Vater musste damit seine Kameraden, mit denen er während seines langjährigen Kriegsdienstes in Norwegen zusammen gewesen war, verlassen.

Und – wie mein Vater in einem späteren Brief erwähnt – sollte dieser Umstand eine glückliche Fügung gewesen sein, die zusammen mit einer großen Portion Glück dazu beitrug, ihm das Leben zu retten.

3. Oktober 1943

(...) Zwei arbeitsreiche Tage liegen hinter mir und neue stehen noch bevor.

Die Fahrt, die sich über mehrere Tage ausdehnte, teilweise im Wagen und teilweise per Bahn zurückgelegt wurde, war mit ihrem Vielerlei an neuen Eindrücken wieder ein großes Erlebnis. Nun liegen wir in einem netten Städtchen, das ich mir heute Nachmittag zum ersten Mal ansehen werde. Drei Kinotheater sollen vorhanden sein, dazu ein großer Theatersaal, mehrere Cafés, in denen es allerdings auch keine Schlagsahne mehr geben soll.

Zunächst interessiert Dich aber meine Unterkunft. Wir liegen in einem Lager, d.h. Stab und 1. Kompanie, zusammen noch mit einer Infanterieeinheit. Es sind lauter kleine Baracken, aber sehr nett. Klosetts mit Wasserspülung, teilweise fließend kaltes und warmes Wasser in den Unterkünften, nur die Lagerküche ist voll Ungeziefer und müssen wir die Räume erst vergasen. Vorläufig wird in der Feldküche gekocht.

Ich schlafe mit König und Riester in einer großen Stube, die wohl zwei mal so groß wie unser Esszimmer sein dürfte, in einem Haus allein, in dem lediglich noch das Uffz.-Kasino und die Mannschaftskantine untergebracht werden sollen. Wir haben Ofenheizung, ein bisschen unbequem. Ein Waschraum mit 12 Waschbecken mit fließendem Wasser steht uns Dreien zur Verfügung, ein Warmwasserboiler mit ständig warmem Wasser ist sehr beachtlich. Wir haben uns vorläufig erst einmal notdürftig eingerichtet, kleine Bequemlichkeiten kommen erst mit der Zeit.

Die Geschäftszimmerbaracke liegt etwas weiter ab und sind dort sämtliche Geschäftszimmer untergebracht. Dort Wasserklosetts, im Kommandeurzimmer auch fließendes kaltes und warmes Wasser.

Ein schöner gekachelter Duschraum, den ich gestern zufolge großer Arbeit leider noch nicht benutzen konnte, ist im Lager vorhanden.

Der erste Eindruck ist also ein durchaus guter, mal sehen, wie lange wir hier bleiben.

Das Städtchen ist in etwa 20 Minuten erreichbar. Die Gegend ähnelt sehr der mitteldeutschen Landschaft, leicht hügelig, aber feine ausgebaute Straßen. Viel Felder, Landwirtschaft, nette saubere Ortschaften, ganz im deutschen Sinne und scheinbar an den schwedischen Nachbarn schon etwas angelehnt, die Straßen endlich mal gepflastert. Unweit des Lagers zieht sich der Eisenbahnstrang entlang, worauf ich ja schon etliche Male nach der Heimat und wieder zurückgefahren bin. (...) Herrgott, ich habe den Krieg auch so satt! (...)

– über allem steht das harte Wort Krieg. Es ist ein Jammer. Ich überlege mir oft mit König zusammen die Lösung dieses Problems, die Lösung, das Ende dieses gordischen Knotens, dieses Völkerringens. Wir finden uns aber nie zurecht, schlittern nur immer in unseres Freundes Walthers Meinung hinein, je länger die Zeit, desto mehr. Es ist schade für uns, dass wir in diese Zeit hineingeboren wurden. (...)

Ich hörte gestern im Radio, dass der Kubanbrückenkopf nun auch aufgegeben worden sei. In einem Jahr haben uns die Russen um die gesamten Erfolge der beiden ersten Jahre des Russlandfeldzuges gebracht. Nun bin ich auch gespannt, was die Engländer alles in Frankfurt angerichtet haben. Zwei unserer Leute haben schon als Bombengeschädigte Sonderplätze erhalten. Die Bombenschäden werden nun in der Heimat auf Grund einer Neuregelung durch die Polizei festgestellt und in Gruppen a – b – c eingeteilt, wobei »c« totalbombengeschädigt bezeichnet. Hiernach richten sich dann die Beurlaubungen bzw. die Länge des Sonderurlaubes. Ein Telegramm, welches weder parteiamtlich noch polizeilich geprüft wurde, ist kein Grund zu Sonderurlaub. Das kann man sich mal merken. Wie ich hörte, sollen der Römer und die daneben stehende Paulskirche getroffen worden sein. Sicher höre ich von Dir Näheres, und, da ich Frankfurt gut kenne, interessiert es mich besonders. Wie viel arme Menschen werden da wieder Hab und Gut verloren haben? Ich bin gespannt, ob auch Juweliere und solche unserer Kundschaft betroffen worden sind. Nötigenfalls könnte man da helfend einspringen. König hat noch keine Nachricht, kann auch noch nicht da sein. Hermann Arbold ist seit längerer Zeit auf einem Lehrgang für Meldehunde und wird erst in einiger Zeit zu uns zurückkehren. Schlimm schon der Gedanke, plötzlich vor einem Nichts zu stehen. Hoffentlich bleibt das Wort »Vergeltung« kein leerer Wahn. Wie ich hörte, ist man in der Konstruktion einer Sache noch nicht fertig. Es bleibt also immer noch Hoffnung vorhanden. (...)

10. Oktober 1943
(...) Nachts hat hier der U. v. D. die Telefonzentrale zu bedienen, da abends der Vermittlungsposten eingezogen wird. Es war das erste Mal, dass ich als »Telefonfräulein« fungiert habe und hat der Laden ganz gut geklappt. Einweisung in die Luftschutzbunker, die sehr schön und zweckentsprechend angelegt sind, vervollständigte den gestrigen Dienst. –

12. Oktober 1943
(...) Ich kann mir denken, dass zu Hause die Gerüchte hin- und herschwirren, jeder etwas anderes wissen will und die tollsten Kombinationen angestellt werden. Auch hier spricht

man davon, dass unseres Bleibens nicht allzu lange sein soll, doch stehen dem gewisse eigene Beobachtungen gegenüber, die mich, wenigstens während des Winters, nicht daran glauben lassen wollen. Die Requirierung zweier Häuser für Offiziersquartiere, die Ausstattung derselben mit elektrischen Heizöfen besagt, dass man sich winterfest einrichtet und demnach an eine nochmalige Verlegung nicht so schnell denkt. Aber ich bin halt beim Militär und auf Grund meiner gemachten Erfahrungen, halte ich alles für möglich. (...)

25. Oktober 1943 (Mysen)
(...) Oblt. Seifert hatte mich dazu bestimmt, mich einer Erkundungsfahrt anzuschließen, die er mit seinen Feldwebeln durch den Abschnitt machte, um das Gelände kennenzulernen. Ich sollte in der Stadt, aus der ich gerade erst gekommen bin, bei der dortigen Ortskommandantur die Akten für eine unserer beiden Ortskommandanturen übernehmen, und gleich wieder mit zurückfahren. Zunächst war die Fahrt sehr interessant. Das Gebiet hat viele Ähnlichkeiten mit Deutschlands gewelltem Gelände, viel Landwirtschaft, große einzelne Höfe, Felsen so gut wie nicht mehr. Nur an einer einzigen Stelle sind wir über Norwegens größten Fluss, den Glommen, gekommen. Hier war die Landschaft ja sehr reizvoll. Eingeengt in eine breite Felsenschlucht zwängte sich der reißende Fluss, der auf seinem Rücken in wildem Tanz Baumstämme zu Tale trug. Die Brücke, über die wir fuhren, war dazu noch baufällig und hing in der Mitte ganz nach unten durch. Unser schwerer Personenwagen musste allein über die Brücke fahren und wir stiefelten hinterher zu Fuß. Schade, dass das Wetter so schlecht war.

Nach langer Fahrt erreichten wir dann gegen 10 Uhr die mir vertraute Stadt (Sarpsborg). In großem Bogen ausholend kamen wir an dem Lager des Stabes und der 1. Kompanie vorbei, das wir rechterhand liegen ließen. In der Ortskommandantur angekommen, empfing uns als erster Eindruck ein enormer Betrieb. Ein Oberleutnant, ein Unteroffizier, ein Dolmetscher, eine deutsche Stabshelferin, dazu käme noch eine Norwegerin, die gerade krank war, und viele Sachbearbeiter, beispielsweise für Kfz-Wesen und andere Fachgebiete gingen den Tag über ein und aus. Oblt. Seifert übernahm zunächst selbst die GKdos-Schreiben, deren Vollzähligkeit ich prüfte und feststellte. Die übrigen Akten waren derart umfangreich, verpackt in einer Kiste, die noch einmal so groß wie unser großer Schiffsplattenkoffer sein dürfte, sodass es ein Ding der Unmöglichkeit schien, bis zur Rückfahrt von Herrn Oblt. S. fertig zu werden. Ich sagte, ich würde mich selbstständig machen und am Abend auf irgendeine Art und Weise nachkommen. Dann ging es an die Arbeit. Bis gegen 13.00 Uhr hatte ich allein die Geheimschreiben zu prüfen. Die Schreiben wurden wohl alle nachgewiesen und waren alle da, aber die Aktenführung spottete jeder Beschreibung. Da fehlten Geheimquittungen, da waren »offene« Schreiben zusammen mit »geheimen« Schreiben geführt, 5 Briefbücher waren allein vorhanden, ca. 15 verschiedene Geheimmappen alles kunterbunt durcheinanderliegend, die Hinweise in den Briefbüchern, die angaben, wo das Schreiben zu finden war, nur mit Blei geschrieben, vernichtete Schreiben einfach durchgestrichen, die Vernichtungsverhandlungen nicht den Bestimmungen entsprechend, und von meiner »mustergültigen« Aktenführung verwöhnt konnte ich Oblt. S. und dem anwesenden Offizier nur sagen, dass der Laden »unter aller Sau« ist. (...)

Ich hatte noch den ganzen Nachmittag dort zu tun und besprach eingehend die zu erledigenden monatlichen Dauertermine, die Vorkommnisse innerhalb des Geschäftsbereiches und notierte mir vieles und drang so langsam in den Betrieb ein. (...) Die Aktenführung habe ich schon ganz übernommen und will den ganzen Aktenplan umstellen. Das gibt viel Arbeit. Auch sonst bin ich sehr aktiv, habe schon selbstständig einen Kommandantenbefehl herausgegeben, den Oblt. S. auch ohne Weiteres unterschrieben hat. Auch die laufende Terminerledigung beginnt und habe ich schon mehreres bearbeitet. Ich habe nun zunächst eine Stabshelferin noch angefordert. Den Dolmetscher hat mir Oblt. S. zunächst gestrichen, weil er im Kasino eine weibliche Ordonanz hat, die perfekt Deutsch spricht und die stundenweise als Dolmetscherin aushelfen soll. Das ist ja nichts Halbes und nichts Ganzes. Telefon haben wir immer noch nicht. Wenn es noch länger damit dauert, dann hänge ich einfach irgendwo in der Stadt Apparate ab, denn es bleibt ja dann mit auf mir sitzen, wenn wir mit unserem Laden nicht vorankommen.

An Büroutensilien ist noch nichts da. Teilweise habe ich meinen eigenen Briefblock mit benutzt, meinen eigenen Federhalter und Tinte. An jeder Ecke fehlt das Nötigste. Wie soll man da arbeiten?

Ich habe also für den nächsten Monat bestimmt alle Hände voll zu tun und ist die Frage meiner Beschäftigung sichergestellt, sodass ich in Kurzem den Betrieb wohl in der Hand habe.

Von gestern auf heute wurde ich gleich als U.v.D. eingeteilt. Als Oblt. S. davon erfuhr, verbat er dem Hauptfeldwebel meine Einteilung, weil ich augenblicklich so viel zu tun hätte. Der U.v.D.-Dienst ist ähnlich wie beim Stab, nur kann man nachts nicht schlafen. Zu laufen hat man eine ganze Menge, denn eine Kompanie ist ja viel größer. Ich habe bei der Parole heute zum ersten Mal eine ganze Kompanie antreten lassen und kommandiert. Beim Stab ist der Haufen doch wesentlich kleiner.

Heute Nacht habe ich eine Offizier-vom-Dienst-Einteilung ausgearbeitet, die Oblt. S. auch ohne Änderung akzeptiert hat. Es ist nämlich insofern mit ihm schlecht arbeiten, als er erst einmal alles, was erledigt wird, 3- bis 4-mal wieder abändern lässt, bis es seinen Wünschen entspricht. So hatte er Uffz. Nörge einen Text diktiert, desgleichen auch unserem Schreiber, einem Gefr. Klag. Nun kommen am Abend beide Sachen zur Unterschrift. Bei der ersten Sache moniert er, dass der Text nicht genau seinem Diktat entspricht, bei der zweiten Sache jedoch, man solle seinen Text nicht wörtlich schreiben, sondern den Stil in gutes Deutsch abändern usw. usw. – Also ein Gegensatz. Oblt. S. ist, was man sagt, so fickerig, nervös und habe ich ihn erinnert, wie er seinerzeit in Mainz-Bretzenheim Adjutant gewesen wäre, er sei aber immer noch so nervös wie damals. Er und auch die übrigen Offiziere, die dabei waren, haben herzhaft gelacht. Alles in allem also: Ich steige langsam in den Sattel. Du brauchst in dieser Hinsicht keine Bedenken zu haben. An zwei Tagen der Woche sollen sich wohl alle Kommandierten auch am Außendienst beteiligen. Inwieweit dies für mich zutrifft, ist heute noch nicht abzusehen. Auf alle Fälle ist auch dies für mich eine schöne Abwechslung und werde ich alles mitmachen. Ob ich die Unterrichtsstunden des Lehrganges noch regelmäßig besuchen kann, hängt von meiner Arbeit hier ab.

Nach Möglichkeit will ich auch von dem Kompaniedienst profitieren.

Nun erhob sich die Frage für mich, ob ich in der Ortskommandantur wohnen sollte. An und für sich nicht schlecht: Bad, Waschtoilette mit fließend kaltem und warmem Wasser. Trotz dem geliebten Wasser und dem Wasserklosett habe ich mich entschlossen, in der Kompanieunterkunft vorläufig wohnen zu bleiben, und zwar aus folgendem Grund: Hier ist Ofenheizung, nur in einem Zimmer des oberen Stockes elektrische Heizung. Da es auf den Winter zugeht, wird es in den großen Räumen der Ortskommandantur also manchmal recht kühl sein. In der Kompanieunterkunft (Lager) hingegen ist überall elektrische Heizung. Ich komme also zu jeder Tageszeit immer in einen geheizten Raum. Das ist ein großer Vorteil.

Dann wohnt man auch nicht gern bei seinem Geschäftszimmer, denn sonst arbeitet man zu viel und ist bei jedem Telefonanruf gleich greifbar.

29. Oktober 1943
(...) Heute Morgen hatten wir wieder Gottesdienst, bei dem gleichen Berliner Pfarrer wie vor etwa 4 Wochen beim Stab, und habe ich diesen Gottesdienst, wie anschließend – zum zweiten Mal in meinem Leben – die Verabfolgung des heiligen Abendmahles mitgemacht, eine sehr feierliche und ergreifende Zeremonie. Ich habe mich hinterher wieder mit dem Pfarrer näher unterhalten, habe ihm quasi als »Messdiener« noch geholfen und habe ich ihm meinen Namen notiert und will er mir ein Neues Testament zum Geschenk machen. Auch mit König habe ich mich öfter mal über die Sendung der Religion ausgesprochen, was umso interessanter war, als König Katholik ist und zu seiner Kirche eine durchaus positive Einstellung zeigt. Die Gedankengänge, die uns während der Predigt der Pfarrer dargetan hat, im

Einzelnen zu schildern, ist sehr schwer. Er hat nämlich praktisch zwei Predigten gehalten, eine, deren Worte man erfasst hat, eine andere, die quasi zwischen den gesprochenen Zeilen stand und dem viel zu sagen vermochte, der das Zeug dazu hat, hinter die Kulissen zu schauen. Die Religion ist ein Reich, was über tausend Jahre, ja bald zweitausend Jahre, solange die »moderne Welt« sich in den Angeln dreht, besteht und bewährt hat. Keine zivilisierte Macht der Erde war in der Lage, an diesem Grundpfeiler »christliche Kirche« zu rütteln. Es hatte den Anschein, als ob die großen Erfolge der Kriegsjahre 1939/40 und 41 die Menschheit »Gott« vergessen ließ, »Gott« konnte beiseite geschoben oder zitiert werden, wie man ihn gerade nötig hatte oder gebrauchen konnte. Die Parole ging: »Männer machen die Geschichte.« Wie armselig menschlich – sie würfeln nur, wie aber die Würfel fallen, entscheidet das Schicksal, die Vorsehung – entscheidet nur Gott. Beweis für die Wahrhaftigkeit der Kirche ist ihre Beständigkeit, keine tausend Jahre, sondern über zweitausend Jahre hat sich die christliche Lehre erhalten, die in ihren Anfängen schon auf den alten Judengeschichten des Alten Testamentes fußt. Warum viele moderne Menschen die Bibel oder den Bibeltext ablehnen? Weil er sich nicht gewandelt hat, immer der alte, der gleiche geblieben ist wie vor zweitausend Jahren. Würde heute ein Ingenieur über eine technische Sache ein modernes Buch schreiben, dann würde es viele geben, die dieses heute moderne Buch in 25 oder 50 Jahren mit einem mitleidigen Lächeln beiseitelegen, es ist in der Zwischenzeit unmodern geworden, veraltet, überholt. Ebenso ging es der Bibel. Diese sei auch unmodern, im Wort überholt und der Zeit nicht angepasst, aber im Vergleich zu der Vergänglichkeit allen Seins seien ihre Gesetze die gleichen heute wie vor zweitausend Jahren und dadurch trotz der Unmodernität des Wortes für die Menschheit ewig jung. Dann sei auch das technische Moment nicht außer Ansatz zu lassen, denn die Psalme seien ja ursprünglich zum Singen, also für Gesang gewesen und nicht zum Vortrag. Er bewies dies aufgrund einiger Stellen. Von der Not und dem Elend der Menschen aus den bombardierten Gebieten sprach er, von den Besuchen in vielen Lazaretten während seines Einsatzes an der Ostfront, der zunehmenden Verzweiflung vieler Menschen, den enorm ansteigenden Ziffern für Selbstmorde an der Front und in der Heimat, um dann zu dem Schluss zu kommen, dass den vielen Verzweifelten, den unzähligen armen Menschen, die jetzt durch die dunkelste Tiefe ihres harten Schicksals hindurch müssten, dass viele Soldaten, die in furchtbarer seelischer Not so schwer sterben müssten, eines fehlte, der innere Rückhalt, den Religion und Gottesglaube allein zu geben vermögen. –

Ich konnte Dir mit diesen wenigen Sätzen nur ganz entfernt das andeuten, was uns dieser Mann ausgeführt hat. Da in solchen Dingen jeder sein eigener Mensch ist und praktisch seinen eigenen Gott hat, sollst Du mir gar nicht darauf antworten. Gewiss – es sieht wie eine Flucht in die Ausrede aus, wenn es einem dreckig geht, sei es dem Einzelnen persönlich oder dem ganzen Volk, wo im Osten die Front zu brechen droht, wenn man sich hinter der Religion oder seinem Gott verschanzt, aber wenn die Religion es vermag, die sittlichen Werte, die Ethik der Menschheit zu stützen, Charaktere zu festigen, Willen zu schmieden und das harte unausweichliche »Muss« eines schier untragbar scheinenden Schicksalsschlages so tragbar zu machen, dass ein armer Mensch nicht daran zerbricht, dann hat sie Großes geleistet.

Und so haben alle Religionen etwas Gemeinsames, dem Heil und dem Wohl der Menschheit zu dienen.

Er, der Pfarrer, las einige ihm von Soldaten zugegangene Originalschreiben vor. Darüber könnte man wirklich den Titel setzen: »An was das Leben zerbricht«. Ein Vater, der als Soldat im Felde steht, hat in einer Bombennacht seine Frau, seine Schwiegereltern und zwei jüngere Kinder verloren, während ihm zwei Söhne im Osten gefallen sind. Der Brief war bestimmt nicht erfunden. Es gibt harte, tragische Menschenschicksale.

Ich will diese Gedankengänge jetzt beschließen. Jeder von uns beiden, Du und auch ich, macht sich in stillen einsamen Stunden seine eigenen Gedanken, macht sich sein eigenes Weltbild und formt sich seinen eigenen Gott. (...)

1. November 1943
(...) Nachts um 24.00 Uhr wurde die Kompanie alarmiert und traten wir nach zehn Minuten alle in dem großen Kantinenraum an.

Probealarme werden bei der Kompanie häufiger als beim Stab durchgeführt. Heute, Montag früh, habe ich zunächst einem Vortrag des Herrn Lt. Titze zugehört, mich dann anschließend zur Ortskommandantur begeben, wo schon viel Arbeit auf mich wartete. Es ist jetzt so, dass wir schon sehr viel zu tun haben. Heute Nachmittag lasse ich die Dolmetscherin sämtliche Lehnsmannsdistrikte anrufen und auf Zusammenarbeit mit unserer Dienststelle hinweisen, lasse die Zeitungen anrufen und verweise darauf, dass unsere Ortskommandantur für die Zensur zuständig ist, das wird mit dazu beitragen, den Geschäftsverkehr hier enorm zu steigern. Herrn Oblt. S. musste ich für heute Nachmittag nochmals herbitten, weil er einfach heute früh mit der vorgelegten Post nicht ganz durchkam. Meine Tätigkeit spielt sich also ein und dringe ich so langsam in die Materie ein. Mit der Sichtung und Neuordnung der einzelnen Akten habe ich allein wenigstens 3 Wochen Beschäftigung. (...)

5. November 1943
Was hat das hier bei mir einen Betrieb gegeben. Ich arbeite ohne Mittagspause durch, gestern habe ich bis nachts 2.30 Uhr gesessen, den ganzen Tag läutet das Telefon, ständig habe ich mit den höchsten Dienststellen des Reichskommissariats in Oslo oder dem Armeeoberkommando zu telefonieren, bald mit norwegischen Behörden. Der Laden wächst derart an, dass ich zunächst den Antrag stellen muss, dass mir die Dolmetscherin den ganzen Tag zur Verfügung gestellt wird, wahrscheinlich gebrauche ich noch weiteres Hilfspersonal, wenigstens einen Zeichner. So musste ich technische Zeichnungen von Elektrizitätswerken, weil einfach niemand dazu da war, selbst machen. Ich bin also ziemlich eingestiegen und habe jetzt schon viele Kenntnisse in meinem neuen Arbeitsgebiet erlangt.

19. November 1943
Soeben erhalte ich folgenden Anruf:

»Uffz. Bury mit sofortiger Wirkung zum Divisionsstab, Abt. II a (Oblt. Eberhardt) kommandiert. Inmarschsetzung 21.11.43.«

Oblt. S. sträubt sich gegen die schnelle Entsendung und versucht meine Inmarschsetzung um 1 Woche hinauszuschieben. Meine Feldpostnummer ändert sich dadurch wieder. Instruiere die Verwandtschaft. Briefe, die an 33238 gesandt sind, lasse ich nachkommen. Sehr schade, dass ich

Weihnachten vermutlich ohne Päckchen dasitzen werde. Ich muss sie mir nachschicken lassen.

Was sagst Du nun? Der große Sprung ist geschafft. Zu arbeiten bin ich gewöhnt, jetzt heißt es sich behaupten. (...)

22. November 1943
(...) Meinen Zettel, auf dem ich Dir meine Kommandierung zum Div.-Stabsquartier mitgeteilt habe, hoffe ich in Deinem Besitz. Ich hätte mich eigentlich schon Samstag, den 20.11. dort melden sollen, Oblt. S. hat aber noch 7 Tage Aufschub für die Einarbeitung eines Nachfolgers herausgeschunden, und fahre ich jetzt Freitag, den 26.11. nach Oslo, übernachte bei Hans Oppmann, mit dem ich mich heute telefonisch in Verbindung gesetzt habe, und fahre Samstag früh, den 27.11., weiter, um mich bereits am Vormittag bei der Division zu melden. (...)

Nun habe ich natürlich auch mit Oblt. Eberhardt, meinem zukünftigen Chef bei der Division, telefoniert und sagte er mir, dass meine Kommandierung zur Division zunächst nur bis zum 20. Dezember vorgesehen sei. Ich werde mir aber Mühe geben, mich dort festzusetzen und zusehen, die Kommandierung in eine Versetzung umwandeln zu lassen. Gleichzeitig habe ich mich mit seinem Büro unterhalten und festgestellt, dass eine Oberfeldwebel- und eine Mannschaftsstelle dort frei sind. Vorhanden sind drei Leute, ein Feldwebel, ein Unteroffizier und ein Obergefreiter. Vielleicht rückt der Feldwebel zum Oberfeldwebel, der Uffz. zum Feldwebel auf, sodass ich die Uffz.-Stelle besetzen kann. Ich kann als Eindringling nicht anmahnen, dass ich auf die Feldwebelstelle gesetzt werde, obwohl nach 2 1/2 – jähriger Dienstzeit als Uffz. zur Gelegenheit an meine Beförderung zum Feldwebel auch einmal zu denken ist. Ich werde Dir bald über meine ersten Eindrücke, Unterkunft, Arbeit usw. ausführlich Bericht erstatten, umso mehr, als ich quasi meine Weihnachtskorrespondenz als beendet betrachten kann.

In gewissem Sinn kommt mir der neue Stellungswechsel sehr gelegen, denn hier auf der Kommandantur war die Arbeitsbelastung doch zu groß. Mit gewisser Genugtuung stelle ich den maßlosen Neid beim Stab fest. Nun bin ich auch der Mann, der den »Urlaub macht«! Ha, ha – Division II a regelt alles, was mit Personalangelegenheiten zu tun hat. Dieses Gebiet ist nicht mehr direktes Neuland für mich, nur wird bei einer Division der Laden wahrscheinlich weit größer sein als bei einem armseligen Abteilungsstab. Du kannst gespannt sein über meine nächsten Berichte. (...)

26. November 1943 (Drammen)
Heute früh bin ich mit wahnsinnig viel Gepäck um 5.30 Uhr losgezogen. Glücklicherweise traf ich unterwegs einen Autobus, der mich den weiteren Weg ein Stück mitnahm. (...)

Im Zug las ich dann erst in Ruhe Deine beiden Briefe Nr. 84 und Nr. 85, die mir der Postfahrer der Kompanie glücklicherweise im Zug übergeben konnte, weil er wusste, dass ich im gleichen Zug mitfuhr. Recht herzlichen Dank dafür. Beantworten tue ich die Briefe später, wenn ich in meinem neuen Unterkunftsort und zur Ruhe gekommen bin. Ich war etwa eine Stunde gefahren, da hält der Zug. An 3 Stellen waren Minen unter den Gleisen hochgegangen und an ein Weiterkommen war Stunden nicht zu denken. Mein erster Gedanke war: »Schwein gehabt«, leicht hätte das ins Auge gehen können. Sehr leid tat mir eine Frau, die hilflos dastand mit einem Baby auf dem Arm. Sonst waren noch eine ganze Menge Kinder im Zug. Welches Schicksal den

Zug ereilt hat, der vor uns auf die Minen gefahren ist, weiß ich nicht, werde es vermutlich auch nicht erfahren. Nachdem ich etwa eine Stunde im Zug weiter gewartet hatte, stieg ich aus und versuchte zusammen mit einem norwegischen Herrn eine Taxe zu bekommen – kein Erfolg. Da ich noch etwa 20 km von der Stadt entfernt war, in der Hans wohnt, telefonierte ich diesen an, bekam ihn auch ziemlich schnell an den Apparat und erzählte ihm von meinem Missgeschick und bat ihn, mir eine Taxe nun von dort aus zu schicken. Hans sagte mir, dass dies unmöglich sei und es beständen die schärfsten Bestimmungen. Auch innerhalb der Stadt würden Taxen nur zu Dienstfahrten, deren Dringlichkeit nachgewiesen worden wäre, freigegeben. Er empfahl mir, mich an die Straße zu stellen und einen Wagen anzuhalten. Inzwischen war nun ein weiterer Zug angekommen, unsere beiden Züge aneinander gekoppelt und ging es hierauf noch ein paar Kilometer auf der Strecke weiter, wie Du Dir denken kannst mit etwas gemischten Gefühlen. Nach mehrmaligen vergeblichen Versuchen erwischte ich dann einen offenen Lastwagen, der Post fuhr, und mit zwei anderen Soldaten und einer Frau fuhren wir dann bei eisigem Wind den Fjord entlang bis in die Peripherie der Stadt, von dort mit der Straßenbahn weiter. Ich habe mir natürlich einen ganz ordentlichen Schnupfen geholt und bin vom schweren Schleppen: 3 dicke pralle Packtaschen, meine kleine Mappe, 1 Rolle mit Marschdecke, zweiter Uniform, Drillanzug, Karabiner, Stahlhelm, Gasmaske, Brotbeutel mit Kochgeschirr und Feldflasche, Filmapparat, wie gerädert. Endlich habe ich bis auf Filmapparat und eine Tasche mein Gepäck in der Aufbewahrung aufgegeben und sitze jetzt, 14 Uhr (um 8.30 Uhr sollte der Zug ankommen) in einem Soldatenaufenthaltsraum und schreibe diese Zeilen an Dich. Später, gegen 16 Uhr, will ich zu Hans herausfahren, den Abend mit ihm gemeinsam verbringen und bei ihm übernachten. Samstag früh 7.30 Uhr oder 8.35 Uhr fahre ich weiter. Ich werde mir nach meinen Erfahrungen nicht mehr die ersten Züge nach der Nacht aussuchen. (...)

27. November 1943
(...) Am Bahnhof holte ich dann mein vieles Gepäck wieder ab und fuhr mit etwas gemischten Gefühlen in die Stadt, in der die Division beheimatet ist, weil tags zuvor durch Sabotagen auch auf dieser Strecke eine Mine hochgegangen war, als der Zug darüberfuhr und es Verletzte gegeben hatte.

Ich kam aber wohlbehalten mit 1/2 Stunde Verspätung um 10.00 Uhr an, ließ mein Gepäck erst wieder in der Gepäckaufbewahrung am Bahnhof stehen und setzte mich zur Division in Bewegung.

Auf dem Geschäftszimmer kannte ich ja die Leute schon, Feldwebel Randolf, Uffz. Grandner und 1 Schreiber, Oblt. Eberhardt war zufolge Krankheit abwesend. Mein eigentlicher Chef ist ein Hptm. Pagener, Hamburger, der einen guten Eindruck auf mich machte. Gedacht ist mein Kommando eigentlich als vorübergehendes, zur Vertretung des in Urlaub fahrenden Feldwebel Randolf. Ich wurde gleich nach Stenografie gefragt, hörte zu meiner Beruhigung, dass in dieser Kunst keine Helden vorhanden sind, das gesamte Geschäftszimmerpersonal zurzeit in Kurzschriftlehrgängen, die über ein Anfangsstudium noch wenig hinaus gekommen sind, geschult wird. Da habe ich also schon mal einen Vorsprung. Für 120 Silben kann ich garantieren, nach Gewöhnung an den Diktierenden schaffe ich zur Not auch noch 140 Silben. Es heißt also üben für mich. Vielleicht konntest Du Dich wegen einer Zeitung bereits mit Erfolg bemühen.

Nun pilgerte ich durch die Stadt erst mal zu meiner Unterkunft und meldete mich bei Herrn Hptm. Ritzel (...)

So eine famose Unterkunft wie in der Ortskommandantur habe ich nun keinesfalls. Ich wohne in einer Schule und sind die Klassenzimmer durch Einziehen von Zwischenwänden jeweils 3 x unterteilt. Ich liege mit einem sehr netten älteren Sanitätsunteroffizier-Dienstgrad zusammen, mit dem ich mich schon gut angefreundet habe. Ich habe hier eine ganze Menge Bekannter getroffen, auch einige Hanauer und viel Frankfurter. Alles arbeitet natürlich in den verschiedensten Geschäftszimmern und ist alles ein großer Verwaltungsapparat. Die Geschäftszimmer der Division liegen im vierten Stock eines größeren Konfektionsgeschäftes, einem mächtigen Haus, in dem noch einige weitere Geschäfte und Läden untergebracht sind. Mit einem Lift erreicht man den 4. Stock. Zwei Türen weiter hat der Herr General sein Arbeitszimmer. (...)

Mein Kommando läuft zunächst bis etwa Mitte Januar. Ich hoffe doch, dass es mir während dieser Zeit gelingt, mich unentbehrlich zu machen. (...)

29. November 1943

Du wirst vergeblich zu Hause auf Nachricht warten. Der Grund ist eine Verlegung des Berliner Feldpostamtes. Wir bekommen 8 Tage keine Post und es geht auf 8 Tage keine Post von hier weg. Ich werfe aber trotzdem fleißig meine Briefchen ein. Angeblich soll das Feldpostamt in Berlin ausgebrannt sein. Da werden uns beiden vermutlich Briefe fehlen. Dazu kommt nun noch die Umleitung meiner Post an die neue Feldpostnummer dazu, sodass ich noch einige Zeit werde warten müssen.

3. Dezember 1943
(...) Meine Arbeit wird immer umfangreicher und fährt nun auch morgen Feldwebel Randolf ab. In kleinem Raum sitzen hier 5 Mann beieinander, mit zwei Maschinen wird geschrieben, andauernd telefoniert das Telefon, manchmal haben wir auch zwei Apparate auf dem Büro, wenn der zweite Apparat, der manchmal bei dem Hauptmann drin steht, herausgestellt wird, andauernd läutet es, dass jemand hereinkommen soll – kurz, die ganze Tätigkeit hat einen recht nervösen Anstrich und ist sehr unruhig. Hieran muss ich mich erst gewöhnen und habe schon des Öfteren wieder zu den Baldriandispert gegriffen. Ich bitte Dich auch, mir vorsorgend wieder ein Gläschen zu organisieren und gelegentlich zu schicken.

Heute früh vor Dienstbeginn war erst eine Stunde Belehrung im Div.-Stabsquartier durch den Dir auch bekannten Hptm. Ritzel, heute Nachmittag habe ich bis 16 Uhr wieder den Stenografielehrgang mitgemacht, der mir viel Freude macht. Es wird zunächst nur bis zu einem Tempo von 100 Silben diktiert, wobei ich ganz spielend mitkomme. Auch 120 Silben machen mir gar keine Schwierigkeiten und hätte ich es lieber, wenn höhere Geschwindigkeiten diktiert würden, 140 Silben oder mehr, da ich bei 100 Silben fast alles genau ausschreibe in Verkehrsschrift, während ich ja hauptsächlich Redeschrift erlernen will. Der Unterricht ist sehr gut, besser als ich ihn seinerzeit in der Höheren Handelsschule genossen habe. Man kann allerlei lernen. Dem Pensum nach bin ich wohl zurzeit der schnellste Stenograf des Div.-Stabes und merke ich dies allmählich schon im täglichen Dienst, denn ich muss andauernd zum Stenogramm kommen. Die Bürodienstzeit ist, wie ich Dir schon mitgeteilt habe, morgens von 9 bis 13 Uhr und nachmittags von 16 bis 19 Uhr. Der übrige Dienst geht außerhalb dieser Zeiten vor sich, sodass Schießen, Geländeausbildung, Exerzierlehrgang vor dem Nachmittagsdienstbeginn 16 Uhr stattfindet, sodass die auf den ersten Moment angenehm scheinende Dienstzeit doch trügt. Morgen, am Samstag, habe ich nun meine erste Wache. Diese Wache geht für mich in dem großen Geschäftshaus und einem gegenüberliegenden großen Bankgebäude vor sich. (...)

5. Dezember 1943
Post aus der Heimat kommt zufolge der Bombardierung des Feldpostamtes und seiner Verlegung in einen anderen Stadtteil überhaupt nicht an. Wahrscheinlich ist sämtliche Post von Dir als auch Post von mir mit verbrannt. Es wäre um meine kleinen Weihnachtspäckchen schade, und freue ich mich schon über die Kleinigkeiten, die ich für Dich, Ingrid und die Eltern noch kaufen konnte. Es gibt ja kaum noch etwas.

Dein Brief Nr. 85 vom 16.11. ist die letzte Post, die ich von Dir bekommen habe. Von mir sind die Briefe 602 v. 9.11., 603 v. 11.11., 604 v. 13.11., ein Brief an Ingrid, 605 v. 16.11., 606 v. 17.11., 607 v. 19.11., 608 v. 22.11., 609 v. 25.11. 610 v. 26.11., 611 v. 27.11., 612 v. 28.11., 613 v. 29.11., 614 v. 1.12., 615 v. 3.12. und die Päckchen: F v. 20.10., G v. 27.10., I v. 28.10., K v. 31.10., L v. 31.10., M v.5.11., N v. 14.11., O v. 19.11., P v. 21.11., Q v. 22.11., R v. 23.11., S v. 23.11., T v. 24.11., U v. 24.11., V v. 24.11., W v. 2.12., X v. 2.12., Y v. 5.12., Z v. 5.12. A v. 5.12., also sämtliche Päckchen mit meinen kleinen Weihnachtsgaben noch unbestätigt, dazu kommt außerdem die Kiste, die u. a. die Wollhandschuhe für Papa enthält. (...)

7. Dezember 1943

(...) Hoffentlich bekommst Du wenigstens Post von mir, ich bekomme keine von Dir. Jetzt sind es bald zwei Wochen her. Mit Briefchen Nr. 85 habe ich zum letzten Mal von Dir gehört. Es geht aber nicht nur mir so, anderen ebenso. Kein Mensch bekommt von zu Hause Post. Ich sprach telefonisch mit Hans König, sprach auch mit der 3. Kompanie und frug nach Briefen von Dir – nichts! Weiß der Kuckuck, was da los ist. Mir schwant, dass Post von Dir und von mir bei irgendeiner Sache verlorengegangen ist. In unserem beiderseitigen Interesse möchte ich hoffen, dass uns wenigstens unsere kleinen Weihnachtsgaben gegenseitig erreichen. Ich schreibe mit einem Gefühl, ins »Blaue« hinein zu schreiben. 16 Briefe von mir sind unbestätigt, wie viele Briefe wirst Du mir seit Nr. 85 geschrieben haben? Wo bleibt unsere Post? Ist sie verbrannt, versunken, in die Luft geflogen? Ich schreibe also quasi auf gut Glück in der Hoffnung, dass Dich dies Briefchen wenigstens erreicht. Man macht sich doch gleich Gedanken, wenn die regelmäßige Post ausbleibt. (...)

17. Dezember 1943

(...) Gestern Vormittag von 7.00 bis 10.00 Uhr habe ich mich an einem Schießen mit Maschinengewehr auf Geländescheiben beteiligt, das entspricht einer Entfernung von 400 m auf »liegenden Schützen«. Lass Papa sich mal hinlegen auf den Boden, so als ob er schießen würde, gehe 400 m davon weg und sieh Dir mal die Größe des Zieles an, die er Dir dann bietet. Dies ist kaum größer als ein 1-Markstück. Das erste Mal, dass ich überhaupt mit einem MG auf ein Ziel geschossen habe. Ich hatte fünf Einzelschuss. Mein Schussergebnis wurde laut anerkennend bestaunt. Zu meiner eigenen Verwunderung hatte ich vier Treffer (...)

Meinem Geschäftszimmerdienst kann ich nach wie vor wenig Freude abgewinnen. Es ist ein eigenartiges Arbeiten. Man kann das im Einzelnen nicht so beschreiben. Es ist wenig selbstständige Arbeit. Dabei muss man fürchterlich aufpassen, keinen Fauxpas zu tun. Es fehlt mir durchaus nicht an Selbstsicherheit, im Verkehr mit den Offizieren weiß ich durchaus Rede und Antwort zu stehen. Das ganze Arbeitspensum lässt aber ein richtiges Warmwerden mit der Arbeit nicht zu. Alle Gedanken, die man bearbeiten soll, sind schon durchdacht, man braucht sie nur mit mehr oder weniger Sturheit in Form zu bringen. Der Grad der eigenen Verantwortung ist an und für sich sehr gering, dabei ist jede Arbeit mit einer Zappelei und Nervosität verbunden, kurz, es gefällt mir nicht recht, meine Ortskommandantur war mir in Bezug auf die Arbeit und das Wohnen viel lieber. Ein abschließendes Urteil will ich trotz allem noch nicht fällen, vielleicht habe ich noch immer nicht recht Fuß gefasst (...)

1944 wird wohl endgültig die Entscheidung in diesem großen Ringen bringen. Hoffentlich bleibt uns beiden das Glück weiterhin hold, hoffentlich sind wir bald wieder Mann und Frau, teilen unsere Freude und unsere Sorgen miteinander und freuen uns unseres kleinen bescheidenen Lebens (...)

26. Dezember 1943
Mein liebes Frauchen!

Ich sitze wieder auf Wache und hoffe einen großen »Schrieb« zu tun. Vielleicht kann ich diesen Brief sogar Hans, der am 5.1. nach Deutschland fliegt, mitgeben oder vielleicht einem der zahlreichen Offenbacher Kameraden, die zufolge Bombenschadens nach Hause fahren, mitgeben. Ich kann mir vorstellen, dass Du gerade auf dieses Briefchen mit großer Sehnsucht wartest, und will ich Dich nun auch nicht länger auf die Folter spannen und genau der Reihe nach erzählen.

Um Weihnachten nicht ganz schmucklos dazusitzen, erstand ich mir Anfang der Woche auf dem Marktplatz für Kr. 2 (RM 1,20) ein kleines, ca. 1 m großes Tannenbäumchen. Das schwierige Problem des Aufstellens löste ich so, indem ich in meine Zimmerdecke einen Haken einschraubte und an einer Kordel, die ich daran befestigte, kurzerhand den Tannenbaum aufhing, wobei ich es so einrichtete, dass er mit seinem Fuß auf dem daruntergeschobenen Tisch in meinem hohen Aschenbecher, den ich mit Sand gefüllt hatte, um ein Hin- und Herdrehen zu vermeiden, stand. Nun blieb mir noch, das Problem des Schmuckes und der Kerzen zu lösen. Mein Bäumchen blieb ungeschmückt. Obwohl ich eine Reihe Geschäfte abklapperte, konnte ich nicht den einfachsten Papierschmuck ergattern, dafür kam ich aber noch zu zehn Kerzen, die das Geschäft mir allerdings mit 10 dazu gehörenden Hufeisenhaltern verkaufte, sodass mich jede einzelne Kerze nach deutschem Geld 1,– RM kostete – aber ich hatte mein Christbäumchen und bedauerte nur, dass ich Dir von meinem Kerzensegen nun nichts mehr zukommen lassen konnte. Für nächstes Jahr konnte ich Dir aber 4 dicke, 30 cm lange Stearinkerzen besorgen und 2 ca. 40 cm lange Kirchenlichter, sodass Du der Sorge für nächstes Jahr enthoben bist, denn man kann in der Firma auf einer Drehbank die Kerzen dünner drehen und dann teilen. Von dem abfallenden Stearin aber vielleicht neue Kerzen gießen. Als Halter benutzte ich die auf dem Hufeisen angebrachten Halter, die ich aus diesem Grund zerstören musste, sie waren aus Pappdeckel und Holz.

Am 23. bereits stieg abends um 20.00 Uhr in der schön

ausgeschmückten Turnhalle die Weihnachtsfeier des Div.-Stabsquartiers nach dem einliegenden bedruckten Programm. An drei langen Tischreihen saßen die Angehörigen des Stabes, der Herr General und die Offiziere seines Stabes aufgeteilt unter den Leuten. Neben mir saß Oblt. Eberhardt, im weiteren Verlauf des Abends setzt sich auch Hptm. Ritzel, der Kommandant des Stabsquartiers, längere Zeit zu mir. Nach dem 1. Musikstück (siehe Programm), bei dem die Kapelle beinahe umschmiss, sprach zunächst Hptm. Ritzel, anschließend der Herr General, dessen Rede in der Feststellung gipfelte: »Der Führer hat die Vergeltung angekündigt, sie wird kommen« und »Die Division ist im vergangenen Jahr wieder nicht zum Einsatz gekommen, wir machen uns aber bereit.«

Ab an die Ostfront

Mit dem Jahreswechsel 1943/1944 starteten die sowjetischen Truppen ihre große Winteroffensive gegen die deutsche Heeresgruppe Nord. Die im Osten ausharrenden deutschen Verbände wurden nach verlustreichen Kämpfen zurückgedrängt.

Wie bereits berichtet, war geplant, dass mein Vater bereits am 20. November 1943 eine Urlaubsvertretung bei der Division in Drammen antreten sollte. Oberstleutnant Seifert in Mysen hatte noch sieben Tage Aufschub für die Einarbeitung eines Nachfolgers herausgeschunden.

Somit begann der Dienst des Uffz. Bury bei der Division am 27.11.1943 und war vorgesehen bis zum 20. Dezember. Nach guter Einarbeitungszeit wurde das Kommando bis Mitte Januar 1944 und dann noch bis zum verdienten Urlaubsantritt verlängert.

(...) Mein Kommando ist hier gegen Anfang Februar eigentlich erloschen. Ich vertrete jetzt den in Urlaub fahrenden Feldw. Randolf, wenn dieser zurückkommt, dann den in Urlaub fahrenden Uffz. Grandner. Anschließend kann ich selbst in Urlaub fahren und kann mir die Zeit und den Platz so aussuchen, wie ich gerne will, da wir hier ja den Urlaub selbst machen und festsetzen. (...)

Anfang Januar wurde ohne Angabe von Gründen von der Obrigkeit beschlossen und verbreitet, dass ab Februar 1944 alle anstehenden Urlaube gekürzt würden. Anstatt 24 Tage durfte mein Vater nur für 18 Urlaubstage in die Heimat fahren. Länger als ein Jahr keinen Heimaturlaub und dann das!

Vorsichtig bereitete er seine Frau zu Hause darauf vor, dass er bei dieser bevorstehenden Urlaubsfahrt nur wenig mitbringen könne.

(...) In den Urlaub kann ich sowieso wenig mitbringen, weil wir ja jetzt in voller Kriegsbemalung reisen müssen. Selbst mein »Schießgewehr« muss ich dieses Mal über den Buckel hängen und scharfe Munition dazu mitnehmen. (...)

Na, dann muss ich Dich bitten, Dich langsam mit dem Gedanken vertraut zu machen, dass ich, anstatt 24 Tage zu Hause bleiben zu können, nach 18 Tagen wieder fort muss. Eine ganze schöne herrliche Urlaubswoche wird wohl, gerade vor meiner Nase, gestrichen. Ist das ein Jammer!

(...) »Abfinden« heißt es, ein verdammt hartes Wort. Eine Woche schöner Urlaubstage ist hinüber.

Aber – ohne dass öffentlich das Geringste verlautbarte oder diskutiert wurde – kann ich aus seinen Briefen lesen, dass zu dieser Zeit die Heeresleitung und die direkten Vorgesetzten meines Vaters bereits seit Langem in Pläne eingeweiht waren, wonach ein Großteil der Truppen ab Februar 1944 sozusagen als letztes Geschütz an die Ostfront geschickt werden sollten.

(...) Alle Jahrgänge 1914 und jünger sollen nun erfasst und herausgezogen werden zur Verwendung an der kämpfenden Front. Teilweise ist die Aktion schon im Gange. Dies würde eigentlich wieder den Rückschluss zulassen, dass ein Einsatz unserer Division nicht geplant ist. Aber beim Militär kann sich das von heute auf morgen ändern. (...)

6. Januar 1944

(...) Ich treffe eben auf der Frontleitstelle den in Urlaub fahrenden Jaringer. Bitte setze Dich mit ihm in Verbindung, er hat seine Taufe schon hinter sich. Oblt. G. lebt nicht mehr, auch König und Hermann Efterich, der mal bei uns war, verwundet, Oblt. S. hat Bauchschuss.

Da der Haufen nach diesem ersten Gang neu zusammengestellt wird, bin ich zurzeit ohne jede Gefahr und sind Sorgen unnütz. Dass all Deine Gedanken immer bei mir sind, weiß ich und ist mir dieses Bewusstsein ein großer Trost. Einheit Hagklein besteht wohl nicht mehr. (...)

7. Januar 1944
Ich schreibe diesen Brief unter eigenartigen Umständen. Wir befinden uns nämlich auf unserer großen, mehrtägigen Übung. Gestern wurde der gesamte Divisionsstab in große Autobusse geladen und dann ging es in einer mehrere Stunden währenden Fahrt in unseren »Kampfraum«. (...)

Geübt wurde natürlich das alte Lied: Englische Invasion!

(...) Nun sitzen wir bereits den ganzen Vormittag und den Anbeginn des Nachmittags hier herum und warten darauf, bis der »Feind« weiter zurückgedrängt ist und wir nachrücken können, während die sog. »Führungsstaffel« des Div.-Stabes bereits heute früh nachgezogen worden ist. (...)

Die Übung musste ich in meiner ersten Garnitur leider machen. Meine zweite Garnitur löst sich so langsam in Wohlgefallen auf und habe ich sie auf der Schneiderkammer. Meinen ganzen Spind musste ich ausräumen, da die Spinde auf überflüssiges Gepäck kontrolliert wurden. Sämtliches Abschubgut für die Heimat musste regulär verpackt werden. Ich hätte mich nicht gewundert, wenn die »Übung« nur ein Tarnungsmoment gewesen wäre und es plötzlich geheißen hätte, dass wir in der Nacht da und da eingeschifft worden wären.

So kann es eines schönen Tages aber mal ganz plötzlich kommen. (...)

Ich studiere öfters noch die Neujahrsrede des Führers. Was steht da alles drin! – Hast Du sie mit Interesse und Aufmerksamkeit mal gelesen? Zum Beispiel sagt er, dass das Nachlassen bedingt ist, dass aber Gegenerfindungen im Gang sind und bald mit deren Anlaufen gerechnet werden kann. Ferner, dass das Jahr 1944 militärisch ein Jahr der Sensationen werden wird, usw. usw. Dann sagt er an anderer Stelle, dass dieses Jahr für uns die Krise bedeutet, es ein hartes und schweres Jahr geben wird, aber auch ein Jahr, das unsere Defensive wieder in eine Offensive umwandeln wird und die Entscheidung wohl vorbereitet wird. Natürlich muss der Mann der breiten Öffentlichkeit gegenüber in »Optimismus« machen, aber trotzdem sind seine Ausführungen sehr interessant und er kann nicht ständig von Vergeltung in die Welt hinausposaunen, wenn am Ende nichts nachkommt.

Ich muss abbrechen und schließen – der Abmarschbefehl ist soeben eingetroffen.

Nein – es war vorläufig nur der Befehl zum Verpacken. (...)

Es gilt aber gerade dieses Jahr 1944 durchzustehen. Der Russe hat die polnische Grenze überschritten. Immer näher rückt die drohende Gefahr, alles Denken gilt jetzt dem Gegenschlag und die kleinen privaten Angelegenheiten treten noch mehr als bisher zurück.

23. Januar 1944

(...) Wie soll nur der Krieg bald enden, wo jetzt die Russen schon bald in Rumänien stehen. Wir laufen ja wie die Karnickel, immer feste weiter, »glorreiche Rückzüge«. Wie das geändert werden soll, das interessiert mich. (...)

27. Januar 1944
(...) Heute hatte ich noch eine Begegnung, laufe zu Oblt. E. um etwas zu erledigen, stand da Herr Major Kempf. Er begrüßte mich sehr freundlich. Als er später die Division wieder verließ, suchte er mich auf meinem Arbeitszimmer extra auf, um sich von mir zu verabschieden, und wünschte mir alles Gute. Ich habe mir schon den Kopf darüber zerbrochen, warum er mir: »Alles Gute« wünschte. Sollte der Abschied so zu verstehen sein, dass er sich für immer verabschiedet hat, d. h. also, dass die Sache mit seiner Versetzung schon so weit ist? Ich bin über den Stand der Dinge nicht so ganz im Bilde. Auf alle Fälle spricht für mich, dass er extra zu mir gekommen ist, um sich bei mir zu verabschieden. Einen interessanten Anruf erhielt ich von Oblt. Ri. und erzählte er mir, dass er morgen die Adjutantengeschäfte übergeben würde – also, es ist so weit. Dann fragte er mich, ob es etwas Neues gäbe. Im Augenblick der Fragestellung erfasste ich deren Sinn nicht und sagte, ja, erstens würde die Urlaubsdauer für Heimaturlaub ab 1.2. auf 18 Tage gekürzt, dass Herr Major Kempf bei der Division sei, wisse er wohl. – Ja und er bleibe auch über Nacht und sei zum Abendessen eingeladen. Ich merkte nun, dass er noch etwas wissen wollte, und zwar, ob etwas über seine Versetzung schon bekannt sei und wohin. Ich entgegnete »nein«, er sei »z. b. V.« (zur besonderen Verwendung) gestellt. »z. b. V.« endet meistens an der Kampffront in Russland. Also, so laufen die Hasen.

Und dann war es so weit: Mein Vater schickte seinem Heimaturlaub einen Postkartengruß, quasi eine Vorankündigung, voraus:

2. Februar 1944
Durch einen dienstlichen Auftrag bedingt, trete ich am 4.2. meine Urlaubsreise nach Deutschland an und werde etwa um den 6.2. herum in Hanau sein. (...)

Am 07. Februar 1944 folgte ein Telegramm:
Ankomme Frankfurt 22.49 Uhr – Weiterfahrt mit nächstem Anschluss nach Wilhelmsbad – Rolf

Es folgten 18 glückliche Urlaubstage, die letzten für eine lange Zeit.

Während dieser Urlaubstage muss der Befehl für den Einsatz meines Vaters an die Ostfront gekommen sein.

Aus einem Brief mit wohl falschem Datum und falscher Nummerierung, der bisher nicht einzuordnen war, entnehme ich folgende Zeilen:

(...) Nun zitierst Du meine Einsatzaufgabe als »Gefechtsstandschreiber« und kannst Dir von dieser Tätigkeit keinen rechten Begriff machen. Deshalb will ich Dir etwas davon erzählen. Der Abt.-Gefechtsstand ist der Ort, die Zentrale, von der aus der Einsatz und die Kampfführung unserer Kompanien sowie der uns zur Durchführung eines bestimmten Auftrages außerdem noch zusätzlich unterstellten Truppenteile fremder Einheiten geleitet wird. Dem Abt.-Gefechtsstand sind zur Übermittlung seiner Befehle beigegeben: Kradmelder, Fußmelder (Führer aller Melder Hermann Arnold), Funktrupps und Fernsprechtrupps zur Erstellung von Funk- und Fernsprechverbindungen zu den Kompanien. Die Lage des Abt.-Gefechtsstandes ergibt sich zwangsläufig aus seiner Aufgabe, nämlich dicht hinter den eingesetzten eigenen, also ihm unterstellten Truppen, aber doch so weit vom Feind abgesetzt, dass er nicht unmittelbar bedroht ist, nicht umgangen, nicht beschossen werden kann, weitgehend luftgetarnt ist, und so gelegen ist, dass er von allen unterstellten Einheiten etwa gleich weit entfernt ist. Eine derartige Entfernung kann bei einer mot. Truppe, wie wir es sind, 5 oder auch 10 oder auch 20 km betragen, das kommt ganz auf die Umstände an. Früher hatte der Gefechtsschreiber noch einen sehr wichtigen Assistenten, den Gefechtszeichner (Reidel-Bauer). Durch die fortwährenden Personalkürzungen ist diese Stelle seit kurzer Zeit in Wegfall gekommen. Ich muss also die Funktionen des Zeichners noch mit übernehmen. Jetzt zu der Aufgabe, meiner Aufgabe: Ich habe darauf zu achten, dass Funkverkehr besteht, dass alle Verbindungen klappen, dass die Melder des Stabes und auch die zum Stab abgestellten Melder der Kompanien genau über die Wegverhältnisse Bescheid wissen, wo ihre Kompaniegefechtsstände liegen, welche Straßen durch den Feind bedroht sind usw., Information über den Gang des Kampfes, Anfertigen von Kartenskizzen gehört mit dazu. Das ändert sich natürlich dauernd, denn der Abt.-Gefechtsstand sowie die Kompaniegefechtsstände »wandern« ja dauernd, werden beim Vorgehen vorverlegt, bei Beschuss oder Feinddruck verlegt, bei feindlichem Vordringen zurückgenommen. Sämtliche ankommenden Meldungen (schriftlich, mündlich, durch Funk, durch Feldfernsprecher) und sämtliche herausgehenden Befehle werden zunächst einmal von mir auf Melde-, Fernsprech- oder Funkformularen auf- bzw. herausgeschrieben, außerdem noch registriert, ganz genau, mit Eintreff- und Abgangszeiten. Dann muss ich aus allen ankommenden und abgehenden Meldungen die eigenen und die feindlichen Truppenbewegungen auf die Karte übertragen, die zu jedem Moment das bekannte Stellungsbild wiedergeben muss.

Oft bekomme ich hohen Besuch, zunächst das Nächstliegende, vom Abt.-Kdr, darüber hinaus vom Div.-Kdr (General), den Offizieren des Generalstabes, Abschnittskdrn. usw., denen ich den Gang der Aktion schildern muss und die auf Grund der Karte mir wieder bzw. dem Adjutant ihre Befehle geben. Ist z. B. auf der Karte ein Fehler, kann eine Fehlentscheidung unersetzliche Verluste kosten. Mich zu beaufsichtigen, obliegt dem Adjutanten. Dieser muss aber oft die Stellungen mit abfahren, sodass ich praktisch auf meine 5 Sinne verantwortlich allein angewiesen bin. Nun kommt es aber vor, dass der Abt.-Kdr. z. B. zum Div.-Gefechtsstand hinbefohlen wird, um dort seine Befehle zu erhalten. Nun kommt es aber darauf an, entweder Evers muss mit, dann bin ich allein, oder ich muss mit, dann ist Evers allein. Da Generäle wahnsinnig schnell zu diktieren pflegen und ich aus Erfahrung weiß, dass man dabei Blut schwitzen kann, bin ich von dieser Möglichkeit nicht sehr eingenommen. Melder zu verhören ist meistens meine Angelegenheit. So habe ich in der bewussten Nacht auch den Bericht des über den Fjord entkommenen Obgefr. Rauser stenografiert. Und so gehört zunächst einmal die »Kurzschrift« zum A und O meiner Tätigkeit, daneben Kenntnisse der taktischen Zeichen, des Erkennungsdienstes, kurz, es muss jemand sein, der selbst denken kann. Voriges Jahr während einer großen Übung musste ich sogar Befehle geben, da kein Mensch sich auf dem Gefechtsstand sehen ließ. »Befehle« zu geben ist mir nämlich grundsätzlich untersagt. Aber was machen, wenn kein Mensch da ist. Oberst Graif kam dann auch dazu, sah sich meinen Laden ohne etwas zu sagen an, der Kdr bekam dann einen Anpfiff, weil kein Offz. erreichbar gewesen war. Dies ist also im »Ernstfall« – Einsatzfall – meine Arbeit.

Als mein Vater Anfang März 1944 an die Ostfront kommandiert wurde, um dort zu den deutschen Truppen zu stoßen, begann auf einer Breite von 1100 km die sowjetische Frühjahrsoffensive gegen die deutschen Heeresgruppen Süd. Die Rote Armee rückte unaufhaltsam vor und drängte die Deutschen aus ihren bis dato gehaltenen Stellungen.

Der erste Feldpostbrief nach dem Einsatzkommando, das meinen Vater während seines Urlaubes erreichte, liegt mir mit Datum vom 1. März 1944 vor.

Wie der Einsatzbefehl – die Kommandierung – für meinen Vater lautete, ist nicht bekannt.

Fakt ist: Er fuhr am Nachmittag des 1. März 1944 von zu Hause ab. Es war vorgesehen, dass er im Baltikum zu seinen Kameraden stoßen sollte, die einen zeitlichen Vorsprung von knapp 14 Tagen hatten. Ob er zur Kompanie, zum Stab oder zur Division stoßen sollte, wusste mein Vater bis zu diesem Zeitpunkt noch nicht. Und so hangelte er sich über sechs Tage von Frontleitstelle zu Frontleitstelle.

Um dem Leser einen exakten Überblick dieser Fahrt geben zu können, ziehe ich im Folgenden markante Briefauszüge unter Auslassung der privaten Details zusammen. Ab und an ist ein Datum eingefügt, um den zeitlichen Ablauf aufzuzeigen:

(...) Soeben Aufenthalt in Kassel. Jetzt ab Kassel Eckplatz in Richtung Hamburg. In Frankfurt konnte ich mir bei der Fahrt durch die Stadt die Verwüstungen ansehen, in Marburg konnte ich von der Bahn aus auch die Bombenschäden sehen, Kassel, Hannover, Hamburg ... überall Verwüstungen. – Sitze jetzt – 1.00 Uhr nachts – in Hamburg/Altona im überfüllten Wartesaal (sehr ungemütlich) und fahre 4.30 Uhr nach Haupt rüber, 6.48 Uhr dann nach Güstrow weiter, muss mir aber vorher noch D-Zug-Genehmigung holen. Hoffentlich gibt es hier heute Nacht keinen Alarm.

Die nächste Nachricht erhältst Du sicher von Güstrow.

Ich sitze soeben 14.00 Uhr im Wartesaal 3. Klasse in Güstrow und will Dir weiter Bericht erstatten.

Gestern Abend erreichte ich gegen 24.00 Uhr Hamburg–Altona (ohne Alarm) und hielt mich meistenteils stehend bis etwa 2.30 Uhr im überfüllten Wartesaal auf, bis mir die Sache dann doch zu dumm wurde und versuchte ich vergebens in der Frontleitstelle, die geschlossen war, ein Unterkommen zu finden. Ich fand aber in dem Vorraum dort wenigstens einen Tisch, auf den ich mich kurzerhand legte, mich mit dem Mantel zudeckte und die Packtasche als Kopfkissen benutzte. An ein richtiges Schlafen war natürlich nicht zu denken, da ständig die Tür auf und zu schlug und Urlauber kamen. Mit der ersten S-Bahn fuhr ich dann ziemlich durchgefroren nach Hamburg–Hbf, in den es lustig hineinschneite. Der Wartesaal war noch einigermaßen in Takt und verbrachte ich dort unter besseren Verhältnissen die Zeit bis etwa ein Viertel vor 6.00 Uhr. D-Zug-Genehmigung zur Weiterfahrt nach Güstrow zu erhalten, ist mir nicht geglückt. Ich musste ab Hamburg 6.06 Uhr einen Personenzug Richtung Stettin benutzen, der auf jeder Station hielt und überfüllt war. Ich hatte jedoch einen Platz gefunden, doch war es mehr als ungemütlich. Gegen 11.30 Uhr heute Mittag erreichte ich endlich Güstrow. Der D-Zug hatte den Personenzug bereits in Lübeck überholt und dort sind einige Soldaten umgestiegen, obwohl sie keine D-Zug-Genehmigungen hatten. Mein erster Gang war zu der etwa 20 Minuten vom Bahnhof entfernt liegenden Frontleitstelle.

Hier bekam ich einen neuen Fahrschein über Stargart nach Riga. Dort muss ich wahrscheinlich das Manöver wiederholen und mich wieder weiterleiten lassen. Mein D-Zug geht heute Abend ab Güstrow 19.43 Uhr.

Ich ließ mir für zwei Tage Marschverpflegung geben, bekam zweimal ein Stückchen Mettwurst und zwei Portionen Butter, sodass Du wirklich ohne jede Gewissensbisse die von mir zurückgelassene und auf Deinem Kopfkissen versteckte Butter essen kannst.

Anschließend habe ich mich in der Militärunterkunft gewaschen und rasiert und bin dann wieder hierher zum Bahnhof gepilgert, um Dir diese Zeilen zu schreiben. Jetzt will ich mein Gepäck in der Aufbewahrung abgeben und mal sehen, ob ich vielleicht in einem Hotel ein Tageszimmer mit einer Dusche bekommen kann, um bis zu meiner Weiterfahrt einige Stunden schlafen zu können.

Nach anfänglichem Sonnenschein schneit es jetzt hier wieder. Die Wege sind grundlos, nass und verschlammt und es ist sehr ungemütlich. – Über den Einsatz der Division konnte ich nichts in Erfahrung bringen. – Verlasse jetzt über Königsberg um 10.00 Uhr die Reichsgrenze. Letzter frankierter Kartengruß. Bisherige Fahrt mit gutem Sitzplatz: Stettin – Stargart – Arnswalde – Kreuz – Schneidemühl – Konitz – Dirschau – Marienburg – Elbing – Königsberg, dann weiter nach Insterburg – Tilsit – Riga. Im total zerstörten Stettiner Bahnhof hatte ich Aufenthalt und traf dort Lauderan und Feldw. Schneider.

3. März 1944

Soeben hält der Zug auf dem Bahnsteig in Tilsit. Das Wetter draußen ist kalt und unfreundlich. Es schneit etwas und es weht ein kalter Wind. Die Wagen sind nass und schlammig. Der Zug ist schön geheizt und wir bekommen immer mehr Platz, denn unterwegs bröckeln immer einige ab. Hier begegnen uns schon allerhand Transportzüge, die mit Nachschubmaterial an die Front rollen. Soeben setzt sich der Zug wieder in Bewegung und kommen wir nun endgültig zur letzten deutschen Stadt: »Memel«. Dort muss ich diesen Gruß einwerfen. In Insterburg kam uns ein langer Lazarettzug entgegen.

Die Gegend ist hier flach und weit, ohne dabei eintönig zu sein. Überall liegen zerstreut, weit auseinander große Gutshöfe, Viehkoppeln, weite Flächen und auffallend viel alte Weidenbäume. Mein Schnupfen ist toll. Waschen und Rasieren wäre wieder notwendig. Draußen schneit es. Wie tot liegt das weite weiße Land und das Licht verliert sich im Nebel. – Heute früh 4.00 Uhr bin ich in Riga gelandet. Auf der Fahrt hierher hatte ich ganz großes Glück, indem ich im vollkommen überfüllten Zug im Abteil der Zugwache lang ausgestreckt auf einer Bank schlafen konnte. In Riga schlief ich bis 7.30 Uhr bei der Frontleitstelle weiter. Die hygienischen Verhältnisse lassen bei dem Massenbetrieb zu wünschen übrig, damit wird's aber nun nicht mehr besser. Hier riecht es schon nach Front. Spricht man einen Feldgrauen an, so versteht er immer nicht. Spanier, Litauer, Polen und alle möglichen Nationen laufen hier in der deutschen Uniform herum. Wäre heute Nacht beinahe einer Auslandskompanie zugeteilt worden. Eben sitze ich im Soldatenheim und warte auf das Mittagessen. Habe heute früh Riga besichtigt. Ein Teil der Stadt liegt in Schutt und Trümmer; wodurch ist mir unbekannt. Riga trägt ganz deutschen Charakter. An vielen Geschäften steht gleich der deutsche Text mit bei. Ein Warenhaus so groß wie Hansa ist nur für Reichsdeutsche. Kistenweise schleppen die Soldaten z. B. Backpulver mit.

Wie sollte ich Dir das jetzt schicken? Da ich Gepäck und Gewehr aufgegeben habe, habe ich noch nicht einmal Briefpapier.

Heute Nachmittag melde ich mich wieder auf der Frontleitstelle und werde dann bis zur nächsten Frontleitstelle wieder weitergeleitet. Munition habe ich schon empfangen und ein großes Schild instruierte mich, dass der Soldat mit guter Laune an die Front zu reisen hat. Im Zug waren Hinweisschilder über das Verhalten zu lesen, wenn in dem Zug geschossen wird. Es fiel mir auf, dass die Züge alle so sehr langsam fahren und bekam ich zur Antwort, dass dies wegen evtl. Minengefahr sei. Man lernt immer mehr dazu. Sonst habe ich noch keine weiteren Erfahrungen gemacht. Einer wollte wissen, dass das Hanauer Regiment Hagklein auf die Insel Ösel gekommen sei, aber die Mitteilung entbehrt vorläufig jeder Grundlage. –

Gestern ging es nun von Riga aus weiter. Das Reiseziel unterliegt jetzt den Geheimhaltungsbestimmungen. Heute Nacht hielt der Transportzug, in dem ich wieder einen verhältnismäßig guten Platz bekommen hatte, an einem kleinen lettischen Ort mit Barackenunterkünften am Bahnhof. Zur Hälfte auf einem Tornister, zur anderen Hälfte auf einer Bank liegend habe ich den Tag abgewartet. Bereits ab Riga und so auch hier wurden sogenannte »Alarmkompanien« zusammengestellt, die sofort zum Einsatz gelangen, wenn es wo mulmig ist. Da man keine ordnungsgemäße Ausrüstung besitzt und nur mit unbekannten Soldaten zusammen ins Feld zieht, ist diese Aussicht wenig angenehm. Vermutlich werden zu diesen Alarmkompanien aber nur aus der Heimat zurückreisende Urlauber eingesetzt und kommt das für mich vorläufig nicht in Frage. Also auch ein Vorteil, wenn man lange nicht in Urlaub war. Soldaten aller möglichen Nationalitäten laufen hier herum, manche sehen aus wie Chinesen mit mongolischen Gesichtszügen, wohl Angehörige der Tartarenregimenter. Nun liege ich schon den fünften Tag auf der Bahn und bin gespannt, wie weit noch. Herr Hauptmann P. wird mich wohl schon sehr mit meinen Akten erwarten. –

Ich hätte die Skistiefel doch gut mitnehmen können, denn bei dem vielen Schlamm und den aufgeweichten Wegen sind trockene Füße eine Wohltat. Vielleicht kann ich meine Schuhe nochmals besohlen lassen. Die mitgenommenen Pappeinlagesohlen sind mir schon gut zustatten gekommen. Du kannst mir bei Gelegenheit noch einige schicken!

Der sechste Reisetag ist angebrochen und es wird immer noch nicht der letzte sein. Ich sitze augenblicklich wieder in einer großen Truppenunterkunft, einer sog. Truppensammelstelle seit 3.00 Uhr heute früh. Die Fahrt konnte ich diesmal im Gepäcknetz zurücklegen, zwar nicht so bequem wie zu Hause in meinem gewohnten Bett, aber immer noch besser so, als sitzend geschlafen. Heute ist das Wetter im Gegensatz zu gestern sehr schön sonnig, aber es ist recht kalt dabei und leisten mir Mamas Kopfschützer und Tante Thildes dicker Schal und Handschuhe sehr gute Dienste. Mit Lauderan und einigen anderen Kameraden bin ich noch zusammen, obwohl wir nicht derselben Einheit angehören, so doch derselben Division. Mit dem Waschen und Rasieren ist es eine schlechte Sache, aber dafür sind wir Soldaten ja unter uns. Die Marschverpflegung, die ich jeden Tag empfange, ist sehr reichlich, besonders die Buttermenge anstatt wie in Norwegen ca. 40 Gramm pro Tag (ca. 25 Gramm bei voller Verpflegung) mit ca. 60 Gramm sehr reichlich. Sonst habe ich noch Büchsenwurst und Mettwurst, auch noch Käse empfangen. Überhaupt frühstücke ich bei jeder

doch schöner, wenn man regelmäßig sein Briefchen bekommt, als wenn die Intervallen zu groß bezw. lang sind.
Noch eine Neuigkeit: während der Abwesenheit von Hptm. Petershagen im Februar wird Oblt. Eckhard IIa-Offizier, Oblt. Helmke von der 1. Komp. der Pz.-Jäger vertretungsweise IIb-Offizier. Das haben wir wohl beide, er und ich, nicht gedacht, daß wir so bald wieder aufeinander angewiesen sein werden. Er wird sich umgucken, was es hier zu arbeiten gibt.
Das Briefchen enthält ferner allerlei Anlagen, die Du studieren wirst und aus manchem liest Du sicher etwas für Dich Interessantes noch heraus. Ich willjetzt schließen, das Briefchen fertig machen, und es dann Uffz. Götz auf die Stube bringen. Möge es Dich recht bald erreichen und Dir meine innigsten Grüße und Küßchen bringen. Es hat Dich und sein Töchterchen sehr lieb

Euer

Viele herzlichen Grüße auch an Mama und die Bastelwäldler. Von Weihnachts=päckchen bis heute noch nichts zu sehen.

Zusammenstellung der von Dir noch unbestätigten Briefe:

623 am 1.1.44 durch Uffz. Dietrich
624 " 2.2.44 durch Hans Hoppmann
625 vom 5.5.44 (langer Brief)
626 " 7.1.44 (Schilderung der Div.-Übung)
627 " 11.1.44

Zusammenstellung der von Dir noch unbestätigten Päckchen:

T	vom 24.11.	Puddingpulver, Sossenpulver (zweite Sendung), Einlegesöhl=chen für Ingrid, Streichhölzer
U	" 24.11.	Kartenbrett von mir zur Aufbewahrung.
V	" 24.11.	1 Film, Glas, Kerzenstückchen.
W	(erstes Mozartbuch) bestätigt, aber nicht dem Buchstaben nach, vielleicht dadurch Verwechslung mit Buchstabe Z.	
x	vom 2.12.	Buch über Röntgen.
Z	" 5.12.	zweites Mozartbuch für Dich als Weihnachtsgeschenk noch be=stimmt.
(A und B bestätigt)		
C	vom 9.12.	Klaviernoten (1. Sendung) (zu Weihnachten gedacht)
D	" 14.12.	Bonbons für Ingrid (zu Weihnachten gedacht)
E	" 15.12.	Buch " Napoleon " (für Frauchen, zu Weihnachten gedacht)
F	" 15.12.	diverse Bücher. Wenn Mama eines oder zwei besonders gut ge=fallen, solltest Du Mama diese noch schenken (zu Weihnachten gedacht gewesen)
G	" 22.12.	Taschenuhr zur Reparatur zurück, Kopfschützer zurück, schlechte Filmkassette, die Licht einläßt, zurück.
H	" 26.12.	Pullover zurück.
I	" 3.1.	3 Büchlein
K	" 3.1.	Das Buch zu Schorsch Geburtstag: " Das Geheimnis der gelben Blätter."
L	" ?	Islandsreiter, Unvergängliches Erbe (zwei Bücher)
M	" ?	Der liebe Augustin (Tante Thilde), Der Heimaterde entrissen, Der Chirurg von Narvik, Die Perle.
N	" ?	Mein großer Kerzeneinkauf für Weihnachten 1944.
O	" ?	Sammelsuriumpäckchen
P	" ?	Juan in Amerika und 2 kleine Hefte.

Nr.: 509 (zweiter numerierter Brief; unnummerierte Reise-mitteilungen ca 5)

Montag, den 6. März 1944.

Mein liebes Trautchen!-

Der sechste Reisetag ist angebrochen und es wird immer noch nicht der letzte sein. Ich sitze augenblicklich wieder in einer großen Truppenunterkunft, einer sog. Truppensammelstelle seit 3 Uhr heute früh. Die Nacht konnte ich diesmal im Gepäcknetz zurücklegen, zwar nicht so bequem wie zu Hause in meinem gewohnten Bett, aber immer noch besser so, als sitzend geschlafen. Heute ist das Wetter im Gegensatz zu gestern sehr schön sonnig, aber es ist recht kalt dabei und leisten mir Mamas Kopfschützer und Tante Hildes dicke wollene Handschuhe sehr gute Dienste. Mit Sommerfeld und einigen anderen Kameraden bin ich noch zusammen, obwohl wir nicht derselben Einheit angehören, so doch derselben Division. Mit dem Waschen und Rasieren ist es eine schlechte Sache, aber dafür sind wir Soldaten ja unterwegs. Die Marschverpflegung, die ich jeden Tag empfange, ist sehr reichlich, besonders die Buttermenge anstatt wie in Norwegen ca 40 gr pro Tag (ca gr 25.- bei voller Verpflegung) mit ca gr 60 sehr reichlich. Sonst habe ich mal Fleischwurst, mal Mettwurst, auch mal Käse empfangen, überhaupt frühstücke ich bei jeder mir sich nur sich bietenden Gelegenheit, das hält Leib und Seele zusammen. Einen Begriff von der Tageszeit und dem Datum hat man sowieso nicht mehr und bin ich froh, dass ich den Kalender mitgenommen habe. Sonst gibt es für heute keine weiteren Neuigkeiten zu berichten. Ich bin gespannt, wohin das Schicksal mich verschlägt, ob ich bei der Division bleibe, zu den Panzerjägern oder zu meinem Regimentsstab zurückkomme. Das wird die nächste Zukunft entscheiden.

8. März 1944
(...) Den Divisionsstab zu finden, bei dem ich gestern gelandet bin, war keine einfache Sache. Bei der kalten 6-stündigen Fahrt im Güterwagen habe ich mir den Unterleib anscheinend ziemlich erkältet und vorläufig einen Durchfall, der sich sehen lassen kann. Ich hoffe aber, dass es damit recht bald besser wird.

Heute Nacht habe ich bei einem estnischen Bauern auf einem Sofa geschlafen. Die Leute sind sehr entgegenkommend, ich bekam Milch, Brot mit Butter und Schinken, sogar Tropfen für meinen starken Husten und heute früh Pilze in Quark gebacken und wieder Milch zu trinken. Für meinen Leib war das aber Gift, es ging wie Wasser wieder weg – schade darum.

Ich bin nun versetzt worden in den Regimentsstab des Hanauer Garnison-Regiments, dem auch Zugführer Breilinger angehört, der leider verwundet ist. Ich werde nun heute noch oder spätestens morgen abkommandiert, um den Stab meiner neuen Einheit zu suchen. Meine Sachen habe ich bis auf meinen Stahlhelm, meine schönen Hausschuhe und die zum Waschen abgegebene Wäsche wiederbekommen, musste aber vieles weggeben, um mein Marschgepäck leichter zu machen.

Hier ist allerhand los. Du wirst es teilweise aus dem Wehrmachtsbericht entnehmen können. Zum anderen Teil wird es sich in Hanau bald herumsprechen. Hoffentlich geht es mit uns allen gut weiter, damit wir uns lebend wiedersehen. Der Krieg hat schlimme Folgen angenommen.

Es gibt hier viele neue eigenartige Feststellungen: Morgens ist es bereits um 5.30 Uhr hell, abends um 17.00 Uhr dunkel.

In einigen Tagen ist unser kleiner Vorrat an Kerzen verbraucht, dann ist der Bart ab, denn eine andere Beleuchtung gibt es nicht. Gestern beim Rasieren – ich hatte den Pinsel auf eine Tonne gestellt – fror mir doch der Rasierpinsel fest. Meine Bettstelle vereinigt in sich allen Komfort. Genauso wie ich mit Uniform und Schuhen tagsüber herumlaufe, begebe ich mich nachts zu Bett. Sehr vermisse ich meine Waschtoilette von zu Hause. Rasieren, Waschen, Mittagessen – für alles hat man nur sein Kochgeschirr. Seit gestern ist Neuschnee gefallen und die Wege sind durch Verwerfungen fast unpassierbar. – Ich hatte mich im Stillen schon auf einen zweitägigen Fußmarsch von ca. 35 km präpariert, da höre ich heute, dass ich mit meinem Oberleutnant mit dem Pkw mitfahren muss, ein Tausch, der immerhin seine Vorzüge hat.

Gestern konnte ich mir den enormen Luxus leisten, ein Saunabad zu nehmen. Allerdings kann dies nicht mehr mit norwegischen Verhältnissen verglichen werden. Ein Russenweib heizte in einer alten Bretterbude einen Ofen an, auf die Steinplatten wurde dann Wasser ausgegossen und in dem so entstandenen Wasserdampf begann man zu schwitzen. Man ist immerhin sauber dabei geworden, und, da man sich ohne Waschschüssel und alles nur sehr primitiv reinigen kann, war so ein Schwitzbad ein dringendes Erfordernis.

Leider belästigt mich noch immer mein Durchfall sehr, heute schon den siebten Tag. Nach vorübergehender Besserung läuft es immer noch wie Wasser. Da hier auch Ruhrerkrankungen vorkommen, dachte ich schon hieran, aber das ist es nicht. Anderen Kameraden geht es ebenso wie mir.

Seit gestern ist nun der neue Kommandant des Regiments eingetroffen, ein Oberstleutnant. Macht einen sehr netten Eindruck.

Soeben höre ich eine interessante Neuigkeit: Ich soll als I a-Schreiber wieder zur Panzer-Jäger-Abteilung, da Oblt. Seifert schwer verwundet, Lt. Titze vermisst, Oblt. Evers gefallen, König vermisst und verwundet und der I a-Schreiber, der nach König kam, auch gefallen ist. Die Abteilung soll große Verluste haben. Auch von Helmer fehlt noch jede Spur. So pendele ich anscheinend von einem Haufen zum anderen. Todsicher dürfte aber heute sein, dass mir die Angelegenheit Helmer damals viel genützt, wenn nicht sogar mir das Leben gerettet hat.

Übrigens habe ich mit Fr. Hagklein Verbindung aufgenommen. Er sitzt beim Ferntross des Regiments und es geht ihm gut. Er muss halt abends auch auf dem blanken Boden liegen und glücklich sein, wenn er noch etwas Stroh dafür hat. Leider konnte ich ihn infolge großer Arbeitsüberlastung meinerseits noch nicht persönlich sprechen, während sein Freund Gelhard, der mich damals in Haegeland einmal besucht hatte, schon zweimal mit mir dienstlich etwas zu tun hatte.

Herr Riester schaut immer mal bei mir herein. Es wird ihm leid tun, wenn er hört, dass ich mich schon wieder verändern werde.

Aufgrund der Tatsache, dass ich Blutgruppe Null habe, geht kein Ungeziefer an mich, keine Flöhe und keine

Wanzen, während meine Kameraden, die direkt neben mir liegen, ziemlich verstochen sind. Übrigens habe ich auch sonst hier gelernt, dass Blut von Blutgruppe Null ein schwer saugbares Blut sein soll und gegen unliebsame Gäste immun macht.

Im Verlaufe der morgigen Fahrt komme ich auch bei Herrn Hptm. Pagener vorbei. Sollte ich zu meiner alten Einheit übrigens wieder zurückkommen, ändert sich meine Feldpostnummer wieder.

15. März 1944

Ich sitze im Scheine einer Stearinkerze, die ich auf meine Gasmaskenbüchse aufgeklebt habe. Die Verlegung in den neuen Raum ist vollzogen. Ich kann Dir nur berichten von Erlebnissen, die man vermeint, in Romanen gelesen zu haben. Ich hatte ja besonderes Schwein und konnte mit meinem Oberleutnant im Wagen mitfahren, während die anderen Kameraden getippelt sind und demzufolge natürlich zwei volle Tage gebraucht haben. Bei der Durchfahrt im Divisionsstabsquartier machten wir Halt. Ich hatte auf verschiedenen Abteilungen etwas zu erledigen und besuchte auch Herrn Hauptmann R. Er sagte mir, ich sei von meiner alten Truppe angefordert, aber das Regiment wolle mich nicht hergeben und solle ich mal da bleiben.

Nach längerer Fahrt wurde die Rollbahn erreicht. So viel Schlamm habe ich in meinem ganzen Leben noch nicht beieinander gesehen. Und es wird noch schlimmer werden, wenn erst richtig die Schneeschmelze beginnt. Im Nu war unser Wagen vollkommen überhäuft und erdfarben und oft mussten die Scheiben gewischt werden, um einigermaßen den Durchblick zu gestatten. An dem Ufer eines Sees von großer Ausdehnung fuhren wir dahin. So weit das Auge sehen konnte, breitete sich eine endlose Eisfläche aus. Erbärmliche, armselige Fischerhütten, flaches Land, die typischen Ziehbrunnen, sonst nichts Auffallendes. Die Straße, auf der wir fuhren, war über den See gekommen, von Russen beiderseitig verseucht, doch sind wir und alle nach uns kommenden Wagen unseres Regimentes unbehelligt hier durchgekommen. Die letzten fünf Kilometer vor dem Ziel sollten ein Verhängnis werden. Fahrzeug um Fahrzeug setzte sich in dem Schnee fest und war nicht mehr frei zu bekommen. Ein Raupenschlepper, mit dem Oblt. Lollrich weitergefahren ist, schaffte noch einige Fahrzeuge weiter, uns – d.h. meinem Fahrer und mir – sollte dieses Glück nicht zuteil werden. So machte ich mich für meine erste Nacht ohne Dach im freien kalten Osten fertig, zog mit Mühe meine Langschäfter aus, um die vor Kälte erstarrten Füße warm zu bekommen, räumte etwas im Wageninnern auf, legte mir mehrere scharfe Eierhandgranaten griffbereit, das geladene Gewehr, dann faltete ich mich zusammen, tat die Decke über und versuchte zu schlafen. Leidensgefährten auf der Straße meinten, ich solle noch dankbar sein, viele Nächte hätten sie ohne Unterlage und ohne den Schutz einer Wagenplane direkt im Freien schlafen müssen. In der Nacht erreichte mich der Befehl, den Wagen zu verlassen und die letzte Wegstrecke zu Fuß zurückzulegen. Unwillkürlich kamen mir allerhand Gedanken, als ich mit meinem Fahrer mutterseelenallein durch die russische Winternacht spazierte. Glücklich fand ich den ersten Teil des Haufens in einer Schule vor. Wenn ich auch auf dem blanken Boden schlafen musste (ohne jegliches Stroh), war es doch besser, lang ausgestreckt liegen zu können, als gekrümmt in einem Wagen zu sitzen.

Am anderen Tag – heute – hatte ich nun allerhand zu tun. Ich fuhr selbst mit einem Pferdeschlitten umher (das erste Mal in meinem Leben) und holte Stroh für die Mannschaftsunterkunftsräume, machte Quartier für Menschen und Pferde. Mit Pferden hatte ich noch nie etwas zu tun, was lernt man nicht alles. Habe zuerst auch Verschiedenes über den Haufen gefahren und bald mal umgeschmissen, weil der Gaul nicht so wollte wie ich. Verhältnisse lernt man hier kennen! Schade, dass zum Schreiben so wenig Zeit verbleibt (23.00 Uhr, um 5.00 Uhr wieder raus) und manches Interessante einfach gestrichen werden muss.

In unserem Tross haben wir russische Flüchtlinge, eine 78-jährige Frau, eine stramme Frauensperson und auch ein Mannweib, ca. 35 Jahre mit ihrem ganz erbärmlich verwahrlosten Jungen. Für dieses Notopfer mit Anhang musste ich auch Quartier machen. Es ist ein fürchterliches Weib, hat Bärenkräfte. Habe mir meine Wäsche schon waschen lassen. Die Leute helfen der Truppe, waschen, spülen, hacken Holz, ziehen mit der Truppe und bekommen dafür Kost (kein Geld). Bei der Gelegenheit stellte ich übrigens durch Natascha, die eigentlich Julia heißt, fest, dass wir hier mit unserer Regimentsstube bei einem Russen in Quartier sind. Also ist etwas Vorsicht am Platze. Die estnische Bevölkerung, obwohl bettelarm, ist sehr hilfsbereit und freundlich. Das Dorf hatte vergangene Nacht wieder einige Tote durch russische Truppen, die über den vereisten See gekommen waren und diese lesen den deutschen Soldaten alle Wünsche buchstäblich von den Augen ab. »Deutsch« lernen die Kinder jetzt in der Schule, aber die Sprache wird wenig gesprochen und verstanden. Viel wird »Russisch« gesprochen, eine Sprache, die nur der Teufel sprechen kann. Trotzdem konnte ich mich durch einen estnischen Dolmetscher mit dem Estnischen Selbstschutzdienst einigermaßen verständlich machen.

Während ich gestern auf dem blanken Boden schlafen musste, habe ich heute dank meines Organisationstalentes etwas Stroh unter dem Hintern. Das ist hier schon ein Luxus.

Da bei der Pz-Jäger-Abt. so viel Ausfall ist, König ist vermisst, der neue I a-Schreiber gefallen, wurde ich von dort aus wieder angefordert. Hauptmann Pagener, den ich gesprochen habe, will mich aber vorläufig beim Rgt. belassen, da Oblt. Lollrich darum gebeten hat, mich nicht wieder von dort wegzunehmen. Ich bin also vorläufig beim Ferntross des Rgts.-Stabes des Rgts. Hagklein. Wir liegen also praktisch weit ab von der Front, nur über den vereisten Peipus-See kommen Partisanen und reguläre russische Truppen. Zurzeit treibt sich in hiesiger Gegend eine ganze Bande herum. Bei der Verlegung des Ferntrosses in den neuen Raum, blieb der Pkw, in dem ich fuhr, in hohen Schneeverwehungen stecken und übernachtete ich mit dem Fahrer (Oblt. Lollrich war mit einem Raupenschlepper weitergekommen) draußen im Freien. Man muss überhaupt viel umlernen. Strohunterlage ist ein großer Luxus. Auf dem blanken Boden habe ich schon öfter schlafen müssen. Zurzeit gibt es nur Suppen zu essen. Mein Durchfall ist zum Glück wieder besser geworden, nur habe ich jetzt einen enormen Schnupfen, kein Wunder bei der Kälte. (...) Ich habe viel Arbeit. Der Gefechtsstand des Regimentes war eingeschlossen und alles Aktenmaterial vernichtet. Nun muss die Dienststelle mit allen Unterlagen aus dem Nichts wieder aufgebaut werden.

Gestern Nachmittag meldete der Estnische Selbstschutz das Herannahen russischer Horden. Nur, wir nahmen die Angelegenheit nicht gleich ernst, als es plötzlich ganz in der Nähe Schießerei gab und in etwa 1 bis 2 km Entfernung andauernd der Russe auftauchte. Sofort ging es mit allen Mann los. Ich schloss mich, wohlversehen mit Munition und einigen Handgranaten, einer Schützenkette an, die sichernd gegen den Wald zu vorrückte. Dann kam der Befehl durch: »Unteroffiziere nach vorne« und stürmte ich los, bekam eine Gruppe von acht Leuten, es war ein MG dabei. Es kam eine ganz nette Schießerei zustande, vom Wald her, mit der wir noch gar nichts zu tun hatten. Ich wollte gerade mit meiner Gruppe vorgehen, da erblickt mich Oblt. Lollrich und erteilt mir den dienstlichen Befehl, zur Schreibstube zurückzugehen, um dort evtl. eingehende Meldungen entgegenzunehmen. Da ich davon überzeugt war, dass mir nichts passierte, folgte ich nur ungern diesem Befehl. Vom Wald her hörte man weiterhin Schießen. Ich nahm eine Meldung entgegen, dass sich die Russen durch angelegte weiße Armbinden den Anschein zu geben versuchten, Mitglieder des Estnischen Selbstschutzes zu sein und auf Anruf freundlich zurückgewunken hätten. Auf diese Weise waren acht Russen entkommen, die leicht hätten abgeknallt werden können. Nach einiger Zeit brachte mir eine Streife drei Gefangene. Der eine hatte einen Brustschuss, hielt aber vor Angst auch ordentlich beide Hände hoch. Ich lief hinunter, um mir die Kerle anzusehen. Wie das Verhör, das ich später niederschrieb, ergab, waren es 17- und 19-jährige Burschen. Da ich gerade da herumstand, als eine neue deutsche Streife zusammengestellt wurde, wollte ich mich auch da beteiligen. Wieder kam gerade Oblt. Lollrich dazu und schickte mich wieder fort. Am Abend wurde dann noch ein vierter Gefangener eingebracht. Als wir ihm bedeuteten, dass er den Kopf abgehauen bekommt, sagte er mir »ja« – Robotermenschen! Der Russe ließ ferner sechs Tote zurück, unter denen sich ein Kommissar befand, wie die Aussagen der Gefangenen und Beutepapiere ergaben. Es knallte am Abend und in der Nacht noch einige Male, sonst blieb aber alles ruhig.

Es hätte leicht zu meinem ersten Debüt mit der Waffe in der Hand werden können, wenn ich nicht zweimal fortgeschickt worden wäre. Wir hatten übrigens weder Verluste noch Verwundete.

20.15 Uhr abends. Wieder ist allerhand heute Abend los. Angeblich sind sechshundert Partisanen gemeldet. Dummerweise habe ich meinen Karabiner auch noch verliehen. Interessant ist das Studium der Befehlsgebung von unseren jüngeren Offizieren. Unterhaltungsstoff für manchen Abend wäre wieder vorhanden. Aber lassen wir das Thema »Krieg« mal beiseite. Es verhält sich hiermit weniger interessant – wie ein schlechter Roman. Man kommt nur in allen Gesprächen wieder darauf zurück.

Oblt. Lollrich ist heute Nachmittag telefonisch abberufen worden. Ob er zurückkommt, ist fraglich.

Das Frühjahr muss bald kommen. Auch für die Front wäre es besser, wenn das Eis der Sümpfe wieder aufginge und über den gefrorenen See keine Russen mehr kommen. Langeweile habe ich wirklich nicht, erstens nicht durch die alltägliche Arbeit, zweitens nicht durch die sehr interessanten Feststellungen, die ich machen kann, über die ich aber nicht näher schreiben will.

Gestern Abend war viel Flugzeuglärm in der Luft. Hin und wieder blitzte es auch auf, ein Weilchen stand auch ein »Christbaum« am Himmel und vom Fenster aus konnte man den Feuerschein eines brennenden Gehöftes sehen. Wir nehmen an, dass der Russe seine umhervagabundierenden Teile durch Fallschirmabwürfe versorgt und vielleicht durch Fallschirmspringer verstärkt hat. Da unser Haufen durch laufende Abstellungen immer kleiner wird, müssen wir, besonders nachts, etwas vorsichtig sein.

Die Landschaft, die ich bis jetzt hier kennengelernt habe, ist ganz flach. Mal findet sich da, mal dort ein kleines zusammenhängendes Waldstück. Die ganze übrige Fläche ist bestanden von auffallend viel Weiden, die auf sumpfigen Untergrund, der jetzt noch gefroren ist, schließen lassen. Wir sehnen Sonne und damit das Auftauen der Sümpfe, der Narwa und des Peipus herbei, bilden doch dann die Wasser ein natürliches Hindernis und der Russe kommt nicht mehr so gut durch. Die estnischen Siedlungen sind teils größerer Art, teils bestehen sie nur aus Einzelgehöften, vorherrschend überall das Blockhaus mit Stroh gedeckten Dächern. Jedes Haus hat seinen Ziehbrunnen oder den für Ungarn so typischen Brunnen mit der aufragenden Stange. Das Hauptverkehrsmittel ist der Schlitten. Gegenüber unserer Geschäftsstelle, die im Büro des »Konstabel« – Ortspolizeistation – untergebracht ist, befindet sich die Praxis eines Landarztes und alltäglich finden sich bis zu zehn und mehr Schlitten ein und die Pferdchen stehen einträchtig beieinander, an einem langen Balken angebunden. Die Einrichtung der Häuser ist denkbar einfach, teilweise sauber, zum größten Teil sehr nass und dreckig. Die Kinder haben auffallend große Köpfe.

Der Lebensstandard der Menschen ist sehr gering. Mehl, Zucker usw. geht alles auch auf Marken. Elektrischen Strom gibt es nicht, und wo wirklich Leitungen vorhanden sind, gibt es nur stundenweise Strom. Wir sind jetzt so weit, dass unsere letzten Kerzen zur Neige gehen, da hört dann abends um 17.00 Uhr die Arbeit von selbst auf.

Wie lange unseres »Seins« jetzt noch hier sein wird, weiß ich nicht, das kann sich jeden Tag und bei jedem Anruf der Division ändern. In Kürze werden wir wohl einen neuen

Abschnitt übernehmen, dann ist es mit der Ruhe und der Etappe vorbei und ein frischer Wind weht wieder aus dem Osten.

Einige Stunden später, 13.00 Uhr, es geht wieder nach vorne, die Zelte sind abgebrochen.

20. März 1944
Im Anschluss an meinen gestrigen Brief, den ich in großer Eile beenden musste, da ich mit einem Kommando nach vorne fahren musste, kann ich Dir mitteilen, dass daraus nichts wurde. Ich hatte mein Gepäck schnell verpackt, auf den Lkw geworfen und setzte mich mit einigen Kameraden auf Kisten noch mit drauf. Die Fahrt ging los. Unterwegs wurde nochmals ein Halt gemacht, der Hanauer Gelhard stieg mit noch anderen Sanitätsdienstgraden zu und wir verluden noch einiges Sanitätsmaterial, als Lt. M. mit einem Krad uns nachgefahren kam: »Anruf der Division! Sofort wieder zurück und alles ausladen!« Ich sitze nun an der gleichen Stelle und am gleichen Tisch, von dem aus ich Dir gestern Brief Nr. 509 geschrieben habe.

Wir haben hier nur ältere Zeitungen, kein Radio und wissen kaum mehr, was draußen in der Welt vor sich geht. Ein Kamerad teilte mit, dass auf Frankfurt ein großer Tagesangriff gewesen wäre, bei dem 98 feindliche Flugzeuge abgeschossen worden seien. Da wird ja von Frankfurt kaum mehr viel stehen. Ihr Armen habt sicher wieder schlimme Stunden im Keller ausgestanden. Wie ist der Krieg doch so schrecklich!

Als ich nun gestern Nachmittag meinen Kram wieder eingeräumt hatte, benutzte ich die Zeit bis 17.00 Uhr, in der es noch hell ist, zu einem Saunabad. Anschließend gab es für mich ziemlich viel noch zu tun. Das Zimmer konnte wegen Holzmangel nicht geheizt werden, sodass nach dem warmen Bad die Angelegenheit nicht angenehm war.

Die Kameraden Hagklein beginnen sich nun allmählich wieder zu sammeln. Nach einiger Zeit wird der Division wohl eine neue Aufgabe bevorstehen. Es müsste unbedingt wärmer werden, damit das Eis aufgeht. Sonst hat sich seit gestern nichts Neues ereignet. Am Abend ist der Russe wieder ziemlich frei herumgeflogen.

Mir geht es so weit gut, an den Schicksalen der eingesetzten Kameraden gemessen, die teilweise bis zu zwölf Nächte ohne zusätzliche Bekleidung im Schnee haben unter freiem Himmel schlafen müssen und teilweise ungenügende oder gar keine Verpflegung hatten, wie im siebten Himmel.

Mein Schreiben wird hier oft unterbrochen von telefonischen Anrufen, und die Augen tun mir weh. Wir wollen alles hinnehmen, wenn über kurz oder lang endlich ein Ende dieses Krieges zu erkennen ist. Ich kann nach vierzehn Tagen Estland schon mehr erzählen wie nach vier Jahren Norwegen.

Fredy haut heute ab, er kommt in eine andere Gegend. Wahrscheinlich folgen wir über kurz oder lang nach. Mal sehen, was der heutige Tag bringt. An Überraschungen wird man so langsam gewöhnt. Oblt. Eberhardt ist bei einem Granatwerferüberfall leicht verwundet worden. Von Hans König hat man nichts mehr gehört und ich will mal Verbindung zu meinem alten Haufen aufnehmen, doch ist dies nicht so ganz einfach.

Neue Arbeit steht heute bevor. Seit der Rückkunft des etatmäßigen I a-Schreibers gefällt es mir, wie schon gesagt, nicht mehr so gut. Es ist nicht gut, wenn auf einem Posten zwei Leute sitzen, das ist eine alte Jacke. Gefechtsmäßig bin ich als Gefechtsschreiber eingeteilt. Als solcher werde ich wohl der ersten »Taufe« entgegengehen. Hoffentlich ändern sich aber die Verhältnisse. Je schneller das Eis aufgeht, desto besser wird es für uns werden. Gerade hier denkt man, wenn man dazu Zeit findet, über den Krieg besonders nach. Ich bin gespannt, wo in diesem Frühjahr die Offensive ansetzt; ob dies im Westen sein wird? Und jeden Tag und jede Nacht muss die Heimat dem alliierten Terror Tribut zahlen. Wie lange soll das so noch weitergehen?

Die große militärische Sensation, von der der Führer in seiner Neujahrsbotschaft an die Truppen gesprochen hat, ist überfällig. Nun will ich mein Briefchen beschließen. Man kann nicht mehr so intensiv schreiben, wie Du es aus Norwegen her gewohnt bist.

23. März 1944 – abends
Wieder sitze ich mit meinen Gedanken an das »Zuhause« beim flackernden Kerzenschein. Es ist noch nicht einmal eine trockene Sitzung. Nachdem gestern Abend eine Flasche Kräuterlikör die Runde gemacht hat, kursiert heute Abend zu meinen Lasten eine Flasche Aquavit! Ja, da staunst Du. Ich rate Dir aber doch nicht, mit mir tauschen zu wollen. Heute Abend haben wir z. B. Läuse gesucht, doch konnte ich bei mir noch keine entdecken. Fredy habe ich heute kurz gesprochen. Er sieht gut aus. Ich habe ihm erzählt, dass seine Frau über so schlechten Posteingang klagt, doch hätte er laufend geschrieben. Vielleicht ist Post verloren gegangen. Anschließend hat Fredy die Reise in ostwärtiger Richtung angetreten. Ich folge ihm in etwa zwei Tagen.

Heute Nachmittag habe ich auf dem Hausboden nachgesehen, ob meine Wäsche trocken ist, dabei habe ich im Heu zwei frische Eier entdeckt. Ich werde öfters nachsehen, ob die Wäsche trocken ist.

Nun zur Lage: Wieder steht ein Umzug bevor, ich dachte schon morgen, es wird aber noch drei bis vier Tage dauern. Fredy ist ja schon weg, wir kommen auch in einen neuen Bereitstellungsraum. (Eben hat mir ein Kamerad einen Trinkbecher voll Sekt! eingeschenkt. Ja, das gibt es hier alles, und je weiter vor, desto besser ist die Verpflegung).

Heute geht nun seit den frühen Nachmittagsstunden ununterbrochen ein Schneegestöber runter. Melder, die bei uns eintreffen, erzählen, dass durch die hohen Verwehungen nicht mehr vorwärtszukommen sei. Auch unser Kommandeur, Obstlt. Reimer, hat von irgendwoher vor ca. zwei bis drei Stunden angerufen, dass er mit seinem Fahrzeug im Schnee stecken geblieben ist. Da wir morgen unbedingt einen Verpflegungsnachschub organisieren müssen, haben wir einen sog. »Ostschlepper« angefordert. Vielleicht ist dieser enorme Schneefall auch der Grund dafür, dass die Division betreffs unserer Verlegung umdisponiert hat, weil mit einem Durchkommen von Marschkolonnen wohl praktisch nicht gerechnet werden kann. Dabei geht ein so harter Wind – ich musste heute Abend ein paar Mal über den Hof zur Zahlmeisterei – dass ich auf Knien Gott danken kann, in dieser Nacht nicht auf meiner Zeltbahn liegend irgendwo im Wald zubringen zu müssen, wie es viele meiner Kameraden bis zu zwölf Tage, davon vier Tage ganz ohne jede Verpflegung, durchhalten mussten. Unser ganzes Denken gilt nur dem einen: Hoffentlich taut es bald, recht bald, denn dann verspricht man sich eine ruhigere Front. So kann hier, mein liebes Frauchen, jede Stunde etwas anderes bringen. Der Einsatz wird wohl eines schönen Tages kommen, alles deutet darauf hin, dann begleitet mich mein vertrauter gütiger Stern und Dein Gebet.

Heute war Herr General hier. In seiner Begleitung befand sich Herr Hptm. Pagener, der mich kurz und herzlich begrüßte. Die Herren kamen nur vormittags, wo es noch nicht mit Schneien begonnen hatte. Der Herr General verlieh einer ganzen Reihe von Soldaten Auszeichnungen.

Mein Horizont hier ist sehr, sehr klein. Wir bekommen sehr wenige und nur alte Zeitungen, Radio existiert nur ein einziger Apparat, Batterieempfänger, mit dem hauptsächlich nur der Wehrmachtsbericht abgehört wird. (Eben kaue ich ein Stück feinster Schokolade! Haben wir alles hier.)

Was in der Welt, in unserem Nachbarabschnitt vor sich geht, wissen wir nicht. So abgeschnitten bin ich mir noch nie vorgekommen.

Du schreibst, Frau Breilinger ist noch ohne jede authentische Nachricht und überall in der Stadt spricht man schon über das Schicksal ihres Mannes. Das muss für eine Frau furchtbar sein. Jetzt wird die Benachrichtigung der Angehörigen in die Wege geleitet, also eine ziemliche Zeit später. Das ist aber auf der anderen Seite auch erklärlich, denn nichts klärt eine Spanne Zeit von selbst, beispielsweise bei Vermissten der Verbände. Die Versprengten müssen sich wieder sammeln und der Überblick über solch große Truppenkontingente ist erst nach einer gewissen Zeit nach dem Einsatz gegeben. Dadurch ist erklärlich, dass Post von der Fronttruppe zur Heimat u. U. viel früher in der Heimat ist, wie eine amtliche Bestätigung. In allen Fällen aber Ruhe bewahren: Onkel Robert war während des Weltkrieges schon tot gesagt und ist wiedergekommen und ich höre hier von Kameraden, dass genau dasselbe häufiger vorkommt. Hauptmann Breilinger soll durch zwei Kopfschüsse, die nicht tödlich waren, schwer verletzt sein. Von Hans König und auch von Helmer fehlt noch jede Spur. Es ist so, wie Du gehört hast: Helmer wurde mit einer vierten Kompanie eingesetzt und wurde eingeschlossen. Über sein Schicksal ist bis heute nichts bekannt geworden. Oblt. Eberhardt ist nur leicht verletzt und tut wieder Dienst. Es hat mich gewundert, dass man diesen Offizier, der doch nur Büroarbeit getan hat und ganz truppenfremd geworden war, ausgerechnet einer Kampftruppe übergeben hat. Meistens hört man von Kopf- und Bauchschüssen, die große Spezialität der Russen. Grausam!

Nun will ich schließen. Wer weiß, wann für mich die Nacht herum ist. Für die viele Liebe, den Trost und die Kraft, die Du mir mit jedem Wort Deiner Briefe schenkst, mein treues liebes Herzekind, danke ich Dir mit jedem Herzschlag. Ich fühle das Band der Gedanken, das uns Tag und Nacht verbindet. Noch nie haben wir uns während der Trennungen des Krieges so nahe gestanden. Was das Schicksal auch von mir fordert, ich füge mich seinen Entschlüssen als kleiner ohnmächtiger Erdenwurm. Ich glaube aber an die Gerechtigkeit des Himmels, ich bin mir der Reinheit unseres Verhältnisses, unserer Liebe und unserer Gedanken völlig bewusst. Selbst mein Verhältnis zu Helene [Stiefmutter], das mich manchmal noch bedrückt hat, habe ich mit gutem Willen bereinigt. Ich hoffe mit allen Möglichkeiten materieller Art gerechnet zu haben, der Geschäftsvertrag sichert Dein Auskommen einigermaßen, die Lebensversicherung habe ich vollkommen bewusst im vorvorigen Urlaub erhöht, das Häuschen, wenn auch leider noch unfertig, stellt immerhin einen gewissen Faktor dar. Mit keinem Menschen habe ich Streit. In jeder Hinsicht habe ich mit allen bestes Einvernehmen hergestellt.

Jetzt entscheidet der Himmel über uns, wir stehen ein zweites Mal Hand in Hand vor dem Altar. Einen Trost gibt mir mein Bewusstsein, Du bist mir ein trefflicher Kamerad. Wenn ich die sonnigen Bilder unserer glücklichen Vergangenheit in meinem inneren Auge vorübergleiten lasse, dann fühle ich, dass uns nichts mehr trennen kann, und sollte es der Tod sein. Und so weihe ich Dir und mit Dir meinem innig geliebten Kinde mein ganzes Denken und Empfinden, mein ganzes Leben in inniger Liebe und unwandelbarer Treue bis in alle Ewigkeit.

27. März 1944
Ich bin sehr glücklich, Dir auch Briefchen Nr. 4 bestätigen zu können, das ich gestern früh vor der Abfahrt des Regimentsstabsomnibusses noch rechtzeitig erhalten habe. Um 4.00 Uhr morgens mussten wir raus. Um 11.00 Uhr sind wir in unserer alten Unterkunft erst abgefahren – echt Militär – und ich konnte mich in der Zwischenzeit in der warmen Stube eines estnischen Bauern aufhalten, Dein Briefchen in Ruhe lesen, und bekam dort noch eine süße Suppe mit Weißbrot und einem Pfannkuchen.

Die Fahrt war sehr schön, wenn auch außerhalb des Autobusses durchdringend kalt. Die Landschaft hat viel Ähnlichkeit mit einer deutschen Landschaft. Sehr bedauert habe ich nur die armen Infanteristen und die Leute des Trosses, die in dem eisigen kalten Wind in zwei oder drei Tagen, je nachdem, wie viel Zeit sie dafür gebrauchten, die 75 km in freiem Gelände bzw. auf der Straße zurücklegen mussten.

Man soll den Tag nicht vor dem Abend loben. Der Abend und die darauffolgende Nacht sollten mir ein erschütterndes Erlebnis bringen, das mir beinahe den Lebensfaden abgeschnitten hätte.

Wir fahren in eine größere Stadt ein. Am Eingang der Stadt stauen sich die Kolonnen, auch die anderer Einheiten. Es ist schon bald 18.00 Uhr, schon ziemlich düster auf den

Straßen und ca. 45 km liegen noch vor uns, als sich herausstellt, dass unser neues Reiseziel weiter südlich liegt. Plötzlich beginnt es aus allen Rohren zu schießen, direkt neben uns ballert die schwere Flak los. Russische Flugzeuge über der Stadt. Wir fahren mit dem Omnibus weiter, gewinnen den jenseitigen Stadtausgang, vor uns befinden sich noch einige Fahrzeuge einer motorisierten Kompanie. Im Tiefflug braust es über uns hinweg, plötzlich Leuchtschirme überall, die Gegend ist taghell erleuchtet, wir halten, steigen vorsichtig aus, einer nach dem anderen, ich komme schwer als Vorletzter raus, da sich ein Koppel im Gang zwischen Sitzen verklemmt hat. Ich laufe vielleicht zwanzig Meter weg, direkt über mir erneute Leuchtbomben, die Flak schießt wahnsinnig, alles geschieht in Sekundenschnelle, im Tiefflug brausen Bomber heran, keine Deckung, alles flach wie ein Teller, ich klammere mich in die Erde, lege das Gesicht tief in den Schnee, Bomber sausen, ich höre genau das Singen in der Luft, unwillkürlich kann ich gerade noch Deinen Namen rufen – Du musst es im Herzen gefühlt haben, und achtzig Meter von mir entfernt (ich bin die Entfernung heute früh abgeschritten) ein fürchterliches Detonieren zweimal hintereinander, Luftdruck, mir ist nichts passiert, zwei Tote, vier bis fünf Verwundete, die vor uns liegenden Fahrzeuge kaputt. Ein Inferno teuflischster Art beginnt. Ich zittere vor Kälte, überall folgen jetzt die Einschläge, dazwischen haut die Flak aus allen Kalibern, Brände lodern auf, an meinem Kopf schwirren die Splitter vorbei, ich höre es ganz deutlich. Nach etwa zwanzig Minuten erlöschen die ersten Christbäume und Leuchtschirme. Ich bin klamm vor Kälte, zwei, drei Sprünge, nun liege ich wenigstens in einer Erdaufschüttung, eine neue Welle fliegt an und steckt mit Leuchtbomben (-schirmen) genau über uns ab. Neue Anflüge, überall um mich kracht es, Splitter surren singend durch die Luft – Frauchen es war schrecklich.

Bei dem Haufen Erde oder Mist fand ich auf der anderen Seite einen Obergefreiten Lermes aus Roth. Je nachdem, aus welcher Richtung die Flugzeuge anflogen, warfen wir die Sachen im Dreck auf die entgegengesetzte Seite des Haufens. Ein Splitter musste uns haarscharf an den Köpfen vorbei geflogen sein, Lermes stieß mir in die Rippen und schrie mir zu, dass ein neuer Brocken durch die Luft saust. Der Angriff dauerte dreiviertel Stunden. Die Stadt brannte lichterloh an unserer Stelle. Mein Körper war erstarrt vor Kälte. Nun sammelten sich die Versprengten in einem Keller eines Hauses am Stadtrand, dessen Dach und Fenster vollkommen demoliert waren. Die Verwundeten wurden verbunden. Wir standen Kopf an Kopf dicht gedrängt im schmalen Keller.

Gegen 24.00 Uhr erfolgte der zweite Angriff, der wieder eine Stunde dauerte. Der ganze Keller bebte, Dir diese Minuten zu schildern, streikt meine Feder. Mit dem Leben hatten wohl alle abgeschlossen.

Auch diese Nacht ging rum. Frage bitte nicht, wie. Gegen 4.30 Uhr war mir vor Kälte so hundeelend, dass ich hoch ging ins Haus. Ich landete in einem Molkereigeschäft. Der Fußboden stand unter Milch. Bilder des Jammers. Da kam mir ein guter Gedanke: Mich in einem der Brandherde zu wärmen. Gedacht, getan – hier war Feuer genug. Ich stand an einer Stelle, wo ein ganzer Straßenzug brannte. Leute suchten ihre Angehörigen, Frauen weinten, andere bargen noch Sachen während die Ziegel von den Dächern herabprasselten. Ein Mädel war ganz aufgelöst, sprach etwas deutsch und wollte unbedingt fort nach Deutschland. Ich gab ihr die Adresse von Fritz, der sie vielleicht in der Firma gebrauchen kann und von Dir. Eine ältere Dame, die vor Kurzem erst aus Nowarra evakuiert worden war, hatte nun hier alles verloren. Ich nahm mich allen Leids an, so gut ich im Augenblick konnte. – Nur, es hat keinen Zweck seitenweise weiter zu berichten.

Ich verpasste den noch fahrbereiten Omnibus, fuhr ein Stück per Zug nach und erwischte hinten auf einem Lkw sitzend, der beinahe noch einen Unfall baute, meine Einheit.

Nun werden wir aufgefüllt, in vier Tagen etwa einer neuen Aufgabe zugeführt. Frauchen falte die Hände und bete für mich. In dieser Nacht stand mein Stern über mir und hat mich nicht verlassen. Was steht mir noch bevor? – Wann endet dieser schreckliche Krieg?

Behüt Dich Gott.

Schmiedel, der früher aus dem Omnibus herauskam, konnte bis zu den Leuchtschirmen weiter weg kommen als ich und erwischte unweit der Bahnstrecke einen tiefen Graben, in den er sich hineinlegen konnte. Die Splitter gingen über den Graben besser hinweg, wenn auch die Nähe der Bahnlinie als Gefahrenmoment wieder hinzu kam.

Die Kälte macht mich fürchterlich fertig. Was kann ich dagegen tun? Ein Glück, dass ich den Pullover noch mitgenommen habe, auch Mamas Kopfschützer. Ich setze jetzt beide auf. Wenn das mit der Kälte so weitergeht, sehe ich schwarz. Der ganze Körper kühlt aus. Man stelle sich einen armen Verwundeten vor, der sich nicht helfen kann und in dieser Kälte liegt. Im Einsatz muss direkt im Schnee übernachtet werden. Kamerad Etzel lag zwölf Tage und Nächte im Schnee, davon vier ohne Verpflegung.

Du hast mir wieder so lieb geschrieben. Du glaubst nicht, was hier ein Brief von zu Hause aufwiegt. Ich schreibe Dir immer nur so Schreckliches. Schreibe ich nichts, erfährst Du es von anderen, vielleicht entstellter und übertriebener. Als das Bombardement nicht aufhörte, fand ich mich damit ab, jeden Augenblick getroffen zu werden, aber mit der Kälte konnte ich mich nicht abfinden. Lermes wird Dir erzählen, wie wir sogar manchmal aufgesprungen sind, nur, um mal herumgehen zu können. Aber das Stehen ist reiner Wahnsinn, wenn die Splitter herumfliegen. Gibt es etwas zum Einnehmen, das den Blutkreislauf anregt zur besseren Durchblutung der Gefäße? Ist dies wiederum dann verkehrt für den Fall einer Verwundung?

Obwohl ich heute Nacht Dienst hatte, blieb es bis etwa 4.30 Uhr morgens doch so ruhig, dass ich schön schlafen konnte. Nach dieser Nacht in Dorpat war das auch notwendig und sieht sich die Welt heute schon wieder ganz anders an. Die Sonne scheint schön vom Himmel. Der Schein trügt aber noch, denn draußen ist es ziemlich kalt. Ob nur von der Kälte oder von dem Pulverqualm, wir haben alle etwas entzündete Augen. Die meinigen waren heute früh etwas verklebt. Ich hoffe aber, dass sich die Sache bald wieder macht. Schlimm ist's nicht.

Heute früh waren der Herr General und Herr Hauptmann Pagener hier. Letzterer hat mich kurz begrüßt. Sicher wurden Fragen des Ersatzes behandelt und ab heute früh bekommen wir laufend Zuzug.

Feldwebel Weber, der Fahrer des Generals, ist der Ansicht, dass unser nächster Einsatz wohl weiter südlich, im Abschnitt der Mittelfront vor sich gehen wird. Er kann sich aber auch irren.

Von mir kann ich gar nicht so viel berichten. Draußen ist es sehr kalt und unangenehm. Am Körper werde ich mich gut warm anziehen, beide Pullover, beide Kopfschützer anziehen, damit ich nachts über durchhalte. Nur für die Füße habe ich große Bange. Viele Kameraden haben erfrorene Zehen.

(...) Wir liegen die paar Tage hier in einer größeren Schule.

Hier ist Zentralheizung und wärmen wir mal wieder ordentlich durch. Man glaubt nicht, wie schnell der Körper auskühlen kann. Der kleine Ort umfasst zwei bis drei Dorfstraßen, in der Mitte ein kleiner Marktplatz, sonst aber recht bescheiden, anspruchslos und arm wie hier überall die Menschen. Man erkennt erst einmal, wie hoch doch in Deutschland der allgemeine Lebensstandard ist, selbst bei der eigentlichen Arbeiterbevölkerung. Hier am Ort wohnen sehr viele Evakuierte. Ich sprach teilweise die Leute selbst, als ich gestern für die Truppe eine Waschküche suchte. So existieren z. B. nur zwei oder drei Waschküchen am ganzen Ort. So lässt die Hygiene sehr zu wünschen übrig. Das Wasser ist derart kalt und niemand hat eine Schüssel oder einen Eimer, sodass bei der Wascherei nicht viel herauskommt. Hoffentlich habe ich immer die Gelegenheit, mich wenigstens einmal in der Woche richtig in einer Sauna waschen zu können. Alles ist nicht so durchorganisiert, wie ich das von der Division oder meiner früheren Truppe her gewohnt bin. Von den Panzer-Jägern habe ich nichts mehr gehört. Vielleicht schreibe ich an Feldwebel Bohn mal einige Zeilen. Ich habe den Feldwebel getroffen, neben dem Oblt. Evers gefallen ist, zwei Schritt entfernt. Evers wollte gerade zu ihm rüber an einen Baum in Deckung springen, da bekam er in den Kopf einen Schuss aus einer Maschinenpistole. Der Feldwebel bekam auch einen Armstreifschuss, aber ohne Verletzung. Evers war sofort tot. Ein ganz kleiner Trost wenigstens für die arme alte Mutter.

Wenn die Truppe im Einsatz ist, wird manchmal die Feldpost zurückgehen lassen oder aber hier verbrannt. Ängstige Dich bitte nicht, wenn Feldpost an Dich zurückkommt. Da braucht nicht immer gleich das Schlimmste vorzuliegen.

Auf dem Trockenboden der Schule fand ich eine Schachtel mit Schuhfett. Ich habe nun meine Langschäfter erst mal prima eingefettet und hoffe, durch diese Maßnahme wenigstens trockene Füße zu haben. Meine Schreiberei geht etwas in Etappen vor sich und dadurch wurschteln die Gedanken teilweise so unzusammenhängend durcheinander. Du wirst Dich aber schon durchfinden und Dein Geist ordnend eingreifen.

Heute früh war der neue Kdr meiner alten Einheit hier, ein ganz junger Offizier und konnte ich mit seinem Fahrer, Obgefr. Schumrich, ein paar Worte sprechen. Uffz. König ist spurlos verschwunden, niemand weiß, ob gefallen (was unwahrscheinlich sein soll) oder gefangen genommen. Feldwebel Helmer und Brosch sind noch da, Hermann Arnold war eingeschlossen, hat sich durchgeschlagen, soll zum EK eingereicht worden sein und seine Beförderung zum Uffz. steht zu erwarten. Uffz. Kropfner, mit dem ich bei der zweiten Kompanie zusammen auf der Bude gelegen habe und der Dich angerufen hat, ist gefallen. Bechtler sitzt wieder als Schreiber beim Stab, nachdem König ausgefallen und der neue I a-Schreiber auch gefallen ist. Stabsarzt Dr. Dahlheim ist als einziger der alten Offiziere noch da, von Beamten nur noch Oberzahlmeister Kunrich, Kriegswerkmeister Gardeler, Kriegstechniker Negeler, den Du mal kurz auf dem Hanauer Hauptbahnhof kennengelernt hast. Eine traurige Bilanz! Und nach jedem neuen Waffengang wird das Häufchen kleiner und kleiner werden. Wie lange noch?

Heute ist es draußen wenigstens nicht so kalt. Die tollsten Gerüchte schwirren bezüglich unseres neuen Einsatzes auch in der Luft herum, bis zu den Karpaten meinen einige, dass wir kommen sollen. Abwarten! Die Maßstäbe, die wir beide gewohnt waren, seither an den Krieg zu stellen, sind komplett über den Haufen geworfen worden. Hier gelten ganz andere härtere Gesetze.

1. April 1944
Wundert Euch zu Hause nicht mehr, warum alles knapp und es dies und jenes nicht zu kaufen gibt. Es ist in Hülle und Fülle an der Front! Da sende ich heute früh nun mein Päckchen ab, was neben drei Päckchen Tabak haufenweise Zigaretten enthält. Schnaps und Likör steht mir so viel zu, dass ich den Schnaps z. B. gar nicht empfange. Die Verpflegung ist sehr reichlich. Von der kämpfenden Front, zu der wir über kurz oder lang ja auch wieder gehören, hört man betreffs Verpflegung wahre Wunderdinge. Die aber nicht mehr vorhanden sind, wenn die Truppe das Unglück hat, eingeschlossen zu werden.

2. April 1944 – Palmsonntag
Dass heute Palmsonntag und heute in acht Tagen Ostern ist, habe ich heute früh durch »Zufall« festgestellt. Der Russe hat gleich für eine sonntägliche Einleitung gesorgt, denn es krachte und blitzte wieder in der Ferne und ein Flugzeug kam auch über uns weg heute Nacht. Die Truppe war natürlich alarmiert, ich wunderte mich nur über die Sorglosigkeit. Leider schlau geworden durch meine eigenen Erfahrungen lief ich aus dem Dorf heraus und suchte mir ein welliges Gelände am Waldrand. Es blieb aber ruhig hier. Nur die entfernten Detonationen erinnerten mich, dass ich vor gerade acht Tagen auf freiem Felde mitten darin gelegen habe. Die »Feierstunde« des heutigen Sonntags – Palm-

sonntag – soll für mich in diesem Brief bestehen. Heute, d.h. die kommende Nacht, bin ich sog. »Schreiber vom Dienst«. Hoffentlich bleibt alles ziemlich ruhig. Wir, d.h. auch die Offiziere, wundern uns, dass wir noch nicht zu neuem Einsatz abtransportiert wurden. »Ostern« werden wir diesen Ort wohl kaum noch erleben. Leider musste ich heute Nacht die Feststellung machen, dass es nachts noch bitter kalt ist, kein Wetter, um im Freien zu kampieren. Ich traf dann noch ein Ehepaar aus Dorpat, das mit anderen Einwohnern des Ortes auch hinausgelaufen war, und unterhielt mich mit den Leuten, die ganz gut deutsch sprachen. Sie sind evakuiert, ihre Dorpater Wohnung ist kaputt und wohnen vorläufig hier auf dem Lande. Eigenartig, dass praktisch zwischen den Staaten Litauen, Lettland und Estland so große Unterschiede bestehen, dass sich die Völker untereinander nicht verstehen. Die estnische Sprache ähnelt aber der finnischen und so können sich Esten und Finnen etwas verstehen.

Der Durchfall hat sich jetzt vollkommen gegeben. Da ich aber nicht weiß, wie ggf. Kälte und vorübergehende Strapazen auf mich wirken, bin ich Dir für die Besorgung der Arznei sehr dankbar. Wenn Du sie mir schickst, so schreibst Du mir sicher dazu, in welcher Menge sie einzunehmen ist. Da wir einmal bei »Arzneien« sind, möchte ich erwähnen, dass mich der Besitz einiger Morphiumampullen für eine evtl. Verwundung sehr beruhigen würde. Das bekommst Du jedoch ohne Rezept nicht. Ließe sich vielleicht da über Adolf-Hermann [Bruder] etwas machen? Ich würde aber dann noch darum bitten, mir anzubieten, wie das angewandt werden muss, und ob das Morphium einfach ins Fleisch eingepickt und gespritzt werden kann (Spritzen müssten also wohl dabei sein) und in welcher Dosis. Viele Soldaten kommen nur dadurch um, weil ärztliche Hilfe viel zu spät kommt. Im Gefecht ist man zunächst sich vollkommen selbst überlassen. Bitte also diesen Gedankengang mal ventilieren, die Morphiumdosis muss mir natürlich angegeben werden, dass ich ggf. nicht das Bewusstsein verliere, sondern dass der Schmerz lediglich unterbunden wird und ich instand gesetzt werde, trotz einer evtl. Verwundung selbst bis zu einem Feldlazarett bzw. einer Verwundetensammelstelle mehrere Kilometer weit zurückzufinden.

Wie werden verletzte Adern abgebunden? Bei Arm- oder Beinschüssen ist dies mir ungefähr klar, wie, wenn der Körper getroffen ist? Da wird schwer zu raten sein, das kommt wohl auf die Verletzung an.

Die Stelle, die ich zurzeit beim Regiment einnehme, ist die des »Gefechtsschreibers«, keine so angenehme Sache. Es gibt bessere Posten. Nun wurde aber heute festgestellt, dass der Regimentsstab sieben Unteroffiziere zu viel hat. Es könnte also sein, dass ich mich in absehbarer Zeit wieder verändere. Das bleibt abzuwarten. Ich bin aber voll und ganz Deiner Meinung, dass mir die Kommandierung zur Division und der Glücksfall mit dem Urlaub wohl das Leben gerettet haben, denn der I a der Abteilung Seifert ist gefallen und König ist weg!

Zu Deiner Frage, welcher Posten als Gefechtsschreiber besser ist, der des Regiments oder der Panzer-Jäger-Abteilung, natürlich der des Regimentsstabes, denn diese gesamte Truppeneinheit ist ja vier- bis fünfmal größer wie die andere.

Die Verwüstungen in Frankfurt/Main müssen unvorstellbar sein. Hier kommen jetzt die ersten Telegramme an. Leider gibt es aber keine Urlaubsplätze. Der Krieg wird von Tag zu Tag schärfer, alles drängt auf den letzten Akt hin. Von der bevorstehenden Vergeltung werden wahre Wundermärchen erzählt. Märchen?

Hoffentlich bleibt Hanau verschont und der Kelch geht an unserer Stadt vorbei. Wenn Du vorübergehend mal jemanden in das Häuschen nehmen müsstest, dann wird sich auch dazu ein Weg finden. Diese armen Menschen, die bei den Terrorangriffen alles verloren haben und praktisch vor einem Nichts stehen, sind sehr zu bedauern. Wenn man da mithelfen kann, Not zu lindern, tut man ein wahres Christenwerk. Und wie leicht kann man selbst in diese Lage kommen!

Das kleine Häuschen auf dem Weg nach Hochstadt ist mir bekannt. Das war ja wieder ziemlich in der Nähe. Als ich auf dem Acker gelegen habe, habe ich ermessen können, wie wertvoll ein Erdhaufen sein kann. Nehmt jede Gelegenheit wahr, immer mal wieder einen Karren Erde aufzuschütten. Natürlich ist das nur für den Splitterschutz. Gegen einen Treffer schützt auch der Keller nicht. Es wird Dich interessieren, dass die vor meiner Nase detonierten beiden Sprengbomben in dem vollkommen durchgefrorenen Boden nur etwa 30 bis 50 cm tiefe Löcher gewühlt haben. Die ganze Ladung ist nach allen Seiten umhergeflogen, Autos alle kaputt, Telegrafengestänge zersplittert, dickwandige Holzleisten durchschlagen und alle Brocken über mich weg. Anscheinend habe ich gerade im sog. »toten Winkel« gelegen und dadurch auch verhältnismäßig wenig Luftdruck abbekommen. Dieses Erlebnis vergesse ich in meinem ganzen Leben nicht.

19.00 Uhr. Den Brief von meinem Zusammentreffen mit Herrn Drich, der am Vormittag des Tages über eine Mine gefahren war und mit knapper Haut dem Tode entronnen war, mit meiner anschließenden Fahrt mit ihm auf seiner Geschützprotze durch den Wald zum Stab des Ferntrosses, hoffe ich in Deinem Besitz.

In gewissem Sinne bin ich durch meine Blutgruppe Null gegen Ungeziefer etwas mehr gefeit als meine Kameraden anderer Blutgruppenzugehörigkeit. Trotzdem habe ich unter Flöhen und wohl auch Läusen ziemlich zu leiden. Die Wäsche, die ich anziehe, wringe ich in einer Lösung aus, der ein chemisches Präparat, sog. »Läusetod«, beigegeben wird. Dadurch soll es besser werden. Im Übrigen gewöhnt man sich allmählich an die Juckerei. Nur, das soll das geringste Übel sein. Könnte man sich richtig waschen und hätte man nicht Tag und Nacht seine Wäsche und meist auch noch seine Hose an, wäre es um die Hygiene und dadurch mit dem »Kampf gegen Ungeziefer« weit besser gestellt.

Ein besonderes Vorkommnis möchte ich noch mitteilen, das mir heute Abend zur Kenntnis gelangt ist. Versehentlich wurden die Angehörigen eines in ein Lazarett verbrachten Offiziers benachrichtigt, dass der Betreffende gefallen sei. Heute stellt sich heraus, dass die Mitteilung zu Unrecht geschah. Der Offizier ist zwar verwundet, lebt aber. Ähnlich geschah es ja mit Onkel Robert einmal. Ich schreibe dies nur allein aus dem Grund, dass grundsätzlich alle Nachrichten, auch solche amtlicher Natur, mit einem gewissen Vorbehalt aufgenommen werden müssen.

Bei einer derartig großen Verlegung ist es nur möglich, dass wir räumlich vom Divisionsstab so weit entfernt zu liegen kommen. Vielleicht empfiehlt es sich daher, dass Du mir doch manchmal, vielleicht ein über das andere Mal, einen Brief direkt an meine Feldpostnummer: 15697 richtest. Halte die Briefe vielleicht etwas kürzer, denn bei dem kürzlichen Einsatz der Division an der Narvafront ist es vorgekommen, dass säckeweise die Feldpost entweder wegen Überlastung des Feldpostamtes oder weiter vorne wegen Feindgefahr verbrannt worden ist. Es wäre dann schade um jede Deiner lieben Zeilen. Also lieber öfters schreiben, wenn auch kürzer. Die Garantie, von Deinen Briefen dann wenigstens einen Teil zu bekommen, ist hierbei weit größer.

Sollte nun von mir die Post auch ausbleiben, ist dies zunächst kein Grund zur Besorgnis. Wir fahren mit Bahntransport, sicher wieder in Güterwagen, und werden für eine längere Zeit verpflegt. Ich bin gespannt, wo wir landen, vielleicht in Rumänien. Das hätte wenigstens den Vorteil, dass es dort im Süden wärmer wäre.

In einer alten Bücherkiste habe ich ein schönes Buch über Bismarck entdeckt und während der Mittagszeit oder abends habe ich mit viel Freude darin gelesen.

Wie arm ist doch unser Volk im ganzen Europa daran, hatte doch seit 1813 jede Generation ihren Krieg und jeder immer schrecklicher als der vorhergehende.

Schwierigkeiten habe ich mit meiner Wäsche. Bisher war es ja auch durchdringend kalt, im Sommer wird das schon besser damit werden. Dass man die Wäsche wenigstens 14 Tage anbehalten muss, gehört schon zu den Alltäglichkeiten des östlichen Lebens.

Mein Tagewerk verläuft recht unregelmäßig. Tagsüber habe ich oft weniger zu tun, aber wiederum kann ich mich schlecht hinsetzen und schreiben, trotzdem schon manche Zeilen, so auch die umseitigen, mal zwischendurch geschrieben worden sind. Unser Oberstleutnant hat die Angewohnheit, mit seinen Ausarbeitungen oft spät abends zu kommen. Die meiste Arbeit haben wir oft dadurch nachts.

Die wenigen Tage, die ich jetzt bei der neuen Truppe bin, haben bereits ein zwar loses aber recht nettes Verhältnis zu den Offizieren erbracht. Auch mit dem Kommandeur verstehe ich mich gut, obwohl er ein bärbeißiger Bauer ist und gern das Kind mit dem Bad ausschüttet. Ich mag aber diese süddeutsche herbe Art ganz gern.

Die Sonne gewinnt jeden Tag jetzt mehr an Wärme. Es wird aber auch damit Zeit. Das Waschen morgens ist schon nicht mehr so ein Problem, und das nasse Gesicht und die Hände sind nicht im gleichen Augenblick mit einer dünnen Eisschicht überzogen. Der Rasierpinsel friert auch nicht mehr, auch der Waschlappen. Dafür beginnt der »Kampf mit dem Schlamm«. Unvorstellbar sehen die Wege aus. Doch wird uns da auch noch mehr bevorstehen.

Die Division ist personell und waffenmäßig jetzt wieder aufgefüllt. In Gewaltausbildung bekommt die Truppe den letzten Schliff. Nach der Verlegung steht wohl ein harter Einsatz bevor. Ein Glück wenigstens, dass es den Anschein hat, dass dies im Süden sein wird, denn da fällt ein Feind schon mal fort: die Kälte. Die Front verspricht ja nichts Gutes. Überall drückt der Russe die Linien ein. Bald steht er in Deutschland, ganz abgesehen vom rumänischen Öl, das wohl auch die längste Zeit für uns geflossen ist. Die Situation ist eine schlechte. Das gesamte Territorium, das wir in Russland gewonnen, ist restlos wieder verloren gegangen. Die nächsten Wochen werden entscheiden, ob es dem Russen gelingt, deutschen Boden zu erreichen. Alle Truppen stehen im Westen, hier sind wir zu schwach. Sollen wir hier halten, bis der Westen frei ist? Was hat schon die Meinung eines kleinen Soldaten zu bedeuten? Nichts. –

Ein großer Gang wird uns bevorstehen. Hoffentlich meint es das Schicksal weiter so gütig mit mir. Hoffentlich bin ich in der Lage, Dir immer schreiben zu können und dann nur von erfreulichen Dingen.

Wann weicht endlich dieser Albdruck »Krieg« von uns? Die schöne Sonne, die jetzt täglich zum Fenster unseres

Schulzimmers herein scheint, lässt Träume Gestalt annehmen –

7. April 1944
Ich befinde mich bereits auf dem Marsch mit meiner Truppe zur kommenden neuen Front für uns. Seit 6.00 Uhr warten wir in Stov (?) an der Bahnstrecke Dorpat-Pleskau auf unsere Verladung. Aber weit und breit ist noch kein Zug zu sehen. Durch einen Urlauber habe ich noch einmal Gelegenheit, ein Briefchen mitzugeben. Meinen Karabiner habe ich nun gegen eine Maschinenpistole umgetauscht. Die Strecke Richtung Pleskau werden wir wohl kaum fahren können, denn da sitzt schon der Russe. Ich vermute, dass wir den Umweg über Riga nehmen müssen, da in dieser Richtung die Strecke noch feindfrei ist. Hoffentlich bekommen wir bis zur Erreichung unseres Bereitstellungsraumes weder mit Partisanen noch mit russischen Fliegern zu tun. Auf der heute früh gefrorenen, aber jetzt völlig aufgeweichten Straße traf ich den Fahrer des Generals. Er meinte, wir können nicht sehr weit südlich. Da wir personell und materiell voll aufgefüllt sind und als kampfstarke Division einzusetzen sind, steht uns wohl einiges bevor. Übrigens wechselt die Division wieder den Divisionskommandeur. Wir bekommen einen General, unser Regiment bekommt einen Oberst. Als Gefechtsschreiber bin ich der Kampfstaffel des Regiments zugeteilt, kann mir aber von meiner Verwendung noch nicht die rechte Vorstellung machen, da ich so etwas noch nie mitgemacht habe. Tagsüber ist es jetzt wenigstens wärmer, nachts noch bitterkalt. Vor der Kälte habe ich noch mehr Dampf wie vor dem, was uns bevorsteht, weil ich das Letztere nicht beurteilen kann.

Gestern Abend waren wir zum Abschluss unseres kurzen

Aufenthaltes in Otepää nochmals im Kino in dem Film »Vom Winde verweht«. Eine eingehende Schilderung des Kinos habe ich Dir ja schon gegeben. Anschließend verpackten wir unsere Kisten und Gepäck auf einen Lkw, schliefen noch bis heute früh 4.00 Uhr und fuhren dann hierher bis zur Bahnstrecke. In einem leeren Raum habe ich einige Zeitungen auf dem Bretterfußboden ausgebreitet und noch zwei Stunden geschlafen. Heute Mittag gab es ein immerhin beachtliches Hühnersüppchen, nur hätte die Portion etwas größer sein dürfen. Ich vermute, dass wir mit Rücksicht auf die Luftgefahr vor Einbruch der Nacht noch nicht verladen und den Tag – Karfreitag – hier am Rand einer Straße, bei deren Beschreiten man bis über die Knöchel im Schlamm watet, verlängern.

9. April 1944 (Ostersonntag im fahrenden Güterwagen)
Ostersonntag in Deutschland! Ein günstiges Omen. Wir fahren seit zwei Tagen und zwei Nächten im Güterwagen und haben heute früh die litauische/deutsche Grenze passiert. Niemand weiß, wohin wir fahren. Wir nehmen an, in die Lemberger Gegend, aber auch an anderen Stellen der Ostfront werden frische Kräfte dringend gebraucht.

Unsere Verladung und bisherige Fahrt gingen bis jetzt günstig vonstatten. Der Russe hat sich mit Flugzeugen nicht sehen lassen.

Solch eine Fahrt im Güterwagen gehört zwar nicht zu den schönsten Erlebnissen, besonders nicht am Osterfest, muss aber hingenommen werden.

Ich habe wenig gefroren, verpflegt sind wir gut und ich fühle mich so weit ganz in Ordnung, während viele meiner Kameraden ziemlich erkältet sind.

Das Schreiben, auf dem Bauch im Güterwagen liegend,

in dem 32 Menschen sind, ist eine ziemliche Tortur. Der Zug schaukelt sehr und andauernd fällt einer über meine Beine. Nimm diese Zeilen deshalb nur für das, was sie sein wollen: Für einen Ostergruß!

Soeben – 17.40 Uhr – haben wir Osterrode passiert, auf meiner Karte konnte ich nicht feststellen, ob wir schon nach Süden abbiegen. In Allenstein traf ich Otto Riester. Ich konnte ihm seinen Brief gleich persönlich beantworten und schenkte ihm ein paar Zigaretten. Er konnte mich nur kurz sprechen, denn als er mich endlich in dem Riesenzug gefunden hatte, fuhr sein Zug schon wieder weiter. In mehreren Güterzügen ist die ganze Division auf Achse. Sollten wir morgen noch auf deutschem Gebiet fahren, schreibe ich natürlich wieder, dann lässt sich die Fahrtrichtung bestimmt schon erkennen.

Fredy fährt nicht in meinem Zug mit. Er befindet sich ein oder zwei Züge voraus.

Wir bekommen jeder eine Tafel Schokolade. Dieselbe war zwar angeschimmelt, ich habe sie aber trotzdem gefuttert. So war der »Osterhase« auch bei mir.

Schmiedel fühlt sich sehr elend. Er liegt neben mir, hat wohl Fieber und verträgt das fürchterliche Schleudern der Güterwagen nicht.

Mir geht es sehr gut, ich habe guten Appetit und an Butter und Fett heute sicher schon so viel gegessen, wie Ihr alle zusammen in einer Woche bekommt.

In Allenstein hatten wir Fliegeralarm. Es hätte sich für den Russen auch rentiert. Der ganze Bahnhof voller Militärzüge. Es ist aber nichts gekommen.

18.30 Uhr, soeben Deutsch-Eilau Hauptbahnhof (also doch jetzt südliche Richtung)

11. April 1944

Heute ist nun der fünfte Reisetag. Ich liege bäuchlings auf dem Fußboden des Güterwagens und habe mir unter die Brust die zusammengefaltete Zeltplan gelegt, zwar primitiv, aber solange der Zug steht, geht es ganz gut. An beiden Osterfeiertagen hatten wir eine schöne Fahrt, am ersten Tag ging es durch Deutschland, am zweiten durch Polen. Warschau haben wir links liegen gelassen. Den größten Vorteil, dem uns diese große Verlegung näher bringt, ist, dass das Wetter hier erträglich ist, eine angenehme Tageswärme und nachts auch nicht mehr so kalt, vor allen Dingen: kein Schnee mehr.

Die Fahrt durch die deutschen Lande Ostpreußens war ein Ostergeschenk. Am zweiten Tag die Fahrt durch Polen war auch sehr interessant. Überall weite große Flächen Ackerlandes, so weit das Auge reicht, und die Felder waren wohl in Ordnung. Nur die Einwohner des Landes wohnen sehr primitiv. Nur armselige strohgedeckte Holzhütten, schmutzig, verwahrlost, die Menschen schlottrig und verschmutzt.

Hier auf einem Bahnhof haben sich heute früh eine ganze Reihe Züge zusammengefunden. Fredy ist nicht dabei und liegt mit seinem Zug entweder noch zurück oder schon vor uns. Riester muss in der Nähe sein. An einem Wasserhahn konnte ich mich heute früh ganz gut waschen, auch rasieren. Meine Wäsche sieht aber aus: schwarz wie die Nacht! Die Verpflegung ist nach wie vor sehr gut.

Für die kommende Zeit wollen wir gegenseitig uns alle guten Wünsche wünschen. Odessa ist geräumt, Lemberg soll gefallen sein, es spitzt sich immer mehr zu. Wird wohl in diesem Jahr auf das Ende zugehen, das gilt 's noch durchzustehen.

14. April 1944
Gestern sind wir endlich gelandet, sofort weitergekommen und sitzen schon wieder auf dem Sprung. Heute Abend geht es weiter.

Meine Eindrücke seither, in diesen wenigen Tagen, sind stärker, als ich sie jemals in Norwegen erlebt habe. Ich habe viel gesehen, Land und Menschen kennengelernt. Ich schreibe, sobald es mir möglich ist, ausführlich.

17. April 1944
Wir stecken im Einsatz. Ich weiß nicht, ob Dich diese Zeilen erreichen und natürlich muss ich es versuchen, damit Du ein Lebenszeichen von mir erhältst. Leider ist meine Zeit so, dass ich praktisch seit drei Nächten nur noch stundenweise zum Schlafen gekommen bin. Über meine Eindrücke kann ich aus begreiflichen Gründen nicht schreiben, hoffe es aber nachholen zu können.

Öfters treffe ich jetzt Fredy, vor drei Tagen nachts in einer eigenartigen Situation, mitten in der Nacht im Schein brennender Ortschaften und russischer Lichtkugeln auf verschlammter Straße. Ich hatte einige Kradmelder bei mir, die buchstäblich im Schlamm steckengeblieben sind. Fredys Fahrzeuge kommen auch nicht weiter. War das Treffen eine Freude, mitten in der Nacht, drei Kilometer vor uns der Russe. Uns beiden geht es sehr gut, den Umständen entsprechend. Das »Tippeln« habe ich jetzt gelernt mit schwerem Gepäck.

Sollte ich einmal als »vermisst« gelten, bekommst Du von jeder Dienststelle, auch auf Deine Schreiben und Erkundigungen hin, erst nach der 18. Woche einen Bescheid. Wende Dich also immer an Kameradenfrauen oder halte Fühlung mit ihnen. Wie es hier steht, kann ich Dir schlecht in einem

Brief schreiben. Der Russe erdrückt mit Menschen und Material. Hoffentlich halten wir dem stand. Gestern Abend kam schon die Vermutung, wir seien abgeschnitten, es hat sich aber glücklicherweise nicht bestätigt. Es gibt nur eines: Gottvertrauen und Glaube an eine glückliche Wendung. Letztere muss aber bald kommen, sehr bald, sonst müssen noch viele tapfere Soldaten das Leben lassen.

Es rumpelt manchmal die Artillerie um den Gefechtsstand. Leider wurden die Stäbe durchgekämmt und reduziert. Da der neue Chef, Oberstleutnant von Randers, seinen eigenen Gefechtsschreiber mitgebracht hat, sind wir jetzt drei. Ich muss mit Versetzung zum Bataillon und Einteilung als Gruppenführer rechnen, das bedeutet mit Hurra und der Waffe in der Hand gegen den Feind. Wahrheit trifft hart.

Ich gehöre auch noch zum Südabschnitt, es wäre aber Zufall, Wolfgang [Bruder] mal zu treffen. Vom Weltgeschehen sind wir ganz abgeschnitten, haben auch leider keine Zeit dazu. Muss mir unbedingt noch mein Schützenloch graben, denn Artilleriefeuer hagelte bei uns schon öfters hinein, eine Sache, an die ich mich erst sehr gewöhnen musste. Schlafe in einem kleinen Schuppen, an dem die Tür fehlt, also praktisch im Freien auf einem Bündel Stroh.

21. April 1944

Zurzeit liegt der Gefechtsstand in einem ganz ärmlichen Hof. Der Verputz fällt von den Wänden herab und teilweise kampieren wir in einem kleinen Holzverschlag, in dem man durch die großen Zwischenräume durch die Balken die ganze Umgebung sehen kann. Zum Schlafen ist kein Platz. Viele schlafen in Erdbunkern, die sie sich gegraben haben, andere in einer noch stehenden Scheune, obwohl dies bei dem möglichen und schon eingetretenen feindlichen Artilleriebeschuss ein gewisses Risiko ist. Ich schlafe auch in der Scheune, der erste Schuss wird nicht gleich treffen, angezogen bin ich immer, eine Tür gibt es nicht, die Wände sind aus Stroh, da bin ich schnell im nächsten Graben, in dem ich dieser Tage mit einem ziemlich geschmeidigen Hüpfer einem Offizier auf den Rücken gesprungen bin, als die Artilleriegeschosse um uns herum einschlugen.

Verpflegungsmäßig geht es mir sehr gut, heute Abend Gänsebraten, einen ganzen Schenkel habe ich verdrückt, Kalbsbraten gestern, Gänsebraten vorgestern, so geht es weiter, die Verpflegung ist sehr gut und fettreich. Das immer noch kalte Wetter, besonders nachts, macht auch gute Verpflegung erforderlich. Dazu trinken wir Kaffee, Kräuter- und Eierlikör.

Leider habe ich mein Kochgeschirr verloren. Es hat sich vom Haken gelöst, als ich Wasser aus dem Brunnen herausziehen wollte und ist im Brunnen verblieben. Nun fehlt mir das Kochgeschirr als Wasch- und Essschüssel, etwas anderes gibt es hier nicht. Kannst Du mir das evtl. schicken? Die hygienischen Verhältnisse ergeben sich zwangsläufig. Morgenwäsche, ziemlich schmutzige Wäsche am Körper, ungepflegtes Äußere, Schuhe und Anzug verbleiben Tag und Nacht auf dem Körper, da kannst Du Dir eine rechte Vorstellung machen. Noch nie war ich vom zivilen Leben so weit entfernt wie heute. Ich bin dabei, »Soldat« zu werden.

Von der Auskämmaktion ist heute nichts wieder verlautet, aber diese Angelegenheit ruht nur. Die Lage ist ernst, aber wo ist dies nicht der Fall?

Während der letzten beiden Tage habe ich darauf geachtet, dass ich genügend Schlaf habe. Es hat schon gefruchtet und war ich weniger nervös und ruhiger, was jetzt unbedingt erforderlich ist. Trotzdem bitte ich Dich, mir noch ein großes Glas – so wie ich es habe – mit Baldriandispert zu schicken. Neulich, d.h. vor drei, vier Tagen, (man hat gar kein Zeitgefühl mehr) saß ich wieder hinten auf in einem Ostraupenschlepper der 14. Kompanie, die Divisionsfahrt zu irgendeiner Unternehmung und sollte meine Bereitstellungsräume beziehen. Schlammige Straßen, zerschossene Panzer am Weg, überall ausgebrannte Gehöfte, das Vieh verschmort in den Ställen, Pferdekadaver, aufgedunsen, Bunker und Stellungsgräben hier und da, die geladene MP in der Hand, bald schießt es dort, bald rattert da ein MG, plötzlich drehen wir uns: Einsatz abgeblasen!

Wir haben hier große Mühe mit dem Russen. Auch durch Banditen werden wir in Unruhe gehalten. Hoffentlich bleibt immer der Russe gebührend weit vom Leibe.

Ja, was soll ich noch erzählen? Von den brennenden Dörfern, von hiesigen Verhältnissen? Das einzig Positive, von dem ich Dir berichten kann, ist von meiner guten Gesundheit. Dass ich mir, anscheinend durch große Erkältung, Hämorrhoiden zugezogen habe, habe ich Dir wohl schon geschrieben. Hoffentlich gibt es sich wieder.

Mit meinen Gedanken bin ich viel zu Hause und Deine ausführlichen Briefe haben mit dazu beigetragen, wieder weitere Brücken zu schlagen. Hoffentlich ist ein gegenseitiger Postaustausch in Zukunft gewährleistet. Wenn uns dieses Band verbindet, dann ist schon viel gewonnen.

Das Gefahrenmoment ist jetzt überall gleich groß. Du kannst Dir denken, dass ich mich an die ständige Schießerei auch erst gewöhnen musste. Jetzt geht es schon besser damit, trotzdem ich einen »Kampf« ja noch gar nicht mitgemacht habe, mir auch keine rechte Vorstellung davon machen kann. Der Krieg ist schrecklich. Unser neuer Kommandeur, ein Oberstleutnant von Randers, soll der einzige überlebende Offizier einer ganzen Division sein. Er trägt viele Auszeichnungen, die Nahkampfspange, und ist ein Draufgänger, der an Führers Geburtstag uns sagte, »dass unser Körper und ich« nicht mehr uns, sondern dem Staat gehören.

Für heute Abend will ich nun schließen und schlafen gehen. Ich bin rechtschaffen müde und werde wohl heute Nacht die Ratten nicht mehr lange pfeifen hören.

22. April 1944 – 4.20 Uhr früh
Die Nacht ist herum. Gegen 23.30 Uhr von draußen solch Lärm, es wurde auch geschossen, sodass ich es vorzog, einmal nach dem Rechten zu sehen. Es waren durchziehende Kolonnen und hin und wieder schoss es mal in der Nähe. Ich kroch in mein Stroh wieder zurück und schlief weiter. Da ich mir viel davon auf die Beine warf, war es gegen Morgen auch nicht mehr so frisch wie an anderen Tagen.

Es ist möglich, dass wir mal wieder weiter wandern, wohin? Die Gegend hat hier große Ähnlichkeit mit einer deutschen, beispielsweise Oldenburg, flach, nur mehr Wald und Kesselgelände wie dort. Natürlich kommt hier noch der Sumpf hinzu. Leider ist es in den letzten Tagen wieder ungemütlich und kalt geworden, nachdem wir uns schon gefreut hatten, in wärmere Gegenden verschlagen worden zu sein.

25. April 1944
So wie ich diesmal meinen Geburtstag verbracht habe, habe ich ihn tatsächlich noch nie erlebt. Vorausschicken muss ich, dass es mir in den letzten Tagen nicht gut ging. Ich hatte Fieber, abwechselnd Schüttelfrost, dann wieder trat mir der Schweiß auf die Stirn. Heute früh, nachdem ich aufgestanden bin, fange ich auf einmal an zu torkeln,

mir wird schwindelig und ich klappe zusammen. Ich bin anschließend zum Stabsarzt gegangen und er stellte eine Art Grippe fest. Ich bekam verschiedene Tabletten mit, die ich treu und brav schlucke und heute Abend geht es mir nun schon wieder besser.

Eine nette Eröffnung brachte der Geburtstag insofern noch für mich, als mir meine Versetzung in ein Bataillon angekündigt wurde im Rahmen der Auskämmaktion. So werde ich also in allernächster Zeit in den Graben kommen und dem Russen gegenüberliegen. Wie es dort etwa aussieht, kann ich aus den täglichen Verlustmeldungen entnehmen. Besonders gefürchtet sind Granatwerferbeschuss und Stalinorgeln, die der Feind hier einsetzt. Da kann man wohl sein Testament machen.

Meine Scheune als Schlafstelle habe ich verlassen müssen. Die Wände existieren nur noch teilweise, sodass ich praktisch im Freien schlafen würde. Ich habe mir in einem kleinen Wohnbungalow, dem Raum der Melder, eine neue Bleibe im Stroh gesucht. Meine nächste Bleibe wird nun wohl im Erdloch mit Stroh sein. Kannst Du Dir wohl vorstellen, welche Gedanken in meinem Kopf kursieren? Sehr lebensbejahende. Ja, Frauchen, ich bin also jetzt Infanterist geworden, zu deutsch: »Armes Schwein« und die Chancen haben sich sehr zu meinen Ungunsten entwickelt. Das Schicksal erspart uns nichts, bis zum Schlimmsten ist nun auch kein weiter Schritt mehr.

Gestern ist der Russe in einem Abschnitt einer unserer Einheiten durchgebrochen. Wir haben 62 Gefangene eingebracht, dabei zwei Weiber, einen russischen Offizier und einen Partisanenoffizier. Es vergeht natürlich kaum ein Tag, an dem nicht eigene Tote zu bedauern sind. Aber wer bedauert hier? Das überlässt man dem Himmel.

Höre soeben den Kommandeur telefonieren, er hätte seinen Stab jetzt rigoros ausgemistet, jetzt soll dafür gesorgt werden, dass die Leute auch in den Graben kommen als Gruppenführer. Ja, was soll ich da noch weiter meinem Brief anhängen? Kannst Du mir nachfühlen, dass man da nicht weiter schreiben kann. (...)

Du schreibst immer so lieb und ausführlich und bringen mir Deine Briefe immer ein Stück Heimat mit, die ich – den Umständen hier nach – schon bald am abschreiben bin. Das ist traurig. Der Rgt.-Tagesbefehl ist nun heraus und ich bin zum I. Bataillon versetzt. Um Dir einen Begriff zu geben, musst Du Dir vorstellen, dass ein Bataillon etwa meiner alten Panzer-Jäger-Abteilung entspricht. Nun bin ich gespannt, wie ich dort eingesetzt werde. Der Kommandeur will ja, dass wir alle »in den Graben« kommen. Ich sehe dann schwarz, denn ich habe ja keinerlei militärische Ausbildung und es bleibt für mich dann nur übrig, auf meinen Heimatschuss zu warten, von dem ich hoffen will, dass er nicht gleich tödlich ist. Heute früh haben die »Stalinorgeln« wieder ziemlich gerumpelt, nette Aussichten. Frauchen, der Krieg ist schrecklich, ich rechne mich schon gar nicht mehr richtig zu den Lebenden gehörig. Ein Feldpostbriefchen soll Dich erfreuen und mit jedem kann ich Dir nur weh tun. Welch ein Unterschied zwischen unseren ersten glücklichen Ehejahren und der jetzigen rauen Wirklichkeit.

28. April 1944

Es wird das letzte Mal sein, dass ich eine Maschine zur Verfügung habe und vielleicht mal fünf Minuten Zeit. Ich erwarte jeden Tag, dass ich in Marsch gesetzt werde, versetzt bin ich schon, und zwar zum I. Btl. Zurzeit weiß ich nur nicht, wie dort hinkommen, denn das Btl. ist gerade in

Kämpfe verwickelt. Heute früh wurden 16 Tote und 66 Verwundete gemeldet. Ich habe ein eigenartiges Gefühl dabei im Magen. Und nun soll ich dort im Graben meinen Mann stehen?

Wir müssen uns darüber im Klaren sein, dass wir jetzt an den Scheideweg kommen. Entweder habe ich saugroßen Dussel, das glaube ich aber nicht, oder meine Stunde steht bevor. Die Zeit ist zu hart, als dass wir uns darüber große Sentimentalitäten machen können.

(Ich werde beinahe während jeder Zeile gestört und spanne erst mal aus.) Man ist hier eben kein Individuum mehr, nicht mehr Einzelperson, sondern geht unter in dem großen Getriebe der großen Armee. Stell Dir vor, dass ich noch nicht mal in Ruhe Deine Briefe lesen kann. Das zehrt an den Nerven. Ich habe mir schon überlegt, ob es nicht besser ist, mir selbst eine Kugel durch den Kopf zu schießen. Wer weiß, was mir das alles ersparen würde. Die Chancen stehen so, dass man immerhin daran denkt. Aber eingedenk der »Worte des Kommandeurs, dass der Mensch dem Staat gehört« (nicht der Mann der Familie) lasse ich die Finger davon, – eben bumst es schon wieder. Es hat keinen Zweck weiterzuschreiben, muss das Briefchen abbrechen.

Selten lange bleibt diesmal der Rgt.-Gefechtsstand in ein und demselben Dorf, d. h. »Dorf« ist bei den 3 oder 4 Häusern zu viel gesagt, und auch diese werden jetzt so langsam von uns niedergerissen, damit wir Baumaterial für Erdbunker bekommen. Gegenüber einem sehr kleinen dürftigen Häuschen, in dessen Küche, die etwa nur halb so groß ist, wie das Wohnzimmer in der Yorkstraße war, haben wir bisher zu fünft arbeiten müssen und oftmals waren noch Offiziere mit drin, die warten mussten, bis sie vom Chef, der in der »guten Stube« wohnte, vorgelassen wurden. Auch der nicht unerhebliche Meldeverkehr spielte sich in dieser Stube ab.

Schon allein dies besagt, dass man »durchdreht« und wenn an einem kleinen 140-cm-Tisch sage und schreibe drei Leute arbeiten müssen, wirft der eine dem anderen, wenn er ein Heft umklappt, automatisch die Arbeit zu. Das wäre an sich so weitergegangen, wenn nicht die russische Artillerie hierher schießen würde und anscheinend immer mehr in die Nähe trifft. Gestern Abend hatte ich die Nacht durch Dienst.

Ich höre zwar ein Flugzeug – aber darauf achtet hier schon kein Mensch mehr –, auf einmal tut es einen Schlag und meine Fensterverdunkelung fällt mir entgegen. Sprengbombenwurf, noch ziemlich weit, ca. 200 m. Nun sind Bunker herzustellen begonnen worden, in die der ganze Betrieb umzieht und damit unter die Erde kommt. Der Adjutant, der Kommandeur mit seinem Schreiber, wohnen bereits in den neuen beiden Bunkern, während der große Geschäftszimmer-Bunker noch nicht fertig ist. Nun nimmt der Feldwebel, den sich Obstlt. von Randers mitgebracht hat, von dort aus bereits den größten Teil der Nachtmeldungen wahr, während meine Gefechtsstärken- und Waffenmeldung schon fertig vor mir liegt. Es ergibt sich dadurch für mich die ganz seltene Gelegenheit, vielleicht mal eine Viertelstunde ungestört an Frauchen schreiben zu können. Wie knapp die Zeit ist, beweist Dir, wenn ich Dir mitteile, dass ich noch nicht mal welche zum Waschen hatte.

Gesundheitlich bin ich nicht mehr auf dem Posten. Meine Schwäche gerade an meinem Geburtstag hat sich wieder behoben. Nun ist's die Erkältung, der wunde Hals, der nicht mehr von mir weichen will. Da ich überhaupt in hygienischer Beziehung nur auf mein Kochgeschirr angewiesen bin, den

Körper und die Wäsche nicht mehr waschen kann, im Kochgeschirrdeckel mich morgens gerade so etwas rasiere, kannst Du Dir vorstellen, welchen Saldo ich ziehe beim Vergleich zu meinen herrlichen häuslichen Möglichkeiten. Na, das wäre das Schlimmste nicht, wenn mir »Wasser« auch immer sehr wichtig war. Unangenehmer ist schon, dass man in derselben Wäsche oft nass schwitzt, am Körper langsam abtrocknet und in den Nächten oft friert. Das ist natürlich nichts. (...)

Der sehr beengte Betrieb hier, im Anfang auch die Bomben (jetzt weniger mehr) und die recht ungewisse Zukunft belasten natürlich sehr seelisch und haben meine Nervosität recht gesteigert. Unter solchen Verhältnissen habe ich noch nie mein Leben geführt, bzw. gearbeitet und ist es ja immerhin interessant jetzt, durch das eigene Erleben festzustellen, wie arm es der Masse unserer tapferen Frontsoldaten geht. Das werde ich nie vergessen.

Jetzt rächt sich, dass ich an Ausbildung immer kaum teilgenommen habe, meine Arbeitszeit immer zur Erledigung des Papierkrieges viel wichtiger war und es immer hieß: »Das können Sie der Truppe überlassen.«

Zu Hause im Gärtchen scheint jetzt mit Macht der Frühling einzuziehen. Ich freue mich, wie Du schreibst, wie Ingrid so emsig mitarbeitet und alles so wichtig nimmt. Ja, wie gerne möchte ich da mittun können. Papa zählt sogar die Knospen am Flieder. Wie schön ist es zu Hause. Hoffentlich kann ich das mit Dir zusammen noch einmal erleben. Es wäre sonst zu schade um uns beide. Aber wie gesagt, mein treues Frauchen, wir sind im Krieg. Auch über den schwersten Verlust helfen die Zeit und Ingrids goldenes Lachen und frohe Augen. Wir haben ja einander abgesprochen, dass sich der Überlebende mit aller Liebe des Töchterchens annimmt, ihm das Leben ebnet, es auch an die

Rauheiten desselben gewöhnt. Das »wir« ineinander weiterleben, bis der andere auch die Augen schließt, das wissen wir alle beide. Der andere, das kannst Du, das kann ich sein, ist dann nur den Weg ein Stück vorausgegangen. Das Leben hat uns reich beschenkt, die herrlichen Jahre 1935 – 1939 werden in dieser Reinheit kaum ein Menschenpaar so schnell wieder erleben dürfen. Und diese Erinnerung bleibt jedem von uns, und in den Stunden, in denen man glaubt, man packt es nicht mehr, gehen wir die uns so vertrauten Wege wieder, genauso wie es war. So lebt der Eine von uns im Anderen. – Russisches Flugzeug, es hat auch irgendwo eingeschlagen, ich muss unterbrechen.

Nun ist es so weit. Heute um 14.00 Uhr sollte ich mit allen Leuten, die zum I. Btl. kommen, bereits abfahren, es hat sich aber nochmals bis zum 30.04. verschoben. Morgen früh um 8.00 Uhr haue ich hier ab. Glücklicherweise bekomme ich einen Lkw zur Verfügung gestellt, sodass ich den weiten Weg nicht zu tippeln brauche, aber es fehlen mir noch vier Leute, die ich mitnehmen muss und die sich bis jetzt nirgends auftreiben lassen.

Die Situation ist die, dass die vier Leute spurlos verschwunden sind und wahrscheinlich auf eigene Kappe versuchen werden, durchzukommen. Mit nur drei Leuten bekomme ich natürlich keinen Lkw mehr. Auch einen Panjewagen will man mir nicht mitgeben, weil dieser wieder zurückkommen muss und müsste ich für die Rückfahrt des Wagens noch einen Mann zur Sicherung mitnehmen. Die Verbindungsstraße, die ich mit einem Panjefahrzeug nehmen müsste, soll streckenweise feindeinsichtig sein. Lieber ist mir dann schon der zweite Gedanke, einen Pkw zu bekommen und unten herum über Wladimir zu fahren. Das ist zwar ein Stückchen weiter, aber bequemer und die

Straße wird nicht vom Feind eingesehen. Man bewilligt mir den Pkw natürlich nur, wenn gleich beim I. Btl. ein gewisser Auftrag damit erledigt werden kann, sonst muss ich tippeln, ca. 35 km mit vollem Gepäck, das ist ein schlechter Spaß. Ich bin nun dabei, mich innerlich darauf einzustellen, dass ich Gruppenführer werde und somit vorderster Kämpfer mit der Waffe in der Hand. Dass diese Anstellung nicht so ohne Weiteres vor sich geht, lässt sich denken. Wer hätte dies auch jemals ahnen können.

Sollte mir nun in dem bevorstehenden Einsatz etwas zustoßen, so hätte ich eine Bitte an Dich. Lass nach dem Krieg meine sterblichen Überreste in die Heimat zurückholen. Dort möchte ich schlafen, wo ich mit Dir diese wenigen herrlichen Jahre verlebt habe. Verzeih mir, mein treues Herzekind, diese Gedankengänge, nach Lage der Dinge muss ich mich aber darauf vorbereiten.

Und nun lass uns die Hände falten und für einander beten. Und damit Gott befohlen. Wir gehen mit der unerbittlichen Konsequenz den uns vorgezeichneten Schicksalsweg.

Vorhin habe ich mich bei dem Adjutant abgemeldet und hat er zum Abschied schöne Worte gefunden, unsere reibungslose Zusammenarbeit hervorgehoben und mir für meine Tätigkeit seinen Dank ausgesprochen und mir für die Zukunft alles Gute gewünscht.

Dieser Zukunft gehe ich nun heute entgegen. Mit dem Fahrzeug, das den Koffer heute früh hergebracht hat, geht mein Gepäck die vier Kilometer bis zur Stabskompanie zurück, die ich zunächst laufen muss, von dort aus will ich sehen, mit meinen zwei Leuten immer von einem Lkw auf den anderen springend, mich bis zum I. Btl. durchzuschlagen. Mal sehen, wann ich dort ankomme und wo ich lande, bzw. was man mit mir vorhat.

Die erste Etappe meines Weges zum I. Btl. habe ich erreicht, eine Stadt, die Du auf jeder Russlandkarte finden wirst. Hier hatte der SanUffz., der mit mir gefahren ist, noch etwas auf dem Hauptverbandsplatz zu tun, ich bin während dieser Zeit zu einer Kraftfahrzeugkompanie gegangen, um mich dort zu erkundigen, ob ich mit einem Ersatz- oder Nachschubtransport zur Front mitfahren kann.

Nun ist, als ich bei Herrn Oblt. Mannrat war, der mich begleitende SanUffz. abgerufen worden, er musste sich sofort einem Transport von San.-Personal anschließen und rollt schon.

Leider sollen die Verluste erheblich sein. Der Russe haut andauernd mit seinen sog. »Stalinorgeln« dazwischen. Da wird mir allerhand bevorstehen und bin ich aus diesem Grunde für diesen geschenkten Nachmittag und Abend so dankbar.

Hoffentlich habe ich ein bisschen Glück mit dabei, dass ich wenigstens mit dem Leben davonkomme. Einen Arm, ein Bein will ich gerne für diesen Preis hingeben. Nur mit meinen Lieben zu Hause, mit Dir, mein treues Frauchen, und mit Dir, meine lustige kleine Ingrid, möchte ich so gerne noch ein paar Jahre recht, recht glücklich sein. Liebes Frauchen, bete für mich, ich habe es für die kommenden Wochen mehr als nötig, dass mein Stern wieder über mir steht und mich beschirmt.

Ich verabschiedete mich noch von Bernd Schleyer, und dann sprang ich mit meinem Begleiter auf den ersten Lkw, bald auf den zweiten und dritten und sofort, mit jedem kamen wir nun einige Kilometer weiter, bis ich gegen 13.00 Uhr beim Nachtross des I. Btl. glücklich landete.

Nun wird der Btl.-Adjutant entscheiden, wie ich hier verwendet werde. Er sitzt vorne auf dem Gefechtsstand, d.h.

man könnte dort nur auf allen Vieren herumlaufen. Kein Wasser, kein Rasieren und Waschen, geschweige denn ein Spülen des Kochgeschirrs käme gar nicht in Frage. Der Russe sei in schweren Waffen sehr stark und besonders die Wirkung der »Stalinorgeln« sei verheerend. Man prophezeit mir, dass ich meinen Schuss bald weg hätte. Die Verlustziffern des Btl. sind hoch. Nun bleibe ich heute Nachmittag und die kommende Nacht wohl noch hier, dann geht's wohl mit nach vorne.

Dann heißt es für mich, den Stahlhelmriemen fester geschnürt, die Waffe in die Hand, und nach dem Motto: »Hilf dir selbst, dann hilft dir Gott« muss ich in den saueren Apfel hineinbeißen. So weit der Stand der Dinge heute Nachmittag. Was nun kommt bzw. mir bevorsteht, muss abgewartet werden.

Das Wetter heute am 1. Mai ist so schön, so sonnig.

7. Mai 1944

Sehnsüchtig wirst Du auf ein Lebenszeichen warten. Ich auch, aber meine Verhältnisse liegen so, dass Post nur schwer herankommt. Durch die Änderung der Feldpostnummer wird es auch etwas länger dauern.

Nach meiner Versetzung zum I. Bataillon bin ich nach dort in Marsch gesetzt worden und habe Dir von Wladimir aus zuletzt geschrieben, wo ich die Nacht so angenehm in einem Offz.-Bett bei Herrn Mannrat aus Hanau (Oblt.) verbringen konnte. Tags darauf habe ich nach vielem Wechseln der Fahrzeuge so langsam meine neue Einheit erreicht und bin dort sehr warm aufgenommen worden. An der Front herrscht eine ganz andere Kameradschaft. Ich habe zu essen bekommen, besser als zu Hause jetzt: Hühnersuppen, fingerdick Fett drauf, gebratene Hühner, Schnaps so viel ich wollte, Fett, Butter – alles da. Mein neues Btl. hatte bei dem Entlastungsangriff für die große Schlacht im Turja-Bogen große Verluste. Ich sollte am nächsten Vormittag, in der Nacht noch vorgehend, zum Btl.- Gefechtsstand vor, da kam unerwartet der Befehl, dass das Btl. herausgezogen und nachts 4.00 Uhr aus den Stellungen kommt. Ich bekam den Befehl, am nächsten Tag den gesamten Tross der I. bis IV. Kompanie in einen neuen Raum zu führen. Als ich 25 km getippelt war, kamen die Pferde nicht mehr mit und musste ich mit der gesamten Bagage biwakieren. Ich musste oft mit zwei Leuten alleine vor, um die Wege- bzw. Fahrmöglichkeiten für die vielen Fahrzeuge zu erkunden und kann im Rahmen eines Briefes Dir dies alles nur stichwortartig andeuten. Am Abend wollte ich, rechtschaffen müde, mich auf ein Gebund Stroh legen, da kommt ein Pkw und holt mich zum neuen Gefechtsstand ab. Hier musste ich sofort die Nacht weiterarbeiten und lernte gleich meinen neuen Vorgesetzten kennen. Einen Tag darauf wurde der Gefechtsstand vorverlegt und sitze ich nun seit drei Tagen und Nächten im Wald und bin zum richtigen Waldmenschen geworden. Kein Wasser, nur Sumpf – mit Todesverachtung habe ich mich damit rasiert. In einiger Entfernung liegt uns der Russe mit starken Kräften und schweren Waffen gegenüber, wir sind hier – kaum zu glauben – trotz allem enorm stark: Ca. »OE« Leute beim Stab. Wenn da der Russe kommt!

Durch nächtliche russische Aufklärer sind wir mit Sprengbomben eingedeckt worden. Zum Glück ist mir bis heute keine auf die Nase gefallen, nur Dreck. Auch russische Artillerie und IG-Geschütze sowie Granatwerfer heulen oft hier herum. Auf russischer Seite sind »OE« Batterien zu je »R« Geschützen aufgefahren. Hoffentlich kommen wir noch raus, ehe der Spuk losgeht. Es schwirren Gerüchte unserer baldigen Herauslösung herum, Verlegung nach Frankreich?

Ich schlafe nachts in einem Erdloch mit zwei Offizieren zusammen. An Ausrüstung habe ich nur noch meinen Brotbeutel bei mir. Sehr komfortabler Betrieb. Tagsüber arbeiten wir unter einem Zeltdach, der Boden selbst ist gut ein Meter tief in die Erde ausgehoben. Augenblicklich sind wir dabei, einen Erdbunker zu bauen. Wir schlagen Bäume und wollen zwei Lagen Baumstämme darüber legen und Erde drauf. Den Bunker selbst so tief in die Erde, dass man drin stehen kann.

Mein direkter Vorgesetzter ist ein sehr netter Leutnant, Zivilberuf Pfarrer, ca. 31 Jahre alt, verheiratet, ein Kind, mit dem ich sehr gut auskomme. Wir teilen alles, was wir haben. Ca. 50 m hinter unserer Stellung liegt der Verbandsplatz. Ich komme häufiger hin, und hat mich der junge Truppenarzt sehr in sein Herz geschlossen, freut sich jedes Mal riesig, wenn ich komme, und traktiert mich mit Feingebäck für die Verwundeten, Schnaps und Schokolade. Wenn es mir irgend möglich ist, gehe ich jeden Tag dorthin, um mir wenigstens mal die Hände waschen zu können. Ich habe ihm vier Kerzen mitgebracht, worüber er sich sehr gefreut hat. Teilweise musste er die Verwundeten ohne Behandlung weiterschicken aus Mangel an Beleuchtung.

Mehrere Bäume habe ich schon gefällt, Bunker ausgegraben, ein Haus mit einem Kommando unter meiner Anleitung abreißen lassen, um zu Balken zu kommen. Was mache ich hier nicht alles, und wie verdreckt sehe ich aus, ich kenne mich selbst kaum mehr.

10. Mai 1944

Infolge kalten und regnerischen Wetters wurde der Aufenthalt in den letzten zwei bis drei Tagen sehr unangenehm.

Heute Nacht sind wir nun dort herausgezogen worden und in einen anderen Abschnitt verlegt worden, der durch ungarische Truppen gehalten wurde. Nun ist hier der Russe durchgebrochen, die Ungarn sind stiften gegangen und unser Häuflein wurde hier hineingeworfen. Für die kommende Nacht habe ich noch keine Bleibe, und wenn bald das Fahrzeug mit dem Schanzgerät nachkommt, muss ich schleunigst darangehen, mir ein Loch zu buddeln, darin ich dann dem Geburtstag meines Töchterchens entgegenschlafe. Meiner Verwendung als Bataillons-Gefechtsschreiber steht erstens gegenüber, dass gestern der eigentliche Gefechtsschreiber aus dem Urlaub zurückgekommen ist, zweitens der Befehl des Kommandeurs, dass alles in den Graben muss. Keiner kann seinem Schicksal entgehen, wenn es sein soll. Zurzeit liege ich ca. zwei Kilometer vom Russen entfernt, die Entfernung spielt aber gar keine Rolle, denn nachts wimmelt es hier von Partisanen und die zwei Kilometer werden mit Artillerie, Granatwerfer – leider steht uns gegenüber auch eine der berüchtigten Stalinorgeln – wie nichts überschossen. Es umschwirrt uns weiter das Gerücht, dass die Division herausgezogen und in Frankreich eingesetzt wird. Wenn die bevorstehenden Kämpfe dort auch sehr hart werden, so hoffen wir von einem Tag auf den anderen, dass dieses Gerücht sich bewahrheitet. Man kommt vollkommen ab: Unrasiert, schmutzige Wäsche, ungewaschen, Uniform geht kaputt, die Verhältnisse haben sich sehr verändert.

12. Mai 1944
Heute Abend sitze ich in einem innerhalb zweier Tage mit Windeseile (wegen dem Beschuss der russischen Artillerie) in die Erde gebauten Bunker, habe einen kleinen Arbeits-

tisch, ein Bett aus Stroh, ein Bunkeröfchen in dem Raum und fühle mich wie ein König. Bisher hat der Russe mich noch nicht getroffen, nur immer rund um uns herum, das gilt aber weniger uns, dem Btl.-Stab, als der deutschen Artillerie, die um uns sich herum gruppiert. Wenn unsere eigene Artillerie schießt, fällt mir Dreck (Sand) auf den Kopf und je nachdem, bei Einschlägen mehr oder weniger Sand herunter fällt, hat der Russe näher oder weiter in unserem Umkreis getroffen.

Heute haben unsere Stukas dreimal einen Angriff geflogen auf eine Brückenkopfstellung an der Turja und konnte ich es gut beobachten. Auch bei einem Luftkampf zwischen einem deutschen Aufklärer und zwei russischen Jägern war ich »Zaungast«, gerade als ich mich drüben am Sumpf rasierte. Endlich habe ich auch mal die Wäsche waschen können. Ein wahrer Hochgenuss. Während ich hier schreibe, rattert draußen ein MG und manchmal kracht es ganz ordentlich dazu. Der »Kontrabass« der schweren Waffen. Gesundheitlich geht es mir gut, der Schnupfen ist auch wesentlich besser geworden.

Gerüchte, nach denen die Division herausgezogen werden soll, sind an der Tagesordnung, ich glaube auch, es tut sich hierin noch etwas.

Heute Nacht habe ich sage und schreibe 2 1/2 Stunden geschlafen. Die einzige Tageszeit, an der ich es etwas ruhiger habe, ist der Vormittag. Ab 12.00 Uhr mittags geht es dann los mit Meldungen, Lagemeldungen, Feindmeldungen, Munitionsverschuss, Benzinverbrauch usw. usw., Meldungen taktischer Art, Gefangenenvernehmungen, Spähtrupps, Stoßtrupps und die letzte Meldung dieser Meldereihe ist nachts um zwei Uhr fällig. Ich sehe schon immer zu, dass ich mit der Nachtmeldung früher durchkomme.

Ereignet sich dann bis um 2.00 Uhr noch etwas (Artilleriebeschuss, Fliegertätigkeit), dann werde ich durch den Lärm ja sowieso wach und melde nach.

Es ist hier ein Kreuz, glaube mir, wäre ich nicht verheiratet, ich hätte mir schon selbst längst eine Kugel durch den Kopf geschossen. Ein Vergleich mit dem, was war, ist furchtbar.

Mein gutes Frauchen! Bitte kürzere Briefe an mich schreiben. Ich kann die Länge nicht mehr verdauen. Es ist zu schade um die Worte, die mir sonst entgehen. Lese Deine letzten Briefe auf der Latrine, die übrigens durch ein zwischen zwei Birken festgenageltes Brett dargestellt wird, also mitten im Wald doch ganz nette Umgebung. Ich habe buchstäblich keine Zeit, in Ruhe einen Brief zu lesen. Du kannst Dir keinen Begriff davon machen. Hoffentlich werden wir bald herausgelöst, in allem brennt man ab. Von einer Verlegung nach Frankreich wird allerorts geredet. Da könnte man sich wenigstens während der Bahnfahrt ausschlafen. Frauchen! Das kann ich nicht lange durchhalten, das sehe ich jetzt schon. Mit so wenig Schlaf komme ich auf die Dauer nicht aus. Ein so schwieriges Arbeiten ist mir in meiner gesamten militärischen Tätigkeit noch nicht vorgekommen. Nicht die Materie ist es, die beherrsche ich vollkommen, aber die Umstände, keine Meldungen kommen ran, bald ist da die Telefonleitung durch Banditen durchgeschnitten oder durch Volltreffer zerstört, ich komme nicht zu meinen Meldungen, das Regiment drängt und reklamiert, Störungssucher werden ausgeschickt, flicken, manchmal im feindlichen Feuer, die Leitungen, können manchmal auch nur nachts raus, wenn das Gelände, durch das sie hindurch müssen, vom Feind einzusehen ist.

Das Wetter hat sich wieder gebessert, die Sonne meint

es gut und lacht den ganzen Tag vom Himmel. Ich müsste bei nächster Gelegenheit mal meine Füße waschen. Habe Tag und Nacht vielleicht jetzt seit ca. 10 bis 14 Tagen ununterbrochen meine Stiefel an, immer alarmbereit, man kann nie wissen, was kommt. In der Nacht konnte ich mal länger hintereinander schlafen und fühle mich heute gleich viel besser. In meinem Bunker stehen drei schmale Bettstellen, aus Brettern roh zusammengeschlagen, übereinander. Der Adjutant hat die Angewohnheit, sich immer in das mittelste Bett zu legen, hier bis 24 Uhr zu schlafen, derweil der Kommandeur drüben meint, er erstickt vor Arbeit.

Im obersten Bett schläft der Gefechtsschreiber, mein Konkurrent, der sich aber aus dem Verwaltungsdienst weniger macht und mehr Außendienst macht. Unten an der Erde schlafe ich, habe mir eine Kiste danebengestellt, auf die kommt nachts das Telefon, Telefonbuch und Licht daneben und wenn es klingelt, bin ich auch schon an der Strippe. So alle Stunde telefoniert es mal, das bin ich schon gar nicht anders mehr gewöhnt.

Der heutige Vormittag war zunächst wieder ruhiger, dann setzte aber eine enorme Arbeit ein. Nur zum Beispiel will ich Dir erzählen, dass ich immer während der Kommandeur telefoniert hat und ich wegen des Lärms nicht schreiben konnte, einige Löffel in den Mund gesteckt habe. Reguläre Zeit zum Essen hat man einfach nicht.

Heute Nachmittag bis in die späten Abendstunden war ein derartiger Betrieb, dass ich nicht mehr mit der Nase rausgekommen bin.

Außerdem kam der Hauptfeldwebel von hinten vor und verbringt die heutige Nacht hier bei uns im Bunker, um morgen wieder nach hinten zurückzufahren oder zu reiten. Der Weg hierher ist nicht ohne, der Kommandeur ritt heute früh aus und neben ihm auf der Wiese sind die Brocken runtergefallen. Ich hatte einen dringenden Einsatzbefehl für ein in der nächsten Nacht stattfindendes Stoßtruppunternehmen zu schreiben, doch befahl mir der Adjutant, zum Essen zu kommen. Vor der Bunkertür in den kleinen Fichten des Waldes hatten wir einen Tisch aufgestellt – ich hatte die Röstkartoffeln mit einem Spirituskocher nochmals etwas aufgewärmt, auch den Kalbsnierenbraten, und ich dachte so einigermaßen ruhig mal zu Abend essen zu können, da kam der Kommandeur und erkundigte sich nach dem Befehl. Zum Glück ritt der Alte bald fort. Adjutant und Kommandeur harmonieren nicht so gut zusammen und hatte der Adjutant den Alten nicht eingeladen, obwohl dieser ihm heute erst ein Huhn geschenkt hatte. Ich komme mit dem Kommandeur recht gut aus, auch mit dem Adjutanten, obwohl dieser sehr nervös ist. Ich nehme bei keiner der Parteien Stellung und bleibe neutral. Das Huhn, das der Adjutant vor die Bunkertür gehängt hatte, ist ihm natürlich gestohlen worden, dafür sind wir halt bei den Soldaten. Da wird einem das Hemd unter dem Hintern weggestohlen, wenn man nicht aufpasst.

Ein Kochgeschirr habe ich mir natürlich längst wieder organisiert, von einem gefallenen Kameraden.

An unserer Front ist es zurzeit ziemlich ruhig. Natürlich werden Spähtrupps und Stoßtrupps hin und her gemacht und beide Seiten schanzen sich ein. Wir nehmen aber an, dass es die Ruhe vor dem Sturm ist. Insbesondere nehme ich an, dass es in dem Moment hier losgeht, wenn drüben im Westen die Invasion steigt. Da wird der Russe angreifen und einen Entlastungsangriff vortreiben. Ich hörte heute, dass nun auch die Krim planmäßig geräumt sei.

Nun ist unser größtes Interesse, so bald als möglich herauszukommen. Man spricht davon, dass bereits Divisionen anrollen sollen. Wir gehören zur 6. Armee – genau weiß ich es nicht – die seinerzeit in Stalingrad aufgerieben wurde. Teile dieser Armee stehen in Südfrankreich, sodass immerhin damit gerechnet werden kann, dass wir eines schönen Tages wieder reisen. Dann aber noch bevor der Russe hier zu trommeln beginnt, denn dann kommt so schnell niemand zurück.

Ich habe mich in enormer Arbeit in das Vertrauen meiner neuen beiden Chefs schon ganz schön eingearbeitet. Der Adjutant hat schon mehrfach geäußert, dass er froh sei, mich bekommen zu haben. Heute wurde mir bedeutet, dass ich im Falle eines Kampfes zunächst mich raushalten solle und die Geheimsachen schleunigst verbrennen solle.

17. Mai 1944

Wir liegen in Alarmbereitschaft und es ist aufgrund von bestimmten Erkundigungen möglich, dass der Russe angreift. Da müssen natürlich Beobachtungsmeldungen der eingesetzten Kompanien abgehört werden, doch – unberufen, ist bis jetzt alles ruhig – wenn die Sache nicht erst in der Morgendämmerung losgeht. Ich glaube aber vielmehr, dass es »blinder Alarm« ist und der Russe in dem Augenblick losschlägt, in dem es im Westen losgeht.

Eben ballert der Russe draußen, aber weit weg. Heute Nachmittag, bzw. wir sind ja mitten in der Nacht, also gestern, hat er mit schwerem Kaliber geschossen. Sakrament hat das gekracht, aber auch noch weit weg. Die vorherige Nacht seien ca. 100 m von unserem Bunker Bomben runtergegangen. Ich habe nichts davon gemerkt, ein Zeichen dafür, wie müde ich gewesen sein muss.

Heute gegen Abend habe ich mal meine Maschinenpistole ausprobiert, die ich leider zufolge meiner Versetzung wieder in einen Karabiner umtauschen soll. Mit dem Adjutant war ich ein Stück Wegs in den Wald spaziert. Er stellte mir eine Zigarettenschachtel auf einen entfernt stehenden Baumstumpf. Mit dem zweiten Schuss hatte ich sie getroffen.

– Die Einschläge kommen näher!

Der U. v. D., sogenannt der russische Aufklärer, hat uns heute auch in den ersten Abendstunden ein paar Mal überflogen, auch Bomben geworfen, aber auch noch weit weg. Das ist immer eine heikle Sache, gilt es dir oder nicht. Der Russe muss mit schwerem Kaliber schießen, obwohl ich 1,70 m in der Erde sitze, schuttert der Boden.

17. Mai 1944 – 8.00 Uhr
Russe nicht gekommen! Dafür kommt der Kommandierende General um 8.30 Uhr.

18. Mai 1944
Seit 3.00 Uhr bin ich wieder in der Tretmühle, nachdem ich mich gestern Abend erst nach 23.00 Uhr legen konnte. Wir liegen wieder in Alarm, aber der erwartete russische Angriff ist auch heute wieder ausgeblieben. Gegen 3.00 Uhr brachte ein Stoßtrupp einen Gefangenen mit, und führte ich das Vernehmungsprotokoll. Artillerien, Infanteriegeschütze und Granatwerfer aller Kaliber tauschen wechselseitig Grüße aus, bis in die Nähe ist jedoch diesmal nichts gekommen. Nur gestern Abend rieselte manchmal ein bisschen der Sand. Dann habe ich mir mit einem Spirituskocher Kaffee warm gemacht und mich damit rasiert, anschließend in dem Deckel meines Kochgeschirrs Brot geröstet und gegessen.

Ab Nachmittag herrscht durch den Sumpf große Mückenplage.

Ich muss sagen, dass dies mir weniger wie meinen Kameraden ausmacht, nur unangenehm bei »Geschäften«. Hat man hinterher dann hintenherum alles verstochen. Für den Kopf haben wir Mückenschleier empfangen. Über eine Ablösung oder Herausziehung ist nichts weiter verlautet, wir bauen einen Bunker nach dem anderen, alles muss in die Erde.

Bisher konnte ich mich als Gefechtsschreiber auf dem Btl.-Gefechtsstand weiterhin behaupten, ob mir das weiter gelingt, bleibt abzuwarten. Die Arbeit wird durch die schwierigen Verbindungsmöglichkeiten zu eingesetzten Einheiten sehr erschwert. Der Urlaub läuft weiter, man hat die Zuteilung nur in Anbetracht der Mannschaftsknappheit jetzt etwas reduziert.

Einige Stunden weiter. Die Post geht gerade ab, deshalb will ich rasch das Briefchen fertig machen. Die Mückenplage ist enorm, ohne Schleier nicht mehr auszukommen. Heute früh mehrere Stuka-Angriffe, das hat hingehauen. Sonst nichts Neues.

Nun fehlen mir von Dir noch eine ganze Menge Briefe, Nr: 31, 32 und 33, von denen Lermes ja einen mitbringt. Postausfälle entstehen auch durch die fortwährenden Eisenbahnunfälle, Minenunfälle und Sprengungen. Von hier aus beispielsweise in Urlaub zu fahren ist ein Risiko. Beiderseits der Bahnstrecke häufen sich die Trümmer der Maschinen und Waggons.

Nun von mir persönlich. Gesundheitlich geht es mir gut. Meine Haare wachsen wild, der Nacken ist nun schon ganz zugewachsen, meine Hände bekomme ich überhaupt nicht mehr sauber, meine Uniform verdreckt, das Taschenfutter geht überall kaputt. Zufolge großer Arbeitsanspannung und wenigem Schlaf bin ich gestern vor der Schreibmaschine praktisch eingeschlafen, d.h. ich habe in einem Befehl, den ich zu schreiben hatte, plötzlich ganz andere konfuse Sachen hineingeschrieben. Da ich praktisch zufolge der stets durchlaufenden Meldungen in keiner einzigen Nacht richtig zum Durchschlafen komme, habe ich mit dem Adjutanten gesprochen und gestern Abend von 21.00 bis etwa 1.00 Uhr mich mal richtig aufs Ohr gelegt und geschlafen. Es war dies auch gut so, denn um 1.00 Uhr nachts kam ein Befehl durch, in dessen Verfolg es für ca. eine Stunde wieder für mich Arbeit gab. Mama hat mit ihren Gedankengängen bezüglich der Versetzung zum Btl. insofern recht behalten, als ich, anstatt ganz bis in den Graben zu fallen, zunächst beim Btl.-Stab hängengeblieben bin. Wie lange ich mich hier halten kann, muss abgewartet werden. Wahrscheinlich steht ein Wechsel des Btls.-Kommandeurs (nicht Rgts.-Kommandeurs) bevor, und neue Herren bringen neue Gedanken mit. Man spricht auch davon, dass die Gesundung Breilingers gute Fortschritte machen würde. In einem Brief an das Btl. hat er geschrieben und seiner Hoffnung Ausdruck gegeben, dass er hofft, über kurz oder lang wieder zum Btl. zurückzukommen.

Da er vorübergehend schon mal Btl.-Kdr gewesen war, ist es möglich, dass ich Br. als direkten Vorgesetzten bekomme. Wie ist die Welt doch so klein.

Der Russe ist in letzter Zeit lebhafter geworden, die ganze Nacht schießt er, beleuchtet mit Leuchtkugeln, die er alle fünf Minuten hochgehen lässt, alles taghell. Vielleicht fühlt er sich durch unsere Späh- und Stoßtrupptätigkeit auch bedroht und ist nun nervös. Seine Artillerie habe ich heute Nacht nicht gehört, wahrscheinlich zu tief geschlafen.

20. Mai 1944
Heute fährt auch der Rgts.-Kommandeur, Herr Oberstleutnant von Randers, in Urlaub. Bei seiner Einstellung ist da wohl damit zu rechnen, dass innerhalb der nächsten 3 bis 4 Wochen sich unsere Lage nicht grundlegend ändern wird, ich glaube sonst bestimmt, dass er sein Regiment nicht verlassen würde. Als er das Telegramm von dem Div.-General zugesprochen bekam, dass er in Frankfurt total bombengeschädigt sei und er einen Urlaubsplatz angeboten bekam, verzichtete er auch darauf und entgegnete, er könne jetzt nicht weg.

Der Russe hat sich auch heute den ganzen Tag über ruhig verhalten, d. h., mit Artillerie und leichten Inf.-Waffen bestreicht er mal immer die Abschnitte – wir hatten auch einige Verwundete – aber im Großen und Ganzen herrscht Ruhe an der Front. Ich vermute, dass dies noch so lange dauern wird, bis es im Westen losgeht. Dann wird wohl auch hier der Teufel wieder los sein. Gerüchte über eine evtl. Herausziehung und Verlegung unserer Division tauchen nach wie vor auf, doch sind es bisher nur Gerüchte. Aber so ein Wechsel kann mal Blitz auf Schlag vor sich gehen.

Heute Nachmittag habe ich seit langer Zeit Gelegenheit gehabt, mir mal die Haare schneiden lassen zu können. Nun gefalle ich mir selbst schon wieder etwas besser. Auch die längere Nachtruhe von vergangener Nacht hat mit dazu beigetragen, meine Stimmung etwas zu heben.

Heute Nacht war ich auch bald alle halbe Stunde auf. Ständige Anrufe kommen, die zu notieren sind, wo Auskunft zu geben ist, Feindmeldungen und Beobachtungen laufen ein. Gestern Abend sind Tiefflieger hier über unseren Wald gekommen, ein unangenehmes Gefühl, denn mit Bombenwerfen sind sie hier schnell bei der Hand, auf den geringsten Lichtschein. Ich war später nochmals draußen, da lag jedoch alles schwarz und drüber rauschten die Tannen des Waldes. Nur aus dem Kommandeurbunker kam ein zitternder Lichtschein. Heute verlässt uns also Hauptmann Schramm, der seitherige Btls.-Kommandeur. Ich sprach gestern mit Herrn Hauptmann Solderich und meinte er, er bliebe voraussichtlich nur ca. 4 bis 6 Wochen bei uns. Mal abwarten. Als ich ihm heute früh Waschwasser brachte, meinte er, es sei ja sehr schmutzig. Da ich es aus dem improvisierten Brunnen geschöpft hatte, schwammen aber keine Kaulquappen darin herum. Ich ziehe es vor, mir das Wasser direkt aus dem Sumpf zu holen, da ist es klarer. Wasserflöhe und Kaulquappen nehme ich dabei hin. Die Zähne putzte ich heute früh mit Kaffee.

Wir erwarten täglich die große Sensation bei euch drüben im Westen. Obwohl dies ein harter Gang werden wird, sehnt jeder doch so oder so die Entscheidung herbei.

Eben tönen Kommandos hierher – gleich geht die Ballerei wieder los – »Schussrichtung …«

Der Russe wird immer lebhafter. Die Brocken, die er schießt, immer stärker im Kaliber und wir rechnen damit, dass es bald zu einer unliebsamen Überraschung kommt. Seit gestern bietet der Russe uns Musik dar, spielt: »Warum ist es am Rhein so schön?« oder »Ich weiß nicht, was soll es bedeuten« aus riesigen, viele Kilometer weit tragenden Lautsprechern, deren Standort wir nicht rausbekommen können, da er wohl gleichzeitig nach mehreren Seiten sendet. Gleichzeitig fordert er die Soldaten auf, die Waffen hinzulegen und überzulaufen. Er bezweckte allerdings bisher das Gegenteil: Heute früh stenografierte ich die Vernehmungen zweier russischer Überläufer auf, gestern diejenigen von vier Überläufern. Sehr interessant, was die Leute berichten. Da ihre Erzählungen nur der deutschen Propaganda dienlich sein können, kann ich sicher in diesem Brief einiges davon erzählen. Die Verpflegung sei sehr schlecht, sie bekommen dreimal Suppe am Tag mit Kartoffeln und Brot. In den Stäben seien Juden, die eine viel bessere Verpflegung erhalten würden. Sie laufen über wegen schlechter Behandlung, teilweise werden sie geprügelt, sogar beschossen. Die Möglichkeiten des Überlaufens sind sehr gering, sie werden schärfstens überwacht. Wird bekannt, dass einer überlaufen will, so wird er auf der Stelle erschossen. Ist einer übergelaufen, so werden dessen Angehörige nach Sibirien verbannt. Sehr nette Aussichten bieten sich uns durch die Tatsache, dass uns gegenüber Strafbataillone liegen mit Leuten, die zu 5 und 10 Jahren und zu lebenslänglich Zuchthaus verurteilt sind. Ich stenografierte eine interessante Vernehmung mit. Die Leute werden auf die deutschen Linien getrieben und wenn sie nicht wollen, von ihren eigenen Aufpassern erschossen. Einer meiner Vernehmungsmandanten hatte einen Streifschuss, den er von seinem Kompaniechef bekommen hatte. Die Stimmung im russischen Lager sei sehr schlecht. Sie rechnen mit einem Umsturz. Den Krieg würde wohl niemand gewinnen und gäbe es wohl am Ende einen vertraglichen Friedensschluss. Nun sagt ja so ein Überläufer in erster Linie für seinen Vorteil aus, aber die vielen Aussagen, die sich ja teilweise decken, sind immerhin sehr interessant. Zwei junge Überläufer, die von heute früh, bekommen wir nach den Vernehmungen wieder zurück; sie werden dann von uns beschäftigt. Es sind junge Jahrgänge – 1925. Kein Russe wolle mehr kämpfen, sie hätten alle den Krieg satt. Nur wenige wären darunter, die weiterkämpfen wollten.

Heute Abend ist es sehr ruhig, kaum dass der Russe

schießt. Gestern hingegen hat es ganz gehörig gekracht. Wir haben auf alle Fälle mal noch einen Stützbalken in unsere Bunkermitte eingekeilt. Gegen einen Volltreffer nützt dies ja nichts. In den nächsten Wochen – und ich nehme an in allernächster Zeit – wird die Kriegsmaschinerie auf hohe Touren kommen. Dann heißt es da hindurchzukommen. Fredy ist Führer einer Alarmkompanie geworden. Er vereinigt unter sich alle Leute der Trosse. Diese werden jedoch nur im Notfall eingesetzt, ähnlich wohl der Urlauberalarmkompanien. Sonst sitzt Fredy aber gut und dort, wo keine Brocken vom Himmel herunterfallen.

An Artilleriebeschuss habe ich mich schon gut gewöhnt. Man hört ganz genau am Pfeifen der Granaten, wo ungefähr die Brocken fallen werden. Die nächsten sind vielleicht in 10 bis 150 m Entfernung von hier gefallen, aber das waren bisher nur vereinzelte. So schlimm ist es also gar nicht, wenigstens hier. Dafür bekommen die eigentlichen Stellungen mehr Dunst ab und haben auch ihre Opfer. Wollte Gott, dass endlich ein Ende an dem Krieg sitzt. Der Menschheit wäre ein großer Dienst erwiesen. Alle Blicke richten sich jetzt nach dem Westen. Ein gewaltiges Inferno wird dieser Schlag wohl nochmals an allen Fronten auslösen zum letzten Waffengang in diesem Kriege. Und den gilt es durchzustehen.

28. Mai 1944

Eine pfingstsonntägliche Ruhe ist um mich her. Der Adjutant und mein Kommandant schlafen noch – ich bin extra früh raus, um Dir in Ruhe mal einige Zeilen schreiben zu können – und der Russe hält auch Ruhe, eine gefährliche Ruhe, nachdem er gestern Abend und die verflossene Nacht mit dickem Kaliber rübergeschossen hatte. Wir erwarten einen Angriff. Gestern haben unsere Stukas in seine Bereitstellungen hineingefunkt, es müssen schwer die Bomben gefallen sein, hier mein Hüttchen hat wenigstens schwer geschwankt, und eben, da ich dies niederschreibe, brummt es schon wieder über meinen Kopf hinweg. Die Stukas lassen wieder ihre Brocken fallen. Hoffentlich erwischen sie die REL-Panzer, die der Russe zu unserer Freude hingestellt hat. Wenn dieser Tanz losgeht, dann heißt es, die Ohren steifhalten.

Gestern telefonierte ich mit Lermes, konnte jedoch nur ein paar Worte mit ihm wechseln. Später rief mich im Auftrag von Herrn Hauptmann Pagener Uffz. Schmiedel an. Wegen der Abhörgefahr endet das Div.-Netz bei den Rgts.-Gefechtsständen und kann nicht durchverbunden werden zu uns nach vorne. Schmiedel übermittelte mir, dass Hauptmann P. nach Hanau fährt, er wollte Dich anrufen und ob ich einen Brief mitzugeben hätte. Durch diesen Anruf wird er nun zunächst einmal erfahren haben, wo ich eigentlich stecke. Ich bat Schmiedel, wieder ihm auszurichten, einen Brief hätte ich nicht, wäre auch nicht in der Lage infolge großer Arbeit einen zu schreiben und könnte diesen auch ihm nicht mehr termingerecht zustellen.

Die dieser Tage zu uns übergelaufenen zwei jungen Russen haben wir beide uns nach den stattgefundenen Vernehmungen wieder ausliefern lassen. Ich stelle sie hier als Hausburschen an, Bunker auskehren, Ofen ausleeren, Decken ausklopfen usw. sind Beschäftigungen, die sie ganz gut verrichten.

Da der Russe in letzter Zeit auch öfters mal in unsere Nähe geschossen hat, haben wir die Decke unseres Bunkers nochmals mit einer zweiten Lage Baumstämme verstärkt. Zu dumm ist, dass unsere eigene Artillerie Stellungswechsel gemacht hat und mit einigen Geschützen jetzt hinter uns, ganz in unserer unmittelbaren Nähe steht. Da wird der Russe wohl bald antworten und dann bekommen wir auch etwas ab. Da um uns und vor uns Wald liegt, wird es ja die berüchtigten »Bunkerzimmer« geben. Splittersicher ist unser Unterstand jetzt nach Ansicht von erfahrenen Ostsoldaten bestimmt, gegen einen direkten Treffer ist natürlich auch hier kein Kraut gewachsen.

Über die hiesigen militärischen Verhältnisse zu schreiben, verbietet sich von selbst. Glaubst Du eigentlich daran, dass der Engländer im Westen kommen wird? Ich glaube es nicht. Da werden wir wohl rüber müssen und das gibt ein gewaltiges Stück Arbeit, ein Land anzugreifen, wo an der Küste auf jedem Meter eine Mine liegt und seit fünf Jahren alles zu einer raffinierten Festung ausgebaut ist. Na wir werden ja bald sehen oder überhaupt nicht. Den Fantasiegerüchten, dass dies ein sog. »4-Tage-Feldzug« geben wird, kann ich mich nicht anschließen. Von angeblich existierenden furchtbaren Waffen wird den ganzen lieben Tag lang gequasselt. Inzwischen gehen die Terrorangriffe weiter und Stadt nach Stadt versinkt in einem Trümmerfeld.

Wie lange nun unser Aufenthalt hier noch währen wird, weiß ich nicht. Auf alle Fälle ist unser Bunker jetzt so wohnlich und solid gemacht worden, dass wir in anderer Stellung so schnell nicht seinesgleichen finden oder bauen werden können. Auf der anderen Seite steht aber die Frage: Was steht uns hier bevor? Wird der Russe – werden wir angreifen? Dann wird sich mit einem Schlag das friedliche Bild morgens am Teich ändern – nicht zu seinen Gunsten vermutlich.

Auf der Krim haben wir uns ja planmäßig abgesetzt, in Rumänien haben uns die Russen bald das Erdöl abgeschnitten, in Italien wird sehr schwer gekämpft. Was bringen jetzt der Osten und der Westen? Das ist die große Frage der Stunde. Drücke mir weiter feste alle Daumen. Es muss schon einen Weg heraus geben.

2. Juni 1944
Jetzt haben wir den ersten Juni hinter uns und geht es mit dem Kalenderjahr ab dem 22.06. wieder abwärts. Wenn die Invasion kommt, kann sie praktisch nur jetzt kommen; ob die gute deutsche Waffe sich dann durchsetzen wird? Aus der Heimat bringt ja der Urlauber die Zuversicht mit, dass der Krieg in diesem Jahr seinem Ende zu geht. Wir wollen es hoffen.

Lt. Delbruck ist bei seiner Fahrt zu den Stellungen bald auf eine Mine gefahren – 1 m vor der Mine blieb er mit dem Wagen zufällig stehen – Schwein gehabt.

7. Juni 1944
Hier im Bunker ist viel los und ein ganzer Haufen Menschen ist da. Auf Deine so lieben Zeilen zu antworten, fällt mir daher schwer, dazu gehört Ruhe. Wie recht hast Du, wenn Du meinst, dass ich zum Krieg stehe wie der Kontrast von schwarz zu weiß. Hoffentlich geht jetzt, nachdem die Invasion anrollt, das Tempo des Krieges beschleunigt weiter. Leider wird unsere Ruhe hier nun auch bald vorbei sein. Es herrscht seit einigen Tagen sehr große Ruhe hier – kein gutes Zeichen. Jetzt wird es darauf ankommen, nochmals gut durchzukommen. Der letzte Akt wird losgehen. Ich bin gespannt, wann die »Vergeltung« nun einsetzt und wie sie ausfallen wird. Über eines freue ich mich schon für Euch: Die Alarme werden geringer werden, denn der Gegner setzt jetzt seine Luftstreitkräfte in den Kampf dort mit ein. Wie

viele Menschen mögen wohl brennenden Herzens auf die Nachrichten im Radio lauschen, verspricht doch alles so oder so jetzt die Wendung, die letzten Endes vielleicht ein »Ende« des Krieges heraufdämmern lässt.

1 Uhr nachts. Ja so geht's. Um fünf Uhr muss ich schon wieder raus, will daher schnell noch einen Gruß anfügen. Hoffentlich bricht der Russe heute Nacht nicht los!

Artillerie schweigt heute Abend vollkommen, kein Schuss fällt auf beiden Seiten.

9. Juni 1944

Der Arbeitsanfall ist leider ein derartiger, dass ich nicht dazu komme, Dir Deine lieben Briefe Nr. 41 und 42 in Ruhe zu beantworten. So will ich Dir wenigstens, während der Adjutant gerade einen Moment anderweitig beschäftigt ist, schreiben, dass es mir noch gut geht. Gestern meinte selbst Ass.-Arzt Dr. H., ich würde sehr übermüdet aussehen. Kein Wunder. Auch heute blieb von der Nacht nicht viel übrig. Drücke mir bitte die Daumen, dass der Russe nicht angreift. Hoffentlich bekommen die Engländer und die Amerikaner im Westen ordentlich etwas ab, damit auch hier dem Russen die Meinung vergeht.

Gestern Abend hatten wir ein schweres Gewitter mit dem Erfolg, dass die Bunker teilweise vollgelaufen sind. Manche so hoch, dass das Wasser gut einen halben Meter drin stand. Unser Bunker, zwar auch nass, hat noch verhältnismäßig wenig abbekommen, während z. B. Herr Hauptmann Solderich mit Mantel und Mütze praktisch im Regen gesessen hat und auf seinem Tisch alle Augenblicke das Wasser stand. Ein Rohrkrepierer eines hinter uns stehenden Artl.-Geschützes ist unweit unseres Bunkers explodiert. Das hätte leicht ins Auge gehen können. Frauchen, manchmal meine ich, ich packe es nicht mehr. So ist mir gestern z. B. alles, was ich angefangen habe, schiefgegangen. Ich müsste mal einen Tag haben, um mich mal gründlich auszuruhen und auszuschlafen. Und wieder manchmal meine ich, dass alles gar nicht mehr so lange dauern kann und wir uns bald wiedersehen.

12. Juni 1944
(...) Es fehlt halt überall an Menschen. Der wichtigste Rohstoff zurzeit. Bände könnte ich mit meinen Erfahrungen füllen. Neuerdings umschwirren uns wieder Gerüchte einer baldigen Ablösung. Wirklich, es wäre mal notwendig damit.

Ein kurzer Kartengruß, der hauptsächlich diese wenigen Zeilen zum Inhalt hatte, ist die letzte schriftliche Mitteilung meines Vaters, die ich in Händen halte.

Der Wunsch, »dass wir uns bald wiedersehen«, ging erst nach einem weiteren Jahr, im Juni 1945, in Erfüllung.

Der Kreis schließt sich

Am 6. Juni 1944 waren die Alliierten in der Normandie, an der Westküste von Frankreich, gelandet.

Diese Nachricht erreichte auch die Ostfront.

Hatte mein Vater bereits seit längerer Zeit Vorahnungen, dass sich im Westen etwas zusammenbrauen könnte, so mussten nun auch die unerschütterlichsten Optimisten, die immer noch an einen Endsieg der Deutschen und ein Bezwingen der Roten Armee geglaubt hatten, eingestehen, dass dieses Ziel zu hoch gesteckt war.

Das letzte Lebenszeichen meines Vaters von der Front stammt vom 12. Juni 1944.

Zehn Tage später startete Stalin – wie mit seinen Verbündeten verabredet – den punktgenauen Großangriff im Osten gegen die Heeresgruppe Mitte.

Der Untergang des Großdeutschen Reiches war eingeläutet und Hitlers Traum vom »Tausendjährigen Reich« zerplatzte wie eine Seifenblase – wenngleich im Zeitlupentempo.

Auch die deutschen Truppen aus Norwegen, die dem Feind noch im Februar 1944 entgegengestellt worden waren, konnten die übermächtigen russischen Streitkräfte nicht aufhalten.

Der Vormarsch der Roten Armee ging rasant. Die einzelnen Fronten waren nicht mehr zu halten.

Es begann der Rückzug der Deutschen. Die Sowjets konnten innerhalb weniger Tage mehrere hundert Kilometer von den Deutschen erkämpftes und besetztes Gebiet zurückerobern. Teilweise trieben sie die deutschen Soldaten vor sich her. Drei deutsche Armeen wurden vorübergehend eingeschlossen. Die Verlustzahlen auf beiden Seiten stiegen enorm in die Höhe. Der Rückzug gestaltete sich auf breiter Front außerordentlich schwierig. Das einsetzende Frühjahr brachte Schnee und Eis zum Schmelzen.

Eine immense Schlammlandschaft erschwerte den Rückzug. Die Armeefahrzeuge blieben in den aufgeweichten Böden stecken und die erschöpften Soldaten kamen nur langsam und unter größten Anstrengungen vorwärts.

Briefe und Kurznachrichten meines Vaters seit dem 12. Juni 1944 sind nicht mehr in meinem Besitz. Wie ich aber meinen Vater, der beinahe jeden oder jeden zweiten Tag während seiner Kriegszeit nach Hause geschrieben hatte, heute einschätze, so hatte er mit Sicherheit Gelegenheit gefunden, kurze Nachrichten über sein Ergehen zu senden. Ob sie zu Hause ankamen, entzieht sich meiner Kenntnis.

Als Folge des immer chaotischer werdenden Rückzuges brach die gut aufgebaute, organisierte Zuverlässigkeit der deutschen Kriegspostmaschinerie zusammen. Bei jeder Verlegung der kämpfenden Truppe wurde nicht zugestellte Post sackweise vernichtet. Dem Feind durfte kein noch so kleiner Hinweis auf die Stellungen der Deutschen in die Hände fallen.

Durch ständige Stellungswechsel konnte ein Großteil der Empfänger nicht mehr ausfindig gemacht werden. Entweder waren sie im Kampf Mann gegen Mann gefallen, in Lazaretten gestrandet, auf dem Rückzug, von russischen Truppen eingekesselt oder in Gefangenschaft geraten.

Den Standort eines einzelnen Soldaten festzustellen, war während des monatelangen Rückzuges beinahe unmöglich geworden.

Die Spuren meines Vaters verlieren sich in Schützengräben zwischen den Fronten, in verschollenen Briefen, im Chaos des Rückzuges. Ein Schicksal von vielen, eingegliedert in das Räderwerk des Zweiten Weltkrieges.

Nachdem Mitte Oktober 1944 die sowjetischen Truppen auf ostpreußisches Gebiet vorgedrungen waren und unter der Bevölkerung durch gewaltsame Übergriffe Angst und Schrecken verbreiteten, wagten immer mehr Familien – vornehmlich Alte, Frauen und Kinder – die Flucht. Diese immer größer werdenden Flüchtlingsströme erschwerten zusätzlich den Rückzug der deutschen Truppen. Diese erkämpften zwar eine kurze Verschnaufpause, indem es ihnen gelang, die Sowjets bis Anfang November wieder aus dem Reichsgebiet zu vertreiben, aber bereits zu Beginn des Jahres 1945 startete die Rote Armee eine erneute Offensive und machte wiederum viele Tausende von Kriegsgefangenen, die Richtung Osten verbracht wurden.

Bis wohin es mein Vater mit dem Rest seiner Kameraden geschafft hat, wo sie, die Glücklichen, die bis dahin überlebt hatten, in Gefangenschaft gerieten – - ich weiß es nicht.

Ich weiß nur eines: Der Unteroffizier Bury hatte am Tag seiner Gefangennahme verdammtes Glück! Er fiel in die Hände der Amerikaner!

Heute weiß ich, nachdem ich mich über Monate mit dem Zweiten Weltkrieg befasst habe, dass die Gefangenen zu Fuß, auf Lastwagen und in Güterwagen wie Vieh zu ihren Bestimmungsorten im Westen transportiert wurden, die Hoffnung auf ein erfolgreiches Kriegsende auf dem Nullpunkt – der Kampfgeist untergegangen in den Salven der Stalinorgel – die zuletzt verbliebenen Militärfahrzeuge in Wasser und Schlamm versunken – Diesel und Benzin waren sowieso nicht mehr aufzutreiben – keine Möglichkeit die Furage aufzufüllen.

Sie kamen an ihren Bestimmungsorten an: entwaffnet, müde, erschöpft, durstig und hungrig, ihre Uniformen abgerissen und verdreckt, verängstigt. Die Frage: »Was wird aus uns werden?« beschäftigte Tag und Nacht die Gefangenen.

Und doch muss jeder noch so schwache Herzschlag für diese Männer die glückliche Bestätigung gewesen sein:

Es ist vorbei. Wir leben noch. Ein Aufschrei mag durch die geschundenen Seelen gegangen sein – wir l e b e n ! Noch leben wir!

Über Monate wurden Angst und Ungewissheit über das Schicksal ihrer Angehörigen der tägliche Begleiter vieler Familien in der Heimat.

Nur selten sickerte ein Lebenszeichen durch die engmaschigen Schlingen der Alliierten. Ihre Schraubzwingen wurden aus allen vier Himmelsrichtungen zunehmend fester angezogen. In kürzester Zeit wurden hunderttausende ausgemergelte Männer und junge Burschen, beinahe noch Kinder – die zuletzt Eingezogenen des Volkssturmes – in Lager gepresst. Nach dem 8. Mai 1945, dem Tag der totalen Kapitulation der gesamten Kriegsmacht Hitlers sollen sich mehr als elf Millionen Wehrmachtsangehörige in Internierungslagern befunden haben.

In eines dieser großen amerikanischen Lager wurde Ende März/ Anfang April 1945 mein Vater geschüttet. Ein Körper – ein menschliches Wrack – ausgedient – weggeworfen.

Ankunft Bahnhof Kreuznach – Fußmarsch in Kolonnen zum Lager Bretzenheim – alle entlaust – in Gruppen und Untergruppen à fünf Mann eingeteilt – aller Besitz, der einer Flucht hätte dienlich sein können wie Uhren, Taschenmesser, Brotbeutel, nicht sofort benötigte Wäsche (außer einer Garnitur zum Wechseln) abgenommen (seinen Trauring konnte mein Vater noch blitzartig in einen seiner Kommissstiefel gleiten lassen) – registriert und auf einem sehr großen Areal unter freiem Himmel ein kleines Stück Lehmboden in der Größe von ca. 3 qm zugeteilt. Für fünf erschöpfte Soldaten 3 qm von vielen Stiefeln festgestampfter Lehmboden – sonst nichts. Der Jahreszeit entsprechend waren die Nächte noch sehr kalt. Des Öfteren regnete es Tag um Tag und Nacht für Nacht ohne Unterlass. Und hatten sie in ihren Irrträumen Lagerhallen und -räume gesehen, in denen sie sich wenigstens hätten auf einem trockenen Holzfußboden ausstrecken und vorerst von den Strapazen erholen können, so sank diese letzte Hoffnung mit der Realität in diesem Lager. Um einen minimalen Schutz gegen die kalten Winde, die den Regen peitschten, zu haben, buddelten die Gefangenen mit den bloßen Händen metertiefe Gruben, Unterschlupflöcher, in die sie sich in gebückter Haltung kauern konnten. Diese Löcher boten keinen Schutz gegen Kälte und Wasser. Viele Gefangene wurden krank und starben.

B r e t z e n h e i m – vorläufige Endstation!

Bretzenheim?? – Mein Vater und wenige seiner ehemaligen Kameraden waren wieder dort gestrandet, dort, wo alles begonnen hatte. Der Kreis hatte sich geschlossen. Von hier aus waren sie vor fünf Jahren unter Absingen fröhlicher Soldatenlieder in einen Krieg gezogen, den sie damals glaubten, schnell siegreich beenden zu können.

Gefangene hinter hohen Stacheldrahtverhauen, kaum einen Platz zum Sitzen geschweige denn zum Liegen, viele hatten nur einen Stehplatz, den sie turnusmäßig mit Leidensgenossen wechselten. Keiner konnte Tag und Nacht nur stehen. Unendlicher Schmutz und wieder dieser tiefe schlammige Lehmboden, gegen den die Soldaten schon während ihres Rückzuges wochenlang angekämpft hatten. Der nächtliche Gang zum Latrinenfeld am Waldrand glich einem Horrortrip.

Appelle, bei denen die total geschwächten Menschen stundenlang stehen mussten. Es gab zu wenig zu trinken. Die Amerikaner waren dieser großen Zahl von Gefangenen nicht gewachsen. (Oder wollten sie die vielen tausend Gefangenen als Revanche für ihre Toten leiden lassen??) Die Essensrationen fielen so spärlich aus, der Hunger war so groß, dass kein einziger Grashalm auf dem weiten Terrain überleben konnte. Von den vereinzelt stehenden Bäumen und Büschen blieben nur die abgenagten kahlen Äste – Mahnmale des Hungers. Hatte sie diesen verfluchten Krieg überlebt, um hier in diesem Lager zu krepieren? Es waren Unzählige, die an Entkräftung, Erkältungen und Erfrierungen starben.

Den Begriff »Zeit« verloren die Gestrandeten sehr schnell. Nur an manchen Tagen, wenn der Wind aus dem kleinen Ort Bretzenheim den Klang der Kirchenglocken leise und zart über das Lagergelände hauchte, lauschten die Männer, die dem Tod näher waren als dem Leben.

Sonntag! Wieder hatten sie eine Woche überlebt und oft falteten die Ausgezehrten andächtig ihre rauen Hände zu einem stillen Gebet. »Wenn es in dem Himmel über uns noch einen Gott gibt, so bitten wir, lass uns auch diese Tortur noch überstehen.«

In den ersten Wochen dieses in aller Eile eingerichteten Lagers, in denen die Kriegsgefangenen aus allen Richtungen herbeigekarrt und inhaftiert wurden, soll es mit bis zu 92.000 Mann gefüllt gewesen sein.

Kreuznach mit dem Lager Bretzenheim ging in die Geschichte des Zweiten Weltkrieges als »das Hungerlager« ein.

Tausende Gefangene starben.

Dass mein Vater dieses Martyrium drei Monate überleben konnte, ist meines Erachtens auf zwei Tatsachen zurückzuführen:

Seinen unerschütterlichen Willen, wieder zu seiner Familie zu kommen, und die Tatsache, dass er während der gesamten Dauer des Krieges keine Möglichkeit ausgelassen hatte, bei jeder sich bietenden Gelegenheit Essen zu fassen. Oft hatte er sich noch Nachschläge von seinen Kameraden und aus der Küche besorgt. Diese enorme Lust am Essen hat ihn später im Hungerlager Bretzenheim mit Sicherheit überleben lassen.

Und wie sah es zu dieser Zeit in meinem Vater aus? Hatte seine Seele in den langen Kriegsjahren an Gleichgewicht und Kraft verloren? – Mit Sicherheit. Gesprochen hat er niemals über das Durchlebte und Erlittene. Jeder einzelne Kriegsteilnehmer musste seinerzeit seine Traumata alleine und ohne Hilfe verarbeiten.

»Das Verlassen des Lagers«. Mit Genehmigung der Ortsgemeinde Bretzenheim

Ende Mai, Anfang Juni wurden die dort gefangenen Soldaten in kleinen Gruppen nach und nach entlassen oder auf andere Lager verteilt.

Wie mag er sich am Tag seiner Entlassung gefühlt haben, als ihm beim Morgenappell der Entlassungsschein ausgestellt und übergeben wurde? Als sich das große gut bewachte Tor öffnete und er mit einer Gruppe von schätzungsweise zweihundert Mann in die Freiheit gehen durfte? Hatte mein Vater vergessen, wie es sich anfühlt, »frei zu sein«?

Was hatte er in einem seiner Feldpostbriefe geschrieben:

»Wenn ich nach Hause komme,
ist meine Welt eine andere geworden.«

Recht sollte er behalten. Vieles hatte sich für ihn verändert. Manches mag meine Mutter noch in ihren Briefen an die Front berichtet haben. Aber was davon kam noch bei meinem Vater unter der Feldpostnummer 45198 A an?

Seit 1943 lebten die Schwiegereltern und zeitweise auch andere Verwandte in seinem Haus. Hier sollte später nach den Hausbeschlagnahmungen der Besatzer zusätzlich noch eine Nachbarfamilie einziehen.

Im Frühjahr 1945 war die vordere Front besagten Eigenheimes von der deutschen Flakabwehr irrtümlich beschossen und beschädigt worden.

Seine kleine Tochter, im Mai 1940 geboren, war inzwischen ein Mädelchen von fünf Jahren und musste den heimkehrenden Vater erst einmal neu kennenlernen.

Einer seiner Brüder und sein Vetter hatten während der Kriegsjahre geheiratet. Bei keiner der Hochzeitsfeiern war er zugegen gewesen.

Am 30. Januar 1945 war seine Schwägerin – die fünfundzwanzigjährige Schwester seiner Ehefrau – von Tieffliegern tödlich getroffen worden.

Das Elternhaus, die Schmuckwarenfabrik, von der er Miteigentümer war, seine Heimatstadt sowie unzählige deutsche Städte lagen in Schutt und Asche, zerstört, ausgebrannt – erloschen.

Ins Wanken geraten war sein Glaube an das Gute im Menschen und das Vorhandensein einer Moral im Miteinander.

Verloren hatte mein Vater auch die Jahre, die die schönsten seiner zu Kriegsbeginn noch jungen Ehe werden sollten.

Verschwunden waren seine Jugend und Unbeschwertheit.

Der Krieg hatte in seine Seele tiefe Wunden eingegraben.

Und was war dem Unteroffizier Bury geblieben? An was konnte er sich klammern und wieder aufrichten?

Geblieben waren ihm sein starker Wille und seine innere Kraft zum Überleben und Weiterleben in einer ungewissen Zukunft.

War er während der langen Kriegsjahre meistens eine Frohnatur gewesen, immer zu einem Scherz bereit, so muss er wohl auch in dem Moment, als er ein wenig hilflos vor dem Stacheldrahtkäfig stand, gedacht haben:

Tief durchatmen, den Rücken gestreckt und auf zur letzten Etappe.

Es ist Frühling, die Vögel zwitschern immer noch ihre Lieder in den Bäumen. Ich kann sie hören. Irgendwie auf dem schnellsten Weg nach Hause zu Frau und Kind.

Und auf diesem Nachhauseweg kann es gewesen sein, dass meinem Vater das Gedicht wieder einfiel, das er zu Beginn seines Kriegseinsatzes aufgeschrieben hatte und das er in seinem Feldpostbrief vom 15. August 1943 zitierte:

(...) Vor mir auf dem Tisch liegt mein kleines schwarzes Ringbuch. Es reizt zum Herumschlagen bis zu der Seite, wo ich mir den Spruch eingeklebt habe, der wie als Zuspruch gerade in die Trostlosigkeit dieser Zeit passt und es auch wert ist, an Deinem Geburtstag noch einmal zitiert zu werden:

»Lerne »ja« zum Leben sagen,
ist der Himmel auch nicht heiter.
Sorgen sind wie trübe Wolken,
trübe Wolken ziehen weiter.
Sich nicht unterkriegen lassen,
wie auch wild die Wetter toben!
Heut' im tiefsten Grund verlassen,
stehst Du morgen wieder droben.
Was zerrissen und zerschmissen,
such aufs Neue zu beginnen.
Ist der Spinne Netz zerrissen,
fängt sie wieder an zu spinnen.«

Militärische Abkürzungen

Abt. Abteilung
Artl. Artillerie
Btl. Bataillon
Div. Division
EK Eisernes Kreuz
Feldw. Feldwebel
Gefr. Gefreiter
GKdos Geheime Kommandosache
G-Sachen Geheimsachen
Hptm. Hauptmann
IG Infanterie-Geschütz
Inf. Infanterie
I.R. Infanterieregiment
KdF Kraft durch Freude
Kdr Kommandeur
Kr Kronen
Krad Kraftrad
KwK Kampfwagenkanone
Lkw Lastkraftwagen
Lt. Leutnant
MG Maschinengewehr
Mob Mobilmachung
MP Maschinenpistole
mot. motorisiert
Obgefr. Obergefreiter
Oblt. Oberleutnant
Obstlt. Oberstleutnant
Offz. Offizier
O.H.L. Oberheeresleitung
O.v.D. Offizier vom Dienst

Pak Panzerabwehrkanone
Pkw Personenkraftwagen
Pz Panzer
Rgt. Regiment
RM Reichsmark
SanUffz. Sanitätsunteroffizier
SS Schutzstaffel
Stuka Sturzkampfflieger
Uffz. Unteroffizier
U. v. D. Unteroffizier vom Dienst

Quellen

Chronik Verlag: Chronik des Zweiten Weltkrieges
Erich Werner: Kriegsgefangenenlager Bretzenheim

Danksagung

Es gibt in meinem Leben nur Weniges, das ich im Nachhinein bereut habe. Dazu gehört unter anderem die Tatsache, dass ich im Jahre 1984, dem Todesjahr meines Vaters, seine zahlreichen Feldpostbriefe, die verstaubt auf dem Dachboden lagerten, aus Desinteresse vernichten wollte.

Dieses Buch wäre nicht möglich gewesen, wenn damals nicht meine Tochter *Jutta Wilke* einige Bündel der Briefe geschnappt und mitgenommen hätte. Für diese Umsicht möchte ich ihr hier an dieser Stelle aufrichtig Dank sagen.

Ein weiteres Dankeschön hat mein Mann *Klaus Wilke* verdient.

Es war eine mühevolle Arbeit für mich, die Briefe, die zum Teil in »Sütterlin« geschrieben sind, zu entziffern und in den PC zu übertragen. Hierbei hat er mir oft und geduldig geholfen.

Für das Zusammenstellen dieses Buches habe ich lange Zeit gebraucht. Während all dieser Monate war mein Mann immer bereit, mir sozusagen sein Ohr zu leihen, wenn ich ihm einzelne Passagen vorlesen und seine Meinung dazu hören wollte, wenn diese auch manches Mal kritisch war.

Herzlichen lieben Dank Euch beiden.

Ebenfalls bei TRIGA – Der Verlag erschienen

Ingrid Wilke-Bury

Momente

alltäglich – kostbar – lebenswert

Lebensimpressionen

Das Leben ähnelt einem fahrenden Zug. Menschen, Umgebungen, Situationen – Bilder und Eindrücke rauschen an uns vorbei. Moment folgt auf Moment im alltäglichen Einerlei. Doch immer wieder gibt es sie: diese besonderen Momente! Eine Beobachtung, ein Gefühl, ein Gespräch lassen uns aufhorchen und bleiben uns in Erinnerung. Mit Geschichten und Gedichten lädt die Autorin ein, an ihren Momenten teilzuhaben. Vielleicht kommt Ihnen ja manches bekannt vor?

132 Seiten. Hardcover. 11,90 Euro. ISBN 978-3-95828-039-7

Ingrid Wilke-Bury

Auf einen Augenblick

Das Leben erleben im Kreislauf der Jahreszeiten

mit Zeichnungen von Reinhold Busch

Momentaufnahmen des Lebens, bewusst wahrgenommen und festgehalten. Geschichten und Gedichte von Ingrid Wilke-Bury, mal besinnlich, mal heiter, voller Poesie – das Leben erleben im Kreislauf der Jahreszeiten. Sich freuen auf den Frühling, wenn die Natur wieder grün wird. Sommertage genießen, die Wärme der Sonne auf der Haut spüren. Den Herbst lieben, mit seinen Stürmen, bunten Blättern, dem Zug der Kraniche, die den nahenden Winter ankündigen. Die Stille der kalten Jahreszeit, Eis und Schnee. Augenblicke, Gefühle, Gedanken, Empfindungen, so wertvoll wie das Leben selbst.

152 Seiten. Hardcover. 11,90 Euro. ISBN 978-3-89774-746-3

Ingrid Wilke-Bury

Ochs am Berg

Eine Kindheit auf der »Hohen Tanne«. 1940 – 1957

4. Auflage · Mit vielen Fotos

In diesem Buch geht die Autorin auf Spurensuche. Sie lässt uns teilhaben an der Reise in ihre Kinder- und Jugendzeit, in das Hanau des Zweiten Weltkrieges und der Nachkriegszeit. Der Titel des Buches, »Ochs am Berg«, bezieht sich auf den Namen eines beliebten Kinderspiels, das Ingrid Bury und ihren Freundinnen großes Vergnügen bereitete und oft auf dem Schulhof gespielt wurde.

148 Seiten. Paperback. 14,50 Euro. ISBN 978-3-95828-281-0

Ingrid Wilke-Bury

Grüne Hügel

Wie war das doch damals?

Was bleibt vom Leben? Von einem langen Leben? Im Verborgenen untergetauchte Erlebnisse und Empfindungen, die im Alter als Erinnerungen wieder an die Oberfläche kommen. Es sind die kleinen Dinge, die unser Leben ausmachen. Momente, bewusst wahrgenommen im Augenblick des Erlebens und im Unterbewusstsein abgespeichert. Solche Momente ihres Lebens hält Ingrid Wilke-Bury in diesem Buch fest. Humorvoll und lebensnah erzählt sie Episoden aus der ersten Zeit als Jungverheiratete in Hüttengesäß und dem Leben in Ronneburg, das ihr zur zweiten Heimat wird. Die »Grünen Hügel«, zwei schmucklose Verkehrskreisel vor den Toren des Ortes, bieten dabei Stoff für eine satirische Betrachtung.

134 Seiten. Paperback. 12,80 Euro. ISBN 978-3-95828-197-4